Bauls Beisl

Maßlos kochen

IMPRESSUM

© 2021, Paul Vockenhuber
Herstellung und Verlag: BoD – Books on Demand, Norderstedt
ISBN-13: 9783755711438

Mit einem Vorwort von Genzo Amarodisaki

EXOTISCH

Vorwort

Ich traf mit Maitre Baul das erste Mal im Jahre 1985 zu Gramatneusiedl im dortigen Teelöffelmuseum zusammen, wo er seine Studien zum differierenden Volumsinhalt von Teelöffeln verschiedenster Epochen weitertrieb. Vertieft in seine wissenschaftlichen Aufzeichnungen und komplizierten Berechnungen blieb unsere Konversation sehr knapp bemessen, und beschränkte sich auf den gegenseitigen Informationsaustausch über die bevorstehende Sperrstunde der prominenten Sammlung. "Jetzt müssen wir bald gehen" meinte er tiefgründig zu mir, eine Prognose, die, wie viele seiner Prophezeihungen, auch bald eintreffen sollte. Schon damals beeindruckte mich die Genauigkeit und profunde Hingabe, mit der sich der Gelehrte seinem Fachgebiet widmete, und ich begann mich für seine Arbeiten und seine wissenschaftlichen Publikationen zu interessieren.

Den Grundstock seiner Werke bildete zweifellos ein traumatisches Kindheitserlebnis, wo durch die Verwechslung von Maßeinheiten – namentlich der Einheiten „eine Messerspitze" und „eine Tasse" der Wohlgeschmack beim Salzen eines Frühstücks-Eis maßgeblich reduziert wurde, und schon in diesem zarten Alter dem Autor des vorliegenden Werks die Bedeutung der Maßeinheiten in der Kochkunst zu dämmern begann.

Nach dem üblichen schulischen Bildungsweg begann frühzeitig die Beschäftigung mit diesem Thema als Privatgelehrter, und einige richtungsweisende Publikationen, hier sei insbesondere die Anthologie zum Thema „Die Messerspitze im Kochbuch – Inhalt und Form dieser Maßeinheit im Wandel der Jahrtausende" erwähnt, schufen die Basis für die weltweite Anerkennung seiner Forschungstätigkeit. Die Einsicht, daß der Wandel im Volumen althergebrachter Maßeinheiten wie „Messerspitze", „Eßlöffel", „Gran", „Schock" oder „Tasse" mit deren Entwicklung in Lauf der Jahrhunderte zu einer Verfremdung der Kochrezepte führen kann, und daß somit alte Rezepte, mit modernen Teelöffeln und Messerspitzen gekocht, zu einem ganz anderen Ergebnis kommen könnten als dies bei Verwendung von altem Küchengerät der Fall gewesen wäre, liegt auch seiner später verfaßten Doktorarbeit mit dem Titel: „Der Begriff „Etwas" in Rezepturen der mittelburgundischen Landküche der Spätrenaissance" zugrunde, ein Werk, das mittlerweile aus keiner ernstzunehmenden Küche mehr wegzudenken ist.

Den Höhepunkt dieser frühen Schaffensphase bildet sicherlich die Veröffentlichung der dreibändigen Monographie zum Thema „Vom Köcheln über das Sieden zum Wallen – zur Kongruenz semiotischer Begrifflichkeit und physikalischem Aggregatzustand. Versuch einer vergleichenden analytisch- experimentellen Synthese", die im Jahre 1996 der staunenden Fachwelt vorgelegt wurde.

Vorangegangen sind diesem Werk umfangreiche Detailstudien, die unter anderem in einer Denkschrift mit dem Titel „Der Begriff des Köchelns in Abhängigkeit von Luftdruck und Meereshöhe – eine kritische Würdigung der Verwendbarkeit tibetischer Rezepte in der neukaledonischen Inselwelt" gipfelten. Die Universalität des Gelehrten kam in späteren Jahren unter Verfolgung dieses zentralen Themas in Form des Versuchs der Schaffung eines neuen Wissenschaftszweiges, der Gastrometeorologie, zum Ausdruck. Leider blieb diesem Werk die gebührende Anerkennung breiterer Gelehrtenkreise vorerst versagt.

Weitere Forschungen erfolgten daraufhin eher zurückgezogen vom öffentlichen Wissenschaftsbetrieb, aber dennoch mit bemerkenswerten Ergebnissen. Die Eierforschung beispielsweise in naturhistorischen Museen brachte wieder die erhoffte Anerkennung: seine kühnen Thesen, in der Fachpublikation „Das Eischwer – mit Eierschale oder ohne Eierschale gewogen ? Eine archäologisch- empirische Feldstudie" stellte tatsächlich nie vorher geäußerte Postulate in den Raum.

Beflügelt vom Erfolg machte sich der Meister daran, seine Erkenntnisse auch breiteren Kreisen über populärwissenschaftliche Publikationen zugänglich zu machen. Allein der Erfolg seines daraus resultierenden Singspiels „Schock und Gran, immer daham", wo die Thematik allgemeinverständlich aufbereitet wurde, ließ leider zu wünschen übrig, das zarte Pflänzchen der Wissensmehrung in breiteren Bevölkerungsschichten wurde durch tölpelhafte Laienkritiker nicht allzu gut aufgenommen, und rücksichtslos in den Boden getrampelt – auch das muß leider gesagt werden.

Mit diesem Ausflug des Meisters ins wissenschaftlich- didaktische Fach endete allerdings diese so fruchtbare Schaffensperiode. Ein neues Schlüsselerlebnis führte später zu einem kompletten Umdenken. Die irrtümliche Verwendung eines Eßlöffels Mehl aus der Spätgotik für ein Rezept aus dem Jahr 1932 mit dem erstaunlichen Resultat eines dennoch gelungenen Gerichts führte zu einem radikalen Bruch mit den bisher vertretenen wissenschaftlichen Prinzipien, und nach einer näheren empirischen Falsifikation bisheriger Thesen zum Postulat, daß auch ein Kochen ohne die Verwendung von Maßeinheiten weitgehend möglich erscheinen könnte.

Aber auch hier ist der Meister in der Lage, Großes zu leisten: das Standardwerk

„Maßlos kochen",

welches die späte Schaffensperiode eingeleitet hat, ist sofort nach Erscheinen auf das staunende Befremden der Fachwelt gestoßen, da dieses Werk auf nahezu sämtliche Maßeinheiten verzichtet, und in einer beispielgebenden, fast schon puristischen Konsequenz selbst auf ein einheitliches Papiermaß beim Druck des Buches verzichtet wurde.

Der wirtschaftliche Erfolg blieb dem Werk allerdings versagt, der Meister wandte seine Aufmerksamkeit daher in der Folge der Herstellung einer in populärwissenschaftlich verfaßten Sprache editierten Volksausgabe, unter dem Titel „Baul´s Beisl" zu, und ersuchte mich als alten Freund, das Werk hinsichtlich der Eignung auch für breitere Kreise, probezulesen, und zu redigieren.

Sie finden nun in diesem vorliegenden Werk das Ergebnis - eine auch für den Laien lesbare Form eines Kochbuches, welches weitgehend auf Maßeinheiten verzichtet, allerdings das Zugeständnis eines einheitlichen Papierformates und einer einheitlichen Schriftart macht.

Genzo Amarodisaki
Susupe, im Oktober 2009

Vorspeisen

Paradeiser mit Mozzarella

Es gibt Sachen, die kann man das ganze Jahr über kochen: heißes Wasser zum Beispiel. Paradeiser mit Mozzarella sollte man aber nur im Sommer machen, das geht wirklich nur wenn man frische Paradeiser und lebende Basilikumblätter bekommt – und kochen soll man das Zeug übrigens auch nicht. Wers nicht glaubt, daß das Zeug im Winter anders schmeckt, der soll's halt versuchen – selber schuld, kann ich nur sagen. **Paradeiser** in Scheiben schneiden (vorher den grünen Stengelansatz herausschneiden – der ist giftig und grauslich); **Mozzarella** in Scheiben schneiden, auf Teller legen, **Salz**, **Pfeffer** drüber, **Olivenöl** und **Balsamico** drüber und frische **Basilikumblätter** dazulegen.

Panzanella

Das ist ein Brotsalat, der steht aber hier nicht falsch herum unter den Vorspeisen, weil er ein Salat ist, sondern gehört hier her. Er besteht aus zwei warmen Bestandteilen, für die wir zwei Pfannen brauchen. Wer keine zwei Pfannen sein eigen nennt, möge was anderes kochen oder zum Wirten gehen. In der ersten Pfanne rösten wir auf kleiner Flamme **Weißbrotwürfel** in **Rama** oder **Olivenöl**. In die andere Pfanne kommt **Olivenöl**, dann **Zwiebel**, **Knoblauch**, kleingeschnittene **Paradeiser** und **Zucchini** und das Zeug wird gedünstet, bis die Zucchini noch knackig sind, etwas **Essig** kommt auch rein. Jetzt schneiden wir noch **Mozzarella** klein und **Wassermelone**. Auf den Teller kommt der Paradeisergatsch, drüber streuen wir die Brotstücke, und dann kommt noch der Mozzarella dazu und die Melone. **Minzblätter** und **Basilikum** machen sich auch gut dabei, wers mag.

Rindfleisch mit Bohnen und Kernöl

Gekochtes **Rindfleisch**, z.B. ein übriggebliebenes Schulterscherzl, kleinwürfelig oder nudelig schneiden (aber aufpassen: immer dünn und quer zur Faser, sonst kaut man an dem zähen Zeug ewig herum, und die Leute am Tisch meckern !) und in eine Glasschüssel haun. Eine große **rote Zwiebel** schneidet man á la julienne (in Ringerl) und gibt's dazu. Dann kommen **rote Bohnen** aus der Dose in ein Sieb wo man sie mit kaltem Wasser wascht, abtropfen läßt, und danach auch dazu schüttet. Ein bißchen **Salz**, **Pfeffer**; und dann **Kernöl** darüberschütten und vermischen. Kalt essen, mit dick geschnittenem **Schwarzbrot**.

Räucherlachs

Räucherlachs ist nicht immer gleich. Es gibt billigen Fisch aus Fischfarmen, deren Bewohner mit fauligem Tiermehl oder ranzigem Haferschleim und anderem ekligen

Zeugs gefüttert werden und auch so schmecken, und es gibt andere Qualitäten, preislich nach oben offen. Mit einem dünnen Messer[1] dünne Scheiben vom Filet herunterschneiden, und auf Teller legen. Einige Zentimeter **Krenwurzen** schälen, schaben (mit dem Reibeisen); ein Achtel **Schlagobers** schlagen (ohne Zucker !) und den Kren hineinmischen, das ergibt zusammen einen Oberskren. Dazu ißt man **Toast**.

Räucherlachs Sushi

Geht natürlich auch mit rohem Lachs. ☞*Jasminreis* kochen, auskühlen lassen. **Gurke** ungeschält in grobe Streifen schneiden. Längliche **Lachsscheiben** schneiden, mit dem kalten **Jasminreis** und Gurkenstreifen belegen, einrollen und kalt servieren was nach dem Kosten noch übrig ist.

Lachs- Gurkensalat

Wir brauchen dazu zwei Dressings: Nummer eins besteht aus **Essig**, **Honig**, **Senf** und **Salz**, in das langsam **Olivenöl** hineingenudelt wird, am besten mit einem Schneebesen. Nummer zwei besteht aus **Zitronensaft**, **Joghurt**, **Dille**, **Olivenöl**, **Salz**, **Pfeffer** und **Zucker**. Ins Einserdressing kommen Gurkentrümmer hinein: **Gurke** der längs nach halbieren, mit einem Teelöffel die Samen herausschneiden und den Rest nochmals der Länge nach halbieren und derquer kleinschneiden. Das Zeug kann man jetzt auch schon auf Vorspeisentellerchen verteilen. Jetzt geräucherten **Lachs** in Streifen schneiden, über die Gurken legen und mit dem Zweierdressing übergießen.

Lachs- Blätterteigscheiben

Einen **Blätterteig** ausrollen, mit **Räucherlachs** belegen, geriebenen **Käse** (Emmentaler, Gruyere oder so) bestreuen und zusammenrollen, und zwar vor der längeren Seite her (sonst wird die Rolle zu dick), und den Rand vom Blätterteig mit dem darunterliegenden Blätterteig verkneten, damit die Rolle nicht wieder aufgeht, weil das ist lästig beim Scheiben schneiden ! Im Kühlschrank überkühlen, damit er schön zum Schneiden geht, in halb- bis dreiviertelzentimetrige Scheiben schneiden. Diese

---

[1] Messer: Ohne gute Messer kein kochen und natürlich auch keine Haube. Am besten sind die billigeren aus weicherem Stahl, weil man die auch besser schleifen kann, und zwar mit einem grauen Wetzstein. Diese stählernen Schleifstifte mit den Längsriefen sind unbrauchbarer Mist, und man sollte sie wegschmeißen. Im Minimum braucht man ein Tourniermesser (kurze, nach vorn gebogene Klinge); ein spitzes langes Fleischmesser zum parieren und Gemüseschneiden, ein vorne rundes, großes und langes Messer, bei dem das Messerblatt so breit ist, daß unter dem Griff noch genug Platz für die Finger ist, wenn man auf einem Brett schneidet, und ein Santoku Messer. Wellenschliff ist überhaupt Unsinn, weil das kann man selbst kaum schleifen. Ein Messer ist dann gut geschliffen, wenn man ohne Druck einen matschigen Paradeiser schneiden kann, ohne daß er platzt und alles rundum versaut.

Scheiben optisch herrichten, nicht daß sie zerfranst am Brett herumbröseln, Backpapier auf das Backblech legen, die Scheiben drauf und etwa 20 Minuten bei 200° drauf herumbraten.

Schinken- Blätterteigscheiben

Das geht genauso wie das Rezept oben, nur mit Schinken statt mit Lachs. Eine Alternative eben, wenn es Frühling ist und die Lachse am Lachsstrauch noch nicht ganz reif sind !

Blätterteig- Käsestangerl

Was zum Angeben. Schaut fruchtbar schwer zu produzieren aus, aber ist ganz einfach: **Blätterteig** entrollen, und in 1 cm Streifen schneiden (in die kürzeren der beiden möglichen Streifen). Mit gesprudeltem **Ei** bestreichen, etwas **Salz** und **Sesam** drüberstreuen, und geriebenen **Käse** auch (z.B. Pizzakäse oder Parmesan, oder beides), nicht zu viel davon, so viel daß das Zeug noch am Ei haftet. Jetzt her mit dem Backblech (wer nicht weiß, was das ist, der lasse ab vom Kochen !) und Backpapier drauf gebreitet. Die Streifen einzeln an den Enden nehmen, etwa sechsmal verdrillen (zu einer Spirale), was aber nicht sein muß, es geht auch ohne Gedrehe, und aufs Backpapier legen, so daß sie sich nicht berühren. Ab ins Backrohr, bei 180° bis sie schön goldbraun sind.

Blätterteig Lauchtascherl

In **Blätterteig** kann man fast alles reinpatzen, verschließen und backen – das geht selten schief. Diese Füllung hier ist auch recht gut: **Porree** kleinschneiden, mit **Knoblauch** in **Olivenöl** brutzeln, öfters mit etwas Suppe oder Wasser aufgießen; **Lorbeer**, **Salz**, **Pfeffer**, **Origano** rein, dann **Feta** oder Hirtenkäse oder einfach nur Käse rein, durchrühren und abkühlen. Aus einem Blätterteigfleck so 15 Rechtecke (15 weil 3 x 5) schneiden. Mit **Ei** bestreichen, einen Patzen vom Gatsch drauf in die Mitte, die vier Ecken einschlagen, die Ränder zusammendrücken, auf ein mit Backpapier belegtes Blech legen, mit Ei bestreichen und mit **schwarzem Sesam** bestreuen. Ins Rohr etc. ist eh klar, das brauch ich wohl nicht beschreiben.

Mozzarella Blätterteigtaschen

Das kann man genausogut als Hauptspeise essen, da gibt es keine gesetzlichen Vorschriften von der Regierung. Ist recht leicht zusammenzupantschen: in die Rührschüssel, wer eine hat, kommt hinein: geschnittener **Schinken**, ebensolcher **Mozzarella**, **Rahm**, **Schnittlauch**, **Salz**, **Pfeffer** und **Zitronensaft**. Das Zeug verrühren. **Blätterteig** in vier Rechtecke schneiden, in die Mitte einen Batzen, die Ränder zuklappen, und miteinander dicht verkneten. Flachdrücken – das ist auch eine Qualitätskontrolle: wenn der Patz dann in der Küche herumspritzt, ist das Tascherl nicht dicht gewesen ! Küche putzen, oben jetzt einschneiden, drei Schnitte längs und drei quer reichen, und ab ins Rohr bis sie schön golden gebräunt sind (am Blech natürlich, mit Backpapierunterlage). Dazu passt natürlich: ☞ *Salat.*

Jakobsmuscheln in Zitronenbutter

Und wieder ein sensationelles Rezept von Maitre Michael V. aus F: genauso simpel wie köstlich. **Jakobsmuscheln** werden in gleicher Menge **Butter** wie **Zitronensaft** goldbraun gebraten. Keine Sorge, durch die Säure werden sie nicht zäh. Fertig sind sie, wenn das Wasser des Zitronensafts verkocht ist. Die Butter ist dann schön braun und gibt einen guten Saft dazu. Würzen muß man gar nichts. Die Muscheln sind salzig genug und alles andere überdeckt nur ihren Eigengeschmack. Servieren auf : ☞ *Salat,* und / oder ☞ *Baguette* dazu.

Spargel mit Paradeisern

Was einfaches und grün- rotes: **Grünen Spargel** unten schälen und einzentimetrig schneiden. Genauso viele **Cocktailparadeiser** auf dieselbe Größe schneiden. Zerkleinerten **Zwiebel** in **Olivenöl** dünsten, den Spargel dazu, weiter drauf herumdünsten (weil die Spargel brauchen hitzemäßig vor den Paradeisern einen Vorsprung), mit **Weißwein** löschen, die Paradeiser dazu, **Salz, Pfeffer, Kräuter** wer mag, und zugedeckt fertigdünsten auf kleiner Flamme. Vor dem essen selbst (!) geriebenen **Parmesan** drüberschütten.

Shrimps mit Papaya

Avocado schälen und den Kern herausnehmen (den kann man im Blumentopf austreiben lassen), in kleine Stückchen schneiden, und in eine Schüssel geben. Gleich **Zitronensaft** drüberschütten und gut vermischen, damit die Avocados nicht braun werden. Dann kleingeschnittene **Walnüsse** (aber bitte ohne Schale !) dazugeben, **Papaya** die man auch entkernt, schält und kleinschneidet, **Creme Fraiche** und **Shrimps** (die man vorher in einem Sieb in kaltem Wasser gut spült). **Cayennepfeffer** kommt noch dazu, **Staubzucker**, desgleichen **Curry, Salz** und normaler **Pfeffer**. In Schüsserln füllen und kaltstellen. Mit **Weißbrot, Toast** oder so servieren.

Shrimps mit Avocado

Shrimps fühlen sich auch in der Gesellschaft von Avocados recht wohl, also warum sollten wir ihnen das nicht hie und da gönnen ? Zuerst kommt der Gatsch: Glasschüssel, da hinein **Joghurt**, kleingeschnittene **Schalotten** (übrigens: sie lassen sich leicht schälen, wenn man sie vorher 10 Minuten ins heiße Wasser legt !), **Olivenöl** oder

Walnußöl, **Paradeismark**, **Essig**[2], **Dijonsenf** oder Senf, **Salz**, **Cayennepfeffer**, und etwas **Zucker**. In diese Pampe wird kleingeschnittene, geschälte und entkernte **Avocado** hineingemischt, und natürlich **Shrimps**, wenn sie in der Zwischenzeit noch niemand aufgefressen hat. Zuletzt, kurz vor dem Essen, damit das Zeug nicht gatschig wird, weil nichts ist grauslicher als dieses, kommen kleingeschnittene **Radicchio** Salatblätter und, wenn man hat, auch noch **Vogerlsalat** dazu. Ist was leichtes, davon wird niemand blad, es sei denn er frißt fünf Kilo am Tag davon.

Shrimps mit Melone

Noch ein gutes Rezept hab ich: **Zuckermelone** in kleine Stückchen schneiden und in eine Schüssel geben. Dazu kommt entkernte, geschälte, in Stücke zerschnittene **Papaya**, geviertelte **Cocktailparadeiser**[3], **Vogerlsalat** und **Schnittlauch**. **Shrimps** natürlich auch – in einem Sieb vorher gut kalt gespült. **Pfeffer** und **Salz** darüber, umrühren und mit ganz wenig **Essig** und **Olivenöl** marinieren. In Schüsserln füllen, kalt stellen und mit **Weißbrot** servieren.

Heringsalat

Der Heringsalat ist eigentlich kein Salat, weil praktisch nix drinnen ist, was irgendwie genealogisch zu den Salaten gerechnet werden kann, drum steht er auch unter „Vorspeisen" und nicht unter „Salate" - soweit zum wissenschaftlichen Hintergrund. Also: **Erdäpfel** (am besten Kipfler), kochen, schälen, auskühlen lassen, kleinschneiden. Jetzt folgendes in eine Schüssel schütten: **Äpfel** geschält, entputzt, kleingeschnitten, **Zitronensaft** drüber damit sie nicht braun werden, geschnittene **Matjesheringe**, **Essiggurkerl**, **Walnüsse** und **Zwiebel** (in Ringerln), **Petersil**, **Schnittlauch**, etwas **Dille**, **Salz**, **Pfeffer**, **Kapern** und **Sauerrahm**. (Die meisten Rezepte nehmen hier statt dem Rahm 2 bis 3 Kübel fettigster Fertigmayonaise. Wer das macht, ist selbst schuld – er ruiniert damit nicht nur den Geschmack des Heringsalats, sondern auch seine Figur und seinen Ruf als Koch !). Zusammenpantschen, jetzt erst die Erdäpfel dazu (deshalb am Schluß, damit sie das Gemantsche formmäßig überleben), kaltstellen und mit **Baguette** essen.

Roter Heringssalat

---

[2] Essig gibt's in vielen guten Mutationen zu kaufen, bis hin zum Thuyenessig mit eingelegten spanischen Wegschnecken. Kann man auch selbst ansetzen, aus Wein, den man in der Flasche ein Jahr kühl stehen läßt, mit einem Fetzerl luftig verschlossen. Gut ist es auch, ein leergefressenes Honigglasl mit Essig auszuschwappen, und dann den Honigessig zu verwenden !

[3] Ein kleiner Tip zum Schneiden von 15 Cocktailparadeisern gleichzeitig: nebeneinander auf einen Teller legen, einen zweiten Teller umgedreht drüber, die Teller leicht zusammendrücken und mit dem langen Messer in den Spalt zwischen den Tellern reinschneiden !

Weil ich immer gefragt werde: nein, das ist keine Kreuzung zwischen einem Hering-salat und einer Blutwurst ! Prinzipiell geht das so wie der normale Heringsalat (siehe dorten), nur kommt dazu gekochte **rote Rübe**, nach dem Kochen geschält und zer-stückelt. Der Rest, der noch reinkommt: **Hering** (eh klar), **Erdäpfel**, **Joghurt**, **Apfel** mit **Zitronensaft**, **Salz**, **Pfeffer**, **Dille**.

Thunfischsalat

Noch so ein Fischsalat. Kein normaler allerdings, weil den kann man beim Wirten auch essen; da schaut man einfach, was er so alles reingeschmissen hat: Salatabfall, Fischreste, Fliegen, Zwiebel, Fett. Zuerst machen wir eine schöne Vinaigrette: In einer Glasschüssel **Essig**, **Senf**, **Sojasauce**, **Sojaöl** (oder Olivenöl, das tut´s auch), **Salz** und **Pfeffer** zusammenpantschen. Dazu kommen (in dieser Reihenfolge): **Zwie-bel** in Ringerln geschnitten, geschnittene **Ziguri** (vulgo Endivien oder auch Chicco-rien) wobei man bei diesen vorher mit dem Tourniermesser den Strunk heraus-schneiden muß, so kegelförmig wie möglich, weil der ist bitter; **Salat** und kleinge-schnittener geschälter und entputzter **Apfel**, der kurz in **Zitronensaft** gebadet ist, damit er nicht braun wird. Am Schluß kommt der **Thunfisch** aus der Konserve hin-ein. Mischen und fertig und essen.

Forellensalat

Aus paritätischen Gründen kommt jetzt nach dem Salzwasserfischsalat ein Süsswas-serfischsalat: als Dressing empfiehlt der Maitre **Olivenöl**, **Balsamicoessig**, **Salz**, **Orangensaft** (frisch gepresster natürlich, ja nicht aus dem Packl, der ruiniert den Salat sofort und die Forelle versteckt sich) oder aber auch **Zitronensaft**, **Honig** und **Schnittlauch**. Ein Spritzer **Senf** beschleunigt bekanntlich die Verrührung zu einheit-licher Dressingkonsistenz ! Jetzt reinleeren: **Pinienkerne**, halbierte **Kapern**, kleinge-schnittene **Zwiebel**, geschnittene **Räucherforelle** und **Salatblätter**. Kurz vor dem Essen erst vermischen, und mit **Weißbrot** verspeisen.

Austernpilz Vogerlsalat

Karotten schälen und in dünne Streifen schneiden. **Vogerlsalat** waschen, und gut abtropfen lassen, damit das Waschwasser dann nicht später zentimeterhoch am Teller herumsteht und die Schwammerln da drin herumschwimmen ! Karotten mit einem Dressing übergießen, das man aus **Essig**, **Olivenöl**[4], **Salz**, **Dijonsenf**, **Pfeffer**, hartem kleingeschnittenen **Ei** und **Sesamöl** zusammenpantscht. **Walnüsse** schälen und klein schneiden, und daruntermischen. Kurz vor dem Essen (damit er schön knackig

---

[4] Olivenöl: das wichtigste, was man in einer Küche braucht. Butter schmeckt mir persönlich zwar besser, aber meine tollen Cholesterinwerte hab ich dem Olivenöl zu verdanken !

bleibt) noch den Vogerlsalat hineinmischen. **Olivenöl** in die Pfanne, kleingeschnitte-ne **Zwiebel** und **Knofl** darin glasig anlaufen lassen. Geputzte **Austernseitlinge** dazu, **Salz**, **Pfeffer** und auf kleiner Flamme dünsten. Auf die Teller damit, und daneben den gut abgetropften Salat legen.

Salatrolle mit Shrimps

Zuerst wird ein **Salat** (am besten Bummerlsalat) zerlegt: je ein großes Außenblatt pro Mitesser möglichst unzerrissen vom Häupl schälen, und ein paar kleinere Blätter brauchen wir auch noch. Und jetzt wird gestiftelt: **Karotten, Frühlingszwiebel, Stangenzeller**, die kleinen Salatblätter und **roter Paprika**. **Ingwer** kleinschneiden, in **Olivenöl** andünsten, **Bohnensprossen** und das gestiftelte Zeugs dazu (die Boh-nensprossen brauchen wir nicht zu stifteln, sonst gibt's Verletzungen); kurz drauf herumdünsten und ständig umrühren und wenden; **Chili** und **Salz** dazu, mit **Sojasau-ce** löschen. Das Zeugs aus der Pfanne wird zusammen mit aufgetauten **Shrimps** in die großen Salatblätter (sind sie eh noch da, oder schon zerstiftelt ?) füllen, einrollen. Dazu paßt recht gut ein: ☞ *Joghurt Limetten Dip*

Schwammerl- Zucchini Salat

Das ist nichts, was man in letzter Minute anfangen kann, als Ersatz, wenn alles ande-re schon angebrannt ist; es muß nämlich zwischendurch auskühlen, und man braucht Zeit dafür. Zuerst einmal getrocknete **Shi Take** Schwammerln in Wasser einweichen (es sei denn, man bekommt sie frisch. Man kann aber durchaus auch Herrnpilze oder Eierschwammerl nehmen). Rote **Zwiebeln** mittelkleinwürfelig schneiden; **Cocktail-paradeiser** halbieren, **Zucchini** der Länge nach halbieren und dann in Scheiben schneiden, und dann noch die Schwammerln klein schneiden (so groß wie die Zuc-chiniwürfel). Schwammerl, Zwiebel und Zucchini in einer breiten Pfanne in **Olivenöl** anbraten. Das Gebratene mit **Salz, Pfeffer, Zitronensaft, Oregano, Petersil, Salbei** und zergatschtem **Knoblauch** würzen (Salz bitte erst nach dem Braten, sonst wirds ein Gatsch !). Hinein in eine Salatschüssel damit, und **Balsamicoessig** darüberge-schüttet. Dann muß das Zeug zwei Stunden im Kalten ziehen. Vor dem Essen kom-men noch **Salatblätter** (am besten kleingerissene Ruccola- und Friseeblätter) dazu, **Salz** und kurz umrühren.

Ensalada al Baolo

Champignons schälen, vierteln oder sechsteln oder neunteln je nach Größe und in **Butter** dünsten, in ein Schüsserl damit und in derselben Pfanne **Speckwürfel** rösten. Derweilen nicht Zeitunglesen, sondern in der Salatschüssel (wenn man eine hat) eine Vinaigrette zusammenpantschen: **Essig, Öl, Salz**, und ein Spritzer **Senf** verrühren. Dahinein kommen: **Schnittlauch, Zwiebel, Paradeiser, Mozzarella, Dolcelatte;** alles natürlich nicht im Ganzen sondern geschnitten. Jetzt reichlich **Salat** rein, das ist der Hauptbestandteil, die Champignons, den Speck und das wärs dann auch schon. Mit ☞ *Baguette* essen.

Avocadosalat mit Champignons

Champignons entstengeln, schälen und zusammen mit längsgestifteltem **Porree** in **Olivenöl** dünsten bis der Saft weg ist. **Paradeiser** sechzehnteln (vorher den grünen Stengelansatz herausschneiden), in eine Schüssel, **Avocados** schälen, schneiden, dazugeben – ohne Kern natürlich, durchmischen. Campignonporreepampe dazu, **Salz**, **Pfeffer**, **Basilikum**, **Balsamicoessig**, **Olivenöl** und kleingeschnittenen **Parma-schinken** drüberleeren, durchmischen und fertig.

Kürbis- Linsensalat

Warmer Kürbis mit kaltem anderen Zeugs – schmeckt gar nicht vegetarisch ! Zuerst pantschen wir eine Vinaigrette aus **Essig**, **Olivenöl**, **Zitronenzesten**, zerkleinerten **Minzeblättern**, **Frühlingszwiebel**, **Pfeffer** und **Salz**. Ein Stück **Feta** schneiden, das brauchen wir später noch. Jetzt werden **Linsen** weich gekocht („weich" heißt nicht „gatschig" – wohlgemerkt !). Bis die weichnichtgatschig sind, einen **Kürbis** entkernen, schälen, zerkleinern und in **Olivenöl** bißfest braten; am Schluß **Paprikapulver** (das süße) dazu, Feta, Linsen und Kürbis über die Vinaigrette leeren, und sofort essen.

Gebratener Haloumi

Der *Χαλλούμι* wächst am besten in Zypern, als Mischkäse von Kuh, Schaf und Ziege. Bei uns wächst er im Supermarktkäseregal, wo er aber nur schwer zu finden ist. Wenn man ihn findet, schneidet man ihn in Scheiben, brät ihn in ganz wenig **Olivenöl** bis er gebräunt ist und verspeist ihn mit **Paradeisern, Basilikumblättern** und **Weißbrot**, etwas **Essig** und Olivenöl über die Paradeiser und pfeffern kann ihm auch nicht schaden. Wenn man ihn nicht findet, ißt man eben was anderes.

Früchte Curry

Gleich viel **Ananas**, **Mango** und **Zuckermelone** kleinschneiden, das Rezept hat aber nur Sinn, wenn dieses Zeug auch wirklich reif ist, sonst wird's ein grausliches Curry. Jetzt **Zucker** in einem Topf karamelisieren. Wers nicht weiß: Zucker in den Topf, bei stärkerer Hitze zergehen lassen (wird flüssig) und warten bis der Zucker braun ist; dann weg vom Feuer. **Curry** dazu, durchrühren, mit **Kokosmilch** aufgießen und durch Kochen stark reduzieren. In den warmen Kokosgatsch **Salz** und **Pfeffer** hinein, **grüne Pfefferkörner**, **Cashewnüsse**, und die kleingeschnittenen Früchte. Durchrühren, daß alles schön warm wird, und noch warm servieren.

Gefüllte Schinkensemmerln

Semmerln von der speziell kleinen Sorte, die sind so 7 Zentimeter im Durchmesser, kriegt man bei guten Bäckern (man kann natürlich auch die entsprechende Menge normaler Semmeln nehmen) werden halbiert, ausgehöhlt, und innen mit **Butter** bestrichen. Jetzt pantscht man in einem Weidling sehr fein geschnittenen **Schinken**, **Dotter**, geschnittenen **Petersil**, geriebenen **Parmesan** und **Rahm** zusammen. Diese Pampe füllt man in die Semmeln, und schließt oben noch mal mit geriebenem **Parmesan** ab. Die Trümmer kommen auf ein Blech, auf Backpapier, und wandern bei 176,7° eine viertel Stunde ins Rohr. Ganz frisch und heiß servieren !

Gratinierte Baguettes

Als erstes pantscht man in einem Weidling folgende Zutaten zu einer Pampe zusammen (alles wird sehr klein geschnitten): **Salami**, **Schinken**, **Creme Fraiche**, **Ei**, geriebenen **Emmentaler**, **Essiggurkerln**, **Zwiebel**, einige **Knoblauchzecherln**. Ein Baguette dritteln, und die Stücke der Länge nach durchschneiden, und mit dem Aufstrich bestreichen, ab ins Backrohr und bei 180° etwa 10 Minuten überbacken.

Gratinierte Paradeiser

Zuerst zur Pampe: Ein Suppenteller muß her, **Topfen** mit 10% Fett hinein (das reicht, es sei denn, man will fett werden); ein **Dotter**, gleich viel **Parmesan** wie Topfen, (natürlich selbst geriebenen; den fertig geriebenen kann man sich höchstens in die Haare bröseln – soll gut gegen Schuppen sein) etliche kleinzerkleinerte **Knoblauchzehen** und dazu noch **Mandelblättchen** – und das ganz gut vermantschen. Jetzt pro Mitesser einen **Paradeiser** waschen und den grünen Stengelansatz mit dem Tourniermesser herausschneiden. Die Paradeiser werden halbiert, kommen in eine Gratinierform, und werden belegt bzw. dick bestrichen mit (in dieser Reihenfolge, von unten nach oben): **Salz**, **Sardellenfilets**, **Basilikumblättern** und der Pampe, wenn man sie in dem Küchenaustall noch findet. 20 Minuten bei 180° im Rohr sollten reichen (Unter- und Oberhitze).

Paradeiser- Blätterteigtorte

Den **Blätterteig** kauft man fertig, es sei denn, man will die 512 Schichten, aus denen dieser besteht, selbst händisch falten (wobei neunmal falten und danach immer auswalken reichen sollte !). Auftauen lassen, und am Papierl (das gewöhnlich eh schon praktischerweise ein Backpapierl ist), in das er eingewickelt ist, in eine viereckige Form mit hochgezogenem Rand legen, in ein Backblech zum Beispiel, und solang dran herumkneten, bis er halbwegs dicht scheint. Jetzt werden mit der Gabel nebeneinander ein Haufen Löcher gestochen, damit er wieder undicht wird (dann rinnt zwar nix nach unten durch, aber er wölbt sich auch nicht blasig nach oben und fällt dann unter vulkanischer Verschmutzung des Backrohrs in sich zusammen).

Dijonsenf draufstreichen, reichlich **Gruyere** Käse, **Herbes de Provence** und etwas **Kurkuma** oder ähnliches drüber, **Paradeiser** in Scheiben (halbzentimetrig) geschnitten, **Salz**, **Pfeffer** drauf und **Olivenöl** drüberspritzeln. Ab ins Rohr für 20 Minuten.

Suppen

Apfel- Zellersuppe

Das fängt ja gut an: Apfelsuppe ! Das fällt ja in dieselbe Kategorie wie Marillengulasch oder Truthahnmarmelade. Ist aber doch kein Schreibfehler: doppelt soviel **Apfel** wie **Zeller** zusammen mit **Zwiebel** (wahlweise geschält, entkernt, zerkleinert) in **Olivenöl** etwas dünsten, mit Wasser bedecken, **Salz** und **Pfeffer** dazu, weichköcheln, den Turmix damit beschäftigen, retour in den Topf, geachtelte **Walnüsse** reinschmeißen (ohne Schale natürlich) und fertig. Den Mitessern aber erst nach der Suppe die einzelnen Ingredienzien gestehen, sonst könnte es Geschrei bei Tisch geben !

Avocadocremesuppe

Ganz einfach: Zwiebel in **Olivenöl** dünsten, mit klarer **Suppe** aufgießen, **Avocado** rein (natürlich ohne Schale und ohne Kern !), fünf Minuten kochen, turmixen, und fertig. **Salz** und **Pfeffer** nicht vergessen, und etwas **Zitronensaft** ist auch gut in dem Süppchen ! Croutons passen auch gut dazu.

Bärlauchsuppe

Bärlauch gibt's nicht in der Billa, nicht am Markt (außer am Naschmarkt, zu Schweinspreisen), sondern im Wald, und zwar Mitte März bis Ende April etwa. Er ist das erste, was durch den Schnee wachst, daher nicht zu verwechseln. Später als im Mai sollte man ihn nicht mehr nehmen, er schmeckt dann nicht mehr so gut, und man kann ich auch mit den giftigen Maiglöckchen verwechseln. Im Wald **Bärlauchblätter** mähen gehen; aber nur die obere Hälfte der Blätter nehmen, dann muß man ihn nicht entstengeln. Die gewaschenen Blätter (etliche Handvoll) klein schneiden. kleingeschnittene **Zwiebel** in **Olivenöl** dünsten, kleingeschnittene **Karotte**, **Ingwer**, den Bärlauch und Wasser drüber (gerade soviel Wasser nehmen, daß die Blätter nur halb hoch mit Wasser bedeckt sind – sonst hat das Gebrühe dann im Turmix keinen Platz mehr, und es geht beim Kochen der Bärlauch eh ganz klein zusammen), sowie **Salz** und **Pfeffer**. Die Pampe nach 5 Minuten Kochen in den Turmix haun, und zerkleinern. Durch ein feines Sieb[5] zurück in den Topf leeren und mit dem Löffel durchstreichen. Es bleibt relativ viel im Sieb zurück, was man nochmals mit Wasser begießt und durchdrückt, damit möglichst viel in den Topf kommt. Was dann noch bleibt, kann man auch als Spinat essen – schmeckt gut ! Den Topfinhalt dann mit

---

[5] Für diese und alle noch kommenden gesiebten Suppen verwendet man am besten ein konisches (nach unten spitz zulaufend) Metallsieb mit kleineren Löchern. Das Zeug aus dem Turmix ins Sieb schütten, mit einem Eßlöffel durchnudeln und dann mit etwas Wasser aufgießen und nochmals mit dem Löffel bearbeiten.

Wasser aufgießen, damit man dann genügend Portionen hat, und (wenn man zu mager ist) **Creme Fraiche** oder **Rahm** oder **Obers** hineinrühren (mit dem Schneebesen). Man kann auch noch mit **Butter** oder einem **Eidotter** verfeinern. Gut schmecken Croutons dazu. Einfach **Semmelwürfel** (wie man sie für die Knödl verwendet) in einer Teflonpfanne in **Butter** unter häufigem Umrühren auf kleiner Pfanne rösten. Beim Rösten braucht man Geduld: lieber auf kleiner Flamme länger rösten, und sehr oft wenden, als auf großer Flamme Kohle produzieren, und die Küche stinkt dann auch recht beträchtlich, was mindestens eine Haube kosten kann. Was man auch noch hineingeben kann: getrocknete **Herrnpilze** in Wasser aufweichen, nach dem Passieren in die Suppe schütten, und ein paar Minuten aufkochen. Übrigens: Bärlauch kann man auch fein geschnitten in den Salat werfen, oder mit Topfen und Rahm zu einem Aufstrich verarbeiten, oder mit Olivenöl zu ☞*Spaghetti mit Bärlauch- Pesto* verarbeiten.

Bärlauch - Löwenzahnsuppe

Den Hauptbestandteil des Süppchens findet man ab April auf der Wiese, ab Juni seltener. **Zwiebel** zerkleinern, in **Olivenöl** dünsten, kleingeschnittenen **Bärlauch** und **Löwenzahn** oder auch nur letzteren dazu (aber bitte einen großen Haufen, nicht nur drei Blatteln !); Wasser dazu, **Salz**, kochen. Dann in den Turmix, und zurück ins Töpfchen, damit es keine Verkühlung gibt. Dazu kommt noch kleingeschnittene **Karotte**, **Zeller**, **Erbsen**, **Petersilwurz**, **gelbe Rübe**; bißfest kochen, und am Ende noch eine Handvoll geschnittene Kräuter.

Bärlauchnockerlsuppe

Erdäpfel kochen, schälen, mit der Gabel zergatschen. **Zwiebel** sehr kleinschneiden, in **Olivenöl** dünsten, sehr kleingeschnittenen **Bärlauch** mitdünsten. Zum Erdäpfelgatsch dazu, nochmal vermantschen, **Salz**, ein **Ei** dazu, und soviel glattes **Mehl**, daß eine Art Teig entsteht. Vor dem Nockerlwutzeln kaltstellen im Kühlschrank, dann kann man leichter Nockerln wutzeln, die man in kochendes Wasser hineinwutzelt und zehn Minuten kocht. Eßbar in jeder klaren Suppe, aber auch mit Butter und Parmesan ohne Suppe. Natürlich gibt's auch eine Alternative: Grießnockerl aus dem Packl machen, und in die Grießnockerlmasse kleingeschnittenen Bärlauch hineingatschen.

Bierhefesuppe

Was gesundes: mit viel Vitamin B, verdauungsfördernd und so weiter. Nicht zu verwechseln mit dem Biertrinken selbst, das ist was anderes. Eine Bierhefegemüsesuppe geht ungefähr so: **Stangenzeller**, **Blattspinat** und **Karotten** mit zerkleinertem **Ingwer** in **Olivenöl** dünsten, mit Wasser aufgießen, einen Teelöffel **Bierhefe** rein, gut durchrühren, das Zeug klumpt gerne, **Red Curry Paste** dazu, **Salz** und **Pfeffer** rein und wer will kann noch Rahm reingeben und Koriander, der bei mir nirgends dazukommt weil er grauslich ist. Jetzt turmixen und **Zuckerschoten** hineinleeren und einmal kurz aufkochen und dann erst essen.

Blunzensuppe

Da kann nicht viel kaputtgehen, das ist eine Anfängersuppe: In der Früh **Rollgerstl** einweichen. **Zwiebel** und **Knoblauch** in **Olivenöl** dünsten, der **Blunzen** die Haut abziehen und in die Katze stopfen (die Haut, nicht die Blunzen), kleinschneiden (die Blunzen, nicht die Katze), zu den Zwiebeln schütten, Wasser drüber, kochen und turmixen. Zurück in den Topf sieben, Rollgerstl dazu, **Salz** und **Pfeffer**, und das wars dann auch schon.

Borschtsch

Wir beginnen am Vortag: zuerst einmal wird der wissenschaftliche Exkurs[6] aufmerksam studiert. Danach eine **rote Rübe** schälen und grob raspeln. In ein Schüsserl, etliche ordentliche Spritzer **Essig** drüber, mit Wasser bedecken, und in den Kühlschrank stellen. Weiße **Bohnen** in Wasser einweichen (übrigens: die gemüsigen Zutaten sollten bis auf die Kräuteln und die Gewürze ungefähr gleich viel sein). Jetzt schlafen wir einmal darüber. Nächsten Tags herrichten: **Zwiebel**, **Paradeiser** und **Kohl** in essbare Stückchen schneiden, ab in den Suppentopf, etwas **Olivenöl** dazu. Jetzt schmeißt man noch hinein: die Bohnen (ohne Wasser) und die roten Rübenschnipsel (den roten Saft vorher abseihen und aufheben), **Petersil** Blätter im Ganzen, **Lorbeerblatt**, **Dille** (geschnitten), **Majoran**, **Basilikumblätter** im ganzen, **Pfefferkörner**, roter **Paprika** (das Pulver) und **Salz**; und drüber kommt **Rindsuppe**. Wenn man fertig gekochtes Rindernes vorrätig hat, kommt das auch noch hinein, und zwar quer zur Faser klein geschnitten. Wenn das Gemüse essbar gekocht ist, kommt das Roterübenessigwasser dazu, bitte aber zuerst wenig, und kosten, bis es genug ist. In die Suppenteller kann man noch ein Löffelchen **Sauerrahm** geben. Übrigens: Es kommt beim Borschtsch immer wieder vor, daß man zuviel der Suppeneinlagen produziert, und daß aus der Suppe ein Gatsch wird, und keine Suppen. Das macht gar nichts. In manchen Gegenden Rußlands wird Borschtsch als Eintopf gegessen. Eine diesbezügliche kurze fachliche Erklärung an die Mitesser, die eine Suppe erwarten,

---

6 Exkurs: wenn man kein fertiges Stück Suppenfleisch hat, ist das gewissermaßen bedauerlich, und man muß parallel zum Borschtsch eine Rindsuppen kochen – was ich auch empfehlen täte. Kocht man nämlich ein Stück Suppenfleisch im Borschtsch, ist es nämlich besser, zuerst das Suppenfleisch eine Stunde zu kochen, und dann das Gemüse reinschütten, sonst ist das Gemüse zu einem Gatsch zerkocht, wenn das Fleisch noch steinhart ist, und die Haube ist verloren auf immerdar !

sollte widerspruchslos bleiben, die Kompetenz des Kochs kann dadurch sogar noch erheblich gesteigert werden !

Brennesselsuppe

Im Wald behandschuht **Brennesseln** mit dem Stengel mähen gehen. Mit der Schere die Blätter von den Stengeln schneiden, direkt in die Abwasch[7]. Blätter waschen – und ab jetzt stechen sie schon nicht mehr. Die gewaschenen Blätter klein schneiden und ins kochende Salzwasser haun. Gerade soviel Wasser nehmen, daß die bereits eingegangenen Blätter gerade mit Wasser bedeckt sind – sonst hat das Gebrühe dann im Turmix keinen Platz mehr, er geht beim Kochen sofort ganz klein zusammen. Dazu gibt man klein geschnittene **Karotte** und kleingeschnittenen **Zeller**, sowie **Salz**. Die Pampe nach 5 Minuten Kochen in den Turmix haun, und zerkleinern. Durch ein feines Sieb zurück in den Topf leeren und mit dem Löffel durchstreichen. Es bleibt relativ viel im Sieb zurück, was man nochmals mit Wasser begießt und durchdrückt, damit möglichst viel in den Topf kommt. Den Topfinhalt dann mit Wasser aufgießen, damit man dann genügend Portionen hat, und **Creme Fraiche** oder **Rahm** oder **Obers** oder alles dieses zusammen hineinrühren (mit dem Schneebesen). Man kann auch noch mit **Butter** oder einem **Eidotter** verfeinern. Sehr gut schmecken Croutons dazu. Wie das geht, hab ich bei der ☞*Bärlauchsuppe* erklärt, ich will mich also nicht wiederholen, obwohl ich mich grad eh wiederholt hab, aber das ist jetzt genug der Wiederholungen.

Broccolisuppe

Von einem **Broccolo** (ist das wirklich die Einzahl von Broccoli ?) die schönsten Röschen (die findet man oben in der Mitte) herausschneiden, waschen, und beiseitelegen, die kommen dann nachher in die Suppe als Suppeneinlage. Der Stengel wird geschält, und der ganze Rest wird klein geschnitten. Dann putzt und schneidet man noch **Karotten**, gleich viel **Zeller** und **Petersilwurzel** sowie einige **Knoflzecherln**. **Zwiebel** kleinschneiden, in **Butter** und Olivenöl glasig, anlaufen lassen, das geschnittene Gemüse dazu, **Salz** hinein, **Pfeffer** natürlich auch, der darf eigentlich nie fehlen, umrühren und mischen und mit Wasser aufgießen, bis alles bedeckt ist. Etwa zehn Minuten kochen, bis das Zeug durch ist. Im Turmix zerkleinern und zurück in den Topf (braucht man nicht sieben, es bleibt nichts zurück). Am Feuer lassen, aber nicht mehr kochen. Mit Wasser verdünnen, bis sich die gewünschte Anzahl von Tellern ausgehen, und dann die restlichen Broccolistücke hineinschütten, und noch ganz kurz (sagen wir, zehn Sekunden lang) aufkochen. Fertig.

---

[7] Für solche Zwecke sollte die Abwasch immer frei und sauber sein. Es gibt nichts blöderes, als wenn man die Abwasch braucht, und sie mit dreckigem Kochgerümpel verstopft ist. Eine Steigerung ist dabei noch denkbar: wenn jemand die Abwasch mit Tellern und Töpfen gefüllt hat, die voll sind mit heißem Wasser und Geschirrspülmittel !

Broccoli- Gervaissuppe

Kurz & einfach & schmeckt gut, mit Haubenpotential: **Zwiebel** in **Olivenöl** dünsten, **Broccoli** Trümmer dazu, mit Wasser bedecken, zerweichkochen, **Salz**, **Pfeffer**, Turmix; eh alles so wie immer. Zurück in den Topf, **Gervais** mit dem Schneebesen reinrühren, noch ein paar kleine Broccoliröschen dazu, **Mandelsplitter**, einmal aufkochen damit die Suppeneinlage noch bissfest bleibt und fertig ist die Grundlage einer weiteren Haube[8] !

Broccoli Shrimpsuppe

Zwiebel in **Olivenöl** dünsten, geschnittene **Broccoli** dazu, Wasser, **Salz** und **Pfeffer**; kochen, turmixen, retour in den warmen Topf sonst verkühlt sich das Gesuppe, mit Wasser strecken bis alle Mitesser genug Suppe haben, und fertig. Vor dem Servieren die **Shrimps** dazu, aber nicht mehr aufkochen – und das hat natürlich einen Grund, sonst würd ichs ja nicht schreiben: wenn die Shrimps nämlich kochen, gehen sie auf winzige Shrimpserl ein, und keiner findet sie in der Suppe mehr, und alle glauben, der Koch hat die Shrimps zusammengefressen, und tischt jetzt nur Broccolisuppe mit lauwarmen Lügen auf !

Butternockerlsuppe

Wer eine ☞*Parmesannockerlsuppe* zusammenbringt ohne sich die Haare auszuraufen, der bringt auch die Butternockerlsuppe zusammen, weil das ist eine Parmesannockerlsuppe ohne Parmesan. Also: 32 g **Butter** mit 2 **Eiern**, **Salz** und 100 g **Mehl** zusammengatschen, im Kühlschrank rasten lassen und dann in Nockerlform wutzeln (wie bei den Grießnockerln beschrieben) und in Salzwasser eine Viertelstunde köcheln. Passt in jede Rinds-, Hendl-, Frosch- oder Gemüsesuppe und wird häufig auch, wenn übriggeblieben, aus dem Kühlschrank kalt herausgenascht !

Champignoncremesuppe

Genau dasselbe wir oben, nur geturmixt. Am Ende kommen die geblätterten Champignons dazu, und es wird nochmals für fünf Minuten aufgekocht, abgedreht und **Obers**, **Rahm** oder **Creme Fraiche** hineingerührt.

Champignonsuppe

Zerkleinerte Zwiebel in Butter anlaufen lassen. Dann gibt man dazu: Wasser, eine halbierte **Zwiebel** mit der braunen Schale (gibt eine schöne Farbe), diverse geschälte **Karotten**, **Petersilwurzel**, eine große Scheibe **Zeller**, einige **Knoblauchzecherln**.

---

[8] Wenn man nach diesem Kochbuch kocht, dann häufen sich automatisch die Hauben. Was tun, wenn sie zu viel werden ? Auf den Dachboden damit, das isoliert im Winter. Oder am Gebrauchthaubenmarkt in nordischen Ländern verkaufen.

Den **Champignons** (ja nicht waschen, sie werden eh geschält) bricht man die Stengel aus, und haut sie auch in die Suppe. Die Köpfe werden geschält und blättrig, d.h. in millimeterdicke Scheiben, geschnitten. Die älteren davon, die man daran erkennt, daß die Lamellen schon dunkelbraun sind, schmeißt man auch in die Suppe, die jüngeren hebt man noch auf. **Salz** hinein, (kommt gleich am Anfang dazu, dann kocht sich der Geschmack besser aus dem Gemüse), **Pfefferkörner**, **Neugewürz**, **Lorbeerblatt** und etwas frisches oder getrocknetes **Maggikraut** kommen auch noch dazu. Leicht wallend kochen, aber zugedeckt, damit der Geschmack drinnen bleibt, nach einer halben Stunde das Gemüse abseihen und wegschmeißen. Jetzt kommen die restlichen geblätterten Champignons dazu, und es wird nochmals kurz aufgekocht.

Duxelles Suppe

Wenn einem bei der Produktion eines Filet Wellington ☞*Schweinsfilet im Blätterteig* eine **Sauce Duxelles** übrigbleibt, so ist das kein Anlaß sich aus Verzweiflung aus dem Kellerfenster zu stürzen. Ganz einfach die Sauce in eine fertige **Hühnersuppe** schütten, einmal aufkochen und fertig.

Eierschwammerlsuppe I

Schmeckt am besten auf Stosuppenbasis – siehe auch ☞*Stosuppe*. Etwas Wasser mit **Salz**, **Pfeffer**, **Kümmel** und einem Spritzer **Essig** aufkochen, einen halben Becher **Rahm** hineinsprudeln, geputzte und kleingeschnittene **Eierschwammerl** (Sauberkeitsfanatiker können diese ausnahmsweise auch waschen, weil sie kommen eh in die nasse Suppe !) dazu, fünf Minuten aufkochen, und fertig. **Petersil** dazu kann auch nicht schaden. Gut ist auch, wenn man Erdäpfel mitkocht und turmixt, bevor die Schwammerl reinkommen.

Eierschwammerlsuppe II

So ähnlich wie die Suppe die da oben herumsteht: **Speck**, **Zwiebel** und **Knoblauch** in **Olivenöl** anbraten, Wasser dazu, die **Eierschwammerl** natürlich, kochen, dann **Creme Fraiche**, **Salz** und **Kümmel**.

Eierschwammerlrahmsuppe

Eierschwammerl in **Olivenöl** dünsten und wieder raus aus dem Topf. Jetzt **Zwiebel** und **Erdäpfel** rein, **Kümmel**, **Salz** und **Pfeffer**, anbraten, mit Wasser aufgießen, weichkochen, turmixen und retour in den Topf. **Obers** dazu und die Schwammerl reinleeren und fertig.

Eierschwammerlsuppe Nes Gard

Erfunden von mir in der gleichnamigen Ansiedlung am Sognefjord: einen Sack frische **Eierschwammerl** suchen, finden, pflücken, waschen, putzen, zerschneiden und in etwas **Olivenöl** dünsten – dabei gehen sie ein wie Wäsche in der Waschmaschine bei 280°. Wenn sie erfolgreich verkleinert sind, weg vom Feuer. Den Saft, der dabei entsteht, ja nicht wegschütten, das wird nämlich die Suppe ! Jetzt in einem zweiten Topf **Zwiebel** und **Speck** in Olivenöl anbraten, geschnittene **Karotten** rein, den ganzen Saft samt den Dünstschwammerln reinleeren, **Salz**, **Pfeffer** und noch etwas köcheln. Angeblich geht das nur mit ganz frischen Eierschwammerln: wenn man das mit alten macht, wird der Saft; d.h. die Suppe bitter. Ich kanns natürlich nicht bestätigen, weil ich verwende keine vergammelten Schwammerl in meiner Küche !

Eierschwammerl- Paradeissuppe

Zuerst produzieren wir eine ☞*Paradeiser- Kokossuppe* und dann schmeißen wir getrocknete **Eierschwammerl** rein, und **Liebstöckel**. Und gleich Platz machen für eine weitere Haube für den Maestro !

Eierstichsuppe

Nein, das ist nichts Unangenehmes, sondern schmeckt gut ! Ein **Ei** pro Teller Suppe in ein Schüsserl geben, **Salz** dazu, etwas **Milch** und **Muskatnuss**, und verrühren. Dann in ein anderes Schüsserl mit einem flachen Boden leeren, das mit Butter ausgestrichen ist, damit es nachher wieder herausgeht, und jetzt in einen Topf, in dem etwas Wasser drinnen ist, drei Kaffeelöffel mit der Rundung nach oben am Boden legen und das Schüsserl mit dem Ei draufstellen, zudeckeln und auf kleiner Flamme im Wasserbad dünsten bis es gestockt ist. Wenns fertig ist, rausstürzen, in Scheiben schneiden und in einer Suppe essen. Was man in die Masse noch alles reingeben kann: Parmesan, Speckwürfel, Erbsen, Hühnerfleisch, kandierte Pinguinflügel oder Staufferfett.

Erbsensuppe

Putzen und schneiden von **Zwiebel, Knoblauch** und **Lauch**; in **Olivenöl** glasig anlaufen lassen. Zwei Handvoll **Erbsen** abgezählt gleich im gefrorenen Zustand, oder auch frisch, dann schmecken sie besser, dazuschütten und gleich mit **Wasser** aufgießen. **Salz** hinein, **Pfeffer** und **Muskat**, umrühren und etwa fünf Minuten kochen.
Im Turmix zerkleinern und zurück in den Topf. Mit Wasser verdünnen, bis sich diverse Teller laut Menüplan ausgehen. Jetzt nochmals **Erbsen** hineinschütten, fast zum Kochen bringen, das genügt. Kurz vor dem Servieren kommen noch Shrimps (vorgeschält und vorgekocht) hinein, nicht mehr aufkochen.

Erbsensuppe mit Würschteln

Ganz was einfaches, was aber trotzdem gut schmeckt. Das schwierigste daran ist es, die Erbswurst im Supermarkt zu finden. Also: von der **Erbswurst** soviel herunterschneiden, wie man braucht (ist tellerweise durch Stricherln markiert !), Wasser dazu (steht drauf, wieviel), nicht einmal salzen muß man, aufkochen und dann kleingeschnittene **Frankfurter** oder Debreziner hineinschmeißen. Nochmals aufkochen und essen. Mit frischen Erbsen geht das natürlich auch.

Erdäpfel- Kokossuppe

Eine interessante Kombination: Einen **Erdapfel** pro Suppenesser kochen, schälen, kleinschneiden, in den Suppentopf damit zusammen mit einer Dose **Kokosmilch** und gleich viel Wasser oder **Hühnersuppe** (wenn man hat). Dazu kommt noch **Salz**, **Ingwer**, **Muskat**, ein Tropfen **Vanilleessenz** pro Teller und **Pfeffer**. Nur ganz kurz aufkochen (die Erdäpfeln sind ja schon gekocht – siehe oben, wer´s schon wieder vergessen hat), turmixen und ab in die Mägen !

Fastensuppe

Wenn man den ganzen Tag nichts als diese Suppe löffelt, nimmt man ab, und sie schmeckt dazu sogar noch recht gut. Noch mehr abnimmt man nur dann, wenn man die Suppe nach dem Kochen nicht ißt, sondern im Garten in vierzig Giga- Angström Tiefe vergräbt (aber händisch graben ! nicht mit dem Bagger !). Gemüse putzen, kleinschneiden, und in einen sehr großen Topf: **Weißkraut**, **Zwiebel**, **Stangenzeller**, **Karotten**, **Porree**, **Pfefferoni**. Dazu kommt noch eine Dose **Pomodori Pelati**, kleingeschnitten, **Salz** und **Pfeffer**, und Wasser, bis das Zeugs bedeckt ist. Auf kleiner Flamme zugedeckelt eine halbe Stunde kochen. Wenn man diese Suppe eine ganze Woche lang ißt, dann nennt man das Krautsuppendiät – oder besser noch Grautsuppendiät, weil einem nachher vor Krautsuppen graut.

Fenchelcremesuppe

Küchentechnisch gibt´s da keinen Unterschied zu anderen Gemüsecremesuppen, nur der Name ist anders, was ausschließlich am Fenchel liegt. Also: **Zwiebel** kleinschneiden und in **Olivenöl** dünsten. Eine **Fenchelknolle** kleinschneiden, und auch dazuschmeißen. Mit Wasser aufgießen, **Salz**, **Pfeffer** und etwas **Kümmel** dazu, kochen, turmixen, mit Wasser verdünnen, und bißfest kochen. Am Schluß noch kleingeschnittenen **Petersil** drüber. Etwas rotes **Paprikapulver** passt gut hinein, und auch geschnittener **Lauch** als Einlage.

Fenchel- Fischsuppe

Fisch schwimmt gern in Fenchel herum. Die Freude machen wir ihm: **Zwiebel** in **Olivenöl**, kleingeschnittenen **Fenchel** dazu (das Fenchelgrün kleinschneiden und noch aufheben), Wasser dazu, dünsten, Rundreise durch den Turmix, kleingeschnittenen **Fisch** rein (Lachs, Forelle oder so), **Salz, Pfeffer** und einmal fast aufkochen. Beim Servieren das **Fenchelgrün** dazugeben; wer will und hat kann auch noch **Forellenkaviar** reingeben.

Fischbouillon mit Jakobsmuscheln

Kleingeschnittenen **Stangenzeller, Fenchel, Petersilwurz,** und **Zwiebel** mit **Pfefferkörnern**, einem **Lorbeerblatt, Thymian** und **Wacholderbeeren** in eine Rührschüssel schmeißen. Ein nicht fettes **Fischfilet** (Saibling, Marmorgurami, Wolfsbarsch oder so) zermantschen und dazugeben, sowie vier **Eiklar** (aufpassen, daß ja kein Futzerl Dotter dabei ist !). Jetzt das Zeug mit dem Kochlöffel durcharbeiten, bis ein leichter Schnee entsteht. Der Gatsch kommt mit ein paar **Eiswürfel** in möglichst kaltes Wasser, hineinrühren und eine viertel Stunde herumstehen lassen. Derweilen kann man ruhig in der Nase bohren. Jetzt kommt noch so viel wie die halbe Wassermenge an **Fischfonds** dazu, wenn man einen hat. Was das ist, erklär ich nicht, das weiß man eben. Wenn man's nicht weiß, läßt man es halt weg. Jetzt wird unter dem Topf Feuer angeheizt. Bis es aufkocht, öfters den Boden aufkratzen, damit sich kein Eiweiß am Boden anlegt. Aufkochen lassen, dabei das Nasebohren aber einstellen, und aufpassen, daß das Zeugs nicht übergeht ! Das versaut dann sehr den Herd, und dann ist der Freude nimmermehr am Kochen ! Nach dem aufkochen nicht mehr umrühren, und 20 Minuten auf kleinster Flamme köcheln. Danach das Zeugs durch ein Sieb in das man ein (sauberes[9]) Tuch hineingelegt hat, in einen anderen Topf seihen, das Tuch nicht ausdrücken. Das Eiweiß hat beim Aufkochen alle Schwebstoffe gebunden, und mit dem Abseihen bekommt man diese aus der Suppe heraus und das Ergebnis sollte eine klare Fischsuppe sein, so klar, daß man durch einen gefüllten Glasteller eine darunter liegende Zeitung lesen kann. Soweit die Theorie – viel Spaß ! (Es gibt auch eine einfachere Version: die Zutaten kochen ohne das ganze Brimbamburi mit Eiklar und Eiswürfel, und nachher abseihen. Ist die Suppe halt nicht ganz so klar, was solls.) In die Suppe kommt noch **Salz, Dille** und **Jakobsmuscheln** (bekommt man tiefgefroren), die man aber nur eine exakte halbe Minute kochen darf

---

[9] Sauberkeit: In der Küche ist Sauberkeit ganz wichtig. Es gibt nichts nervösermachenderes als einen Kochlöffel mit fettigem Griff und eine Arbeitsfläche, auf der dreckige Töpfe zwischen Dotterpatzen, Knochen, der Katze und Gekröse herumkugeln und man zwischen Abwasch und Herd immer über die Suppenlacke von vorgestern hüpfen muß, in der ein Huhn schwimmt. Also bitte immer wieder Zeugs wegwaschen, wegräumen und die Arbeitsfläche sauberwischen !

! (Sonst werden die Muscheln zu Gummi !). Die Muscheln also ins kochende Süppchen, eine halbe Minute kochen, abseihen und erst vor dem Servieren wieder in die abgekühlte Suppe geben ! Ich habs damit gesagt, ich bin nicht schuld, wenn das Zeug dann steinhart ist, weil irgendwer meint, was der da schreibt, ist ein ausgemachter Holler !

Fischsuppe mit Reisnudeln

Fisch schwimmend in Kokos mit Ingwer und Zitronengras: das schmeckt nach Urlaub und Insel und Palme mit Affe drauf. Zuerst eine Gemüsesuppe aus Wasser (nona), **Zeller**, **Karotten**, **Stangenzeller**, **Petersilwurz** und **Salz** kochen. Derweilen richten wir den Rest her: **Reisnudeln** kochen, so wie es am Packl steht, abschrecken und aufheben. **Fisch** (Wels, Kabeljau, was auch immer da ist und Flossen hat) kleinschneiden, **Ingwer** und **Knoblauch** schälen und kleinschneiden. **Zitronengras**: entweder einen Stengel, den man dann wieder rausfischt im Ganzen, oder das weiche Innere vom Stengel kleingeschnitten; **Pak Choi** oder Spinatblätter; eine **Limette** auspressen. Und jetzt die Gemüsesuppe mit **Kokosmilch** mischen, Ingwer und Zitronengras rein, kochen, Spinat und Fisch rein, Zitronengras dafür wieder raus, ein paar Minuten köcheln, **Fischsauce**, **Pfeffer** und **Chili** rein (kein Salz, das ist ja schon in der Gemüsesuppe drinnen, und die Fischsauce salzt ja auch !) und vor dem Servieren die Nudeln am Teller oder in den Topf geben.

Fisolensuppe

Fisolen kleinschneiden (Achtung bitte, keine Verwechslungen: das sind die grünen Schoten, nicht die getrockneten Bohnen !) und in Wasser kochen (sieben Minuten, dann ist das Gift aus ihnen entfernt). Das Wasser schüttet man weg. Dann kommen die Fisolen in frisches Wasser, oder besser noch in **Gemüsesuppe** und – ganz wichtig – viel frisches oder getrocknetes **Bohnenkraut**, **Salz** und **Pfeffer**. Aufkochen, mit **Tapioka** oder Maizena etwas eindicken, **Creme Fraiche** dazu, mit dem Schneebesen durchbesenen, und fertig.

Fisolen- Wintersuppe

Mit dieser Suppe kann man sich einen schönen Winterspeck anfressen, wenn es kalt wird. **Fisolen** kleinschneiden und wie oben kochen. In wenig **Ölivenöl Speckwürfel** rösten und dann wieder rausnehmen und vor dem Hund verstecken. **Zwiebel** und **Knoblauch** ins restliche Olivenöl schmeißen und dünsten, geschnittene **Erdäpfel** rein, Wasser, **Salz**, **Pfeffer**, **Bohnenkraut** und **Kümmel** dazu und köcheln, danach einmal Turmix und retour in den Topf, **Creme Fraiche** einrühren oder sonst was Fettes, dann noch die Fisolen und den Speck reinleeren und fertig. Dazu trinken wir ein Stamperl Olivenöl !

Forellenapfelerdäpfelsuppe

Klingt nach Zufallsgenerator, schmeckt aber hervorragend, und ganz einfach zu machen: **Erdäpfel** und **Apfel**, beides geschält und kleingeschnitten in Wasser mit etwas **Olivenöl**, **Salz**, **Pfeffer** und **Muskat** kochen, turmixen, **Obers** dazu und kleingeschnittene geräucherte **Forellenfilets**. Wer will kann noch roten **Chicorée** drüberstreuen, muß aber nicht sein.

Forellensuppe

Entweder man hängt einen Heizstab in ein Aquarium, in dem man Forellen aussetzt, oder man kocht ☞ *Hühnersuppe* mit einen Zweig **Rosmarin**, **Thymian**, **Knoblauchzehe** und geräucherten **Forellenfilets** kurz auf. Das Zeug kommt in den Turmix (Rosmarin und Thymian vorher herausnehmen). Geturmixt kommt die Suppe durch ein feines Sieb, wird mit **Obers** aufgegossen, **Salz** und **Pfeffer** kommen dazu, und ein paar kalte **Butterstücke** zum verfeinern wandern hinein.

Fritattensuppe

Fritattensuppe ist nichts anderes als eine ☞ *Rindsuppe* oder ☞ *Kalbsknochensuppe*, oder eine andere klare Suppe in der man **Fritatten** einweicht und ißt. Wie Fritatten gemacht werden, wird bei der Produktion von ☞ *Palatschinken* beschrieben.

Ganslsuppe

Diese Ganslsuppe ist anders, eine normale kann ja eh jeder kochen, der eine Gans von einer Knoblauchkröte unterscheiden kann. Im Innern der Gans wächst gewöhnlich das **Gänseklein** (Herz, Leber, Magen, Kragen, und so weiter) in Plastik eingeschweißt. Dieses Zeug schmeiße man ohne das Plastik ins Wasser (in einem Topf natürlich, nicht in den See) zusammen mit **Zeller**, **Karotten**, **gelbe Rübe**, **Petersil**, **Petersilwurzen**, **Pfefferkörner** und einem **Lorbeerblatt** und koche zwei Stunden drauf herum. Der Schaum, der dabei entsteht, gehört abgeschöpft und im Garten vergraben. Danach kommt das Zeugs alles wieder raus aus der Suppen, und wird weggeschmissen, nur die Karotten bleiben drinnen. Dazu kommt jetzt etwas **Safran**, dann wird die Suppe geturmixt. **Obers**, **Salz** und **Dotter** hineinquirlen und etwas **Cognac** dazu. Wer will, kann dann noch vom Gänseklein abgeklaubtes Fleisch hineinschmeißen – ich mach das nicht, das Fleisch bekommt die Katze, und in die Suppe kommen Petersilgrießnockerl. Das sind ☞ *Grießnockerl*, wobei zur Masse kleingeschnittener Petersil dazukommt.

Ganslsuppe II

Wenn eine Gans verspeist wurde, bleiben – es sei denn es sitzt ein Hund mit am Tisch – die Knochen über. Diese **Gänseknochen** heben wir auf, kochen sie in Wasser mit **Lorbeerblatt, Salz, Pfeffer** und **Wacholder**. Danach abseihen, die Knochen im Garten vergraben und in die Suppe irgendwas reinhauen: z.B. Gemüse, Gänsefleisch, Schöberln, Knödeln, und so fort.

Gelbe Paprikasuppe I

Zu unterscheiden von der „☞ *Roten Paprikasuppe*", die deshalb, damit man sie besser von anderen Suppen unterscheiden kann, auch nicht „Gelbe Paprikasuppe" heißt sondern „Rote Paprikasuppe". Gelbe Paprikasuppe und Rote Paprikasuppe unterscheidet man am einfachsten an der Farbe. Zerkleinerte **Zwiebel** in **Butter** und **Olivenöl** glasig anschwitzen. **Gelbe Paprika** entstielen, die weißen Samenkörner herauskletzeln, kleinschneiden und zu den Zwiebeln schmeißen. Geschnittene **Knoblauchzehen**, ein **Rosmarinzweigerl** (ohne Stengel bitte)[10], etwas **Zitronensaft**, ein Löffel **Honig** und etwas **Pfefferoni** machen sich auch gut dabei. Mit fertiger **Hühnersuppe** (gesalzen) aufgießen (wer eine Packlsuppe nimmt, mit dem red ich nicht mehr !), aber nur soviel, daß das Zeug alles zusammen im Turmix noch Platz hat. Eine Viertelstunde kochen, im Turmix zerkleinern und zurück in den Topf, damit der Suppe nicht kalt wird, sonst hustet sie. Jetzt kommt ein viertel **Obers** dazu, dann noch die restliche Gemüsesuppe, kurz aufkochen und fertig. Dazu passen sehr gut ☞ *Ricottanockerln*.

Gelbe Paprikasuppe II

Zerkleinerte **Zwiebel** und zerkleinerten gelben **Paprika** in **Olivenöl** glasig anschwitzen. Mit **Hühnersuppe** oder Wasser aufgießen, und dann kommt noch dazu: **Basilikumblätter, Knoblauch, Parmesan, Balsamico** Essig, **Pfeffer** und **Salz**. Eine Viertelstunde kochen, im Turmix zerkleinern und zurück in den Topf. Jetzt kommt ein viertel **Obers** oder Creme Fraiche dazu, dann noch die restliche Gemüsesuppe oder Wasser, kurz aufkochen und fertig. Vor dem Servieren mit **Mandelsplittern** bestreuen.

Gelbe Paprikasuppe III

Zerkleinerte **Zwiebel** und zerkleinerten gelben **Paprika** in **Olivenöl** glasig anschwitzen. Mit Wasser aufgießen, und dann kommt noch **Pfeffer** und **Salz** dazu. Eine Viertelstunde kochen, im Turmix zerkleinern und zurück in den Topf. Vorher im Topf aber **Zwiebel** und **Speckwürfel** dünsten, Suppe drüberschütten und vor dem Servieren geschnittenen **Bärlauch** dazu. Mindestens 1,7 Hauben warten !

---

[10] Den Rosmarinzweig rebeln, d.h. die Blätter vom Stengel entfernen. Das geht in der Richtung von der Spitze nach unten am besten. In der anderen Richtung geht das gar nicht – wer's nicht glaubt, soll das ausprobieren

Gemüsesuppe mit Käse

Das ist so eine richtig schöne, fette Wintersuppe wenn es draußen schneit und die Eiszapfen wegen des Sturmes waagrecht wachsen. **Zwiebel**, **Porree**, **Karotten** und **Erdäpfel** kleingeschnitten in **Olivenöl** dünsten, mit Wasser oder **Suppe** (Hühnersuppe oder so) aufgießen und köcheln bis das Gemüse bißfest ist. **Geriebener Käse**, **Obers**, **Salz** und **Pfeffer** kommt auch noch rein. Jetzt kann man die Suppe pürieren oder nicht, mit dem gesamten Gemüse oder nur einem Teil, egal – am Ende kommt noch **Petersil** rein, zerkleinerte **Walnüsse** und kleinwürfelig geschnittener **Emmentaler** oder so. Mahlzeit, und nachher bitte eine Stunde schneeschaufeln wegen der Kalorien !

Gesechte Suppe

Die **geselchte Suppe** ist eigentlich eine Abfallsuppe – extra als Suppe kocht die kein Mensch – und zwar entsteht sie beim Zubereiten von ☞*Schweinsroller*. Um der Suppe die schon leicht vorhandene Salzigkeit zu nehmen, kocht man sie im Druckkochtopf mit **Karotten**, **Zeller**, **Zwiebel** und **Petersil** zusammen mit **Sago** (2-3 Eßlöffel auf einen Topf mit 4 Portionen Suppe) auf. Dem Sago gefällt das Kochen nicht, es wird zuerst vor Wut ganz durchsichtig und verschwindet dann ganz. Als Suppeneinlage sind **Grießnockerl** gut (bei ☞ *Grießnockerlsuppe* beschrieben). Geselchte Suppe ist auch die Basis des guten ☞ *Ritschert*

Grießnockerlsuppe

Man nehme eine ☞*Rindsuppe* oder ☞**Kalbsknochensuppe** oder aber auch eine ☞ *Hühnersuppe*, und schmeiße Griesnockerl hinein, die man genauso macht, wie´s am Packl steht (**Nockerlgries**, ein ganzes **Ei**, **Salz**, **Butter**), man kann das dorten lesen, es sei denn man kann nicht lesen, aber dann nützt ja dieses Rezept hier auch nichts mehr. Vielleicht eins noch dazu: die Nockerl kocht man in Wasser (ungesalzen: das Salz zieht nur die Geschmacksstoffe aus den Nockerln). Nach dem Zusammenpampen die Masse 20 Minuten in den Kühlschrank stellen, dann kann man sie leichter wutzeln ! Man formt die Nockerl am besten nicht mit ein bis zwei Suppenlöffeln, so wie das gewöhnlich laienhaft am Packl steht, sondern einfach mit beiden Händen, man macht Kugerln die man dann flachwutzelt. Nach dem Hineinschmeißen ins leicht kochende Wasser mit dem Kochlöffel sofort umrühren, die Nockerl bleiben gerne am Topfboden picken, und sehen dann unschön zerrissen aus ! Danach noch 10 Minuten im Kochwasser ziehen lassen. Nach dem Ziehen im Wasser (die Nockerl müssen sich richtig vollsaufen !) die fertigen Nockerl abseihen und in eine Schüssel geben. Das Kochwasser schüttet man nicht weg, man gibt es einfach zur Suppe, oder macht draus eine eigene Suppe, zum Beispiel mit Gemüse und Parmesan.

Grippige Suppe

Wer sich grippig fühlt, und diese Suppe überlebt, ist wieder gesund. Gibt's nicht in der Apotheke, ist aber rezeptfrei: sehr viel **Zwiebel** nudelig geschnitten in **Olivenöl** dünsten, am Schluß noch kleingeschnittenen **Ingwer** und **Knoblauch** dazu, mit **Hühnersuppe** oder mit homöopatischer Suppe, was so viel ist wie Aqua Destillata, aufgießen, **Salz**. **Pfeffer**, **Chili** oder **Glockenpaprikapulver** dazu, im Frühjahr auch **Bärlauch**, und fertig.

Gulaschsuppe

Ist eigentlich nur ein einem Koch irrtümlich zu wäßrig geratenes Gulasch, wo Erdäpfel reingefallen sind. Also machen wir fast ein Gulasch: fast soviel **Zwiebel** wie **Rindfleisch** (Schulter, Weißes Scherzel oder so) schneiden, die Zwiefel in **Olivenöl** fast dunkelbraun anbraten, Fleisch dazu, andünsten, mit Wasser oder Siebenschläfersuppe aufgießen, fast einen Haufen **Paprika**, **Salz**, **Pfeffer**, **Kümmel**, **Majoran**, **Knoblauch** und **Paradeismark** reinleeren, herumrühren, und so lang drauf herumköcheln, bis das Fleisch weich ist. Am Ende noch geschälte und geschnittene **Erdäpfel** dazu, wer will haut noch geschnittenen roten **Paprika** rein, und wer fast fett werden möchte, in fast kaltem Wasser aufgelöstes Mehl, damit draus fast Klebstoff wird. Dazu ißt man am besten Semmeln oder so.

Gurkensuppe

Die kann man machen, wenn man ☞ *Gurkensauce* macht, und diese viel zu flüssig wird, weil Gurken ja sehr viel Wasser enthalten. Dann gießt man das Gurkenwasser ab, und macht draus Suppe. Wir schmeißen also noch etwas geschnittene Gurke in das **Gurkenwasser**, oder in einfaches Wasser, wenn grad kein Gurkenwasser im Haus ist, und **Bärlauch** oder **Dille**, je nach Geschmack und Jahreszeit. Übriggebliebene **Gurkensauce** kann man auch reinschütten, samt dem Rahm. Und dann das Übliche: kochen, turmixen, und retour in den Topf, wer will kann noch **Rahm** reingeben.

Gurkensuppe mit Lachsstreifen

Das hat sich offenbar wer ausgedacht, der beim Einkaufen derart betrunken war, daß er auf alles vergessen hat. Dann ist er zu Hause vor der erstandenen Gurke gesessen, hat herumgerätselt, was damit zu tun sei und hat diese Gurke dann mit einem vergammelten Lachs aus dem Kühlschrank kombiniert – war aber unglaublicherweise erfolgreich: **Gurke** schälen (oder nicht) und kleinschneiden (1 cm Würfel). In **Olivenöl** anschwitzen, mit Wasser (oder auch Suppe, wer die auch noch irgendwo findet) bedecken, **Salz**, **Pfeffer** und **Dille** reinschmeißen, und eine Viertelstunde kochen. Dazwischen wird nicht spazierengegangen, sondern der **Räucherlachs** in Streifen (5 mm breit) geschnitten. Jetzt spaziert die zerkochte Pampe in den Turmix, retour in den Topf, die Lachsstreifen reingeben, aber wenn geht möglichst einzeln, weil die picken sonst zusammen und lösen sich nicht voneinander; **Zitronensaft** rein (Vorsicht damit, lieber kosten !), wer will kann noch **Obers** reinrühren, und fertig.

Halaszle

Is sich ungarisches Fischsuppen... In zahllosen Varianten geläufig, meistens wird dazu ein Fischfond als unerläßlich angeführt, es geht aber auch ohne diesen, dann ist die Sache schon viel einfacher, und schmeckt trotzdem hervorragend. Zuerst richten wir die Ingredienzien her: **Schalotten** schälen und ringelig schneiden, etwas **Erdapfel** schälen und reiben (dient nur zur Verdickung der Suppe), einen roten **Paprika** feinststreifelig oder –würfelig schneiden, **Knoblauch** schälen, **Paradeiser** entkernen und kleinwürfelig schneiden (ohne den grünen Stengelansatz); und – nicht vergessen – **Süßwasserfisch** (Zander, Karpfen, Barsch, was auch immer sich findet) in Stückerln schneiden. **Olivenöl** in den Topf, Schalotten leicht bräunen, mit einem Spritzer **Essig** löschen, Paprika, Knofl (geschnitten), Paradeiser und den Erdäpfelgatsch dazu, mit Wasser plus einem Zentimeter bedecken, und zerköcheln – das muß aber auch nicht sein, ist nicht kritisch. Und jetzt zu den Gewürzen: **Salz**, **Pfeffer**, **Chili**, **Lorbeer**, **Curry**, **roter Paprika** reinleeren und mit Wasser auf die gewünschte Menge strecken. Noch etwas drauf herumköcheln damit die Gewürze sich entfalten können, dann frische **Majoranblätter** rein und den Fisch, wenn ihn noch nicht die Katze weggeputzt hat, nicht mehr kochen, dem Fisch reicht das Schwimmen im heißen Süppchen !

Herrnpilzcremesuppe

Das ist eigentlich ein Luxus, wegen des gewaltigen Schwammerlverbrauchs, und nur in starken Schwammerljahren zu empfehlen. Entweder frische (im Sommer) oder im Ganzen eingefrorene (im Winter) **Herrnpilze** in etwas Olivenöl anbraten, mit Wasser aufgießen, kochen, turmixen und zurück in den Topf. Der Rest ist Schwammerl-suppenkochroutine: **Erdäpfel**, getrocknete **Herrnpilze**, grüne Tintenpatronen, **Pfeffer**, **Salz**, **Kümmel**, **Majoran** rein, etwas köcheln und fertig.

Herrnpilz- Erdäpfelsuppe

Eine Handvoll getrockneter **Herrnpilze**[11] in Wasser einweichen. **Erdäpfel** schälen und kleinschneiden, **Zwiebel** ebenfalls, die wird in **Olivenöl** glasig geröstet, dann die

---

[11] Herrnpilze trocknet man am besten, indem man sie in ein- bis viermillimetrige Scheiben schneidet, und auf Papier (Butterbrotpapier) windgeschützt in die Sonne legt. Danach am besten noch nachtrocknen (sonst schimmelt das Zeugs unter Umständen) auf einem schwarzen Backblech in der Sonne. Mikrowelle ist Mist, da gehen die Schwammerl in Flammen auf (hab ich selbst erfolgreich probiert ! Wem das Spaß macht, nur zu !). Aufheben jahrelang

Erdäpfeln dazu, mit Wasser aufgießen, **Salz** dazu (das Gemüse gibt mehr Geschmack her, wenn es gesalzen ist), **Pfefferkörner, Wacholderbeere, Knoblauch, Majoran** oder **Origano** und **Kümmel** (den Kümmel kann man auch weglassen, wenn man ihn nicht mag); etwas **Liebstöckl** und **Zitronenzesten** passen auch gut rein. Etwa 10 Minuten kochen und dann das Ganze im Mixer vermantschen (Der Passierstab tut´s zwar auch, aber mit dem Turmix wird's halt viel cremiger und es dauert nicht so lang, der hat eben mehr PS). Durch ein feines Sieb wieder zurück in den Topf, die Kümmelkörner bleiben dann über. Dann kommt noch ein weiterer geschälter, geschnittener **Erdäpfel** dazu, und die getrockneten, in Wasser eingeweichten **Schwammerln**, das Zeug wird noch etwa 5 Minuten gekocht, solang halt, daß sich die Erdäpfelstückchen nicht zerkochen, sondern sie müssen noch bißfest sein. Die Suppe ist im Prinzip jetzt fertig, man kann noch (aber muß nicht) Obers, Rahm oder Creme Fraiche hineinrühren.

Herrnpilzsuppe einfach

Geht so wie oben, nur viel einfacher: kein Turmix, nur **Zwiebel**, **Olivenöl**, **Herrnpilze**, **Salz**, **Pfeffer**, **Majoran** und **Kümmel** kochen und das wars auch schon.

Herrnpilz- Griessuppe

Hab ich bei den Obauers aus Werfen geklaut (soviel zur korrekten Zitierung) ! Im Prinzip schnell und einfach: besteht aus **Zwiebel**, **Knoblauch**, **Speck**, **Gries** und **Herrnpilzen**. Bis auf die Schwammerl alles in **Olivenöl** dünsten, wie schon dutzende Male a.a.O. beschrieben, das mach ich nicht mehr, das immer wieder zu beschreiben, weil es mich schon langweilt. Mit Wasser aufgießen, Schwammerl dazu, **Salz** (nona), **Pfeffer** (nona), und **Muskat**. Köcheln bis der Gries weich ist. Pfeffern am Schluß. Die Herrnpilze können getrocknete sein, frische, gebrauchte, oder verrostete. Die Obauers träufeln noch Kürbiskernöl rein, was ich aber aus religiösen Gründen total ablehne !

Herrnpilzsuppe scharf

Zuerst machen wir eine ☞ *Klare Gemüsesuppe*, allerdings wird da noch **Pfefferoni** mitgekocht. Das muß man ausprobieren: wenn man einen ganzen Pfefferoni verwendet, kann man die Suppe auch zum Entfernen von Flecken aller Art verwenden, ab zwei Pfefferoni kann man Knopflöcher in den Stoff ätzen. Ich geb halt zwei Zentimeter von der scharfen Sorte auf einen Liter Wasser dazu. In die **klare Gemüsesuppe** kommen getrocknete **Herrnpilze** und geschälte gewürfelte **Erdäpfel** hinein. Kochen bis die Erdäpfel durch sind, und fertig.

---

möglich in einem Glasgefäß mit mottendichtem Verschluß, diese Viecher nisten sich sonst ein und verscheißen alles.

Hühnersuppe

Es gibt im Supermarkt **Hühnerrücken**, man kann aber auch selbst ein Huhn zerlegen, z.B. um die Fleischstücke für was anderes zu verwenden, zum Beispiel für ☞*Backhendln*, und was überbleibt, kommt dann in die Suppe.[12] Man nimmt also solches zerlegtes Hühnerrestl oder mehrere Hühnerrücken oder auch Flügerln und wirft dieses in einen großen Topf kaltes Wasser und dreht den Herd auf. Was man noch dazu geben kann: Im Hendl wächst immer ein Plastiksackl mit den **Innereien**. Das kann man der Katze geben, aber auch eingefroren sammeln, und wenn man Hühnersuppe macht, dazugeben. Dann gibt man noch dazu: eine halbierte **Zwiebel** mit samt der braunen Schale (gibt eine schöne Farbe), diverse geschälte **Karotten**, **Petersilwurzel**, eine große Scheibe **Zeller**, einige **Knoblauchzecherln**, und wenn man hat auch **Porreeblätter**. **Salz**, **Pfefferkörner**, **Neugewürz**, **Lorbeerblatt** und frisches oder getrocknetes **Maggikraut** (Liebstöckl) kommen auch noch dazu. Was auch noch gut ist: eine halbe Pfefferoni mitkochen ! Ausprobieren, schmeckt scharf aber gut, und hilft bei Verkühlungen aller Art ! Das ganze darf nur ganz leicht wallen, sonst verliert sich der Geschmack, und wird nicht zugedeckt, damit die Suppe nicht trüb wird. Den grauen Schaum (das ist zerkochtes Eiweiß) der sich in der ersten Zeit bildet schöpft man ab und wirft ihn weg, sonst hat die Suppe wenn sie fertig ist, so braune Fasern (ist geschmacklich wurscht, nur schauts nicht schön aus). Nach zwei Stunden Herumgekoche sollte die Suppe fertig sein, man nimmt das Hendl heraus auf ein Brett und läßt es auskühlen, damit man sich nachher beim Auslösen nicht die Finger verbrennt. Das Gemüse schöpft man heraus und schmeißt es weg, und schüttet dann die Suppe durch ein Sieb in einen andern Topf. Die Überreste vom Hendl löst man aus: Die Haut und die Knochen schmeißt man weg, das Fleisch gibt man in ein Schüsserl. Jetzt kann man noch **Nudeln** kochen, und dann ißt man die Suppe mit Fleisch und Nudeln, man kann aber auch in der Suppe noch einmal kleingeschnittenes Gemüse, auch Schwammerln oder Erbsen schälen und aufkochen, und als Hühnersuppe mit Gemüseeinlage essen.

Hühnersuppe mit Forelle

Dazu brauchen wir eine **Hühnersuppe**, wie schon der Name sagt. In diese zupfen wir **Hühnerfleisch** von den ausgekochten Hühnertrümmern, **Creme Fraiche** kommt dazu und dann in den Turmix oder unter den Pürrierstab. Jetzt wird da drinnen Gemüse gekocht, eigentlich egal was, ich nehm **Karotten** und **Porree**. Wenn das Gemüse weich ist, kommen kleine Stücke geschnittene **Räucherforelle** rein, **Dille** und **Petersil**. Nicht mehr kochen, nur in der heißen Suppe ziehen lassen.

---

[12] Man kann übrigens auch die Knochen von einem zusammengefressenen Brathendl verwenden: einfach in Wasser auskochen, das gibt eine zwar etwas trübe, aber trotzdem wohlschmeckende Hühnersuppe als Basis für etwa eine Gemüsesuppe mit Rahm oder eine Knoblauchsuppe, wo man die Trübe nicht mehr sieht, sonst gibt's Gemecker am Tisch.

Kalbsknochensuppe

Kalbsknochen in einen Topf kaltes Wasser. Dann gibt an dazu: eine halbierte **Zwiebel** samt der braunen Schale, geschälte **Karotten**, **Petersilwurzel**, **Zeller**, **gelbe Rübe**, **Knoblauchzecherln**, und wenn man hat auch **Porreeblätter**. **Salz**, **Pfefferkörner**, **Neugewürz**, **Lorbeerblatt** und ein Büschel frisches oder getrocknetes **Maggikraut** kommen auch noch dazu (ich merke grad, ich wiederhole mich). Das ganze darf nur ganz leicht wallen, sonst verliert sich der Geschmack, und wird nicht zugedeckt. Den grauen Schaum (das ist zerkochtes Eiweiß) der sich in der ersten Zeit ... und so weiter, bitte ein Rezept weiter oben weiterlesen, das ist eh dasselbe. In diese Suppe passen alle möglichen Arten von Einlagen: Nudeln, Fritatten, Gemüse oder Grießnockerl.

Karfiolsuppe

Einen **Karfiol** in kleine Stückchen schneiden, davon die schöneren Stücke aufheben (natürlich nicht jahrelang, wozu auch, sondern nur bis die Suppe fertig ist). Eine geschnittene **Zwiebel** und **Knoblauch** in **Olivenöl** glasig anlaufen lassen, den geschnittenen Karfiol dazu, **Salz** hinein, **Pfeffer**, **Kümmel**, umrühren und mit Wasser aufgießen, bis alles bedeckt ist. Etwa zehn Minuten kochen, bis das Zeug durch ist. Im Turmix zerkleinern zusammen mit **Petersil** und zurück in den Topf (braucht man nicht sieben, es bleibt nichts zurück). Am Feuer lassen, aber nicht mehr kochen. Mit Wasser verdünnen, bis es genug der Suppen ist, und dann die restlichen Karfiolstücke hineinschütten, und noch „fast aufkochen" – der Karfiol soll nur durchgewärmt sein, aber roh bleiben, so knackig schmeckt er am besten. Übrigens: statt den Karfioltrümmern kann man am Schluß auch Shrimps reinschütten ! Schmeckt hervorragend !

Karottensuppe

Karotten schälen, die Enden wegschneiden, und zerkleinern. Weiters schneidet man noch eine dicke Scheibe **Zeller** und **Petersilwurzel** (beide natürlich vorher schälen). Eine **Zwiebel** in **Olivenöl** glasig anlaufen lassen, das geschnittene Gemüse dazu schmeißen, **Salz** und **Pfeffer** hinein, umrühren, etwas anrösten und mit Wasser aufgießen, bis alles bedeckt ist. Eine viertel Stunde kochen. **Dille** dazu, im Turmix zerkleinern und zurück in den Topf. Am Feuer lassen, mit Wasser verdünnen, bis sich vier oder mehr oder weniger Teller ausgehen. Als Einlage kann man Erbsen verwenden (tiefgekühlte Erbsen in der Suppe noch einmal aufkochen).

Karotten - Ingwersuppe

Zwiebel kleingeschnitten in **Olivenöl** andünsten, geschälte und geschnittene **Karotten** und ein wenig **Erdäpfel** dazu (die sind dazu da, daß die Suppe dicker wird), mitdünsten, **Kurkuma** hinein, mit **Weißwein** löschen (nicht die Flamme am Herd, sondern die Suppe, auch wenn sie nicht brennt). Jetzt **Hühnersuppe** dazu bis alles bedeckt ist, **Salz** und **Pfeffer**, einen Schuß **Sojasauce** und kochen bis das Gemüse weich ist. Ab in den Turmix – ein Stabmixer ist da zu wenig, und durch ein feines Sieb zurück in den Topf. Jetzt kommt frisch gepreßter **Orangensaft** in die Suppe (wers nicht glaubt, soll nicht blöd herumreden, sondern es gefälligst ausprobieren), und zwar recht viel, das kann durchaus genausoviel sein, wie die Suppe zuvor; geschnittener **Petersil** kommt auch noch rein. Jetzt mit Suppe oder Wasser verlängern bis die Menge stimmt. Wer blad werden will schmeißt noch Rahm, Creme Fraiche und Obers hinein.

Karotten- Ingwersuppe die Zweite

Die ist etwas einfacher: **Zwiebel** zerkleinern, in **Olivenöl** dünsten; zerkleinerte geschälte **Karotten** dazu, etwas Wasser drauf, das es bedeckt ist, geschälten **Ingwer** rein, **Salz**, **Pfeffer**, **Kurkuma** und weichköcheln. In den Turmix und retour durch ein Sieb, und dann eine Konserve mit **Kokosmilch**[13] reinleeren. Durchrühren und fertig. Schmeckt gut mit Croutons.

Kaspressknödlsuppe

Ganz was einfaches: Einen gewärmten **Kaspressknödl** in einen Teller werfen, **Suppe** vom Huhn oder Rind dazu, Schnittlauch und fertig. Der Kaspressknödl wächst nicht im Regal vom Supermarkt, sondern unter anderem in diesem Buch unter ☞ *Kaspressknödl*.

Käsesuppe mit Salbeibrotwürfel

Im Suppentopf schwitzen wir kleingeschnittene **Zwiebeln** und geschälte, gewürfelte **Erdäpfel** in **Olivenöl** an. Wenn die Zwiefel glasig sind, mit **Weißwein** löschen, kleingeschnittenen **Knoblauch**, **Salz**, **Pfeffer**, **Majoran** und **Muskatnuß** dazu und mit Wasser aufgießen, daß alles bedeckt ist. Eine Viertelstunde drauf herumkochen, damit die Erdäpfel weich werden. Ab in den Turmix, zerturmixen und zurück in den Topf; mit Wasser soviel verdünnen, daß ausreichend viel Suppe daraus wird. Wenn die Suppe dann wieder heiß ist, kommt eine Handvoll geriebener **Bergkäse** hinein (ob das mit Talkäse auch funktioniert, hab ich nicht ausprobiert); gut mit dem Schneebesen durchrühren, daß sich der Käse auflöst; die Suppe soll jetzt aber nicht mehr kochen, sonst flockt der Käse aus ! Gleich essen, weil sonst legt sich der Käse am Topfboden an. Als Suppeneinlage, als da sind Croutons, schneiden wir **Schwarzbrot** in kleine Würfel (mit 8,5 mm Seitenlänge), und rösten diese zusammen mit

---

[13] Convenience Products: sind in meiner Küche strengstens verboten. In diesem speziellen Fall jedoch für Leser nördlich des 30. Nördlichen Breitengrades erlaubt. Alle anderen sollen gefälligst die Nuß von der Palme holen und zerturmixen !

Salz, **Pfeffer** und kleingeschnittenen **Salbeiblättern** in **Olivenöl** von allen Seiten auf kleinster Flamme an.

Käsesuppe mit Sardellen

Zwiebel, **Knofel** und einen Haufen **Champignons** schälen, zerkleinern und in **Olivenöl** dünsten, bis das Wasser verkocht ist, das die Champs beim Dünsten abgeben. Bis dahin wird aber nicht blöd herumgeglotzt, sondern es werden **Salbeiblätter**, **Rosmarin** und ein paar **Liebstöcklblätter** gepflückt und zerkleinert. Die Zwiebelknofelchamps mit einem Schuß **Weißwein** löschen, einen Schuß auch in den Koch schütten, sonst ist er neidig, dann kommt jeweils gleich viel **Sauerrahm**, **Milch** und Wasser dazu, etliche Schnitten **Blaukäse**, die Kräuter, **Salz, Cayennepfeffer** und **Pfeffer**. Aufkochen und umrühren, und dann noch ein oder zwei Stangen geschnittenen **Stangenzeller** reinschmeißen. So. Das ganze Zeugs noch eine Viertelstunde köcheln, bis der Zeller weich ist, ab in den Turmix, turmixen und durch ein feines Sieb zurück in den Topf, damit dem Süppchen nicht kalt wird. In die Teller kann man noch **Croutons** geben, oder aber auch Würfelchen aus **Blaukäse** und geschnittene **Sardellenringerln**.

Käsesuppe mit Speck

Geht ähnlich wie die Suppe oben, nur halt mit Talkäse. In der Berghütte sollte man sie nicht kochen. **Speckwürfel** in **Olivenöl** anbraten, dann raus damit, **Zwiebel** ins Fett, dünsten, mit **Milch** oder Rindsuppe aufgießen, turmixen, **Käse** reinschütten, durchmischen und jetzt kommt der Speck wieder dazu und - wer mag – **Sauerrahm**. Gut ist ein stinkerter Käse dafür ! Schlierbacher oder Achleitner oder Romadur.

Klachlsuppe

Außerhalb der Grenzen der St. Eiermark eher unbekannt, möchte ich dennoch diese Suppe vorstellen: sie schmeckt nämlich gut ! Im Prinzip ist es eine Gemüsesuppe (**Zeller**, **Karotten**, **Petersilwurzen**, **Stangenzeller**) in der ein **Schweinshaxl** mitgekocht wird. Schaut etwas barbarisch aus, aber man kann es ja im Finstern kochen, wenn einen das stört ! An Gewürzen bitte **Lorbeer**, **Pfefferkörner**, **Kümmel**, **Wacholderbeeren**, **Salz, Pfeffer** und **Muskat** reinkippen. Im Original wird das Fleisch vom Haxl abgelöst und kleingeschnitten in die Suppe geworfen (ich mach das nicht, mir genügt der Geschmack in der Gemüsesuppe).

Klare Gemüsesuppe

Ein großer Topf wird mit Wasser gefüllt und auf den Herd gestellt. Dann gibt man dazu: halbierte **Zwiebeln** mit der braunen Schale (gibt eine schöne Farbe), diverse geschälte **Karotten**, **Petersilwurzel**, **Zeller**, **gelbe Rübe**, **Knoblauchzecherln**, und wenn man hat auch **Porreeblätter**. Auch andere (natürlich geputzte) Gemüseabfälle, die beim Kochen anfallen, kann man hineinschmeißen: zum Beispiel die Stengel von **Champignons** oder **Broccolistengel**. **Salz** (kommt gleich am Anfang dazu, dann kocht sich der Geschmack besser aus dem Gemüse), **Pfefferkörner**, **Neugewürz**, **Lorbeerblatt** und ein Büscherl **Petersil** kommen auch noch dazu. Leicht wallend kochen, aber zugedeckt, damit der Geschmack drinnen bleibt, nach einer halben Stunde das Gemüse abseihen und wegschmeißen und die Suppe ist fertig. An Einlagen ist alles möglich; am besten aber ist es, wenn man nochmals Gemüse kleinschneidet (z.B. Champignons, Karotten und Erbsen) und die fünf Minuten in der fertigen Suppe kocht (bis das Gemüse bißfest ist).

Knoblauchcremesuppe

Zehn Zehen **Knofl** (mindestens) schälen und in kleine Scheiben schneiden. Auch putzt und schneidet man noch **Karotte, Erdäpfel** und **Zeller** sowie **Petersilwurzel** und auch etwas vom **Lauchstengel**. (Bärlauchblätter kann man auch dazugeben, wenn man welche hat). Eine **Zwiebel** in **Olivenöl** glasig anlaufen lassen, das geschnittene Gemüse dazu, einen Teelöffel **Salz** hinein, umrühren und mischen und mit Wasser aufgießen, bis alles bedeckt ist. Etwa zehn Minuten kochen, bis das Zeug durch ist. Im Turmix zerkleinern und durch ein Sieb zurück in den Topf streichen (mit einem großen Löffel durchpressen). Am Feuer lassen, aber nicht mehr kochen. Mit Wasser verdünnen, bis sich diverse Teller ausgehen, dann nochmals zehn Zehen **Knofl** in Scheiben geschnitten dazugeben, und nochmals noch kurz (sagen wir, eine Minute lang) aufkochen. Feuer unter dem Topf mit einem Kübel Wasser oder dem Feuerlöscher löschen, warten, bis sich das Löschpulver abgesetzt hat und man wieder was sieht, ein Achtel **Obers** und **Pfeffer** unter Rühren dazuschütten und fertig. Gut passen auch Croutons dazu, und ein Löffelchen geschlagenes, ungezuckertes Obers.

Knoblauchgemüsesuppe

Die hab ich in Lombok gestohlen: **Knoblauch** schälen, feinblättrig schneiden und in **Olivenöl** braun rösten. Danach **Wasser, Salz, Pfeffer** und **Gemüse** rein und kochen. Mehr nicht. Schmeckt hervorragend !

Knoblauchsuppe

Knoblauch[14] (mindestens vier Zehen pro späterem Teller) schälen, **Erdäpfel** schälen und in dünne Scheiben schneiden, **Zwiebel** kleinschneiden, von **Paradeisern** den

---

[14] Wie schält man Knoblauch ? Wer sich giften will, mit dem Tourniermesser. Da wird man alt und schiach dabei. Wer ein einzelnes Zecherl braucht (oder nur wenige): Zecherl aufs Schneidbrett legen, die Klinge vom großen Kochmesser drauf, und mit der Hand leicht andrücken (nicht aber zergatschen !). Und dann einfach aus der Schale nehmen. Wer viel davon

Stengelansatz wegfräsen, und die Paradeiser in Stücke schneiden. Jetzt im Lieblings-suppentopf die Zwiebel in **Olivenöl** dünsten, Paradeiser, Knofl und Erdäpfel reinkippen, Wasser dazu (nur bedeckt), **Safran** dazu, **Salz** und **Pfeffer**, und kochen. Dann wie üblich turmixen und fertig. Was da sehr gut dazu passt: ☞ *Croutons* natürlich, selbst geröstete !

Knödelkochwassersuppe

Ein extrem nachhaltiges Rezept, biologisch, regional, saisonal, linksdrehend und ultrabiologisch ! **Speck** mit **Zwiebel** in **Olivenöl** dünsten, mit gut abgelagertem **Knödelkochwasser** das beim Knödelkochen übriggeblieben ist durch ein Sieb aufgießen, vielleicht noch etwas Gemüse dazu wie **Karotten**, **Kohlsprosserl** oder **Zeller** bevor das Zeug in der Gemüselade wurzelt, **Salz** und fertig.

Kohlrabisuppe

Da braucht man zuerst einmal eine ☞ *Klare Gemüsesuppe* – oder auch nicht (Wasser tuts auch). In die kommt kleingeschnittener **Kohlrabi** hinein, **Liebstöckl**, eine Viertelstunde kochen, und im Turmix turmixen. Dahinein noch einmal Kohlrabi (Erbsen anstatt sind auch recht gut !), in kleine Würfel geschnitten, und nochmal fünf Minuten aufkochen (die Kochzeit verhält sich direkt proportional zur Würfellänge der Kohlrabiwürfelkanten). Herd abdrehen, und noch eine Handvoll geschnittenen **Petersil** dazu.

Kohlrabi- Apfelsuppe

Geht genauso wie die Kohlrabisuppe oben, nur ist auch ein kleingeschnittener Apfel dabei, mitgekocht und geturmixt ! Schmeckt bestens, und so bekommen die Kinder Obst ohne daß sie es merken und herummeckern.

Kohlsuppe

Kohlsuppe muß nicht unbedingt das Image von „kalter Nebel im Novemberstiegenhaus" haben: kleingeschnittenen **Speck** mit **Zwiebel** dünsten, geschnittenen **Kohl**, **Karotten**, **Petersilwurz** und **Paradeiser** dazu, **Salz**, **Pfeffer**, **Kümmel**, **Majoran** und ein paar **Wacholderbeeren** rein, Wasser, kochen, fertig. Trotzdem: gut lüften wär nicht schlecht.

Kohlsuppe II

Die ist einfacher: kleingeschnittenen **Speck** im Suppentopf rösten, das Fett wegschmeißen oder quietschende Türen damit ölen, die Speckwürfel aufheben. Jetzt

braucht: Zecherln in einen Topf, Deckel drauf, und eine halbe Minute kräftig schütteln. Fertig.

kommt **Olivenöl** in den Topf, kleingeschnittene **Zwiebel** und **Knoblauch**, andünsten, mit ein paar cm Wasser aufgießen, kleingeschnittene **Kohlblätter** und **Kümmel** drauf, und etwas geschälter und geschnittener **Erdapfel**, und jetzt gerade noch mit Wasser bedeckt dünsten. Der Kohl fällt in sich zusammen. Nach zehn Minuten in den Turmix und durch eine Sieb retour in den Topf. Die Speckwürfel rein, und fertig.

Kohlsuppe III

Dieselben Zutaten wie die Kohlsuppe II, zusätzlich dazu aber getrocknete Herrnpilze, und nicht geturmixt. Sehr zum empfehlen !

Kohlsuppe fernöstlich

Zuerst wird Gemüse geputzt, entstengelt, entschält, entstrunkt, entkernt, gehäutelt und so weiter; was so saisonal da ist, wenn geht aber: **Kohl**, **Karfiol**, **Karotten**, **Stangenzeller**, **Paradeiser**, roter **Paprika**, **Zwiebel**, **Porree**, **Knoblauch**, **Ingwer**, **Petersil**. **Olivenöl** in den Suppentopf, die Zwiebel dünsten, mit Wasser in der gewünschten Suppenmenge aufgießen und den Gemüsehaufen (ohne den Petersil) hineinschütten. Würzen mit: **Curry**, zerkleinertem **Kümmel** und ebensolchen **Koriandersamen**, eine Dose **Pomodori Pelati** (dieses Convenience Produkt ist von mir genehmigt), **Lorbeer**, **Zitronengras**, ein ausgiebiger Spritzer **Sojasauce** (kosten !). Köcheln bis das Gemüse den gewünschten Zerkochtheitsgrad hat, gemessen auf der fünfteiligen Baul´schen Skala von „ernteknackig" bis „schleimmatschig"; **Salz** und **Pfeffer** rein, Lorbeer und Zitronengras raus (sonst meckert wer, wenn er draufbeißt !) und den Petersil drüberleeren. Fertig.

Kokos- Kukuruzsuppe

Alles jetzt Aufgezählte in einen Topf schmeissen, kochen, turmixen und durch ein Sieb retour: **Kokosmilch**, **Kukuruzkörner**, **Ingwer**, **Salz**, **Pfeffer**, **Kurkuma** und **Zitronensaft**. Wenn das Zeug wieder gesiebt im Topf weilt, mit Wasser, **Rindsuppe**, Kühlerflüssigkeit oder Lebertran aufgießen, **Kukuruzkörner** rein und fertig. Achtung beim ersten Aufkochen: das Zeug neigt dazu überzugehen und versaut alles rund herum !

Kokos- Safransuppe mit Shrimps

Als spätere Suppeneinlage **Frühlingszwiebeln** und **roten Paprika** kleinringelig bzw. kleinwürfelig schneiden, und **Erbsen** kochen. **Hühnersuppe** in den Lieblingssuppentopf, dahinein kommet auch ein Briefchen **Safran**; **Salz**, **Chili**, kleingeschnittener **Ingwer** und die **Limettenschalen** einer Limette, die man mit dem Zestenreißer gewinnt (wer nicht weiß, was zum Geier das ist, möge es im Internet suchen gehen und lasse davon ab blöd zu fragen !). Eine Viertelstunde kochen, im Turmix zerkleingatschen und durch ein Sieb, wo die Zesten drinnenbleiben (ich meine also, durch ein sehr feines Sieb) zurück in den Topf leeren. Jetzt kommt eine Dose **Kokosmilch** dazu, und soviel Hühnersuppe, wie man eben mag. Frühlingszwiebel und Paprika hinein, eher kurz aufkochen damit das Gemüse bißfest bleibt, weg mit dem Topf vom Feuer, die Erbsen dazu und am Schluß die **Shrimps** (man kann natürlich auch irgendwas anderes aus dem Meer nehmen: Walfischköpfe, Blasentang oder gut abgehangene Stromatolithen).

Krebsenschwanzsuppe

Ein Krebs hat natürlich keinen Schwanz, so wie ein Krokodil zum Beispiel, oder ein Pferd. Insofern ist der Name natürlich ein blanker Unsinn, und die Suppe sollte eigentlich „Riesengarnelenschalensuppe" heißen, aber wer kocht sich schon ein Schalensüppchen (Nußschalen oder Apfelschalen oder so), wenn er nicht grad abnehmen will ? Für diese Suppe verwendet man die **Schalen von Kings Prawns**, oder Hummer (wenn man genug Kohle hat) aus deren Inhalt man zum Beispiel ein exzellentes Sugo bereiten kann (☞ *Spaghetti mit Gorgonzola und Shrimps*). Schälen kann man die Prawns, indem man mit einer der Hausfrau entwendeten Nagelschere den Panzer am Rücken aufschneidet, dann kann man den Inhalt leicht herauskletzeln und den Darm entfernen – das ist der dünne schwarze Wurm. Die Schalen in **Olivenöl** anrösten, aber nicht verkohlen lassen – eher eine kleinere Flamme und länger braten, und sehr oft wenden. In der Zwischenzeit tut man nicht blöd irgendwo herumtratschen, sondern es wird fleißig Gemüse geputzt, und kleingeschnitten: **Karotten**, **Stangenzeller**, **Porree**, **Zwiebel**, **Knoblauch** (die kann man kleingeschnitten alle in eine Schüssel zusammenschmeißen) und **Paradeiser** samt Schale (aber ohne den grünen Stengelansatz, das kann ich gar nicht oft genug wiederholen). Jetzt werden die Krebsenschalen mit **Cognac** oder Sherry gelöscht, nicht vergessen, vorher eine Qualitätskontrolle beim Cognac durchführen ! Das Gemüse (ohne die Paradeiser) reinschmeißen, und noch einmal kurz anbraten (umrühren nicht vergessen), dann die Paradeiser dazu, mit Wasser aufgießen bis alles bedeckt ist, **Lorbeerblatt**, eine **Nelke**, zerdrückte **Wacholderbeere**, **Paradeismark**, **Salz** und **Pfeffer** hinein, und eine Dreiviertelstunde mit kleiner Flamme zugedeckelt beköcheln. Anschließend durch ein sehr feines Sieb oder durch ein Tuch (z.B. durch den Vorhang in der Küche, der hängt eh nur blöd vor sich hin) in den Topf seihen und fertig ist das Haubensüppchen. Als Einlage kann man **Croutons** aus Schwarzbrot rösten, **Jacobsmuscheln** in der Suppe kochen (nur 30 Sekunden kochen, und gleich wieder herausnehmen, sie werden sonst steinhart !) oder auch ☞ *Parmesannockerln* machen, wenn man das schafft. Mit dieser Suppe wäre die Haube wieder einmal für einige Zeit gesichert.

Kukuruzsuppe

Eine **Zwiebel** läßt man kleingeschnitten[15] in **Olivenöl** anlaufen, und schüttet **Kukuruzkörner** dazu. Da gibt es drei Möglichkeiten: Kukuruz aus der Dose ist immer verfügbar, man muß ihn nur vorher im Sieb waschen. Besser schmeckt tiefgekühlter, am besten natürlich der aus dem Garten, wobei man da vorher die Körner mit dem Messer vom Kolben schälen muß. Mit Wasser aufgießen, **Salz** dazu, und 10 Minuten kochen. Ab in den Turmix, und dann durch ein enges Sieb wieder in den Topf (es bleibt ziemlich viel im Sieb zurück, das schmeißt man weg). Mit noch mehr Wasser aufgießen, damit es einige Teller Suppe werden, und dann nochmals **Kukuruzkörner**, gewaschen, hineingeben und nochmals kurz aufkochen. Wer mag: **Rahm, Creme Fraiche** oder **Obers** dazu, und ab auf den Tisch. Was auch noch gut ist: Nicht die Körndeln hineingeben, sondern kleingeschnittenen Zeller, Karotten, Erbsen oder Frühlingszwiebeln.

Kürbiskernknöderlsuppe

Als Suppe kann man da alles verwenden, was Suppe ist, und in dem noch nichts herumschwimmt. Die Gewichtsangaben sind hier ausnahmsweise einzuhalten: in einem tiefen Teller mantschen wir mit einer Gabel zusammen: 30g **Butter**, 50g **Käse** (z.B. Parmesan oder Emmentaler oder sonst irgendeinen Hartkäse), kleingeschnittenen **Petersil**, ein **Ei**, 50g **Mehl** (griffiges), **Salz** und 50g **Brösel**. Wenn das halbwegs vermantscht ist, mantschen wir statt mit der Gabel mit der (sauberen !) Hand weiter. Am Schluß kommen noch 25g **Kürbiskerne** rein. Abkühlen lassen im Kühlschrank und Knöderl mit - sagen wir - 25 mm Durchmesser wutzeln, und herausstehende Kürbiskerne wieder hineinstopfen. Zehn Minuten in Wasser kochen.

Kürbissuppe

Gibt's leider nur im Herbst. Der beste Suppenkürbis ist nicht der rote, den man überall bekommt, sondern der weiße, UFO- artige (Custard White) oder der dunkelgrüne gerippte, von der Größe eines Balls, oder auch der Early Butternut. Einen Teil **Kürbis** herausschneiden aus dem Plutzer, mit dem Löffel die Kerne herauskratzen und die Schale wegschälen. Dann in kleine Stückchen schneiden. Genauso putzt und schneidet man noch eine **Karotte** und gleich viel **Zeller** und **Petersilwurzel**. **Zwiebel** in **Olivenöl** glasig anlaufen lassen, das geschnittene Gemüse dazu, einen Teelöffel **Salz** hinein, umrühren und mischen und mit Wasser aufgießen, bis alles bedeckt

---

[15] Gemüse bitte niemals hacken, wie es viele Kochbücher fälschlicherweise immer noch empfehlen ! Die Welt ist voll von unglücklichen fingerlosen Köchen, die nach der Lektüre eines Rezeptes versucht haben, am Hackstock mit einer Hacke Zwiebel, Gemüse oder anderes zu hacken, was zu unschönen und unappetitlichen Vorfällen geführt hat ! Also bitte: die Hacke ist kein Küchengerät, sie möge gefälligst im Garten bleiben !

ist. Etwa fünf Minuten kochen, bis die Kürbisse durch sind. Im Turmix zerkleinern und zurück in den Topf (braucht man nicht sieben, es bleibt nichts zurück). Am Feuer lassen, aber nicht mehr kochen. Mit Wasser verdünnen, bis die Menge stimmt. Jetzt kann man die Suppe schon essen. Wenn man allerdings dick werden will, schüttet man **Obers** und einen **Eidotter** (das Klar kann man wegschmeißen oder dem Hund geben, wenn er´s mag) hinein, dabei heftigst mit dem Schneebesen in der Suppe herumrühren, damit das Ei nicht gerinnt. Am Schluß noch eine kleine Handvoll **Kürbiskerne** reinschmeißen und umrühren. Statt der Kerne passen natürlich auch **Croutons** (siehe ☞*Bärlauchsuppe*). Was man auf keinen Fall machen sollte: Kürbiskernöl hineinleeren. Das ist nichts als ein blöder Gag. So ein Unsinn ! Kaltes Öl in die heiße Suppe ! Ekelhaft ! Das zerstört nur den feinen Suppengeschmack. Kürbiskernöl gehört in den Salat, und sonst nahezu nirgendwohin.

Kürbis- Apfelsuppe

Ganz einfach geht die: **Zwiebel** in **Olivenöl** dünsten, kleingeschnittenen **Kürbis** und ebensolchen **Apfel** (geschält oder ungeschält, das ist mir egal) hinein, Wasser dazu und weichköcheln. Dann wieder einmal das Übliche: in den Turmix, in den Topf, **Creme Fraiche** dazu wer zu mager ist, **Kürbiskerne** und fertig.

Kürbissuppe mit Ingwer

Eine 2,5 Haubensuppe. **Kürbis** entkernen, schälen, in kleine Stücke schneiden und mit zerkleinertem **Ingwer** in **Olivenöl** gemischt andünsten. Mit **Weißwein** löschen, soviel **Hühnersuppe** (wenn ich nicht hinschau, kann man auch Wasser oder einen Suppenwürfel nehmen) dazu, daß die Kürbisstücke bedeckt sind, und eine Viertelstunde drauf herumkochen, bis der Kürbis weich ist. Dann ab das ganze Zeugs in den Turmix, und dort zercremen. Wieder zurück in den Topf, damit der Suppe nicht kalt wird; mit einem Stück **Butter** und **Obers** binden; **Salz**, **Pfeffer** und **Muskat** hinein, und das wars, die Hauben sind in Griffweite.

Kürbissuppe mit Räucherlachs

Zwiebel schneiden und in **Olivenöl** glasig anlaufen lassen. Mit **Weißwein** nach dem Äquivalenzprinzip löschen (d.h. gleich viel Wein in den Topf und in den Koch schütten), geschnittenen **Kürbis** (ohne Schale und Kerne natürlich) dazu, davon aber nix in den Koch, sonst erstickt er, und das Essen wird nicht fertig. Wasser dazu bis alles bedeckt ist, **Salz** und **Pfeffer** und eine Viertelstunde köcheln. Danach in den Turmix, retour in den Topf, kleingeschnittene geschälte **Erdäpfel** hinein, kochen bis sie bißfest sind, und dann in Streifen geschnittenen **Räucherlachs** oder **Shrimps** und etwas kleingeschnittene **Dille** dazu – jetzt aber nicht mehr kochen lassen. Danach in der Küche Platz schaffen für die weitere Haube…

Lachs- Erdäpfelsuppe

Einen Bio- Lachs im Aquarium mit Erdäpfel mästen, wenn er schön fett ist, den Heizstab voll aufdrehn und dann mit dem Passierstab den Aquarieninhalt fein pürieren. Nicht vergessen: vorher den Kies entfernen ! So geht's alternativ natürlich auch: kleingeschnittene **Zwiebel**, **Zeller**, **Karotten** in **Olivenöl** andünsten; Wasser reinschütten; **Salz**, **Pfeffer**, **Kümmel**, **Thymian** und geschnittene, geschälte **Erdäpfel** reinschmeißen und weichkochen. In den Turmix, zerturmixen und durch ein feines Sieb zurück in den Topf (der Kümmel bleibt dabei im Sieb). Geschnittene **Räucherlachsstreifen** dazu und wärmen (nicht mehr kochen lassen). Wer will, und zu mager ist, kann noch **Obers** reinschütten. Geschnittene **Dille** drüber und Mahlzeit !

Lachskaviarsuppe

So wie die Suppe oben, die Lachs- Erdäpfelsuppe, nur statt dem Lachs kommen die roten **Lachskaviarkugerln** hinein, und zwar direkt in den Teller, sie werden nicht mitgekocht ! Ich mach die Suppe etwas anders als oben: **Zwiebel**, **Lauch** und **Erdäpfel** in **Olivenöl**, Wasser, Turmix – so wie üblich bei Gemüsecremesuppen. **Gewürze** wie oben.

Lammsuppe mit Letscho

Wenn ich etwas brate, und es bleibt ein Bratensaft übrig, dann wird der nicht weggeschmissen, sondern in einem kleinen Glasl tiefgekühlt. Wieder aufgetaut und mit Wasser gestreckt ergibt dieses Jus immer ein hervorragendes Süppchen, das schnell gemacht ist, aber bei Gästen und anderen Mitessern den Eindruck hervorrufen kann, man stünde seit dem Morgengrauen in der Küche herum. So ist es auch bei dieser Suppe: den **Lammbratensaft** auftauen, in den Topf leeren, Wasser dazu, vielleicht Salz, und fertig. Bei der Klärung der Frage nach einer Suppeneinlage hab ich dann noch restliches ☞*Letscho* entdeckt, und natürlich in die Suppen gekippt. Das Ergebnis: eine weitere Haube plus einem halben Kometenschweif als Draufgabe !

Lauchcremesuppe

Zwiebel kleinschneiden und in **Butter** und **Olivenöl** andünsten. Dazu mitdünstet man kleingeschnittene geschälte **Karotte**, **Petersilwurz** und **Zeller**. Von einer **Porreestange** die Wurzeln abschneiden (es sei denn man will eine Lauchwurzelcremesuppe machen – ich trau mich das aber nicht meinen Lieben vorzusetzen), das außenliegende Blatt wegschneiden und den Rest kleinschneiden (je nachdem, wie dick die Stange ist – immer nur soviel kleinschneiden, daß das Zeug dann noch in den Mixer paßt). Den kleingeschnittenen Lauch zum Wurzelkram in den Topf, mit Wasser dieses bedeckend aufgießen, **Salz** und **Pfeffer** dazu und eine Viertelsunde köcheln. In den Mixer, mixen und zurück in den Topf. Von der Lauchstange noch pro Person 2-3 Ringerln Lauch halbzentimetrig abschneiden, in Streifen zerlegen (am besten den

Ring radial einschneiden, dann zerlegt sich das Zeug sowieso beim kochen), in die Suppe, und noch drei Minuten drauf herumkochen. Fertig. Wer will, kann noch Rahm, Creme Fraiche und ähnliches hineinkippen.

Leberknödelsuppe

Man nehme eine ☞*Rindsuppe*, erhitze sie, und schmeiße ein paar **Leberknödel**, die man im Supermarkt geerntet hat, hinein, die dort das ganze Jahr über trotz der niederen Temperaturen im Regal reifen (nur ziehen lassen, nicht mehr kochen). Leberknödl selbst zu machen lohnt sich überhaupt nicht. Es ist eine irre Patzerei, (wers nicht glaubt, der soll einmal eine Milz schaben !) stört damit das gute Einvernehmen mit der Hausfrau und bringt keine zusätzliche Haube, die gekauften sind genauso gut. **Schnittlauch** in der Suppe macht sich auch noch recht gut – was man ganz allgemein feststellen, und nicht oft genug wiederholen kann.

Leberknödel

Na gut, für alle die es wirklich wissen wollen: etwas **Semmelwürfel**, (etwa ein Viertel bis die Hälfte vom Volumen der Leber) in ganz wenig **Milch** im Weidling einweichen. Kleingeschnittene **Rindsleber** (ohne Häuteln oder sonstigen Mist) kleinschneiden und dazu, **Salz** und **Pfeffer** rein, und das alles mit der Küchenmaschine faschieren. Ein **Ei** reinklatschen, geschnittenen **Petersil** rein, und jetzt mit **Bröseln** auf eine Konsistenz bringen, daß sich draus Knödeln formen lassen. Gleich in den Kühlschrank auf eine Viertelstunde: jetzt nehmen die Bröseln noch Flüssigkeit auf. Der wichtigste Regelkreis der Leberknödeln ist folgender: zuviel Milch am Anfang oder ein Ei zuviel bringt zuviel Flüssigkeit, der Gatsch muß mit Bröseln gebunden werden, und die Knödel schmecken dann nach Bröseln. Also am besten nur ganz wenig Milch, und nur ein Ei. Die Knödelmasse wird zu Knödeln geformt (nona, zu was sonst ? zu Cheops Pyramiden ?), und eine Viertelstunde in Wasser oder am besten gleich in der Suppe schwimmend geköchelt. Hier gilt dasselbe wie bei den Knödeln: sie müssen frei schwimmen können, und genug dabei Platz haben, sich öfters umzudrehen. Das Kochwasser kann man als Suppe weiter ausbauen, zum Beispiel, indem man Schwammerl reinschmeißt und kocht, also nicht wegschütten, wäre schade drum ! Überschüssige Leberknödel am besten roh, was heißt ungekocht, einfrieren.

Letschosuppe

Vom ☞ *Letscho* bleibt gewöhnlich nichts übrig, weil das schmeckt allen. Wenn dem aber doch so ist, das **Letscho** durch den Turmix jagen, durch ein Sieb in den Topf (wegen der Paradeiserkerne) und kleingeschnittene **Frankfurter** oder Knackwurst hinein.

Linsensuppe mit Eierschwammerl

Geht so wie alle anderen Turmixgemüsecremesuppen: **Zwiebel** in **Olivenöl**, Wasser, am Vortag eingeweichte **Linsen**, **Erdäpfel** (geschält und zerkleinert, eh klar), **Salz**, **Pfeffer** und **Majoran**. Kochen, turmixen und zurück in den Topf damit Ihr nicht kalt wird. Jetzt kommen **Eierschwammerl** rein, und noch einmal **Linsen** und **Erdäpfel** oder nur **Linsen** oder nur **Erdäpfel** oder gar nix mehr, oder **Rahm** oder alles zusammen, oder sonst noch irgendwas, und kochen und fertig.

Linsensuppe mit Prawns

Die **Linsen** (wers noch nicht weiß) am Vortag in doppelt soviel Wasser wie Linsen einweichen, sie verdoppeln über Nacht ihr Volumen (über Tag soll das auch funktionieren, wie ich höre !). Am Tag der Suppenproduktion wie schon so oft **Zwiebel** und **Knoblauch** in **Olivenöl** dünsten, die Linsen reinschütten, wenig Wasser, daß das Zeug grad bedeckt ist, **Paradeismark**, **Ingwer** und **Orangensaft** dazu. Und jetzt drauf herumkochen, bis die Linsen weich sind, dann darf das Zeugs in den Turmix. Retour durch das Sieb, und jetzt kommt **Kokosmilch** und Wasser dazu, ich würde sagen, zu gleichen Teilen; **Salz** und **Chili**; aufkochen, geschälte **Kings Prawns** rein, nur mehr unter 100° erwärmen, **Pfeffer** rein und fertig.

Makrelensuppe ølen

Erfunden am gleichnamigen Fjord (am Ølensfjord, nicht am Makrelenfjord), auf Grund eines Überangebotes frisch gefischter **Makrelen**: Makrele(n) ausnehmen, Eingeweide, Kopf und Schwanz abschneiden und das Zeug den Möwen servieren, das freut sie sehr. Den verbleibenden Fisch, wenn ihn die Möwen noch nicht gefladert haben filetieren (nochmals für Anfänger: von vorn nach hinten oberhalb vom Rückgrat durchschneiden, und die „Rippen" – d.h. die großen Gräten vorn großzügig in einem Stück herausschneiden). Die grätenfreien Filets in Stückchen schneiden. Die Parüren in **Butter** oder **Olivenöl** auf kleiner Flamme dünsten, mit Wasser löschen (Weißwein ist in Norwegen nicht finanzierbar) und eine Viertelstunde köcheln. Dann alles abseihen und den Möwen als Nachspeise servieren wenn sie noch nicht satt sind, was sie eh nie sind. Jetzt in einem anderen Topf **Zwiebel** in Olivenöl dünsten, dazu noch zerkleinschnittene **Karotten** oder **Erdäpfel**, **Paradeiser** oder **Fenchel**, **Knoblauch** oder eine Kombination davon; **Salz**, **Pfeffer** und die Fischstückchen. Kurz aufkochen und fertig.

Mammisuppe

Eine Spezialität meiner Schwiegermutter aus dem schönen Reinsberg: Im Olivenöl andünsten (in der Reihenfolge, mit ein paar Minuten Abstand): geschnittene **Zwiebel**, gestiftelte **Karotten**, **Gries**. Wasser draufschütten, sonst wird's keine Suppen sondern ein Gatsch. **Salz** und **Pfeffer**, und was der Garten so an frischen **Kräutern** hergibt: auf jeden Fall kleingeschnittenes **Liebstöckl** (Maggikraut), aber auch **Majoran**, **Thymian**, oder irgendwas anderes was man halt so kennt, und was grün ist und nicht am Baum wächst.

Mango- Kokossuppe

Ein hervorragendes asiatisches Süppchen ! **Zwiebel**, **Knoblauch** und **Ingwer** in Olivenöl dünsten, mit Wasser, Suppe oder Kühlerfrostschutz aufgießen, **Salz**, **Pfeffer** und **Mango** Fruchtfleisch dazu und noch etwas köcheln. Dann kommt eine Runde durch den Turmix, durch ein Sieb in den Topf, **Kokosmilch** dazu, **Shrimps** oder Fischfleisch rein, kurz aufköcheln und fertig. Haube abholen nicht vergessen !

Mangold Linsensuppe

Linsen sind keine Kontaktlinsen, würde ja auch nicht wirklich nach was schmecken, wenngleich höchst schlankmachend ! Am Vorabend beginnen wir mit der Produktion: Ein Schälchen halb mit kleinen **Linsen** füllen (nicht zu viel nehmen, die quellen ganz schön auf !), doppelt soviel Wasser drauf, und über Nacht stehen lassen, jede Viertelstunde einzeln wenden (muß aber nicht sein). Die riesigen **Mangoldblätter** samt Stengeln mit der Kettensäge zerfutzeln; eine **Zwiebel** zerkleinern, im Suppentopf die Zwiebel in **Olivenöl** andünsten, den Mangold drauf, **Safran** dazu, **Salz** und **Pfeffer**. Mit Wasser bedecken und leicht köcheln lassen. Wenn die Pampe weich ist, ab in den Turmix. Durch ein Sieb zurück in den Topf passieren, dabei noch den Siebinhalt mit Wasser aufgießen, und das Gefaser, das im Sieb bleibt, wegschmeißen. Jetzt werden die Linsen, wenn man sie noch findet, in ihrem Einweichwasser kurz gekocht bis sie weich sind (kosten) und kommen dann samt Wasser in die Suppe.

Mangoldsuppe

Mangoldblätter samt den Stengeln waschen und klein schneiden. **Zwiebel** würfeln. Durchzogenen **Speck** würfeln, im Suppentopf bräunen, und wieder raus damit (aber bitte aufheben !). Jetzt die Zwiebel im Speckfett dünsten, den Mangold dazu, **Knoblauch**, **Salz**, **Pfeffer,** etwas geriebenen **Muskat** und mit Wasser (nicht ganz bedecken, sonst geht sich das im Turmix nicht aus, und der Mangold fällt beim Dünsten eh in sich zusammen. Eine Viertelstunde köcheln, turmixen, sich verwünschen, daß es doch zu viel Wasser geworden ist – ätsch ! ich habs gleich gesagt ! – und durch ein feines Sieb zurück in den Topf. Jetzt kommen die Speckwürfel hinein wenn man sie noch findet, und wer will und kann, kann sich noch in paar **Croutons** dazu rösten (aus Semmelwürfel und etwas Fett – aber nur auf kleinster Flamme bitte, sonst brennt das Zeug an !). Übrigens: Eierschwammerl passen da auch hervorragen dazu !

Maronisuppe

Maroni einschneiden (Achtung auf die Finger, lieber einmal weniger Maronisuppe gegessen, als ein Finger weniger !), und im Backrohr bei Oberhitze braten, bis die Schale aufgeht, und dann die Schale und auch die braune innere Haut abschälen (je heißer desto schäl !). Kleinschneiden (vierteln reicht). Etwas **Zeller** kleinschneiden. **Zwiebel** zerkleinern und in **Olivenöl** andünsten (glasig, nicht braun), den Zeller dazu, und dann mit klarer **Suppe** (egal welche, Hühner, Rinder, Heuschrecken oder Gemüse) aufgießen. Man kann natürlich auch Wasser nehmen, wenn man grad keine Suppe hat. Eine Viertelstunde leicht wallen lassen, und sodann im Turmix zerkleinern. Zurück in den Topf (durch ein Sieb bitte, sonst sind grausliche Bröckerln in der Suppen !), mit Wasser auf die gewünschte Menge strecken, nochmals aufs Feuer, kochen braucht's aber nicht mehr, **Salz** dazu, und **Obers** hineinrühren. Fertig. Schmeckt auch gut mit gerösteten Brotstückchen.

Minestrone

Paradeiser sehr klein schneiden. Wer will, kann sie vorher schälen, ich mach das nicht. Das Schälen erledigt man nicht mit dem Messer, sondern mit heißem Wasser (knapp vor dem Kochen, erste Bläschen bilden sich), in das man sie legt, bis sie vor Wichtigkeit platzen. In **Olivenöl** kleingeschnittenen **Zwiebel** anlaufen lassen, und kleingeschnittenen **Schinken** oder Speck mitrösten (aber nicht zu Kohle). Dann kommt kleingeschnittenes Gemüse dazu: **Karotten**, **Zeller**, **Porree**, **Petersilwurz**, **Knoblauch**, **Pfefferoni** – was die Gemüselade halt so hergibt. Alles in den Topf, dazu noch ein **Lorbeerblatt** und **Reis** (wers mag – ich persönlich mag keine Reissuppe); Wasser drauf, **Salz** und **Pfeffer** und kochen. Am Schluß kommt noch **Basilikum** und **Thymian**, möglichst frisch aus dem Garten dazu. Wenns fertig ist (d.h. wenn der Reis weich ist) sollte man noch selbst geriebenen **Grana Padano** reinrühren.

Miso Suppe

Ganz was einfaches, wofür man eigentlich gar kein Rezept braucht: irgendwas ins Wasser schmeißen und darauf herumkochen, dann Misopaste dazu, auflösen, nicht mehr kochen und fertig. Ach ja: **Salz** fehlt noch. Zum Beispiel; **Gemüse** putzen und ins Wasser, **Fischstücke** oder Hendl oder sonst irgendwas, was man aus dem Kühlschrank herauskehrt, 100g **Misopaste** (das ist ein gemahlener Gatsch aus Sojabohnen und Reis) auf einen Liter Süppchen und fertig.

Muschelsuppe

Ist eigentlich eine Milchsuppe mit Muscheln – klingt ganz schön grauslich, was ? Wird aber am Pier 39 in San Francisco so verkauft, und heißt Clam Chowder. Dazu braucht man **Venusmuscheln**, in der Schale gekauft (aber nur, wenn man sie frisch bekommt !), die offenen wegschmeißen weil die sind hin, waschen, und in heißem Wasser kurz kochen, dann gehen sie auf - das Kochwasser bitte aufheben. Jetzt werden die weggeschmissen, die sich weigern aufzugehen – Gerechtigkeit muß sein ! Die Muscheln werden aus den Schalen gekletzelt. So. Jetzt machen wir ein ☞ *Bechamel*, aber ein spezielles: **Zwiebel** kleingeschnitten in **Butter** dünsten, etwas glattes[16] **Mehl** dazu, mit dem Schneebesen gut verrühren mit **Milch** aufgießen (wer will, kann das Mehl auch weglassen, man wird eh nur fett und rund davon), und verrühren, bis keine Bröckeln mehr da sind. Noch mehr Milch hineinschütten – es wird ja schließlich eine Milchsuppe (s.o.) und keine Wassersuppe. Jetzt kommen dazu: ein kleingeschnittener **Erdapfel** und genausoviel ebenfalls geschnittener **Zeller** sowie etwas **Petersil**, **Salz** und **Pfeffer**. Aufkochen, die ausgelösten Muscheln dazu und – sagen wir – zehn Minuten kochen. Dann kommt das Zeug in den Turmix, zu einer Creme verarbeiten, retour in den Topf. Den Mixer spült man mit dem Kochwasser von vorhin, das hoffentlich die Katze noch nicht aufgeschlabbert hat, aus, und verdünnt damit die Suppe. Jetzt kommt noch geriebener **Cheddar Käse** hinein (ich nehm aber lieber einen Parmesan, oder auch einen Eckerlkäse, der ist besser). Kurz aufkochen bis der Käse geschmolzen ist, und fertig ist der Clam Chowder – wer will, kann noch gekochte Muscheln von vorhin reinschmeissen. Beim Essen dreht man die Höhensonne auf, legt ein Foto von San Francisco vor sich auf den Tisch und gibt sich „Surfin´ USA" mit 200 Watt daß die Suppe zittert.

Nockerlwassersuppe

Wir verwenden dazu das Kochwasser der ☞*Parmesannockerlsuppe*, das nicht weggeschüttet wird, sondern zu einer eigenen Suppe aufsteigen darf in der Küchenhierarchie. Dazu schmeißen wir in das **Parmesannockerlkochwasser** folgendes hinein: **Zwiebel**, **Hafermark**, **Karotten**, **Paradeiser** und **Frühlingszwiebel**. Bitte in dieser Reihenfolge, damit alles etwa gleich weich wird, und natürlich nicht im Ganzen ungeschält, sondern anders, wer weiß was ich meine ! **Salz** und **Pfeffer** kommen auch dazu, und **Liebstöckel**, wenn eines auffindbar ist.

Nudelsuppe

Eine ganz einfache Suppe, sie wurde im Jahr 1783 nach der Schlacht bei Ravioli von den siegreichen kaiserlichen Truppen ganz spontan erfunden und hat sich späterhin allgemein durchgesetzt. Soviel zum Geschichtlichen. Man nimmt einfach eine ☞*Rindsuppe* oder ☞*Kalbsknochensuppe,* erhitzt sie und schmeißt (erst bei Tisch,

---

[16] Glattes Mehl ist viel feiner gemahlen als griffiges Mehl. Man nimmt es für alle Pampen, die picken sollen. Griffiges ist besser für alles was flaumig werden soll. Glatt oder griffig hat mit der Mehltype, z.B. W405, nichts zu tun, diese Type bezeichnet den Gehalt an Mineralstoffen im Mehl. W405 heißt, 0,405 % Mineralstoffe bleiben über, wenn man das Zeug bei 900° verheizt.

nicht vorher) **Nudeln** hinein, die man vorher in **Salzwasser** gekocht hat. Nach dem Kochen muß man die Nudeln im Sieb mit kaltem Wasser gehörig abschrecken (kaltes Wasser wohlgemerkt, abschrecken mit Schauergeschichten ist lang nicht so wirksam, und dauert auch viel länger !). Die Nudeln läßt man aber nicht in der Suppe, sonst quellen sie auf bis sie zu gelbem Schleim zerfallen, sondern man hebt sie abgeseiht auf.

Paradeiser- Kokossuppe

Zwiebel, **Knoblauch** und **Ingwer** schälen und zerkleinern, in **Olivenöl** dünsten, mit etwas Wasser aufgießen, und dazu kommt noch **Salz** und **Pfeffer**, und auch **Currypulver** und scharfes **Paprikapulver** (wer will, kann statt dessen auch Red Curry Paste nehmen, wenn die z.B. im Kühlschrank nur im Weg herumsteht), und zerkleinerte **Paradeiser.** Im Winter und in Sibirien, vor allem aber im Winter in Sibirien Dosenparadeiser. Zerkochen, in den Turmix, und durch ein Sieb zurück in den Topf, und jetzt kommt noch eine Dose **Kokosmilch** dazu. Durchrühren, und fertig. Wer will, kann noch **Petersil** (oder Koriander, den ich nicht mag)[17] reinzupfen.

Paradeissuppe

Dazu nimmt man natürlich frische **Paradeiser**, und nicht irgendeine Pampe aus Tube oder Dose. Wer glaubt, daß das was mit Kochen zu tun hat, der soll sich bitte gleich ein Ketchup mit heißem Wasser verdünnen und aus dem Plastikbecher saufen. Die Paradeiser werden nicht geschält, dazu sind wir zu faul. Den grünen Stengelansatz rausschneiden (soll giftig sein) und das rote kleinschneiden, aber so daß nicht gleich der ganze Saft verloren geht ! Jetzt putzt und schneidet man noch **Karotten**. **Zwiebel** in **Olivenöl** glasig anlaufen lassen, die Karotten mit anbraten und dann die Paradeiser dazu, **Salz** sowie **Pfeffer** hinein, wer will, kann noch **Sojasauce** reinschütten und **Thymian** reinrebeln; umrühren und mischen und mit Wasser aufgießen, bis alles bedeckt ist. Jetzt kann man als Gewürz noch etwas **Origano** und **Knoblauch** hineingeben. Gut zehn Minuten kochen. Im Turmix zerkleinern und durch ein feines Sieb zurück in den Topf. Am Feuer lassen, aber nicht mehr kochen. Mit Wasser verdünnen, bis sich vier Teller ausgehen, und dann: optional **Obers** oder aber auch Rahm oder Creme Fraiche, was halt da ist, und weg gehört, weil es schon abgelaufen ist hineinleeren, dabei aber mit dem Schneebesen in der Suppe herumsprudeln. Als Einlage passen natürlich auch **Croutons** (siehe ☞ *Bärlauchsuppe*).

---

[17] Genetisch bedingt: wem vor Koriander graust, der hat so wie ich ein gut ausgebildetes OR6A2 Gen. Wer Koriander mag, hat dieses Gen nicht. Wer also Koriander mag, ist degeneriert.

Parmesannockerlsuppe

Ich erklär hier nur die Käsenockerln, sie passen in alle klaren Suppen und Gemüsesuppen. Man pampe (mit der Gabel in einem tiefen Teller) zusammen: 50 Gramm kalte **Butter**, ein **Ei**, **Salz**, 60 Gramm griffiges **Mehl** und 60 Gramm **Parmesan** (frisch geriebener – mit Sacklersatzparmesan wird's garantiert nichts – also bitte keine Beschwerden nachher !). Mit der Hand zu einem Teig verkneten (drum die kalte Butter, dann ist die Masse viel fester); 30 Minuten noch einmal kühl stellen daß das Mehl schön pickt. Aus der Masse händisch Nockerln wutzeln[18] und in kochendes Salzwasser schmeißen. Nach 10 Minuten Kochen sollten sie fertig sein. Zum absei- hen vorsichtig mit dem Schaumlöffel einzeln herausheben, weil sie sind sehr emp- findlich, wenn sie noch heiß sind !

Das Kochwasser kann man wegschütten, was aber schade ist, weil ja nur gute Sachen drinnen gekocht wurden, und nicht etwa alte Socken oder so. Also: das Kochwasser in einem Topf auffangen, eine Karotte schälen und würfeln, rein in den Topf, kochen bis die Karotte bißfest ist, Salz dazu und fertig ist ein weiteres köstlich Süppchen ....

Parmesansuppe

Ich hab – glaub ich – noch nicht erwähnt, daß sich dafür nur selbst geriebener Grana Padano oder Grana Parmiggiano Reggiano eignet, der Packlparmesan ist höchstens geeignet, daraus Biomüll zu produzieren. Also: wir machen eine **Gemüsesuppe**, oder haben sie schon. Im **Olivenöl Zwiebel** dünsten, mit **Mehl** stauben oder auch nicht, gut verrühren, mit der Gemüsesuppe aufgießen, **Parmesan** rein, Pürierstab oder Turmix drüberlassen, **Obers** reinschütten oder auch nicht, **Salz** und fertig. Croutons passen da gut rein !

Pastinaken- Karottensuppe

Die Pastinaken gabs in meiner Kindheit noch nicht, die wurden erst später erfunden - sie schaun aus wie Petersilwurzen, und sind kurz nach Tschernobyl auf den Märkten aufgetaucht. Die Sache läuft wie üblich: **Karotten** und **Pastinaken** schälen und kleinschneiden, in **Olivenöl** dünsten, Wasser drauf, kochen, **Liebstöckl**, **Petersil** und **Salbei** dazu, turmixen (eh so wie immer), durch ein Sieb in den Topf. **Salz** und **Pfef- fer** sind eh selbstverständlich und ein Spritzer **Worcestershiresauce** kann nicht schaden.

Petersilwurzensuppe

Zwiebel in **Olivenöl** dünsten, mit **Weisswein** ablöschen, **Petersilwurzen** (geschält natürlich) und **Knoblauch** dazu und mit Wasser aufgießen. **Salz**, **Pfeffer** und **Mus-**

---

[18] Wie schon gesagt: aus dem gekühlten Teig Kugerln rollen und dieselben zu Nockerln wut- zeln

kat kommt noch dazu. Später einmal in den Turmix, durchs Sieb retour und dann kommt noch dazu: **Pinienkerne**, **Obers** oder **Rahm** oder so und geschnittenes **Basilikum**. Jetzt aber nicht mehr aufkochen !

Polenta- Lauchsuppe

Lauch der Länge nach halbieren, derquer in Scheiben schneiden, und in **Olivenöl** anschwitzen. Jetzt kommt **Polenta** dazu und Wasser oder Gemüse- oder eine andere Suppe. Aufkochen, und öfters den Boden aufkratzen, weil sonst die Polenta faul am Topfboden herumsumpert und dabei anbrennt. Nach einer Viertelstunde Kochens im Turmix pürieren. Mit Wasser verdünnen (wenn man will), **Obers** dazu, **Salz**, **Pfeffer** und **Muskat**. In die Suppe kommt noch Käsetoast: **Toastscheiben** eher hell als kohleartig toasten. Auskühlen lassen und mit **Butter** beschmieren, die mit **Parmesan** (gleichviel wie Butter), **Ei** und **Paprika** vermantscht ist. Die beschmierten Toaste kommen in den Grill (damit sie nur mehr von oben Hitze bekommen). Wenn sie knusprig sind werden sie gevierteilt und in die Suppenteller befördert, etwas **Petersil** kommt dort noch dazu und dann die heiße Suppe daneben (ja nicht drüber ! das wäre barbarisch !) gegossen.

Reibkasnockerlsuppe

Die ist sehr nahe verwandt mit der ☞ *Parmesannockerlsuppe,* die Käsemischung ist aber anders und Brösel sind drinnen. Sie werden auch etwas flauschiger als die Parmesannockerl. Das Gepantsche ist ähnlich, und die Mengen sollten etwa eingehalten werden: in einen flachen Teller kommen 20 Gramm **Butter**, 20 Gramm geriebener **Parmesan** (ich wieder hole mich: Grana Padano natürlich), 60 Gramm geriebener **Emmentaler**, 40 Gramm **Semmelbrösel**, 6 Gramm **Mehl**, ein **Ei** und **Salz**. Zu einem Teig kneten, zuerst mit der Gabel, dann mit der Hand, kaltstellen, und dann mit den Händen längliche Nockerl wutzeln und im Wasser ein paar Minuten köcheln. Sie steigen auf im Wasser wenn sie fast fertig sind ! Aus dieser Menge werden bei mir und meiner Nockerlgröße etwa 21 Nockerln. Ich mach aber immer die doppelte Menge und frier was ein für spätere Zeiten.

Ricottanockerlsuppe

Nix für Anfänger. 250 Gramm **Ricotta** (das ist ein Packl) mit **Salz**, **Pfeffer**, **Muskatnuß** (natürlich nicht im Ganzen) und 3 gehäuften Eßlöffeln glattem **Mehl** verpantschen; dann 2 **Eier** und 55 Gramm **Parmesan** (man kann es nicht oft genug sagen: selbstgeriebener Grana Padano oder Grana Reggiano natürlich) dazumantschen. Für 30 Minuten in den Kühlschrank damit sich das Mehl verkleistert und auch deshalb, weil sich das kalte Zeug besser zu Nockerln wutzeln läßt. Salzwasser aufkochen, Nockerln mit dem Löffel oder sonst was ausstehen oder händisch wutzeln und ab ins Wasser (Vielleicht wärs gut, erst einmal ein Probenockerl versuchen – wenn es sich auflöst, gehört noch Mehl dazu). Aufpassen, sie picken gern am Boden an, also immer nach drei Nockerln vorsichtig aufrühren ! Zehn Minuten leicht wallend kochen, herausschöpfen und abtrocknen lassen. Kann man eigentlich in fast jede Suppe schmeißen (Rind, Kalb, Yak, Huhn, oder klare Gemüsesuppe).

Rindsuppe

Es gibt drei Arten der Rindsuppe: über die erste red ich nicht, die ist synthetisch, die hat mir mein Druide verboten, und besteht aus einem Suppenwürfel und Wasser. Die zweite: Wenn man nur die Suppe haben will, gibt man als Fleisch ein **Suppenfleisch** hinein, das man als solches bezeichnet auch im Supermarkt bekommt. Man kann aber auch (und das ist die dritte Variante) Stücke wie ☞*Tafelspitz, Schulterscherzl* oder ☞*Beinfleisch* auskochen, dann hat man gleich auch eine gute Hauptspeise. Also: **Markknochen** (oder Fleischknochen) und halbierte **Zwiebel** samt der braunen Schale (gibt eine schöne Farbe) mit der Schnittstelle in den trockenen Suppentopf und leicht anrösten. Mit Wasser löschen, und jetzt kommt der Rest rein: ein Stück **Rindsleber**, ein Stück **Rindsmilz**, (diese zwei sind optional, man bekommt sie auch nicht überall) diverse geschälte **Karotten**, **Petersilwurzel**, eine große Scheibe **Zeller**, **gelbe Rübe, Knoblauchzecherln**, und wenn man hat auch **Porreeblätter**. **Salz, Pfefferkörner, Neugewürz, Lorbeerblatt** und frisches oder getrocknetes **Maggikraut** (Liebstöckl) kommen auch noch dazu. Das ganze wird nicht zugedeckt, und darf nur ganz leicht wallen, sonst verliert sich der Geschmack. Den grauen Schaum (das ist zerkochtes Eiweiß) der sich in der ersten Zeit bildet schöpft man ab und wirft ihn weg[19], sonst hat die Suppe wenn sie fertig ist, so braune Fasern (ist geschmacklich wurscht, nur schauts nicht schön aus). Nach zwei bis vier Stunden Herumgekoche sollte die Suppe fertig sein, man nimmt das Fleisch heraus wenn es ein Suppenfleisch ist und schneidet es als Suppeneinlage klein (wichtig: immer quer zur Faser schneiden !). Einen Tafelspitz läßt man in der Suppe, damit er schön warm bleibt. Das Gemüse schöpft man natürlich ab, die Milz und die Leber kann man der Katze klein schneiden, und die Suppe seiht man durch ein Sieb in einen anderen Topf. Wenn man Fett abschöpfen will: mit einen Schöpfer, ihn waagrecht langsam eintauchend, das Fett abschöpen. Damit man nicht zuviel Suppe wegschmeißt, entfernt man das Fett aus dem Schöpflöffel, indem man es mit einem Eßlöffel aus diesem (dem Schöpfer) abschöpft, und den Rest wieder in die Suppe gibt.

---

[19] Ich geb das Gemüse erst rein, wenn sich kein Schaum mehr bildet, sonst sind immer die Pfefferkörner beim Abschöpfen im Schaumlöfel

Ritschert

Wurde bereits von spätpaläolithischen Bergleuten in Hallstatt verzehrt.[20]. Weil ich das in immer noch weitgehend flüssiger Konsistenz produziere, und das auch so empfehle, steht es unter den Suppen herum. Man kann sich sein Ritschert aber auch als Eintopf produzieren, mit wenig Flüssigkeit, das schmeckt auch gut. Am Vorabend **Bohnen** einweichen: Bohnen in ein Schüsserl, auf die doppelte Höhe mit Wasser auffüllen – dabei ist zu beachten, daß am nächsten Tag der Pegelstand im Schüsserl gleich ist, aber kein Wasser mehr da ist. Tags darauf wird streifig geschnittener **Zwiebel** im Suppentopf in **Olivenöl** angebraten, das **Rollgerstl** dazu und kurz mitbraten(Gerüchten zufolge bleibt durch das braten im Öl die körnige Konsistenz des Rollgerstls erhalten); Wasser in gewünschter Menge dazu, oder auch eine **Rindsuppe**, Hühner- oder Kalbsknochensuppe, was natürlich besser ist, und am besten überhaupt ist eine **geselchte Suppe**. Und jetzt der Reihe nach reinschmeissen: die Bohnen (ohne Resteinweichwasser), kleingewürfelter **Speck** und ebensolches **Geselchtes**, sowie an Gewürzen **Salz**, **Pfeffer**, **Lorbeerblatt**, **Salbeiblätter** und **Liebstöckl**. Drauf herumkochen bis die Bohnen weich sind (kosten), dann noch **Knoblauch**, **Karotte**, **Kraut**, **Zeller**, **Porree**, **Petersilwurz** rein, bißfest kochen, Lorbeer und Salbei wieder rausfischen und fertig.

Rollgerstl Schwammerlsuppe

Rollgerstl ist nichts geheimnisvolles, sondern geschälte Gerste (hordeum vulgare). Derselben etliches in Wasser einweichen, in anderes Wasser getrocknete **Herrnpilze** (wer keine solche hat, weil er am Gestade des Eismeeres lebt, nehme frische Champignons, die tun auch – aber diese bitte nicht einweichen !). **Zwiebel** in Ringerl schneiden, in **Olivenöl** dünsten, die abgeseihten (das Wasser aufheben !) Rollgerstl-körndeln dazu, kurz andünsten, und dann mit ☞ *Geselchter Suppe* (wer keine solche hat, kann auch Hühnersuppe nehmen) aufgießen (wenn ich wegschau, kann man auch einen Hühnersuppenwürfel nehmen). Jetzt kommen die Schwammerl rein, samt Wasser, das Rollgerstleinweichwasser auch gleich dazu, aufkochen bis die Körndln weich sind und fertig. Ach ja, **Pfeffer** und **Salz** natürlich, darf nicht fehlen ! Wer blad werden will, kann jetzt noch Obers reinschütten und Dotter reinsprudeln. Danach nicht mehr aufkochen, das gibt sonst Bröckeln !

---

[20] Siehe Klaus Oeggl und Stefan Schwarz: „Aspekte der Versorgung bronzezeitlicher Bergbaugebiete:" „Insbesondere weisen die pflanzlichen Hauptbestandteile subfossiler Exkremente von Hallstatt .... auf Reste eines deftigen Eintopfgerichtes hin, das heute noch im Ostalpenraum als „Ritschert" bekannt ist". Siehe auch Barth E.: „Die Leibspeise Althallstädtischer Bergleute" Broschüre zur Ausstellung Hallstatt / Wien 1992/1993

Rote Paprikasuppe

Rote Paprika nimmt man dazu – die gelben gehen zur Not auch, die grünen aber keinesfalls. Waschen, und klein schneiden. Eine **Zwiebel** in **Olivenöl** glasig anlaufen lassen, den geschnittenen Paprika dazu, **Salz** hinein, umrühren, mischen und mit Wasser aufgießen, bis alles bedeckt ist. Etwa zehn Minuten kochen. Im Turmix zerkleinern und zurück in den Topf (braucht man nicht sieben, es bleibt keine Rückstände). Am Feuer lassen, aber nicht mehr kochen. Mit Wasser verdünnen, und dann ist die Suppe auch schon fertig. Wenn man will, kann man noch ein Achterl **Obers** und einen **Eidotter** (das Klar kann man wegschmeißen oder dem Hund geben, wenn er´s mag, oder sich in die Haare schmieren – das gibt seidigen Glanz) hineinleeren, dabei heftigst mit dem Schneebesen in der Suppe herumrühren. Gut sind auch Croutons oder kleingeschnittene Zucchini in der Suppe.

Rote Rübensuppe

Das ist eine ideale Suppe zum Schocken unliebsamen Besuchs, weil sie weist eine gastronomisch unästhetische zartrosaviolette Färbung auf, und man kann sie ohne weiteres als Zyklamenblättersuppe oder Herbstzeitlosensuppe, aber auch als Blutsuppe aus urugayianischen Vampirfledermausmägen ausgeben. Eine ☞ *Klare Gemüsesuppe* zusammenbrauen, zwei geschälte, gewürfelte **Rote Rüben** hineinschmeißen und weichkochen, turmixen, **Obers** dazu und nicht mehr aufkochen und fertig. Übrigens: als Rosenblättersüppchen kann man das Gebräu auch ausgeben. Abgesehen von der Farbe: die Suppe schmeckt exzellent !

Safrannockerlsuppe

Geht genauso wie die ☞ *Grießnockerlsuppe*, nur daß keine Grießnockerln in die Suppe kommen, sondern Safrannockerln, was ja auch angeblich der Grund dafür sein soll, daß diese Suppe Safrannockerlsuppe heißt (weil sie ja sonst Grießnockerlsuppe heißen würde) und nicht Grießnockerlsuppe. Soviel zur Theorie, ist ja alles kompliziert genug. Für Safrannockerl empfehle ich, die Mengenangaben genau einzuhalten, sonst wird's ein Patz. Also: 125 Milliliter der **Suppe** (Rind, Kalb oder Huhn,) mit 50 Gramm **Butter** und **Safranfäden** aufkochen. Dazu nimmt man entweder – sagen wir – zwölf bis einundzwanzig Kilo unechte oder ein bis zweiundzwanzig Stück echte Safranfäden, oder man wartet auf den Frühling und rupft den Krokussen im Park oder im Blumengeschäft die Blütenstaubstengel aus und trocknet sie. Aufkochen lassen, und mit dem Schneebesen und Kochlöffel 70 Gramm griffiges **Mehl** einrühren (das wird jetzt wirklich einmal ein Patz). Etwas abkühlen lassen, damit das **Ei**, das jetzt dann hineinkommt, nicht gleich gerinnt, und dann das Ei von dem ich gesprochen habe, hineinrühren. Dazu leert man das Zeug am besten in einen Suppenteller, gibt das Ei dazu und zervermantscht das Zeug mit einer Gabel. In den Kühlschrank damit, und überkühlen, nicht aber unterkühlen ! Etwas Wasser (kleiner Topf, fünf Zentimeter hoch Wasser) aufkochen, mit den Händen aus dem Teig Knöderln wutzeln, und ab ins Wasser. Zehn Minuten kochen. Durch ein Sieb seihen (das Kochwasser kann man ruhig in die Suppe geben), und fertig. (Wenn sie aneinander picken sollten , dann im Sieb kurz in kaltem Wasser schwenken – aber vorsichtig, kein zu starker Strahl, damit sie sich nicht auflösen - besser ist, die Nockerl im Sieb in einen Topf kaltes Wasserkaltes Wasser eintauchen !

Sauerkrautsuppe

Das ist was zur herbstlichen Vorbereitung auf kalte Wintertage, wenn man sich professionell den nötigen Winterspeck anfressen will ! Zuerst die Zutaten herrichten: **Speck** kleinwürfeln, **Zwiebel** in Halbringerl schneiden, **Sauerkraut** aus dem Packl herausnehmen und waschen, **Erdäpfel** und **Knoblauch** schälen und kleinschneiden, und – wichtig noch: **Debreziner** in dünne Scheiben schneiden. Jetzt werden im Lieblingssuppentopf Speck und Zwiebel leicht geröstet, mit Wasser aufgegossen und dann kommt das restliche Zeugs hinein bevor es schimmelt. **Salz** noch rein, **Pfeffer** natürlich, **Kümmel** und ein **Lorbeerblatt**. Wer ernsthaft und professionell an der progressiven Verfettung arbeitet, steigert die Mengen an Speck und Debrezinern ins Unmäßige, und füllt den Platz dazwischen noch mit Sauerrahm !

Sauerkrautsuppe mit Zander

Fenchel ist auch dabei. Passt eigentlich nicht recht zusammen, in Summe aber wunderlicherweise doch. Also: **Zwiebel**, **Knoblauch** und **Fenchel** kleinschneiden und in **Olivenöl** dünsten, **Sauerkraut** aus dem Packl waschen, grob kleinschneiden und dazugeben, und Flüssiges dazu: mit Wasser bekommt man eine Haube, mit **Gemüsesuppe** deren zwo und mit **Hühnersuppe** erreicht man das Maximum von drei Hauben für dieses Süppchen. Jetzt kommt der geschnittene **Zander** rein **Chili**, **Salz** und **Pfeffer**, und wer will kann noch Kümmel reinschütten, einmal kurz aufkochen und gleich essen gehen.

Schlierbacher Käsesuppe

Der Schlierbacher Käse kommt aus Schlierbach im schönen Oberösterreich und ist am ehesten mit dem Romadur vergleichbar, wer den Schlierbacher Käse nicht kennt. Wieder einmal braten wir **Zwiebel** und **Speck** kleingeschnitten in **Olivenöl**, gießen mit **Rindsuppe** oder Wasser auf, **Milch** reinschütten und kleingeschnittenen **Schlierbacher** unter Rühren auflösen. Am Schluß kommt noch **Rahm** hinein. **Salz** und **Pfeffer** eh klar.

Schwammerlsuppe Al Baolo

Auf 945 Meter Seehöhe vom Meister selbst kreiert: **Zwiebel** julienne schneiden, in **Olivenöl** andünsten, **Karotten** und **Zeller** dazu, Wasser, **Salz** und **Pfeffer** und je ein

Zweiglein **Liebstöckl** und **Majoran**. Das Zeug eine halbe Stunde köcheln, dann das Gemüse heraus und dieses dem Fuchs geben (der wird sich schön bedanken) und dann kommen **Schwammerl** in die Suppe: was grad so wächst. Wenn es dieses nicht tut, z.B. weil grad Winter ist, oder wer anderer schon die Schwammerl davongetragen hat, dann kommen Austernseitlinge oder Champignons hinein, die im Gemüseregal wachsen. Noch fünf Minuten kochen und fertig ist das Süppchen.

Schwammerl- Ingwersuppe

Das ist eine der wenigen Suppen, die nicht anfangen mit: „Zwiebel in Olivenöl...." und so fort, weil die ist fettfrei. Nein, diesmal machen wir es ganz anders: Eine Menge kleingeschnittenes Zeugs ins Wasser schmeißen (nur soviel Wasser, daß es dann noch passabel in den Turmix paßt): **Zeller, Karotte, Erdapfel, Knoblauch, Ingwer, Liebstöckl, Lorbeer, Salz, Pfeffer, Fenchel, Kümmel, Koriander, Muskat, Majoran** – recht viel mehr gibt's eh nicht mehr in der Durchschnittsküche, ohne jemanden beleidigen zu wollen. Zusammenkochen daß der Rauch aufsteigt, das Lorbeerblatt wieder herausfischen (das ist das grüne Blatt – wers nicht findet, soll vorher mit einem schwarzen Lebensmittelfarben- Filzstift „Lorbeerblatt" draufschreiben), und in den Turmix schütten. Durch ein Sieb (mit dem großen Löffel durchdrücken) wieder zurück in den Topf, Wasser dazu bis die gewünschte Menge da ist, und dann noch **Schwammerl** (getrocknete Herrnpilze, gefrorene Eierschwammerl, mumifizierte Shi Take, oder was weiß ich sonst nach für Schwammerl) dazugeben und fünf Minuten kochen.

Schöberlsuppe

Das Schöberl ist eine Wiener Institution wie die Sängerknaben und es ist untrennbar mit dem Stadtbild verbunden. Ich bin natürlich der Ansicht, daß das Schöberl längst zum Weltkulturerbe erklärt werden sollte ! Generell handelt es sich dabei um eine Suppeneinlage, bei der gleich viel Dotter, Eiweiß sowie etwas („etwas" heißt hier ein Teelöffelchen auf zwei Eier) Mehl im Backrohr goldgelb werden. Dieser Grundmasse kann man alles Mögliche, von Pinienkernen über Kürbiskerne, von der Froschleber bis zum Käse druntermischen – viele Experimente sind möglich ! Ein Beispiel hier sei genannt, das Parmesanschöberl: aus dem **Eiklar** und **Salz** Schnee schlagen, den **Dotter** mit **Mehl, Pfeffer** und **Parmesan** und etwas **Muskatnuß** mischen, den Schnee reinziehen, fingerdick in eine Form leeren und im Backrohr backen. In Stücke schneiden und in die Suppe (irgendeine klare Suppe). Ausprobierenswertest: Kürbiskernschöberl, Bärlauchschöberl und Pistazienschöberl (die Körndln bitte etwas kleinschneiden !).

Shrimp Chowder

Shrimp Chowder ist eine innovative Weiterentwicklung des ☞ *Clam Chowder*, für Leute, in deren Gemüsegarten keine Venusmuscheln wachsen. Diese Suppe ist eigentlich ein Erdäpfelpürree mit Zellerbestandteilen und mit viel Milch verdünnt, in welches ein paar unsachgemäß gelagerte Shrimps aus einem Regal hineingefallen sind, und wurde erstmals 1723, knapp nach der Entwicklung des Zellers von einem betrunkenen Chefkoch produziert, indem er sich in den Mengen vergriffen hat. Unglaublich, was ? Wenn ich das nicht so schildern würde, würde ich es selbst kaum glauben ! Geschnittene **Zwiebel, Erdäpfel** und **Zeller** in **Olivenöl** in einem großen Topf (wegen eines möglichen Übergehens) dünsten. Mit einem Schuß **Weißwein** ablöschen, mit **Milch** und etwas Wasser aufgießen, und einen **Eckerlkäse** dazu, diesen unter Rühren auf kleiner Flamme (und ohne Deckel, die Milch geht leicht über !) in der Milch auflösen. **Salz** und ein viertel der **Shrimps** dazu, auf kleiner Flamme eine viertel Stunde köcheln lassen, und immer wieder den Boden aufkratzen und durchrühren. Jetzt kommt das Zeug in den Turmix und wird zercremisiert. Retour in den Topf, mit Milch oder Wasser oder beidem auf die gewünschte Suppenmenge bringen, leicht abkühlen lassen (auf unter 70° im Schatten) die restlichen Shrimps dazu. Nicht mehr aufkochen, weil die Shrimps gehen ab 70° ein, und die Suppenesser murren dann bei Tisch - vielleicht noch etwas **Petersil** reinschmeißen, und fertig.

Spargelsuppe

Gibt's leider nur im Frühjahr von April bis Juni. Dosenspargel ist absolut unbrauchbar – übrigens nicht nur für Suppe, er hat in keiner guten Küche was verloren. Wenn man in einer Küche einen herumstehen sieht, geht man am besten gleich wieder, kommentar- und grußlos, auch wenns die Hausfrau grämt – und ißt beim Wirten. Den frischen Spargel - am besten nimmt man den **Marchfelder Spargel**, (und ob er frisch ist, sieht man an der Schnittstelle, also beim Einkaufen Spargel immer von unten anschaun) schält man, wobei, das muß aber nicht sein, weil nach dem Turmix wird eh gesiebt ! Dazu nimmt man ihn mit der linken Hand (Linkshänder bitte genau umgekehrt !) bei der Spitze, und schneidet mit dem Gemüseschäler, etwa 5 cm unterhalb der Spitze beginnend, die äußere Rinde in Streifen ab, die man wegschmeißt. Dann schneidet man die Spitzen ab (Fünfzentimeterstücke) die man nochmals in fünf Stücke schneidet und als Suppeneinlage aufhebt. Den restlichen Stengel schneidet man ebenfalls in Zentimeterstücke. **Zwiebel** in **Butter** glasig anlaufen lassen, den geschnittenen Spargel (die Stengel, nicht die Spitzen) dazu, **Majoran** und **Salz** hinein, umrühren und mischen und mit Wasser aufgießen, bis alles bedeckt ist. Etwa fünfzehn Minuten auf kleiner Flamme zugedeckt kochen, bis alles durch ist. Im Turmix zerkleinern und durch ein feines Sieb zurück in den Topf. Am Feuer lassen, mit Wasser verdünnen, und dann die Spargelspitzen hineingeben und nochmals fünf Minuten leicht kochen, am Schluß noch grob geschnittenen **Petersil** hinein. Wer will, kann jetzt noch ein Achterl **Obers** und / oder einen **Eidotter** (das Klar kann man wegschmeißen oder dem Hund geben, wenn er´s mag) hineinleeren, dabei mit dem Schneebesen in der Suppe herumrühren. Wer will, kann vor dem Mixen noch klein-geschnittenen Camembert oder Gervais reinschütten, das mundet fürtrefflich ! In diesem Fall darf die Suppe aber nach dem Mixen nicht mehr kochen, die Spargelspit-zen müssen daher separat gekocht werden, das Kochwasser aber bitte schön in die Suppe, und nicht wegschütten ! Wär schad drum !

Spargel- Bärlauchsuppe

Geht nur im Frühjahr, und wers nicht glaubt, der möge sich halt ein Maiglöck-chensüppchen brauen - schon jetzt mein Beileid. **Zwiebel** in **Olivenöl** andünsten, kleingeschnittenen **Spargel** (ohne die Spargelspitzen !) und **Bärlauch** dazu, eine Viertelstunde kochen, turmixen, retour in den Topf, die Spargelspitzen dazu, noch-mal fünf Minuten kochen, **Pfeffer**, **Salz** und fertig.

Spinatsuppe

Das Basismaterial wächst packlweise im Supermarkt. Beim Spinat kann man auch auf Tiefkühlware zurückgreifen, die ist genauso gut wie der den man selbst entstielt, und macht weniger Arbeit. Also, ein Packl **Blattspinat** auftaun und kurz aufkochen (steht eh auch drauf, was man damit macht) und das Wasser nachher wegschütten. Eine **Zwiebel** kleinschneiden, in **Olivenöl** anlaufen lassen, und dann geschnittene **Karotte**, **Zeller** und **Lauch** dazu. Mit Wasser aufgießen, die Hälfte vom Spinat dazu, zerschnipselte **Knoflzecherln**, **Salz**, **Pfeffer** und **Muskatnuß** dazu. Eine Viertel-stunde kochen, und im Turmix zerkleinern. Jetzt kann man nochmals Wasser dazu-schütten, wenns zuwenig sein sollte, dazu kommt noch der restliche Spinat kleinge-schnitten und **Rahm** oder Creme Fraiche – und schon ist die Suppe fertig.

Stosuppe

Die Wurzeln der Stosuppe liegen in den innersten Alpentälern, wo in großer Tiefe der kostbare Sto durch emsige Bergleute seit alters her abgebaut wird. Leider schließt aus wirtschaftlichen Gründen heute eine Mine nach der anderen, und guter Sto ist nur mehr schwer zu bekommen (wers nicht glaubt, soll einmal am Markt danach fragen, er wird fortan eines besseren belehrt sein). Zur Not kann man Stosuppe auch ohne Sto zubereiten, wie das folgende Rezept zeigt: **Rahm** mit der gleichen Menge **Milch** verrühren, und beiseite stellen. Doppelt soviel Wasser wie Rahm mit **Salz**, **Pfeffer**, **Kümmel** und einem Spritzer **Essig** aufkochen. **Erdäpfel** und **Karotten** und **Porree** schälen, kleinschneiden, und erstere zwei hinein in die Suppe. Solange kochen, bis das Gemüse bißfest ist, dann den Milchrahm hineinsprudeln. Jetzt kommt noch der Porree hinein, kurz aufkochen, (und wer hat: etwas Sto) und fertig.

Stracciatella

Dazu braucht man nur eine ☞ *Hühnersuppe*. In einer Tasse ein Ei oder deren zwei oder so mit **Parmesan** und geschnittenem **Petersil** zusammenmischen, und in die leicht köchelnde Suppe hineinsprudeln. Noch zwei Minuten kochen, nochmal Petersil drüberstreuen und fertig.

Suppe des elften Juni

Eigens zum schon nahezu in Vergessenheit geratenen Welttag des Suppenlöffels wurde diese Suppe vom Meister persönlich kreiert. Die Suppe basiert auf dem Grundgedanken, daß man in eine Suppe eigentlich alles hineinmantschen kann, was so über oder unter der Erde wächst, und zwar unabhängig von geographischer Breite oder Jahreszeit. Also: **Gemüse Nummer eins** kleinschneiden und zusammen mit zerkleinschnittenen **Zwiefeln** in **Olivenöl** kurz dünsten, mit Wasser aufgießen, weichkochen, im Turmix zerturmixen, zurück in den Topf. Darauffolgend kleingeschnittenes **Gemüse der Sorte Nummer zwei** hinein, Wasser dazu, bißfest kochen und fertig ist das Süppchen; **Salz, Pfeffer** und **Kräuter** runden die Komposition ab. Ausprobieren: z.B. Zellersuppe mit Erbsen, Erdäpfelsuppe mit Spargel, Kohlrabisuppe mit Karotten, Brennesselsuppe mit Beilagscheiben, Zucchinisuppe mit Knoblauch, und so weiter. Tausende Kombinationen garantiert !

Tom Kha Gai

Tom Kha Gai ist eine meiner Thai- Lieblingssuppen. Zuerst richten wir alles her: **Hühnerbrust** kleinschneiden, **Champignons** entstengeln, schälen, vierteln, **Limette** oder Zitrone auspressen, **Galangal** Wurzel oder **Ingwer** blättrig schneiden, **Frühlingszwiebel** schälen und in kleine Stücke schneiden. Jetzt nehmen wir irgendwoher eine ☞ *Hühnersuppe* her, frisch gemacht, aufgetaut, oder, wenn ichs nicht erfahre, einen Hühnersuppenwürfel, oder einfach nur Wasser, das geht auch; und diese kochen wir zusammen mit **Kokosmilch** (weniger bis gleich viel wie die Hühnersuppe). Bitte nicht zudeckeln, das Zeug geht sonst garantiert über, und versaut alles in weitem Umkreis ! In diese Suppe kommen hinein: **Zitronengras, Kaffernlimettenblatt** (มะกรูด, ลูกมะกูด, ใบมะกรูด), der Ingwer, **Pfefferkörner, Thai Chili Paste** und **Chili**. Das Zeug wird zehn Minuten geköchelt und dann abgeseiht (sonst wird der Geschmack von Zitronengras und Kaffernlimettenblatt zu intensiv, drum müssen diese beiden wieder raus aus der Suppen). Jetzt kommen die Hendltrümmer und die Champignons in die Suppe, sieben Minuten oder so kochen und dann kommt **Fischsauce** und der **Zitronensaft** hinein (da muß man öfters kosten, um zu wissen, wieviel; ein paar Spritzer halt). Am Schluß noch die Frühlingszwiebel reinschmeißen, weil die sollen sich nicht zerkochen. Wem nicht davor graust, der kann auch noch Koriander reinschmeißen. Pfui !

Tom Yam Baul

Das ist die alpenländische Variante der Tom Yam Gung, weil ich im Stadtpark keinen Kaffernlimettenbaum entdeckt habe, und meine Frage an den Gärtner nach Zitronengras auf Unverständnis gestoßen ist. Not macht kreativ: in eine **Rindsuppe** schmeißen wir **Prawnsschalen**, die wir ja alle immer tiefgekühlt vorrätig halten. Die werden ausgekocht, und nach 10 Minuten rausgeschöpft und weggeschmissen. Jetzt kommen sehr kleingeschnittene **Paradeiser** rein, und dann klein geschnittene **Frühlingszwiebeln**. Weichköcheln, weg von der Flamme, etwas auskühlen lassen und dann **Shrimps** hinein (die kommen so spät dazu nicht weil sie den Bus verpasst haben, sondern damit sie in der heißen Suppe nicht schrumpfen, und damit sind sie auch viel saftiger im Biß). Etwas **Chili** kann übrigens auch nicht schaden.

Tom Yam Gung

Eine Thaisuppe aus der Familie der Tom Yam Suppen („Gung" ist mit Garnelen, „Gai" mit Hendl und „Talee" mit sonstigem gemischten Meeresinhalt). **Kings Prawns** schälen (was natürlich nur geht, wenn sie eine Schale haben – sonst kocht man halt keine Suppe) und entdärmen – dazu mit einer Nagelschere, die man der Hausfrau entwendet den Panzer am Rücken aufschneiden und das Fleisch herausklezeln. Etwas Wasser in den Suppentopf, die Prawnsschalen hinein, zehn Minuten kochen, dann **Zitronengras** und **Kaffernlimettenblatt** der Gattung Citrus Hystrix (beides bekommt man günstig am Flughafen Bangkok) dazu und sechs Minuten weiterkochen. Dann kommt das, was in der Suppe so alles herumschwimmt heraus, und wird weggeschmissen. In die jetzt klare Suppe kippt man dann die ausgelösten Kings Prawns in einer durch die Anzahl der Mitesser teilbaren Anzahl, sonst gibt's Streit bei Tisch, geschälte und in Scheiben geschnittene **Champignons**, **Fischsauce** (geht zur Not mit Austernsauce auch), rote **Chilies** (oder deren Pulver), **Salz** und **Zitronensaft**. Letzteren bitte nur mit zwischendurch durchgeführter Verkostung, bei der aber die Prawns nicht mitgekostet werden dürfen, sonst gibt's Ärger bei Tisch, weil irgendwer sie sicher vorher heimlich gezählt hat ! Am Schluß kommen noch geschnittene **Frühlingszwiebel** dazu – wie lang die gekocht werden, das überlaß ich euch selbst. Puristen schmeißen noch Korianderblätter rein- die boykottiere ich aber, weil ich sie überhaupt nicht mag. Nagelschere wieder zurücklegen nicht vergessen, sonst fällts auf !

Topfenparmesannockerlsuppe

Mit einer Gabel in einem Schüsserl zusammenpampen: ein Packl (Viertelkilo) mageren **Topfen**, zwei **Eiklar** (den Dotter kann man sich oder der Katze in die Haare schmieren, das gibt wie gesagt seidigen Glanz), 60 Gramm **Grieß** und zwei große Eßlöffel **Parmesan**; sowie **Salz**, **Pfeffer** und etwas **Muskat**. Ab in den Kühlschrank – und zwar nicht deshalb, weil wir das Zeugs nicht mehr sehen können, sondern damit es kalt wird, und man es mit den Händen, und nicht wie es in obergscheiten Rezepten beschrieben wird „mit zwei Teelöffeln"[21] zu Nockerln wutzeln kann – das ist viel zu mühsam. In leicht kochendes Salzwasser hineinwutzeln und zehn Minuten kochen. Danach mit irgendeiner klaren Suppe essen.

Welssuppe

Nein, das ist nicht die offizielle Stadtsuppe vom schönen Wels in Oberösterreich, sondern eine Fischsuppe. Die kann man natürlich auch mit anderen Fischen kochen, wenn grad keine Welse produziert werden. **Zwiebel** in **Olivenöl** dünsten, mit **Weißwein** löschen, **Zeller** und etwas **Erdäpfel** dazu (geschält und gewürfelt natürlich), **Salz** und **Pfeffer**; mit Wasser bedecken, weichkochen. Rundreise einmal Turmix und retour, dann kleingeschnittene **Welsfilets** rein, einmal aufwallen lassen und fertig.

Wildfondsuppe

Eine fünfhaubige Restlsuppe ! Wenn einem von einem Wildbraten Saft übrigbleibt (in Form eines Natursaftls, also einem Jus, ohne Rahm, püriertes Gemüse, oder Mehl, oder was ihr sonst noch dort reingekippt habt), ab in einen Joghurtbecher, und vor dem Iglu zum Einfrieren in den Schnee stellen. Für die Suppe macht Ihr dann bitte eine ☞ *Klare Gemüsesuppe*, und wenn die fertig ist, wird der **Wildfond** einfach hineingekippt. Und fertig.

Xelchte Rahmsuppen

Endlich ein Rezept mit „X" – lang hats gedauert ! Für die Xelchte Suppe müssen wir eine ☞*geselchte Suppe* kochen, und die nehmen wir dann, kippen einen **Rahm** hinein in dem **Mehl** eingerührt ist, kochen das Ganze auf, und essen die Suppen mit **Croutons**. Wer will kann auch Gemüse reinschneiden, muß aber nicht sein.

Zandersuppe

Wer keinen **Zander** auftreibt, kann einen Schill nehmen, wem das auch nicht gelingen will, der nehme einen Fogosch, und wem selbst das zuviel ist, der lasse ab vom Kochen, gehe hin in Frieden, bohre in der Nase, schäme sich, und schweige für immerdar zu gastronomischen Themen. Wir schneiden Gemüse klein: **Zwiebel**, **Knofl**, **Erdäpfel**, **Fenchel**, **Paradeiser**; des weiteren **Fisch**, auch Fischabfälle wie Haut,

---

[21] Wenn da einer empfiehlt, diverse Nockerl mit zwei Teelöffeln zu formen, hat er keine Ahnung von der praktischen Küchenarbeit; einer schmiert da vom anderen ab. Wenn die Nockerlmasse genügend abgekühlt ist durch den Kühlschrank, wird auch die in der Masse enthaltene Butter oder der Topfen fest genug, um mit zwei Händen Nockerln zu wutzeln. Sie werden auch viel fester mit dieser Methode, also Finger weg von den Nockerlfabrikationslöffeln !

Köpfe, Gräten. Die Fischfilets, die schöneren Trümmer, schneiden wir klein und heben sie auf (aber so daß wir es später noch finden !). Das Gemüse und der Kopf-hautgrätenfischmatsch wird in **Olivenöl** auf kleiner Flamme angedünstet, mit Wasser aufgegossen und eine Stunde gekocht. Jetzt kommt noch **Petersil** und einige Zweig-lein **Thymian** dazu, **Salz** und **Pfeffer**, ebenfalls mitkochen, und nach zehn Minuten wird der Gatsch durch ein feines Sieb in den Suppentopf passiert (bitte aber nicht versuchen, alles durchzudrücken: nur leicht ausdrücken, und öfters Wasser drüber-gießen, damit man alle Geschmacksstoffe herausbekommt ! In diese Suppe kommen etliche **Safranfäden** hinein, und auch die wiedergefundenen Fischfiletstücke. Kurz aufkochen (aber nur ganz kurz, damit der Fisch nicht zerfällt !), noch etwas ziehen lassen, damit der Safran sich entfalten kann, und fertig.

Zandersuppe mit Paradeiser

Zandersuppe geht aber auch anders: Einen ziemlichen Haufen **Zwiebel** so wie schon so oft in **Olivenöl** dünsten, **Paradeiser** kleingeschnitten dazu, mit Wasser, **Hühner-suppe** und/oder Natronlauge aufgießen, ein **Lorbeerblatt** dazu, **Paradeismark** und **Dijonsenf** kommt noch rein, **Salz** und **Pfeffer** so wie eh immer und das Zeug kö-cheln. Dann raus mit dem Lorbeerblatt und der Natronlauge (wem das zu kompliziert ist, der sollte am Anfang halt keine Natronlauge reinschütten) und im Turmix zer-turmixen. Zurück in den Topf und kleingeschnittene **Zanderfilets** rein. Einmal auf-kochen und noch **Kräuter** dazu, und wir sind wieder einmal fertig.

Zellersuppe

Zwiebel kleinschneiden, **Zeller** und einen **Erdapfel** schälen und in einzentimetrige Stücke schneiden. Zwiebel in **Olivenöl** andünsten, zwei Drittel vom geschnittenen Zeller dazu, mit Wasser aufgießen daß alles bedeckt ist, **Salz**, **Pfeffer** und **Kümmel** rein und zwanzig Minuten drauf herumkochen. Jetzt kommt das Zeug in den Turmix, wird zergatscht und zurück in den Topf. Wer will, kann jetzt **Hafermark** oder **Erb-sen** hineinschütten, auf alle Fälle kommen noch die restlichen Zellerstücke dazu. Köcheln, bis der Zeller bißfest ist, öfters den Boden aufkratzen, daß sich das Hafer-mark nicht anlegt[22]. Vor dem Servieren grob geschnittenen **Petersil** dazu.

Zellersuppe mit Apfel und Nüssen

Dieses Rezept hat die internationale Apfelindustrie bei mir eingemahnt, aus Gründen der Gleichberechtigung der Äpfel mit den Birnen ! Fiat Justitia, et pereat Mundus. Also so wie die Suppe oben **Zwiebel**, **Knoblauch**, **Olivenöl**, zusätzlich noch **Erdäp-**

---

[22] Für solche Zwecke sind die üblichen vorne runden Kochlöffel denkbar ungeeignet. Da hilft nur ein dreieckiger Kochlöffel, der vorne flach ist, mit abgerundeten Ecken, mit denen man auch in die Topfrundung unten hineinkommt.

fel, dann **Zeller**; Wasser, **Salz** und **Pfeffer** so wie eh immer, Turmix. Jetzt zerkleinerte **Nüsse** drüberstreuen, und geschälten kleinwürfeligen **Apfel** dazu. Nicht mehr aufkochen !

Zellersuppe mit Birne

Ganz einfach: **Zwiebel** in **Olivenöl** dünsten, mit Wasser, **Suppe** oder sonst was aufgießen, **Zeller**, eine **Birne** und **Knoblauch** rein, **Salz, Pfeffer, Kümmel** rein, kochen, mixen, wer will mit **Milch** aufgießen, und fertig. Macht sich gut zum Essen mit gebratenem **Speck**.

Zellersuppe mit Pinienkernen*Fehler! Textmarke nicht definiert.*

Eine neue gastronomisch erfreuliche Sichtweise auf diese Knolle: **Zwiebel** und **Zeller** in **Olivenöl** dünsten, **Kümmel** drüberleeren, mit Wasser bedeckt köcheln, turmixen, durch ein Sieb (wegen der Kümmeltrümmer) zurück in den Topf; **Salz, Pfeffer** und **Pinienkerne** rein und fertig.

Ziegenkäsesuppe

Den Kinderchen muß man erklären, es handle sich um eine schlichte „Käsesuppe" sonst essen sie das nicht. Das Übliche: in den Turmix kommen in **Olivenöl** gedünstete **Zwiebel**, Wasser, darinnen gekochte **Erdäpfel**, **Kümmel** und **Salz**, sowie natürlich ein Stück **Ziegenkäse**. Nach dem Turmix schneide ich noch rohe **Frühlingszwiebel** hinein und koch das nicht mehr auf. Nach dem Schmatzen kann man den Kinderchen die Sache erklären.

Zucchinicremesuppe *Fehler! Textmarke nicht definiert.*

Zwiebel in **Olivenöl** dünsten, von den Zucchini wenn sie zu groß sind die Kerne innen großzügig entfernen und aus dem Fenster haun, den Rest von den Zucchini kleinschneiden, und ab in den Topf. **Salz, Pfeffer, Ingwer** und **Knoblauch** kommt auch noch dazu. Kochen, turmixen und retour in den Topf. In die Suppe kommen entweder Kürbiskerne, Zahnpasta, geröstete Brotstücke oder (am besten) in einer Pfanne ausgelassene **Speckwürfel** (das Fett bitte wegschütten) oder gleich Grammeln.

Zucchinisuppe al Baolo*Fehler! Textmarke nicht definiert.*

Zwiebel in **Olivenöl** mit etwas kleingeschnittenem **Speck** glasig anlaufen lassen, den geschnittenen **Zucchino** dazu, **Salz, Pfeffer, Majoran** und **Knofl** dazu, umrühren und mischen und mit Wasser aufgießen, bis alles bedeckt ist. Etwa fünf Minuten kochen. Im Turmix zerkleinern und zurück in den Topf (das braucht man nicht zu sieben, es bleibt nichts zurück). Am Feuer lassen, aber nicht mehr kochen. Mit Wasser verdünnen, soviel man eben mag, kleingeschnittene **Frühlingszwiebel** hinein, kurz aufwallen lassen und dann ist die Suppe auch schon fertig.

Zucchinisuppe mit Kokosmilch

Ausprobieren: die erste Haube taucht am Horizont auf ! Kleingeschnittenen **Zwiebel** und ebensolchen **Zucchino** (ohne das innere Gekerne, das mit dem Löffel herauszukratzen ist), **Ingwer**, **Salz**, **Pfeffer** und **Curry** mit **Olivenöl** zusammen in den Suppentopf (etwas Speck kann auch nicht schaden – wer will möge das dazuschmeißen !) und etwas drauf herumdünsten. Etwas **Kokosmilch** aus der Dose dazu (das ist nicht die Kokosmilch aus der gleichnamigen Nuß von der Palme im Wintergarten, sondern das feingeschredderte weiße Innere der Nuß aus der Konserve); etwas Wasser (genausoviel wie die Kokosmilch) rein und eine Viertelstunde drauf herumkochen. Dann ab in den Turmix (Das ist der Grund für die „etwas Kokosmilch" – sonst wird's zuviel für eine Turmixfüllung und man muß mit einem Zwischenlagergefäß herumferkeln). Turmixen, retour in den Topf; mit der restlichen Kokosmilch und Wasser auf die richtige Menge bringen. Aufwärmen (nicht mehr kochen) und einen Kübel **Shrimps** oder etliche **Kings Prawns** drinnen schwimmen lassen.

Zucchinisuppe ultimativFehler! Textmarke nicht definiert.

Die abschließende Variation, einfach und puritanisch, und köstlich: **Zucchinowürfel** in **Olivenöl** dünsten (es gibt kaum Suppen ohne Zwiebel, das ist eine davon), **Salz** dazu und mit Wasser bedecken, und **Knoblauch** rein. Nach einer Viertelstunde weg vom Herd, **Käsewürfel** rein, zum Beispiel Camembert oder Blaukäse, und ab in den Turmix. Durch ein Sieb in den Topf, wer mag kann noch **Petersil** reinschmeißen, und fertig. Diese Suppe ist der Beweis dafür, daß man nicht immer eine lange Liste von Zutaten braucht, im schlimmsten Fall kaum beschaffbare, um was Gutes zu kochen, wenige Ingredienzien genügen, sie müssen nur frisch sein.

Zwiebelsuppe

Ein mittelgroßer Haufen **Zwiebel** (ich würd sagen, zwei Zwiefeln pro Essnase) wird geschält und in Ringerl geschnitten. Die Ringerl läßt man auf kleiner Flamme in **Olivenöl** glasig anlaufen, und rührt öfters um. Dann gießt man mit ☞ **Rindsuppe** oder ☞*Kalbsknochensuppe* auf, und schon ist die Suppe fertig (wer will, kann noch ein paar getrocknete Morcheln reinschmeissen und ein paar Minuten kochen – schmeckt recht gut dazu !). Da hinein kommt aber noch was: von **Toastscheiben** schneidet man die vier Ränder weg[23], viertelt sie (nicht die Ränder – die Toastscheiben natürlich), und legt sie auf ein Blech. Dann bestreut man sie mit geriebenem

---

[23] Die Toastscheibenränder wandern natürlich nicht in den Bioabfall, sondern kleingeschnitten und getrocknet in den Knödelbrotvorratssack und mutieren später einmal zu Knödeln.

EmmentalerFehler! Textmarke nicht definiert. (gibt's fertig aus dem Packl) und schiebt sie ins Rohr in die Mitte, und schaltet Ober- und Unterhitze und Gebläse ein, damit sie oben und unten schön knusprig werden (sie saufen sich dann nicht so mit Suppe voll). Wenn der Käse geschmolzen ist, kommen die Käsecroutons in den Suppenteller auf die heiße Suppe drauf, und bitte aber sofort servieren, solange sie noch knusprig sind.

Zwiebelsuppe Godafoss

Das hab ich in Island gekocht, wo das Essen beim Wirten unbezahlbar ist, wenn man überhaupt einen aufspürt und grad auch nichts anderes im Kühlschrank war. Schmeckt aber hervorragend: kleingeschnittene **Zwiebel** in **Olivenöl** dunkelbraun anbraten, häufig umrühren nicht vergessen, damit die Bräunung gleichmäßig erfolgt, **Erdäpfel** dazu, natürlich geschält und geschnitten; **Kümmel**, **Majoran** und **Knoblauch**, **Salz** und **Pfeffer**, Wasser draufschütten bis es bedeckt ist, die Erdäpfel fertig kochen, dann in den Turmix, retour in den Topf, nochmals Wasser dazu und fertig. Etwas **Petersil** kann nicht schaden, wenn grad vorhanden.

Rind

Schulterscherzl gekocht

Verwende ich statt dem klassischen Wiener Tafelspitz. Tafelspitz ist teurer, **Schulterscherzl** ist das mit dem geleeartigen Streifen in der Mitte, ist billiger und schmeckt auch noch besser, weil es saftiger ist. **Mageres Meisl** oder **Dicke Schulter** kann man auch noch nehmen, ist auch sehr saftig, nur im Stück kleiner – die vier Sorten sind die besten, die man für Siedefleisch nehmen kann. Das Fleisch wird gekocht, so wie es bei ☞*Rindsuppe* beschrieben ist, am besten 225 Gramm pro Nase. Herausnehmen, und (wichtig !) immer quer zur Faser in dünne Scheiben schneiden, die man in einer Schüssel mit Rindsuppe zum Tisch bringt (damit das Fleisch saftig bleibt, und nicht auskühlt). Dazu ißt man klassischerweise ☞*Erdäpfelschmarrn* oder ☞*geröstete Erdäpfel,* ☞*Schnittlauchsauce,* ☞*Apfelkren*, und alle Arten von ☞*Gemüse*, was grad frisch am Markt ist. Als Saft kommt etwas von der guten Rindsuppe dazu.

Beinfleisch

Macht man genauso wie ☞*Tafelspitz* allerdings mit einem Beinfleisch. Man muß nur die Suppe etwas entfetten, weil das Fleisch einen Fettrand hat. Auch die Beilagen sind dieselben wie bei anderem gekochten Rindfleisch.

Rostbraten

Der **Rostbraten**Fehler! Textmarke nicht definiert., bzw. das Rump Steak ist ein eigenes Stück Rindfleisch, das am Rand ein Schwartl hat. Dieses schneidet man nicht weg, sondern alle zwei Zentimeter bis aufs Fleisch durch, sonst rollt sich das Fleisch in der Pfanne ein. Also: einschneiden, **Salz** und **Pfeffer** drauf, und in **Butter** und **Olivenöl** scharf anbraten[24]. Herausnehmen, **Butter** in die Pfanne, schmelzen und mit Wasser unter Gekratze mit einem Kochlöffel zu einem schönen Saft verkochen. Dann kommt **Senf** dazu und konzentriertes **Paradeismark**. Gut verrühren, am besten mit dem Schneebesen. Man kann auch noch mit ein bißchen Mehl stauben, dann wird der Saft dicker: in einem kleinen Glasl etwas kaltes Wasser mit einem Teelöffel glattem Mehl mischen, und in den Saft schütten (Wenn man das Mehl in den heißen Saft

---

[24] Hier muß ich mich jetzt der Maillard- Reaktion widmen: Beim scharfen Anbraten werden Aminosäuren und reduzierende Zucker unter Hitzeeinwirkung zu neuen Verbindungen umgewandelt, was erst den typischen guten Geschmack ergibt. Erkennbar an der Bräunung vom Fleisch und den sich verbreitenden Wohlgerüchen (rohes Fleisch riecht ja eigentlich nach gar nix). Darüber hinaus sollte man Fleisch gar nicht mehr, oder sehr lang braten: ab 70° ziehen sich nämlich die Fasern zusammen, und das Zeug wird zu Gummi, erst bei längerem Braten wird es wieder weich.

schüttet, gibt es ein Gebröckel in der Pfanne, und nachher Gemurre bei Tisch !). Jetzt kommen die Rostbratln wieder in den Saft. Gegessen wird das Zeug mit ☞ *Bandnudeln* oder was anderem.

Zwiebelrostbraten

Das ist nicht das Originalrezept, ich bin ja nicht einer von denen die nur von woanders abschmieren, um die Seiten zu füllen ! Das Original sieht vor, daß das Fleisch nur kurz angebraten wird, grad daß es nicht hart wird, und daß dann frittierte Zwiebelringe drübergelegt werden. Auf die bekomme ich Sodbrennen, und deshalb hier eine leichter verdauliche Alternative: Zuerst einmal je einen **Zwiebel** oder mehr pro Mitesser in Ringerl schneiden, und in der Pfanne in **Olivenöl** gelb dünsten, dann raus aus der Pfanne. Dazwischen die **Rostbratenscheiben** (Beiriedschnitten) am Rand einschneiden, d.h. den weiße Sehnenrand einschneiden, er zieht sich sonst beim Braten zusammen und wir bekommen ein Zwiebelrostschüsserl. In derselben Pfanne scharf anbraten, **Salz** und **Pfeffer** drauf, raus aus der Pfanne und den Bratrückstand deglacieren. Jetzt dürfen sie wieder rein, Wasser reinschütten, sagen wir, einen Zentimeter, die Zwiebel drauf und zugedeckelt mindestens eine Stunden auf kleiner Flamme zugedeckelt dünsten, bis das Fleisch schön weich ist. **Knoblauch** paßt jetzt auch dazu, wer will, möge dies hinzufügen. Bitte öfters den Saftstand kontrollieren, nicht daß das Zeug anbrennt ! Dazu passen hervorragend ☞ *Erdäpfel* und ☞ *Gemüse* in allen Variationen.

Esterhaszy Rostbraten

Zum **Rostbraten** will ich nichts mehr sagen, weil wer aufgepaßt hat, hat das wesentliche schon ein Rezept weiter oben gelesen; wer nicht, der soll zum Kochen aufhören und in die Sandkiste Kuchen backen gehen. Also: Fleisch einschneiden, **Salz** und **Pfeffer** drauf, und in **Olivenöl** scharf anbraten. Herausnehmen, **Butter** in die Pfanne, schmelzen und mit Wasser unter Gekratze mit einem Kochlöffel und getrockneten **Herrnpilzen** zu einem schönen Saft verkochen. Jetzt kommt das Fleisch wieder hinein, und wird zugedeckelt. Danach steht man aber nicht blöd herum und stiert in die Gegend, sondern schneidet **Zwiebel**, **Petersilwurz**, **gelbe Rübe**, **Kapern** und **Zeller** sehr fein in Streifen (Die Zwiebel schneiden wir nicht in Streifen, sondern in Halb-Ringerln, weil sie ist rund, und man muß die Ringerln nicht unter Wasserdampf geradebiegen ! Das ginge wohl zu weit !). Das geschnittene Zeug wird in **Butter** gedünstet. Nach der halben Stunde Gedünste das Fleisch wieder herausnehmen, damit es auch einmal was anderes sieht als nur die blöde Pfanne von innen. Jetzt wird ein Teelöffelchen glattes **Mehl** in ein **Achtel** Rahm gemischt, und in den Bratensaft hineingearbeitet (mit dem Schneebesen), aufgekocht, und dann kommt das Fleisch wieder dazu. Darüber schütten wir das gedünstete Wurzelzeug. Fertig. Mit ☞ *Reis* und ☞ *Salat* essen.

Rindsrouladen

Dazu nimmt man **Rindsschnitzel**. Beim Einkaufen darauf achten, daß die Stücke schön groß sind, und daß sie quer zur Faser geschnitten sind – sonst sind sie zäh. Fett am Rand schneidet man weg und gibt es der Katze. So, und jetzt schneidet man in Streifen, und legt auf Häufchen: **Karotten**, **Zeller**, **Porree** (von unten her, das Weiße nehmen), **Gurkerln**, **Fisolen** (aber nur wenn sie frisch von der Staude sind) und wei-ßen **Speck** (den man am besten tiefgefroren schneidet, sonst schmiert er sich). Die Schnitzel werden geklopft (dabei gleich so zu einem Fleck formen, daß man sie dann gut rollen kann), **Salz** und **Pfeffer**, und dann je ein Patzen **Kremser Senf** und **Para-deismark** aus der Tube (Konzentrat), und die beiden Patzen mit einem Messer am Fleisch verreiben. Darüber legt man das geschnittene Zeug, schön abwechselnd und parallel, und wenn alles bedeckt ist (keine Doppellagen bitte !) rollt man das Schnit-zel zusammen und steckt die Enden an beiden Enden mit Zahnstochern fest, und zwar schräg, daß der Zahnstocher möglichst wenig herausschaut, sonst stört das beim Braten. Das Backrohr auf 200° aufheizen. In einer großen Deckelpfanne die Roula-den scharf von allen Seiten in **Olivenöl** anbraten, und wieder herausnehmen. Jetzt **Butter** hinein, schmelzen und am Feuer mit Wasser aufgießen und deglacieren (Hab ich jetzt schon dreimal erklärt, was das ist, jetzt erklär ichs nicht mehr). Das Fleisch wieder hinein, etwa zwei Zentimeter Wasser oder auch Rindsuppe (wenn man hat) dazu und eine Stunde ins Rohr, zwei bis dreimal wenden. Essen mit ☞*Champignonreis*, aber auch ☞*Gemüse* möglich, und immer aufpassen, daß man nicht an den mitgebratenen Zahnstochern erstickt.

Rindsbraten

Dazu nimmt man ein schönes, BSE freies Stück Rindernes von der Nuß im Ganzen, oder besser noch: ein **Schulterscherzl**, weil das durch die Sehne, die sich mitten-durchzieht, schön saftig bleibt. Diese Sehne wird durch das Draufherumbraten zu einer wohlschmeckenden, saftigen Gallertmasse. Weil das Rindfleisch recht fettfrei ist, wird es gespickt: dazu schneidet man vom weißen (d.h. fleischlosen) **Speck** etwa halb- mal halbzentimeter dicke Streifen, und zwar vom tiefgefrorenen Stück, damit er fester ist, und besser ins Fleisch hineingesteckt werden kann. Den Speck bekommt man ins Fleisch entweder durch Beamen, durch Teleportation, mit Hilfe einer Spick-nadel, oder man sticht einfach mit einem dünnen Messer hinein, und schiebt den gefrorenen Speck entlang des Messers hinein. Gespickt wird aber immer längs zur Faser. Das Fleisch wird natürlich außen grob pariert, d.h. man schneidet etwas Fett und Flachsen weg (Die Parüren kann man mitbraten, das verbessert den Saft). Da-nach in einer tiefen zudeckelbaren Pfanne in **Olivenöl** von allen Seiten anbraten, herausheben, etwas konzentriertes **Paradeismark** hinein (muß aber nicht sein), den Bratrückstand mit Wasser aufgießen und mit dem kratzenden Kochlöffel zu einem Saft aufkochen (deglacieren). So. Jetzt kommt das Fleisch wieder hinein, **Salz** und

Pfeffer darüber, und unter das Fleisch wandern geschälte halbierte **Zwiebel**, ebensolche **Karotten** und **Zeller,** aber auch **gelbe Rübe** und halbierte **Paradeiser** (statt dem Paradeismark). Wasser dazu daß das Gemüse bedeckt ist, zudeckeln und ab ins Rohr bei 200° auf eineinhalb Stunden[25]. Zwei- dreimal wenden schadet auch nicht. Das mitgebratene Gemüse schmeißt man vor dem Servieren weg, dafür kann man den Saft aber noch verfeinern: Rahm macht sich gut, hineingesprudelt, aber auch kleingeschnittene Champignons, die man vorher in Butter dünstet. Wichtig beim Essen ist, daß man das Fleisch quer zur Faser schneidet. Dazu ißt man ☞ *Champignonreis*, aber auch alle Arten von ☞ *Gemüse*, oder ☞ *Pasta* (Spiralen zum Beispiel).

Rindsschnitzel

Das ist ganz einfach, wenn man die Fußnote oben beim Rezept für den Rindsbraten gelesen und verstanden hat. **Rindschnitzel** in der Pfanne in etwas **Olivenöl** anbraten (siehe Fußnote), **Salz** und **Pfeffer** rein, den Bratrückstand mit Wasser oder Suppe deglacieren, Schnitzel wieder rein, und dann eine Stunde auf kleiner Flamme zugedeckelt dünsten (siehe Fußnote), und öfters Flüssigkeit nachgießen. So. Und jetzt zum Geheimnis der verschiedensten Rindsschnitzel á la Créme, Esterhazy, Hawaii, Grönland; in Rotweinsauce, Zwiebelsauce, Rahmsauce; auf meine Art, Deine oder Unsere Art: damit kann man Bücher füllen, was ich aber nicht mache. Prinzipiell kann man nach dem Anbraten alles mögliche Zeugs in die Pfanne zum Dünsten dazuschmeißen; Herrnpilze, Wespennester, Paradeismark, Silikonkautschuk, Wurzelgemüse, oder Zahnpasta. Ich würde sagen: ausprobieren. Dazu passen hervorragend ☞ *Tagliatelle*.

Gulasch

BSE freies **Gulaschfleisch** entfetten und die gröbsten Flachsen wegschneiden (Wadschunken ist am besten. Das sind die vorderen und hinteren Unterschenkel von dem Rindvieh. Die enthalten eine Menge Sehnen, die sich bei längerem Kochen zu Gelatine auflösen, was dann eine sehr sämige Sauce ergibt). Dann nimmt man dieselbe Menge **Zwiebel** (gewichtsmäßig – das ist kein Druckfehler, man braucht wirklich genausoviel Zwiebel wie Fleisch !), und schneidet sie sehr klein. Zwiebel in **Olivenöl** anlaufen lassen, auf eher kleinerer Flamme, und sehr viel umrühren; oder richtiger: den Boden aufkratzen: sie müssen schön braun werden, damit das Gulasch

---

[25] Bei der Fußnote zur Maillard Reaktion hab ich verkündet, daß das Fleisch zu Gummi wird, wenn man es länger brät. Das stimmt auch. Nur: wenn man es noch länger brät, dann denaturiert das kontrahierte Kollagen im Fleisch, und die Fasern entspannen sich wieder, es entsteht Gelatine, das einen schön sämigen Saft ergibt. Einen Braten kann man also entweder kurz braten, innen noch rosa (z.B. Filet Wellington oder Roast Beef) dann hat er durch die Maillard Reaktion außen Geschmack und ist innen zart; oder aber Stunden braten, dann hat er ebenfalls Geschmack, wird aber ebenfalls wieder innen zart.

Farbe (und auch Geschmack) bekommt, dürfen aber auf keinen Fall anbrennen ! Solange damit weitertun, bis die Zwiebel schön braun sind. Dann kommt das Fleisch dazu, **Salz, Kümmel** und **Pfeffer**. Schön anbraten, und danach kommt der **Paprika**: Etliche gehäufte Eßlöffel, kann ruhig sehr viel sein, umrühren, aber nicht mehr rösten, weil der Paprika sonst bitter wird ! Gleich mit Wasser aufgießen, bis alles bedeckt ist, und auf kleiner Flamme zugedeckt brutzeln lassen, dabei öfters umrühren. Das Zeug muß so lang kochen, bis man die Zwiebelstückchen im Saft nicht mehr sieht. Dabei kann man ruhig viel von der Flüssigkeit verkochen, und wenn erforderlich mit Wasser aufgießen. Nur Geduld, das dauert schon seine Zeit. Essen kann man es auch ohne daß die Zwiebel verkocht sind, aber der klassische Gulaschsaft ist halt ein schön unzwiebelbröckelig verkochter. Dazu ißt man Weißgebäck (Semmeln, Wachauer Laberln, oder so), oder auch ☞ *Knödl*, ☞ *Erdäpfel*, Gurkerl, marinierte Hahnenkämme, Spiegelei und anderes Zeugs. Am besten schmeckt das Gulasch wenn es am nächsten Tag aufgewärmt wird !

Rindsragout

Da kommt (fast) alles Zeugs hinein, das man auch in einer guten Rindssuppen findet: **Rindfleisch** (Gulaschfleisch oder Filet) in Würfel schneiden, und in **Olivenöl** anbraten (das Wasser, das dabei entsteht, abgießen aber aufheben) Nach dem Anbraten mit diesem ablöschen, angebrannte Reste im Saft auflösen (das macht man mit dem Kochlöffel, und nicht mit Schwefelsäure !). Eine Stunde drauf herumdünsten, Wasser immer wieder nachgießen, umrühren. Jetzt kommt dazu: gewürfelte **Karotten, Zeller** und **Schalotten** (Allium ascalonium) – fünf Minuten dünsten, geschnittener **Lauch, Salz, Pfeffer**, nochmals fünf Minuten dünsten (das Gemüse darf nicht durch stundenlanges herumgekoche zu Gatsch zerfallen !). Dazu passen sehr gut ☞ *Spiralen*.

Majoranfleisch

Rindfleisch (Bratenfleisch, Schulterscherzl oder Tafelspitz) kleinschneiden – und dabei kann man auch schon was falsch machen: immer quer zur Faser schneiden ! **Zwiebel** und durchzogenen **Speck** sehr klein zerkleinern und zusammen in **Olivenöl** braten. Jetzt das Fleisch dazu, und ebenfalls braten. Dabei entsteht ein Riesenkübel Saft. Damit man nicht darauf herumkochen muß, bis er verdampft ist, wird er in ein Schüsserl abgegossen (und kommt später wieder dazu). Wenn das Fleisch schön brutzelt und zu duften beginnt, mit **Weißwein** löschen. Jetzt kommt der Saft dazu, drüber noch Wasser oder Suppe wenn man hat, zerkleinerter **Knoblauch, Kümmel, Salz, Pfeffer, Paradeismark** und natürlich: **Majoran**, damit die Überschrift auch stimmt. Solang kochen, bis das Fleisch, das zuerst hart wird, wieder erweicht – das dauert schon eine Stunde. Am Schluß kommt noch **Sauerrahm** dazu. Dazu paßt fast alles: ☞ *Knödl, Pasta (Farfalle tricolori, Penne oder so), Reis*.

Rinderfisolen

Ein **Hinteres Rindfleisch** entfetten, entflachsen und in gabelkleine Stücke schneiden. Einen **Paradeiser** pro Mitesser in heißem Wasser blanchieren bis die Haut platzt, herausnehmen, sich die Finger verbrennen oder auskühlen lassen und ihm die Haut abziehen[26]. Topf nehmen, **Olivenöl** hinein und **Zwiebelscheiben** andünsten. Das Fleisch dazu, braun anbraten. Mit etwas Wasser löschen, **Paprikapulver** dazu, **Salz**, und **Pfeffer**. **Fisolen** in zweizentimetrige Stücke schneiden, hineinschütten und eine Viertelstunde drauf herumkochen. Am Schluß geschnittene rote **Paprikastreifen** dazu, nochmal kochen (aber nicht so daß sie zu Gatsch zerfallen !) viel **Knofl** in Scheiben hineinschneiden und fertig. Dazu: Schwarzbrot, ☞ *Erdäpfel* oder Bandnudeln, oder sonst Irgendwas.

Bierfleisch

Wir beginnen selbstverständlich mit einem Seidel, welches wir in den Koch schütten, damit er für die richtigen Inspirationen aufnahmefähig wird. Ein schönes Stück Rindernes, zum Beispiel ein **Weißes Scherzel**, einen Tafelspitz, ein Mageres Meisl oder Schulterscherzel in 2 zentimetrige Würfel schneiden, **Zwiebel** kleinschneiden. Jetzt wird ein Seidel getrunken. Die Zwiebel zuerst, und dann das Fleisch in **Olivenöl** anbraten. Den Saft, der dabei entsteht, abgießen (aber nicht wegschütten !) Jetzt wird ein Seidel getrunken. Wenn das Fleisch schön angebraten ist (das riecht man !) kommt der Saft wieder dazu, und **dunkles Bier** bis alles bedeckt ist. Jetzt wird ein Seidel getrunken. Schön deglacieren, und folgendes noch dazuschütten: ein **Paradeismark**, kleingeschnittener **Knoblauch**, **Kümmel**, **Majoran**, **Zitronenzesten**, **Paprikapulver** und **Salz**. Jetzt wird ein Seidel getrunken. Derweilen werden **Erdäpfel** geschält und geraspelt, und in die obere Schicht vom Fleisch reingerührt (wenn die Erdäpfel nach unten im Topf kommen, brennen sie leicht an). Zudeckeln und eine Stunde köcheln, bis das Fleisch weich wird. Nach diesen Anstrengungen löschen wir unseren Durst mit einem Bier. **Herrnpilze** werden jetzt geschnitten, oder tiefgefrorene aufgetaut und geschnitten oder getrocknete in Bier eingeweicht, und in den Topf geschmissen. Bei der Gelegenheit ist natürlich die laufende Qualitätskontrolle des Bieres unerläßlich ! Irgendwann bitte auch gut durchrühren und dabei den Boden aufkratzen, die Erdäpfel legen sich wie gesagt dort gern an und brennen dann an ! Einen klaren Blick dafür bewahrt man sich durch die konstante Einnahme von Bier. Falls man noch mitbekommt, daß das Zeug fertig ist, und das auch noch beurteilen kann: vom Boden wieder aufstehen, den Herd suchen, mit dem Blick fixieren, am Bierglas festhalten, Bandnudeln kochen und Speckscheiben braten, das ißt man näm-

---

[26] Muß aber so nicht sein. Man kann den Paradeiser auch kleingeschnitten dazugeben, wen es nicht stört daß die Paradeiserhautstückchen, die zerkocht eh ganz klein sind, drinnen sind.

lich dazu. Jetzt wird ein Seidel getrunken. Statt dem Essen kann man sich natürlich auch den Rausch ausschlafen, und eben später essen, wenn noch was da ist.

Rindszunge

Eher schwer zu bekommen, weil die Kuh halt nur eine davon hat. Die **Rindszunge** wird drei Stunden geköchelt, mit demselben **Gemüse**, wie unter ☞ *Rindsuppe* beschrieben. Gegen Ende vom Gekoche beginnt sich die Haut von der Zunge zu lösen, dann raus mit der Zunge aus dem Topf, und jetzt wird sie geschält, was mühsam ist, weil man sich die Finger verbrennt. Am besten mit einer Stichgabel aufspießen und mit dem Messer die Haut abschaben, und dieselbe in die Katze stopfen. Der Sud ergibt ein gutes Süppchen. Die Zunge derquer schneiden, und mit ☞ *Erdäpfelpürree* essen. Übrigens: die Zunge wird immer zarter, je weiter vorne man an ihr herumkaut. Also beim Aufschneiden jedem Mitesser immer ein Stückchen von vorne, und eines von hinten geben. Das vermeidet unziemliches Geschrei bei Tisch !

Fondue Chinoise

Ein normales Fondue beschreib ich gar nicht, das kann ja jeder auch ohne Kochkenntnisse machen – nur Grillen im Freien ist gastronomisch / kochkulturhistorisch als noch primitiver zu betrachten, als das repetitive Versenken aufgespießter Fleischfetzen in kochendem Öl. Ganz was anders ist aber das chinesische Fondue: Zuerst einmal verwendet man dazu kein Öl, sondern eine ☞***Klare Gemüsesuppe***, die man vorher zubereitet, und im Founduetopf erhitzt. Fleischmäßig nimmt man ein **Beiried**. Dieses wird eingefroren, und in gefrorenem Zustand mit der Brotscheidemaschine (da braucht man aber schon eine solche mit ein paar PS) zum Carpacchio (in ganz dünne Scheiben) geschnitten, daß man durch sie bei Vollmond Zeitung lesen kann. Die Scheiben legt man sofort auf Teller, und zwar einzeln nebeneinander, damit sie nicht zusammenpicken, und stellt die Teller in den Kühlschrank, den man vorher möglichst leergefressen hat, weil sonst bekommt man die Menge an Tellern ja gar nicht hinein. Gegessen wird das Zeug so, daß man mit der Fonduegabel immer ein Fleischblättchen aufrollt, und in der heißen Suppe kocht (genügt ganz kurz, weil das Fleisch ja nicht aus groben Brocken besteht). Dazu ißt man ☞ *Gemüse* oder einfach ☞ *Dips*. Das Beste kommt aber noch: die Suppe. Wenn das Fleisch verspeist ist, hat man eine herrliche Rindsuppe, die kommt mit einem Schöpfer ganz heiß in Tassen, und wird in kleinen Schlucken getrunken: und das ist der fulminante kulinarische Abschluß des chinesischen Fondue.

Kalb

Kalbsschnitzel mit Mozzarella

Zuerst das Rohr auf 180° aufdrehen (braucht man aber erst später, wird jetzt nur vorgewärmt). **Kalbsschnitzel** bratet man ungesalzen in **Olivenöl** auf beiden Seiten sehr heiß an. Pro Zentimeter Fleischdicke darf man maximal eine Minute daran herumbraten, bei dünneren noch weniger! Zu lang gebratenes Fleisch wird trocken, hart und grauslich – schad ums Fleisch und ums Gas (oder den Strom). Die fertig gebratenen Schnitzel herausnehmen, den Rückstand mit **Butter** versetzen, mit Wasser aufgießen und deglacieren. (Wer's nicht weiß: auf der Flamme lassen, und mit dem Kochlöffel auf den angelegten Bratrückständen herumkratzen, bis sich diese lösen, und einen schönen Saft ergeben). Jetzt die Schnitzel wieder hineinlegen, **salzen** (jetzt erst!) und **pfeffern**, und mit dünn geschnittenem **Mozzarella** und **Paradeisscheiben** belegen. Die Paradeiser nochmals **salzen**, - auch ein **Salbeiblatt** obendrauf schmeckt recht gut - und ab ins Rohr, aber nur eine Viertelstunde oder so, bis die Paradeiser gebraten aussehen, sonst rinnt der Käse in den Saft. Dazu passen ☞*Knoblauchspaghetti*, aber auch ☞*Reis,* ☞*Erdäpfel* und Gemüser aller Sorten.

Kalbsvögerl

So nennt man die ausgelösten Fleischteile der unteren Kalbsstelze. Das Fleisch sollte daher aus kleineren, vorne spitz in eine Sehne auslaufenden Muskeln bestehen – oft versuchen sie einen, auch anderes Schrottfleisch als Kalbsvögerln anzudrehen, so wie sies eben unter dem Fleischertisch am Abend hervorkehren ! Dann schmeißt man im Supermarkt damit herum, schreit nach dem Geschäftsführer und macht ihn öffentlich zur Sau. Zuerst einmal das Rohr auf 200° aufheizen. Es gibt der Vögerl zweie: so wie es z.B. Geier und Grasmücke gibt, gibt es auch große und kleine Vögerl, die kleinen kommen vom vorderen Kalb, die größeren von hinten, und wir nehmen die kleineren: die haben kleinteiligeres Fleisch, und damit einen höheren Anteil Sehnen, und damit sind sie wesentlich saftiger (und billiger sind sie auch noch). Also: den Fleischer nerven, bis er die größeren ins Eck schmeißt und die kleinen rausrückt ! Man muß die **Kalbsvögerln** etwas enthäuten, aber nicht zu viel, die Sehnen läßt man auf alle Fälle dran, die werden dann beim braten geleeartig. **Salz** aufs Fleisch, und in **Olivenöl** von allen Seiten in einer Pfanne mit Deckel stark anbraten. Wenn sie braun sind (sie können ruhig auch dunkelbraune Stellen haben, d.h. stark angebraten sein) nimmt man sie heraus, läßt die Pfanne auf der Flamme, gibt ein großes Stück **Butter** dazu, löst diese auf, schüttet ein wenig Wasser dazu und deglaciert (Bratrückstände zu einem Saft aufkratzen, ich glaub, ich habs bei anderen Rezepten schon erklärt, was das ist. Muß man halt dort nachlesen, ich kann mich ja nicht ständig wiederholen, nur weil keiner aufpaßt). Jetzt kommt das Fleisch wieder dazu, soviel Wasser nachgießen, daß es zwei Zentimeter im Saft liegt, und ein großes Büscherl **Salbei** in den Saft, und gut untertauchen, sonst brennt das Zeugs an ! Beim Braten (eine und eine halbe Stunde Minimum) ein paar Mal wenden. Mit ☞*Champignonreis* servieren.

Osso Bucco

Nördlich der Alpen hat man nach intensivem Nachdenken über die kulinarische Verwendbarkeit der Kalbsstelze das „Kalbsvögerl" erfunden; südlich des Alpenhauptkamms das „Osso Bucco" – und ich kann mich bis heute nicht entscheiden, was besser schmeckt ! Für das Osso Bucco wird die **Kalbsstelze** in gefrorenem Zustand samt Knochen in Scheiben geschnitten. (Am besten schon geschnitten kaufen. Wenn man das mit Stelze und Kettensäge in der Küche selbst erledigt, kann das leicht in einem Massaker enden, dem zumindest die Katze zum Opfer fällt. In jedem Fall wird die Hausfrau verärgert sein !) Also: wir schneiden in kleine Stücke: **Karotte**, **Zeller**, **Zwiebel**, **Paradeiser**, **Knoblauch**. In **Olivenöl** werden die Fleischscheiben in einer großen gedeckten Bratpfanne (muß so groß sein, daß sie alle nebeneinander Platz haben !) scharf beidseitig angebraten, und wieder rausgenommen aus dem Reindl. Jetzt mit **Weißwein** löschen, **Butter** rein und deglacieren (wer´s noch immer nicht begriffen hat: mit Kochlöffel den Bratrückstand im Saft auflösen). Jetzt das Gemüse reinkippen, **Paradeismark**, **Salbei** und **Rosmarin** dazu, mit Wasser oder Süppchen begießen, daß das Gemüse grad bedeckt ist, das Fleisch drauflegen, **Salz** und **Pfeffer**, und ab ins Rohr für 1,5 Stunden bei gemütlichen 180 – 220°. Ein paarmal wenden während der Bratzeit, und dabei nicht vergessen, mit dem Kochlöffel den Pfannenrand zu deglacieren (wer jetzt noch immer nicht weiß, was das geheimnisvolles ist, der verlasse die Küche auf immerdar und gehe zum Wirten !)[27] Mit diversen ☞*Gemüsern* wie zum Beispiel Erdäpfel und Fisolen servieren, und natürlich gehört auch das mitgedünstete Gemüse und der Saft auf den Teller.

Kalbsbraten

Das Rohr auf 200° aufheizen. Den **Kalbsbraten** etwas enthäuten, **Salz** aufs Fleisch, und in **Olivenöl** von allen Seiten in einer Pfanne mit Deckel stark anbraten. Wenn der Braten braun ist, nimmt man ihn heraus, läßt die Pfanne auf der Flamme gibt ein großes Stück **Butter** dazu, löst diese auf, schüttet ein wenig Wasser dazu und deglaciert. Jetzt kommt das Fleisch wieder dazu, noch soviel Wasser nachgießen, daß es zwei Zentimeter im Saft liegt, und ein großes Büscherl **Salbei** in den Saft, **Zwiebel**, mitsamt der braunen Schale (macht den Saft schön sämig und braun) und geschälte,

---

[27] Eine weise Bemerkung zum Saft, die für alle Braten gilt: Während des Bratens legt sich in der Pfanne eine bräunlich Schicht ab, die aus wertvollen Geschmacksstoffen besteht (siehe „Maillard Reaktion" a.a.O.). Um diese Inhaltsstoffe in den Saft zu integrieren, wird die Pfanne schräg gehalten, daß die braune Schicht vom Saft bedeckt ist, um dann mit dem Kochlöffel weggekratzt zu werden. Das sollte öfters erfolgen, noch bevor die braune Schicht schwarz wird, weil dann ist sie schon grauslich und krebserregend.

der Länge nach halbierte Karotten. Beim Braten (eine Stunde würde ich sagen) ein paar Mal wenden. Mit ☞*Champignonreis* und diversen ☞*Gemüsern* servieren.

Kalbsnierenbraten

Nicht zu verwechseln mit der gebratenen Kalbsniere, die allerdings (wahrscheinlich auch deshalb) anders heißt, nämlich: "gebratene Kalbsniere", deshalb, damit man sie nicht zu leicht mit dem Kalbsnierenbraten verwechselt ! Man kann sich seinen **Kalbsnierenbraten** fertig kaufen, dann hat der Fleischer die Zores, oder man macht sich ihn selbst. Dazu schneidet man einen Kalbsrücken der längs nach ein (bitte nicht am lebenden Tier, auf der Weide oder im Stall ! Das ruft in der Regel den Landwirt mit seiner Mistgabel auf den Plan, welcher dann gewöhnlich überaus ärgerlich ist, was böse Folgen haben kann !), und legt in den Spalt eine der längs nach geviertelte Kalbsniere, die man vorher gut gewaschen hat, und der man das weiße Zeugs innen mit einem spitzen Messer entfernt hat. Dann rollt man das Trumm zusammen, und fixiert die Rollenform mit einem Spagat (den man dann mitbratet, aber nicht mitißt). Sollte der Braten schon gerollt und in ein Plastiknetz gewickelt sein, bitte dieses Netz stückweise entfernen und durch Spagat alle 5 cm ersetzen, weil dieses Netz vom fertigen Braten nur so abgezogen werden kann, daß man dabei auch die schöne Kruste mit herunterreißt. Jammerschade. Und eine Schande für die Kalbsnierenbratenrollindustrie, daß sie da noch nichts gescheiteres gefunden haben – wahrscheinlich steckt da die finstere Lobby der Kalbsnierenbratennetzerzeugermafia dahinter ! Das Rohr auf 200° aufheizen. Den Braten salzen, und in **Olivenöl** von allen Seiten stark anbraten. Wenn der Braten braun ist, nimmt man ihn heraus, läßt die Pfanne auf der Flamme gibt ein großes Stück **Butter** dazu, löst diese auf, schüttet ein wenig Wasser dazu und deglaciert. Jetzt kommt das Fleisch wieder dazu, noch soviel Wasser nachgießen, daß es zwei Zentimeter im Saft liegt. Beim Braten (eine und eine halbe Stunde braucht er schon) ein paar Mal wenden, und öfters mit dem Saft übergießen. Mit ☞ *Knödl* oder ☞ *Champignonreis* servieren.

Kalbsrollbraten

Geht genauso wie der ☞*Kalbsnierenbraten*, nur daß man ihn ruhig auch schon vor dem Braten ausrollen kann (das Netz entfernen und nicht durch Spagat ersetzen) und halt die so entstehenden kleineren Stücke bebratet.

Kalbfleisch eingemacht

Champignons entstielen, schälen (vom inneren Hutrand hinauf zur Kappe) und vierteln. **Karotten** schälen und klein schneiden. **Kalbskarree** enthäuten. Dazu fährt man mit einem spitzen Messer quer zur Faser zwischen Fleisch und das Häutl, und schneidet dann zum Rand hin die Haut weg, wobei man das Messer leicht nach oben dreht (damit geht kein Fleisch mit). Dann dasselbe in der Gegenrichtung, bis man den Hautstreifen in der Hand hat. Häuteln in die Katze füllen, die mag das ! Das Fleisch wird kleinwürfelig geschnitten, und in **Olivenöl** angebraten. Wieder raus damit, Champignons in der Pfanne dünsten, bis der Saft sich verdünstet hat. Herausnehmen und **Butter** hinein. In die Butter wird ein Teelöffel **Mehl** verrührt, das aber weiß bleiben muß (nicht braun rösten). Fleisch und Champignons dazu, Wasser, verrühren mit dem Kochlöffel und kochen bis das Fleisch weich ist. Jetzt schmeißt man die Karotten hinein und dünstet noch einmal auf kleiner Flamme 5 Minuten daran herum. Öfters umrühren und den Boden aufkratzen. ☞*Spaghetti* kann man dazu essen, aber auch Bandnudeln, gedämpfte Mummeln, Spiralen, Semmeln, ☞ *Spätzle* oder ☞*Erdäpfel*

Kalbsragout mit Herrnpilzen

Kalbfleisch braucht man dazu, wie der Name es schon eindringlich suggeriert: ich nehm **Kalbsvögerl**, durch die Sehnen wird der Saft schön gelatinig. Parieren, kleinschneiden und die Kalbstrümmerln in **Olivenöl** anbraten bis es duftet, den austretenden Saft in ein Häferl schütten (dann geht das Braten schneller). Zum angebratenen Fleisch den abgegossenen Saft und Wasser dazu und köcheln bis das Fleisch weich ist, dann die **Herrnpilze** dazu, oder aber auch Eierschwammerl, noch einmal fünf Minuten köcheln, **Sauerrahm** reinrühren und fertig. Die Herrnpilze kann man frisch nehmen wenn es sie grad gibt am Markt, oder junge, die man kleinscheidet und so roh einfriert. Die kann man tiefgekühlt ins Ragout schütten und dann wie oben beschrieben aufkochen. Dazuessen tut man: ☞*Knödl,* ☞*Spätzle* oder Bandnudeln oder Semmeln.

Kalbsgulasch

Dazu nimmt man Kalbfleisch, was sonst, sonst würde es ja anders heißen; ruhig auch was flachsigeres, z.B. **Kalbsvögerl** – d.h. Stelze. Das Fleisch muß man enthäuten. Dazu fährt man mit einem spitzen Messer quer zur Faser zwischen Fleisch und das Häutl, und schneidet dann zum Rand hin die Haut weg, wobei man das Messer leicht nach oben dreht (damit geht kein Fleisch mit). Dann dasselbe in der Gegenrichtung, bis man den Hautstreifen in der Hand hat. (Schmeckt den Katzen !). Das Ergebnis schneidet man in gulaschgroße Würfel, dann dünstet man sehr kleingeschnittenen **Zwiebel** in **Olivenöl**, bis sie goldbraun sind, und dann schüttet man **Paprika** dazu, leicht etliche Eßlöffel – jetzt aber nicht mehr rösten, Paprika wird dabei bitter ! Gleich das Fleisch hinein, **Zitronenzesten**, **Knoblauch** und **Paradeismark**, **Pfeffer** und **Salz**, mit Wasser aufgießen, (oder mit Suppe) bis das Fleisch bedeckt ist, und eine dreiviertel Stunde zugedeckt dünsten. Dann mischt man **Rahm** dazu und mischt gut durch. Und bitte kein Mehl, wie das in manchen Kochbüchern steht, davon wird man nur blad. Die Sauce wird sowieso sämig durch die zerkochten Flachsen vom

Fleisch, und durch den ebenfalls zerkochten Zwiebel. Dazu passen ☞*Spätzle*, Band-nudeln oder auch ☞*Spaghetti* oder ☞*Knödl*.

Schwein

Wiener Schnitzel

Man sollte dem Originalrezept nach Kalbfleisch nehmen, aber ich nehm halt, wie 95% aller Wirten, **Schweinsschnitzelfleisch**. Das Fleisch unbedingt parieren, d.h. alle Flachsen und alles Fett wegschneiden. Es gibt nichts grauslicheres, als in Erwartung eines saftigen Bissens auf einen panierten Fettklumpen oder eine gebackene Flachse zu beißen, die man ja von außen durch die Panier durch nicht sehen kann. Ein paar kleinere Schnitzel sollte man auch schneiden – das freut die Kinder ! Klopfen oder nicht – das ist eine höchst philosophische Frage. Ich meine, wenn das Fleisch dünn und quer zur Faser geschnitten ist, braucht man nicht klopfen, das schaffen normale Zähne, und das Fleisch bleibt saftiger (wenn man das merkt). Ansonsten klopfen, um grobe Fasern zu zerstören. Dann **Salz** darauf, in glattem **Mehl** wenden, einzeln in gesprudeltes (mit der Gabel sprudeln) **Ei** tauchen und dann gleich in die **Bröseln**. Brösel mit den Fingern andrücken, wenden, und gleich in die Pfanne. Je frischer sie in die Pfanne kommen, desto besser schmecken sie. In der Pfanne ist **Öl** erhitzt[28]. Dann kommen die Schnitzel hinein. Es sollte soviel Öl drinnen sein, daß die Schnitzel auch von oben leicht damit bedeckt sind. Bei zuwenig Öl wird dieses gern braun, und beginnt zu stinken, weil dann die Bröselreste, die abfallen rasch braun werden. Zwei- bis dreimal wenden, bis sie goldbraun sind, und dann mit einer Gabel herausnehmen. Dabei ist wichtig, daß man sie länger senkrecht hält, damit alles Öl abtropft, weil sonst sind sie nur fett und die Panier wird nicht knusprig, sondern bleibt ekelhaft ölmatschig. Also: das Öl schön heiß halten (dann ist es dünnflüssiger, und tropft damit besser ab), und schön lang hängen lassen. In eine Schüssel mit Deckel geben, so bleiben sie warm. Am Boden der Schüssel gibt man einen kleinen Teller, mit der Unterseite nach oben, unter dem sich dann überschüssiges Fett sammeln kann. (Sehr grauslich ist es, wenn man keinen Teller darunterlegt, und das unterste Schnitzel dann schon kalt und galertig ist, und im halb gestockten kalten Fett aller anderen Schnitzel schwimmt). So, fertig. Am besten gleich servieren, frisch schmecken sie am besten. Dazu klassischerweise ☞*Petersilerdäpfel* und ja keine "Garnierung": das ist die Bezeichnung der nur allzu häufig anzutreffenden Wahnsinnsausprägung alpenländischen Küchenbarocks. Ein Salatabfallblatt und verschiedenen weiteren undefinierbaren grüngelben Unrat, zum Teil aus der Konserve, zusammen mit roten Gatschschnipseln („Paprika") neben das Schnitzel zu lagern, am besten noch so, daß die Marinade unter das Schnitzel rinnt, und es einweicht, so daß es nach kaltem Zuckeressig schmeckt, und über das Ganze vielleicht noch einen Pat-

---

[28] Wenn man ins kalte Öl mit dem Finger einen (wirklich nur einen, sonst spritzt es zuviel !) Wassertropfen gleich am Anfang hineingibt, merkt man die richtige Temperatur, weil das Wasser zum Zischen anfängt (sollte dann bei 100° sein).

zen Ketchup klatschen - widerlich ! Gewöhnlich bleibt der Mist dann eh am Teller liegen, und der nächste Schnitzelesser bekommt dasselbe am Teller. Das ist gegen die Menschenrechte, und Wirten, die derart freveln sollte man damit bestrafen, daß man das Zeug sofort am Boden haut, drauf herumtrampelt, und einen frischen Teller verlangt ! Und gleich noch was: wehe, es gibt jemand eine Preiselbeermarmelade dazu !

Cordon Bleu

Es beginnt ganz gleich wie das ☞*Schnitzel*, bis zum Status nach dem Klopfen und salzen. Beim Klopfen vom **Schnitzelfleisch** gleich darauf achten, es in eine Form zu bringen, die man leicht falten kann (auf das Vorhandensein einer Symmetrieachse achten – vielleicht sollte man beim ersten Mal vorher eine Schablone aus Papier machen !). Dann die Hälfte des Schnitzels mit einer Scheibe **Schinken** und einer Scheibe **Emmentaler** belegen und zuklappen. Käse und Emmentaler sollte nicht über den Rand hinausstehen, und am Rand noch gut einen Zentimeter freilassen ! Diesen Rand klopft man mit dem Schnitzelklopfer zusammen (drauf herumklopfen, bis sich ein leichter Fleischgatsch bildet, das hält das Schnitzel zusammen und es geht nicht mehr auf - beim Panieren muß man auch vorsichtiger sein als bei normalen Schnitzeln). Der Rest: wie beim ☞*Schnitzel* beschrieben.

Schnitzel mit Käse und Obers

Schweinsschnitzel parieren (d.h. das Fett und die Flachsen wegschneiden) und etwa dritteln. Klopfen, nicht salzen (Erklärung später), und in eine große flache, viereckige (muß aber nicht unbedingt viereckig sein) Bratenform legen, sehr eng aneinander, den Boden der Pfanne darf man nicht sehen. Wenn sie dann fertig aus dem Rohr kommen, ist eh ein Zwischenraum dazwischen, weil sie sich zusammenziehen. Über das Fleisch einen ganzen grob geriebenen **Geheimratskäse** streuen, und noch einen Becher **Obers** gut verteilt darüber schütten. Jetzt erst **Salz** drauf, (wenn man die Schnitzel selbst nicht salzt, sondern erst den Käse darüber, schmeckt es trotzdem gesalzen, aber das Fleisch bleibt saftiger, weil ja das Salz dem Fleisch das Wasser entzieht – alles soweit klar zur Wissenschaft ?). Ab ins Rohr bei 180° ohne Deckel, und solang darauf herumbraten, bis der Käse schön braun, und alles Wasser (das kommt aus dem Obers und aus dem Fleisch) verdampft ist. Dazu kann man öfters auch das Rohr kurz aufmachen, damit der Dampf abdampft. Dazu passen natürlich ☞*Petersilerdäpfel* oder ☞*Reis*.

Naturschnitzel

Dazu eignet sich quer zur Faser geschnittener Schweinslungenbraten (Schweinsmedaillons), Koteletts mit und ohne Knochen, ausgelöstes Karree und **Schnitzelfleisch** (qualitätsmäßig in dieser Reihenfolge). In der Pfanne in **Olivenöl** mit **Salz** scharf anbraten, bis die Stücke Farbe annehmen (ich meine, nicht irgendwelche Farben, sondern wenn sie dunkelbraune Stellen haben, auf beiden Seiten). Herausnehmen, auf einen Teller legen, in den Bratrückstand noch **Butter** geben, diese auflösen und dann mit Wasser den Rückstand zu einem Saft aufkratzen. Jetzt kann man das Fleisch wieder hineingeben, und das Zeug servieren. Man kann den Saft aber noch verfeinern, und zwar zum Beispiel durch eine Zwiebelsauce mit Pfeffer; wie dies beim ☞*Truthahn Naturschnitzel* beschrieben ist. Gut mit ☞*Reis*, ☞*Schwammerlreis*, ☞*Gemüse* aller Sorten, aber auch in Kombination mit ☞*Spaghetti* und Gemüse recht gut.

Naturschnitzel mit Mozzarella und Paradeiser

Zuerst das Rohr auf 180° aufdrehen (braucht man aber erst später, wird jetzt nur vorgewärmt). Am besten nimmt man als Fleisch **Minutensteaks** (d.h. ausgelöste Koteletts, es können aber auch Hühner- oder Truthahnschnitzel sein). Das Fett am Rand schneidet man weg, es kommt ja eh noch ein Haufen Fett dazu. Das Fleisch bratet man ungesalzen in **Olivenöl** auf beiden Seiten sehr heiß an. Pro Zentimeter Fleischdicke darf man maximal eine Minute daran herumbraten, bei dünneren noch weniger! Die fertig gebratenen Schnitzel herausnehmen, den Rückstand mit **Butter** versetzen, mit Wasser aufgießen und deglacieren. Jetzt die Schnitzel wieder hineinlegen, und zwar möglichst so, daß kein Spalt dazwischen ist, **salzen** (jetzt erst!) und **pfeffern**, und mit dünn geschnittenem **Mozzarella** und **Paradeisscheiben** belegen. Die Paradeiser nochmals **salzen**, - auch ein **Salbeiblatt** obendrauf schmeckt recht gut - und ab ins Rohr, aber nur eine Viertelstunde oder so, bis die Paradeiser gebraten aussehen, sonst rinnt der Käse in den Saft. Dazu passen ☞*Knoblauchspaghetti*, aber auch Erdäpfel und Gemüse aller Sorten.

Schweinsfilet im Blätterteig

Das Originalrezept heißt anders (Filet Wellington) und verwendet ein anderes Fleisch (den sehr teuren und ebenso köstlichen Rindslungenbraten). Wer will, kann natürlich auch damit arbeiten, es verdreifachen sich die Massen, es reduziert sich das Haushaltsbudget, und die Bratzeit ist länger. Wir nehmen hier einen **Schweinslungenbraten**. Das Rohr auf 220° vorwärmen. Als Vorbereitung die zwei Stück tiefgekühlten **Blätterteig** am Vortag im Kühlschrank auftauen, im Kühlschrank liegen lassen. **Champignons** enthäuten, entstengeln, und sehr klein schneiden (zuerst derlängs, und dann derquer in Stückchen von 1 x 4 x 10 Millimeter). Zum Schneiden verwendet man ein Messer, und keinesfalls eine Maschine, auch wenn einem eine schwachsinnige Werbung dieses nahelegen sollte – dadurch werden die Champignons nämlich nur zergatscht und nicht zerschnitten, und der ganze Saft geht verloren. **Zwiebel** schälen und auch sehr klein schneiden. Das Fleisch wird enthäutet und entsehnt, der quer nach halbiert, und in einem Topf (nicht Pfanne, sondern Topf !) rasch und heiß rundherum in **Olivenöl** angebraten. Rausnehmen, und auf einen Teller legen. Jetzt kommt die Sauce Duxelles (keine Angst, ist nicht schwer): in den Bratrückstand vom Fleisch kommt noch etwas **Butter** und darin werden die **Zwiebel** angeschwitzt. Wenn sie glasig sind, kommen die **Champignons** dazu, ein größerer Spritzer **Paradeismark** aus der Tube, **Salz** und **Pfeffer**. Seit neuestem kommt bei mir auch ein Spritzer **Sojasauce** dazu – aber das ist nicht original !). Die Champignons lassen Wasser, das aber ganz verkocht gehört, deshalb köchelt man ohne Deckel, und verwendet das Wasser aber gleich zum deglacieren ! Wenn das Wasser verkocht ist, mit einem Schuß **Weißwein** löschen, nochmals verkochen und dann kommt ganz viel fein geschnittener **Petersil** dazu. Jetzt nicht mehr kochen, der Petersil wird sonst bitter. So, die Sauce Duxelles bitte jetzt abkühlen, sonst löst sich nachher der Blätterteig auf ! Den Blätterteig (zuerst einen Fleck) aus dem Kühlschrank auf ein Backpapier legen. Den Teig an einem Ende abschneiden, und zwar auf die Länge "Fleischstück plus zwei mal fünf Zentimeter". Drauf kommt die Hälfte der Sauce Duxelles, die man gleichmäßig verteilt, aber den Rand auf vier Zentimeter läßt man frei. Ein Stück Fleisch drauflegen, genau in die Mitte, den Teig vorsichtig herumwickeln (oben dann den Teig mit den Fingern zusammenkneten, daß das Zeug auch hält) und mit gesprudeltem **Ei** kleben. Dann das Backpapier um den Braten herum ausschneiden, und auf ein Backblech hinüberbeamen. Das zweite Stück Fleisch und Teig verarbeitet man genauso. Jetzt werden die beiden Braten mit Ei bestrichen, so daß möglichst nichts aufs Blech kommt. Aus den weggeschnittenen Stücken vom Teig schneiden wir jetzt 2 cm breite Streifen, die wir jeweils drei und nochmals drei schräg überkreuz über den Braten legen, und jede der beiden Lagen wieder mit Ei bepinseln. Das restliche Ei kriegt die Katze (wenn sies mag). Ab ins Rohr, 20 Minuten bei 200 – 220° backen, idealerweise ist dann die Oberfläche vom Teig schön goldgelb, und das Fleisch beim Aufschneiden innen noch zart rosa. Das Rohr dann abdrehen, das Blech aber bei geöffnetem Backrohr drinnen lassen, der Braten muß noch eine Viertelstunde im warmen Rohr bei 100° rasten. Dazu ißt man ☞*Petersilerdäpfel* und viele Sorten ☞*Gemüse* (☞*Broccoli,* ☞*Erbsen,* ☞*Karotten,* ☞*Kohlsprosserl*)

Schweinsbraten

Schweinsbraten ist nicht gleich Schweinsbraten. Es gibt magere Stücke (Karree) halbfette Stücke (Schweinsschulter oder Schopfbraten) und ganz fettes Zeug wie das Bauchfleisch. Bei Schulter und Bauchfleisch ist ein Schwartl dabei, das beim Braten schön knusprig wird, Schulter und Karree gibt es mit oder ohne Knochen. Gut sind sie alle, die fetteren Stücke bratet man länger, sie trocknen nicht so schnell aus und werden dann nicht hart, besonders der **Schopfbraten**, weil der dazu noch schön durchzogen ist. Man kann aber auch einen Schopf mit Schwartl kaufen, das Schwartl aber wegschneiden und einfrieren und das nächste Mal mitbraten, wenn man ein unfettes Karree bearbeitet, dann hat man auch da einen schönen Saft. Gut ist auch ein Karree mit einem kleinen Stück Bauchfleisch (wegen dem Saft). Wichtig für alle ist die Sur[29], die am besten schon am Vortag gemacht wird. **Olivenöl** in ein Häferl, dazu **Pfeffer** und **Salz**, und dann kommt in kleingeschnittener Form dazu: viel **Knoblauch**, geschnittene **Wacholderbeeren**, **Kümmel**, und **Liebstöckl** (Maggikraut). Das ganze gut vermischen, und das Fleisch damit rundherum einreiben (am besten mit den Händen, restliche Sur in die Haare reiben, Olivenöl ist eh gut für die Haut, und fördert den Kopfbewuchs), und gleich in der Pfanne mit Deckel lassen, in dem der Braten dann gebraten wird. Das Braten ist einfach: 200 bis 220° im Schatten, eine bis drei Stunden je nach Größe und Fettgehalt des Fleischstücks (hab ich schon oben erklärt wie das ist, nochmal sag ichs nicht !). Nach einer halben Stunde mit Wasser oder Suppe oder Bier einen halben Zentimeter hoch aufgießen (kaltes Wasser nicht übers Fleisch schütten) und danach öfters nachgießen (Saft dabei aber nicht übers Fleisch gießen !), und den Pfannenrand mit dem Kochlöffel (Pfanne dabei schiefhalten !) aufkratzen, damit ein schöner Saft entsteht. Beim Aufschneiden ist noch wichtig, daß das Fleisch quer zur Faser geschnitten wird, sonst kaut man auf zähem Leder herum und dies ist dem Rufe des Kochs nicht zuträglich, weil er in den Verdacht gerät, die Schuhe der Gäste gebraten zu haben ! Dazu werden selbstverständlich ☞*Knödl* serviert, mit oder ohne ☞*Sauerkraut*. Wer sich nicht über die Knödl traut, kann aber auch einen ☞*Reis* machen.

Schweinsstelze

Die macht man nicht selber. Da wartet man auf einen schönen Sonnentag im Frühling, und geht mit Familie oder Freunden in den Prater ins **Schweizerhaus**, weil so gut kriegt man eine **Stelze** zu Hause eh nicht hin. Dazu trinkt man einen bis zwei Kübel **Budweiser** (das Originale aber, nicht den amerikanischen Gelbsaft !), kriecht nach der Sperrstunde in die Straßenbahn und fährt nach Hause.

Schweinsroller, Teilsames

Ein Schweinsroller ist kein zweirädriges Transportmittel, welches durch rüpelartige Fahrweise die Aufmerksamkeit auf sich zu ziehen vermag, sondern ein Stück Schweinefleisch, gewöhnlich mit Schwartl, das so eingerollt wird, daß man das Fett nicht so sieht. Den **Schweinsroller** schneidet man schon vor dem Kochen aus dem Netz: keine Angst, er behält seine Form schon, und man muß nicht das blöde Plastik mitkochen. Ein besseres Fleisch als der Selchroller, der ja aus kleineren Stücken (Abfällen der Schweineverarbeitung) besteht, nennt man **Teilsames**, es ist auch nicht

---

[29] Eine interessante Methode zum Einsuren kommt von unserem Mitkoch Michael V. aus F.: Er stopft das Zeug alles zusammen in ein Plastiksackl, und setzt sich tagsüber drauf; bzw. knetet den Inhalt händisch durch.

so fett. Zum Kochwasser gibt man dazu: ja kein Salz, das Fleisch ist eh gesurt und / oder geräuchert; aber sehr wohl **Zwiebel** samt der braunen Schale (gibt der Suppe dann Farbe !), **Karotten, gelbe Rüben, Petersilwurzeln** und **Zeller**. Würzen tut man mit **Pfefferkörnern, Neugewürz, Lorbeerblatt** und ganzen ungeschälten **Knoblauchzecherln**. Eine halbe bis dreiviertel Stunde im Druckkochtopf, je nach Größe des Stücks reicht, das Kochwasser gibt eine sehr gute ☞*geselchte Suppe*. Gut dazu ist natürlich ☞*Erdäpfelpüree* und ein grüner Salat; aber auch die Kombination von ☞*Spinat* und ☞*Parmesanpudding*.

Reisfleisch

Zwiebeln geschnitten in **Olivenöl** ziemlich braun anlaufen lassen. Kleingeschnittene entfettete und entflachste **Schweinsschulter** darin scharf anbraten, den Saft, der dabei entsteht in eine Schüssel gießen. Nach dem Anbraten **Paprika, Cayennepfeffer, Kurkuma** und **Salz** dazugeben, und den abgegossenen Saft wenn man ihn noch findet. Jetzt kommt der (ungekochte) Reis dazu: und zwar entweder Langkornreis, oder einen **Mittelkornreis**, der eher patzig wird; und Wasser. Öfters den Boden aufkratzen, damit sich nichts anlegt und anbrennt. Den Reis muß man gelegentlich kosten[30], ob er schon weich ist, und gelegentlich Wasser nachschütten. Fertig ist der Kitt, wenn der Reis durch und patzig ist. Essen tut man das Reisfleisch mit **Parmesan**, den man aber erst am Teller dazugibt (am besten natürlich einen frisch geriebenen Grana Padano) und ☞ *grünem Salat*. Mahlzeit !

Szegediner Gulasch

Zwiebeln geschnitten in **Olivenöl** glasig anlaufen lassen. Kleingeschnittene entfettete und entflachste hormonfreie **Schweinsschulter** darin anbraten und viel umrühren. Dabei entsteht Wasser bzw. Saft: dieser wird in ein Gefäß abgegossen und für später aufgehoben. Das Fleisch schön braun anbraten, dann kommt der Saft wieder dazu, roter **Paprika, Cayennepfeffer, Kümmel, Kurkuma, Lorbeerblatt, Wacholderbeeren** und **Salz**. Dann in kaltem Wasser gut gewaschenes **Sauerkraut** dazu (ungewaschenes stinkt nicht vor sich dahin, aber es ist leicht scharf !), eine oder deren mehrere klein gerissene geschälte **Erdäpfel** (macht die Sache schön sämig), und Wasser dazugeben bis das Wasser alles bedeckt und - sagen wir – eine Stunde aufkochen. Die Erdäpfel empfehle ich, nur in die obere Schicht der Pampe hineinzuarbeiten, weil wenn der Erdäpfelgatsch zum Topfboden kommt, dann pflegt er sich dorten anzulegen und anzubrennen. Dann muß man öfters den Boden aufkratzen, was man sich weitgehend erspart, wenn man die Erdäpfel eher oben ansiedelt. Zuletzt **Creme Fraiche, Rahm** oder **Obers** (was grad da ist, oder alles zusammen) reinschütten,

---

[30] Grundsätzlich sollte man ja überhaupt nichts kosten. Das behindert nur das kreative Kochen, macht fett und unsicher !

verrühren und fertig. Unbedingt frische Wachauer Laberln dazu essen ! Am besten schmeckt das Szegediner, wenn es vom Vortag ist.

Krautfleisch

Eine echte Novität: es gibt in der einschlägigen Kochliteratur kein brauchbares Rezept für Krautfleisch, was auch vom Mitkoch Herbert K. aus N.Y. heftig kritisiert wird ! Alle schmeißen in ihr sogenanntes „Krautfleisch" ein Sauerkraut hinein, und heraus kommt meistens eine Karikatur des berühmten Szegediner Gulasch (s.o.) – ein Skandal der oberflächlichen Kategorie ! Ich habe daher diese Lücke mit einem Rezept gefüllt: **Schweinsschulter** entknochen, entschwarteln, entfetten, entflachsen und in kleine Stücke schneiden. Ein **Krauthappel** schneiden, und zwar doppelt soviel Masse wie das geschnittene Fleisch Masse hat; **Paradeiser** vierteln, entkernen und klein schneiden, mehlige **Erdäpfel** schälen und reißen. Das Schwein in etwas **Olivenöl** braten. Den entstehenden Saft in ein Schüsserl abgießen und aufheben. Mit viel **Weißwein** löschen (nach einer Qualitätskontrolle der Flasche natürlich!). Saft wieder dazu, ein Drittel vom Kraut rein, **Salz Pfeffer**, **Kümmel**, **Lorbeerblatt** und geschnittenen **Wacholder**, und die Paradeiser und etwas kleingeschnittene **Pomodori Secchi**, und noch etwas Wasser (so daß am Topfboden ein bis zwei Zentimeter Saft steht). Erdäpfel rein, aber nur im oberen Bereich hineinrühren, daß sie dann nicht anbrennen. Jetzt wird das Zeugs so lang geköchelt, bis das Fleisch weich ist (eine Stunde oder so oder weniger oder mehr). Wenn das Fleisch nicht mehr zäh ist, kommt das restliche Kraut hinein (das was schon drinnen ist, ist schon zusammen mit den Erdäpfeln zu einer sämigen Gatschsauce zerkocht) und noch so lang (ein paar Minuten) kochen, bis das Zusatzkraut bißfest ist. Essen mit ☞*Erdäpfeln* oder Semmeln.

Schweinsgulasch

Eine **Schweinsschulter** oder zwei Waschbärenfilets entschwarteln und entfetten und entflachsen und kleinschneiden. **Zwiebeln** (viele, etwa ein Drittel soviel wie die Masse vom Fleisch) sehr klein schneiden und in **Olivenöl** unter häufigem Umrühren braun anrösten. **Roten Paprika** dazu, mit etwas Wasser aufgießen, und das Fleisch dazu. Jetzt kommt auch **Salz**, **Pfeffer**, **Kümmel** und **Paradeismark** hinein. Zugedeckelt kochen, und zwei- bis dreimal reduzieren (das Wasser verkochen, und wieder welches nachgießen), dabei öfters den Boden aufkratzen, damit nichts anbrennt, weil das schmeckt dann nicht mehr, und es gibt Geschrei bei Tisch, und der Koch muß sich hinter seinen Töpfen verstecken. Wenn im Saft alle Zwiebel zu Saft verkocht sind (sollte nach einen halben Stunde Kochen der Fall sein) **Rahm** dazu, gut verrühren und fertig. Dazu gibt's ☞ *Spätzle*, ☞ *Nockerl*, oder ☞ *Knödl*, oder Semmeln oder gar nix.

Schweinsgeschnetzeltes

Grundsätzlich geht das fast so wie das Zürcher Geschnetzelte, nur daß man für dieses Zürcher ein Kalbfleisch oder Lungenbraten verwendet, und dazu das Fleisch nur kurz anbrät, damit es innen zart und rosa bleibt. Beim Schwein mach ich es anders: anbraten, und dann noch eine halbe Stunde herumdünsten drauf, dann wird es eh wieder weich (siehe dazu auch meine lichtvollen Ausführungen dazu a.a.O.). Wir beginnen also mit dem Zerschneiden von **schweinernen Schnitzeln** zu Streifen von 5 x 1 cm herum. In **Olivenöl** werden kleingeschnittene **Zwiebel** angedünstet, das Fleisch rein, und unter Umrühren anbraten. Den austretenden Saft kann man öfters in ein Töpfchen gießen und für später aufheben, dann geht das alles schneller. In der Zwischenzeit wird nicht Zeitung gelesen, sondern die gleiche Volumsmenge wie das Fleisch an **Champignons** werden entstengelt, gehäutet und in Scheiben geschnitten. Wenn das Fleisch brutzelt und sich bräunt, mit **Weißwein** löschen und auch etwas davon vorher zur Qualitätssicherung, die ist auch in der Küche wichtig, in den Koch schütten, und dann den vorher abgegossenen Saft und die Champignons rein, **Salz** und **Pfeffer**, und auf kleiner Flamme eine halbe Stunde dünsten, öfters durchschaufeln. Es sollte dann auch das Wasser (die Champignons lassen eine Menge davon) verdampft sein. Jetzt kommt **Sauerrahm** hinein, und wer will, etwas **Obers**, und fertig. Dazu verputzt man am besten ☞ *Gnocchi,* ☞ *Reis,* oder ☞ *Knödl,* oder alle möglichen Teigwaren und Salat.

Faschierter Braten

Rohr einschalten, auf 180°. **Zwiebel** klein schneiden und in **Olivenöl** glasig anlaufen lassen. In den Weidling gibt man **Semmelwürfel**[31], etwas **Milch** dazu, gut umrühren, daß sie sich schön vollsaufen. Die Zwiebel dazu. **Faschiertes**, ein **Ei**, oder deren auch zwei, oder drei, **Salz, Pfeffer** und einige zerquetschte **Knoblauchzecherln**. Mit der Hand gut vermantschen, und in eine Pfanne mit Deckel klatschen. Jetzt macht man daraus einen schönen Striezel (vorher am besten in der Sandkiste üben, und von den Kindern begutachten lassen !), den man mit **Speckscheiben** (Hamburger Speck, das ist der, der leicht durchzogen ist) bedeckt; zudeckeln, und ab ins Rohr. Nach einer halben Stunde hineinschauen: Jetzt sollte schon Fett aus dem Faschierten gekommen sein, und man gießt einen Zentimeter Wasser dazu und kratzt noch ein paar Mal mit dem Kochlöffel im Saft herum, daß er schön saftig wird. Dazu passen ☞*Erdäpfel,* und alle Sorten ☞*Gemüse,* aber auch ☞*Reis,* ☞*Schwammerlreis,* und Salat.

---

[31] Die kann man bestens selbst machen: einfach mit der Brotschneidemaschine alte Semmeln und altes Brot in Würfel schneiden und trocknen. Ich verwende dazu auch Schwarzbrot, das sich vor allem in Semmelknödel sehr gut macht, selbst wenn dann Nüsse oder Kürbiskerne drinnen sind !

Faschierte Laberln

Zwiebel klein schneiden und in **Olivenöl** zusammen mit Würfeln vom **Speck** glasig anlaufen lassen. **Karotten-** und **Zellerwürferl** kann man auch noch reinschmeissen. In den Weidling, wenn man einen hat, ansonsten in eine alte VW- Radkappe, gibt man die Zwiebel, kleingeschnittenen **Petersil, Faschiertes, Eier, Salz, Pfeffer, Bröseln,** glattes **Mehl** und einige zerquetschte **Knoblauchzecherln.** Mit der Hand gut vermantschen, kleine Kugeln formen, flachdrücken und in viel heißem **Fett** (es sollte des Laberln zumindest bis zur Mitte hinaufreichen) herausbacken. Dazu passen ☞*Erdäpfel*, und alle Sorten ☞*Gemüse* und Salat, auf die Laberln kann man am Teller noch **Sauerrahm** geben.

Polenta Pasticciata

Wie man eine ☞*Polenta*, macht, erklär ich nicht mehr. Hier brauchen wir eine **Polenta**, in die etwas geriebener **Parmesan** hineingefallen ist. Wenn sie fertig ist, auf ein Brett kippen, und zu einem rechteckigen Fladen formen. Jetzt machen wir ein Sugo (in dieser Reihenfolge) aus **Olivenöl, Zwiebel, Faschiertem, Paradeisern, Knoblauch, Herrnpilzen** oder Champignons, **Karotten** und **Zeller. Salz, Pfeffer** und **Origano** kommen auch dazu. Das Zeug in eine flache Glasschüssel kippen, verteilen und mit Polentastücken belegen. Drüber kommt noch zerkleinerter **Mozzarella.** Ins Rohr bis der Käse geschmolzen ist. Und nachher bitte zwei Stunden Holz hacken gehen, zum Abbau der Kalorien !

Polenta mit Bratwürschtel

Die **Polenta** in einem Topf fertigmachen und zerkleinert in eine Auflaufform schmeißen. In dem Topf kleingeschnittene **Bratwürschtel** anbraten, noch kleiner geschnittene **Paradeiser** dazu, köcheln und dann über die Polenta leeren. Mittelkleingeschnittenen **Pecorino** noch dazu, durchmischen, mit ganz kleingeschnittenem bzw. geriebenem **Parmesan** überstreuen und ab ins Rohr.

Knödel überbacken mit Schinken

☞*Knödel* braucht man dazu, logisch, sonst würde das Rezept ja auch ganz anders heißen. Also: kleine (wichtig !) **Knödel** werden produziert, am besten am Vortag. Sie kommen in eine Gratinierform, nebeneinander, es sollte eher nur wenig Zwischenraum sein zwischen ihnen. Jetzt werden kleingeschnittene **Schinkenwürfel** drübergestreut, und in die Zwischenräume, dann **Obers** drübergeleert, und am Schluß kommt von oben noch **geriebener Käse** drüber. Ab ins Rohr, braten und mit Salat essen !

Hörnchen mit Faschiertem

Ein Rezept, bei dem vor allem die Kinderchen ins Schmatzen kommen, von Petra L. aus E. mit dem gebührenden Dank für den sensationellen Input: **Hörnchen** in Salzwasser kochen, abseihen und den Topf leer wieder auf den Herd stellen. Dazwischen **Zwiebel** schälen und in Ringerl, Würfel, Dreiecke oder andere kreative Formen schneiden, im Topf, wenn er dort noch steht, in **Honig** glasieren, **Faschiertes** dazu und anbraten mit **Paprikapulver**, **Chilipulver**, **Salz**, **Pfeffer**, **Worcestersauce**, **Ketchup**, **Senf** und einem Spritzer **Balsamico** (klingt wild, was ?). Wenn das Wasser (vom Faschierten) verkocht ist, ist es fertig, die Hörnchen kommen rein und gut durchmischen. **Parmesan** kann man vor dem essen auch noch drüberleeren. Mit ☞*Salat* verspeisen.

Krautstrudel

Anfangen wie üblich: **Zwiebel** grob geschnitten in **Olivenöl** dünsten. **Faschiertes** dazu, anbraten, **Kraut** klein geschnitten dazu, etwas Wasser oder kandierte Eichkatzlschweifbouillon dazu, **Salz**, **Pfeffer**, **Majoran** und **Kümmel**, und dünsten. Diesen Papp auf einen **Strudelteig** oder Blätterteig klatschen wenn er ausgekühlt ist, einrollen, mit gesprudeltem **Ei** einstreichen und ins Rohr und fertig.

Krautauflauf mit Faschiertem

Einen Haufen **Kraut** hobeln (natürlich nicht mit dem Hobel aus der Werkstatt, sondern mit dem Krauthobel. Wer keinen besitzt, hat Pech, und muß das Kraut mit dem Messer dünn schneiden, oder an trockenem Brot herumnagen). **Erdäpfel** kochen, schälen, in Stücke schneiden. **Zwiebeln** kleinschneiden, in **Olivenöl** glasig dünsten, **Faschiertes** dazu (deshalb steht das Rezept auch unter „Schwein") und anbraten. Jetzt kommt das Kraut dazu, etwas Wasser oder Suppe, **Salz**, **Pfeffer**, **Paradeismark**, **Kümmel**, **Knofl** wer will, und **roter Paprika** (das Pulver). 20 Minuten dünsten. Danach pantsche man **Eier** dazu, und auch die Erdäpfel, wenn man sie noch findet. Die Pampe aus dem Topf kommt jetzt in eine Auflaufform (das ist so was flaches viereckiges), gleichmäßig verteilen, oben drauf kommt kleingerissener **Mozzarella** und ab ins Rohr bei 180° für eine dreiviertel Stunde.

Krautrouladen

Das sind faschierte Patzen in Krautblätter eingewickelt. Daraus kann man schließen, daß man dazu Krautblätter braucht, und das ist auch das Problem dabei, weil die Kochliteratur dazu lediglich anordnet: „Krautblätter in heißem Wasser blanchierten" – und wie man die Blätter vom Krauthappel herunterbekommt, ohne daß sie zerreißen, darüber schweigt man sich wohlweislich aus. Also, dazu mein guter Rat: das Krautblatt am Strunk rundherum einschneiden, und dann wieder rundherum mit der Messerrückseite vom Tourniermesser langsam vom **Krautkopf** ablösen; immer rundherum – und Vorsicht: das Zeug bricht sehr leicht ! Das geht am Anfang besser, und dann immer schlechter, je weiter man sich in das Happl hineinarbeitet. Die Blätter werden in kochendem Wasser blanchiert, bis sie weich und biegsam sind (da genügen ein paar Minuten). In einem anderen Topf zerkleinerte **Zwiebel** in **Olivenöl** oder Walrat anlaufen lassen, **Faschiertes** dazu, anbraten, kleingewürfelte **Karotten** und **Zeller** dazu, **Kümmel**, **Salz**, **Pfeffer** und **Origano** hinein. Leicht abkühlen und **Eier** hineinrühren (ohne Schalen, das schmeckt so besser). Diese Pampe in die ausgekühlten (sonst verbrennt man sich) Blätter füllen, diese einschlagen und mit der geschlossenen Blattseite nach oben in eine flache Pfanne legen. Auf jeden Krautwickel kommt noch eine Schnitte **Hamburger Speck**. Ab ins Rohr bei 200° für warme 30 Minuten; dazu essen wir gerne ☞*Petersilerdäpfel*

Erdäpfelfaschierterauflauf

Alias Moussaka Italiana da Baolo. Fast ein Moussaka - aber natürlich viel besser, weil ich verzichte auf die griechischen ölvollgesoffenen Gatschmelanzani und nehm Parmesan für das Bechamel. Also: **Erdäpfel** kernhart kochen, d.h. nicht ganz, weil sie kommen eh noch ins Rohr. Kleingeschnittene **Zwiebel** in **Olivenöl** anschwitzen, **Faschiertes** dazu, durchdünsten und zerkleinern, dann **Salz**, **Pfeffer**, **Cayennepfeffer** und **Origano** dazu. Parallel dazu macht man ein ☞ *Bechamel* (bitte nachschaun, wers nicht weiß, ich kann mich nicht ständig wiederholen), ins **Bechamel** kommt geriebener Grana Padano (**Parmesan**, wie jeder weiß). Jetzt noch aus **Paradeisern** (dieselbe Menge wie Erdäpfel) die grünen Stengelansätze herausschneiden und das rote Zeugs in Scheiben schneiden. So. Eine flache Auflaufform wird jetzt gefüllt. Eine Lage der Erdäpfel, die man vorher schält und in dickere (halbzentimetrige) Scheiben schneidet. Salz drüber, und dann das Faschierte drüber verteilen. Die Schicht drüber besteht aus den Paradeisern, über das Ganze klatscht man das Bechamel, gut verteilen, nochmal ein paar Löffel Parmesan draufstreuen, das gibt eine schöne Farbe und am ins Rohr bei 180°, sagen wir eine dreiviertel Stunde. Unbedingt einen guten Salat dazu essen !

Gefüllte Paprika

Das ist zum Beispiel ein Rezept, wo man überhaupt keine Maßeinheiten brauchen kann, weil es nicht zum Schaffen ist, genau so viel Fülle aus zwei Hauptzutaten zu machen, daß es nicht zu wenig ist, oder was übrigbleibt ![32] **Reis** wird jetzt einmal gekocht, und zwar etwa so viel wie die halbe Fülle ausmacht; daneben empfehle ich etwas kleingeschnittene **Champignons** zu dünsten. Rote und / oder gelbe **Paprika**

---

[32] Man kann natürlich die Paprika mit Wasser füllen, die Gesamtmenge Wasser messen und die Masse von Reis und Faschiertem mit dem Mittelwert des spezifischen Gewichts der beiden Ingredienzien vom Wasservolumen her hochrechnen – das geht natürlich auch.

werden oben aufgeschnitten, das weiße Zeugs und die Samen kommen heraus und werden unter den Teppich gekehrt, vom abgeschnittenen Deckel den Samenansatz wegschneiden, die Deckel aber aufheben. Für die Fülle mantschen wir in der Lieblingsrührschüssel wenig in **Milch** eingeweichte **Semmelwürfel**, den Reis und so viel **Faschiertes** wie Reis zusammen, **Salz**, **Pfeffer** und **Majoran** kommt dazu, **Knoblauch** und die Champignons. Mit dem Zeug werden die Paprika gefüllt, und ab mit ihnen in eine Bratpfanne (eine solche mit Deckel). Man kann auch noch den Deckel mit Zahnstochern oder Stricknadeln befestigen, aber das bringt echt nichts, außer vielleicht einen Zahnstocher im Hals stecken. Und jetzt zur Sauce: in einem Topf **Zwiebel** in **Olivenöl** glasig anbraten, **Paradeismark** und **Pomodori pelati** aus dem Packl dazu, **Salz** und **Pfeffer**. Kochen das Zeugs, pürieren und über die Paprika leeren, und ab ins Rohr für eine Stunde bei gemütlichen 160°. Dazu werden **Erdäpfel** verspeist !

Cottage Pie

Und hier ein Gastrezept, geliefert von unserem treuen Nachkoch Michael V. aus F.; welches es geschafft hat, die hohe Rezeptkommission ohne allzugroße Verfälschungen zu passieren: **Sugo** zusammenpantschen und in eine Auflaufform schütten (findet man unter ☞ *Spaghetti mit Sugo*). Jetzt kommt ein ☞*Erdäpfelpürree* drüber, und noch weiter drüber kommt geriebener **Cheddar Cheese** (die reifere Sorte) und ab ins Rohr bei 200° damit er keinen Schnupfen bekommt. Statt Faschiertem kann man auch gewürfeltes Lamm nehmen (Sheppard´s Pie) oder Gulaschfleisch (Hungarian Pie) oder lästige Katzen ohne Fell (Miauo Pie) oder alte Windeln (Vegetarian Pie). Hervorragend geeignet, um sich Winterspeck anzufressen.

Schinken- Käsegolatschen

Entweder man kletzelt aus Topfengolatschen den Topfen raus, oder man nimmt einen Blätterteig dazu, Zweiteres ist einfacher. Aber zuerst brauchen wir eine Fülle: **Frühlingszwiebel**, ein **Ei** und zusätzlich einen **Dotter**, geriebenen **Käse, Rahm** und geschnittenen **Schinken** zusammenmantschen, **Salz** und **Pfeffer** natürlich auch dazu. Der **Blätterteig** wird auf einer bemehlten Fläche mit dem Nudelwalker vergrößert, und in 6 Quadrate geschnitten. Auf jedes Quadrat kommt was von dem Gatsch, verteilen, die 4 Ecken einschlagen und den Teig mit gesprudeltem **Ei** bestreichen. Auf das Blech und ab ins Rohr bis die Golatschen schön golatschenbraun sind. ☞*Salat* würde ich dazu essen, und habs auch so getan ! Und natürlich, nicht zu vergessen ☞*Schnittlauchjoghurt* gehört auch dazu !

Fleischstrudel

Ein Strudel hat den Vorteil, daß man so ziemlich alles hineinschmeißen kann, was man so in der Küche findet – in Teig eingewickelt schaut dann alles appetitlich aus.

Das älteste lesbare Strudelrezept stammt aus einer als *Koch Puech* betitelten Handschrift aus dem Jahr 1696, und kann in der Wiener Stadtbibliothek eingesehen werden. Es gibt mittlerweile weltweit rund 45.687 Strudelrezepte. Der vorliegende Strudel Nummer 45.688 ist das kulinarische Ergebnis eines Streifzuges durch Kühlschrank, Keller und Garten vom November 2004: **Mangoldblätter** entstengeln, falten (damit man sie nachher wieder entfalten kann) und blanchieren (wers noch immer nicht weiß: in heißem Wasser baden). Julienne geschnittene **Zwiebel** in **Olivenöl** dünsten, **Faschiertes** (Schwein, Rind oder Antilope) dazu, **Salz**, **Pfeffer** und anbraten. Jetzt kommt tiefgefrorenes **Wok- Mischgemüse** hinein, durchmischen und das Zeug kühlt ab, was gewollt ist, weil jetzt kommt eine frei wählbare Anzahl von **Eiern** hinein (in meinem Fall waren es zwei). Durchrühren. So. Zwei **Strudelteig** Blätter (fertig kaufen, im Fall von Strudelteig sind Convenience Products von mir gestattet) auf ein ausgebreitetes Geschirrtuch[33] ausbreiten, so daß sie sich 10 cm überlappen. Jetzt kommt das Faschierte drauf (die letzten 15 cm freilassen !), und drüber werden die Mangoldblätter gebreitet. Einrollen, aufs Backblech, mit gesprudeltem **Ei** bestreichen (wenn ein Ei die Eierorgie von vorhin überlebt hat, wenn nicht, dann ätsch !) und eine halbe Stunde bei 180° oder so drauf herumbraten.

Frittata mit Kräuterseitlingen

Ein Frittata ist so wie ein Strudel was ganz Praktisches: man kann alles reinkehren, was so in der Küche herumgammelt, und wird das Zeug los. Also: **Kräuterseitlinge** oder andere Schwammerl und **Frühlingszwiebel** kleinschneiden, einen Haufen **Eier** verquirlen und **Salz**, **Pfeffer** und **Muskat** reinleeren, **Olivenöl** in eine Pfanne die man nachher ins Rohr schieben kann, ohne danach einen gerösteten Pfannengriff vorzufinden, gewürfelten **Speck** in die Pfanne und Herd in Betrieb nehmen. Nacheinander Schwammerl und Frühlingszwiebel dazu, viel herumrühren, dann die Eier drüberleeren, Flamme ganz kleindrehen, sonst brennt das Zeug an (alternativ dazu durchrühren, wenn das Ei stockt, dann wird's halt eine Eierspeis). Nachher noch etwas **Joghurt** drüberpatzen, **Parmaschinken** oder Jamon Serrano drauflegen und ins Rohr bis dieser knusprig ist.

Broccoli- Schinkenstrudel

Ein Strudel ohne Strudelteig aber dafür mit Blätterteig – auch das kann man machen ! **Schinken** oder **Schinkenspeck** (oder beides) würfeln und in etwas **Olivenöl** anbra-

---

[33] Strudeln einrollen ist nicht einfach, der Teig ist sehr dünn und reißt leicht, besonders wenn die Füllmasse sehr naß ist, und den Teig durchweicht. Am besten also den Teig auf ein Geschirrtuch breiten, und mit diesem dann einrollen (dabei aber bitte das Geschirrtuch nicht mitrollen, weil das fehlt sonst in der Küche, und ist auch eher mühsam im Strudel zum essen). Den gerollten Strudel kann man mit dem Tuch so auch leichter auf das Backblech transportieren.

ten, **Broccoli** kleinschneiden, auch die dünneren Stämme und in Wasser kurz blanchieren, oder noch besser: über Dampf dünsten, und sehr gut abtropfen lassen. In eine Rührschüssel **Creme Fraiche** und **Eier** einschmeißen (ein bis ein halbes Ei pro mitessender Nase), den Schinken dazu, geriebenen Emmentaler aus dem Packl, **Salz** und **Pfeffer**, dann die Broccoli rein und durchmischen. Den **Blätterteig** aufrollen, das Papierl aber drauflassen (!) und aufs Backblech legen (Papierl unten natürlich, sonst ist der Wohlgeschmack eingeschränkt); in eine der Hälften den Inhalt der Rührschüssel löffeln (möglichst ohne Flüssigkeit, sonst pickt der Blätterteig nicht so wirklich oder platzt, und die andere Hälfte vom Teig drüberschlagen und die Teigränder händisch zusammennudeln. Mit **gesprudeltem Ei** bestreichen und ab ins Rohr bei 192,27° für 27 Minuten, bzw. bis er schön braun ist. Wenn noch Ei da ist, nochmals bepinseln, und mit ☞*Salat* verzehren.

Zucchini Feta Strudel

Zum Strudel allgemein sag ich nichts mehr, ich mag keine Wiederholungen. Für die Fülle wird (in dieser Reihenfolge und mit kurzen Pausen dazwischen zum Anbraten) in einem Topf zusammengepantscht: **Olivenöl**, **Schalotten**, **Erdäpfelstückchen**, **Schinkenwürfel**, **Zucchiniwürfel**, **Salz**, **Pfeffer**, **Muskat** und **Rosmarin**. Etwas auskühlen lassen, daß der Teig später nicht reißt, auf einen Blätterteig oder Strudelteig ausbreiten, **Feta** drüberbröseln, einrollen, mit **Ei** bestreichen und ab ins Rohr.

Blunzenstrudel

Das kleinste gemeinsame Vielfache vom Rezept oben, und dem Rezept unten. **Erdäpfel** kochen, schälen und kleinschneiden, dieselbe Menge **Blunzen** häuten und kleinschneiden, **Knoblauch** (viel davon, aber nur, wenn alle das essen, und niemand am Abend ins Theater geht !) schälen und **Zwiebel** schneiden. In der Pfanne Zwiebel in **Olivenöl** dünsten, die Blunzen dazu, wärmen, dann die Erdäpfel, Knofl reinschneiden (blättrig), und dann **Salz**, **Pfeffer**, **Majoran** und **Petersil**. **Sauerrahm** verfeinert den Gatsch noch. Hinein in den **Strudelteig**, das erklär ich aber nicht, das weiß man oder man schaut nach beim Rezept oben oder woanders; dann noch mit gesprudeltem **Ei** bepinseln. Eine halbe Stunde bei 180° Minimum sollte reichen, der Inhalt ist ja schon bekocht, also raus mit dem Gestrudel, wenn er schön goldbraun aus der Röhre glotzt ! Dazu paßt ☞*Salat*.

Blunzengröstl

Speckige **Erdäpfel** (Kipfler zum Beispiel) halbdurchkochen und schälen, **Blunzen** enthäuteln und kleinschneiden. Eine Handvoll in Halbringerl geschnittene **Zwiebel** in die Pfanne heißen **Olivenöls** werfen, die Blunzen dazu, viel umrühren und vor allem den Boden aufkratzen, die Erdäpfel der Länge nach viertln und die Viertln in kleine Stückchen in die Pfanne schneiden. Auf kleiner Flamme weiterrösten und öfters den Boden aufkratzen, sonst brennt das Zeug an. **Pfeffer** und **Salz** drüber, und, was auch noch gut ist: **Pomodori Secchi** kleingeschnitten mitbraten; auch sehr gut ist es, mit den Zwiebeln zusammen geschnittenen **Kohl** mitbraten. Das nennt sich dann „Blunzengröstl al Baolo".

Linseneintopf

Im Prinzip ist das nichts anderes als wie ich es unter „Linsen" festgehalten habe, nur daß das hier zu einer Hauptspeise ausgebaut ist. Also: ich nehme an, jeder kann mein Linsenrezept auswendig rezitieren, ich fasse mich daher kurz: **Zwiebel** und **Speck** in **Ölivenöl** dünsten, die am Vorabend mit **Lorbeerblatt**, **Thymian** und **Bohnenkraut** eingeweichten Linsen reinschütten, mit Wasser oder Suppe aufgießen, dazu gesellen sich noch **Knoblauch**, **Zeller**, **Karotten** und **Paradeiser** (alles geschnitten natürlich !), etwas **Zucker**, **Balsamico** de Modena, **Salz** und **Paradeismark**. Die Linsen nicht zu weich kochen, es darf keinesfalls ein Gatsch werden. Am Schluß noch geschnittene **Knackwurst** rein oder Geselchtes vom Wisent, und fertig. Dazu paßt ☞*Schwarzbrot.*

Kürbisgulasch

Standardmäßiger Beginn, den schon jeder beherrschen sollte: **Zwiebel** und **Knoblauch** in **Olivenöl** dünsten, geschäle und geschnittene **Erdäpfel** und **Kürbis** dazu, **Salz**, **Pfeffer**, **Lorbeerblatt**, **Paradeismark**, **Senf**, **Kurkuma**, etwas Wasser oder irgendeine klare Suppe und herumdünsten drauf. Nach fünf Minuten einen Teil davon samt möglichst viel Flüssigkeit in den Mixer schütten, und als Sauce wieder retour. Kleingeschnittene **Frankfurter**, Debreziner oder Burenhäuteln kleingeschnitten reinschmeissen (drum steht das Rezept hier bei den Schweindeln herum), und fertig. Reinstopfen mit ☞*Schwarzbrot oder so.*

Erdäpfelgulasch

Zwiebel ganz klein schneiden, und in **Olivenöl** gelb anschwitzen lassen. Dann kommt **Paprika** dazu, Wasser (zwei Zentimeter hoch), geschäle und geriebene **Erdäpfel**, **Kurkuma**, **Pfeffer** und **Salz**. Auf kleiner Flamme zugedeckelt kochen, bis sich das Erdäpfelgeschabe und der Zwiebel aufgelöst haben, dabei aber sehr oft, alle paar Minuten den Boden aufkratzen, damit der Erdäpfel nicht anpickt und anbrennt. Danach wandert die Pampe aus dem Topf in den Turmix wenn einer wo herumstehen sollte, mixen und retour in den Topf. Derweilen bitte nicht blöd herumstieren, sondern **Knackwurst** enthäuten und klein schneiden, nochmals **Erdäpfel** schälen und so klein wie die Wurscht schneiden, beides reinschmeißen in den geturmixten Gatsch, weiterkochen bis die Erdäpfel durch sind. Wer will, kann jetzt auch noch eine Chilischote hineinschmeißen, geschnittenen grünen Paprika, Gurkerln, Frühlingszwiebel, Korkstoppeln oder Fensterkitt. Aber jetzt nicht mehr lang herumkochen, sonst wird

Gatsch draus ! Jetzt kann man noch **Sauerrahm** hineinrühren. Hervorragend ist jetzt noch wenn man gedünstete Eierschwammerl dazugibt. Die hab ich gewöhnlich tiefgefroren oder getrocknet fertig. Essen tut man das Zeugs mit Schwarzbrotscheiben.

Ziegenkäse im Speckmantel

Der Ziegenkäse, der üblicherweise in kleinen weißen Rollen auf der Wiese wächst, wird in Scheiben geschnitten, so 2 – 3 cm hoch. Zwei **Speckschnitten** übers Kreuz legen und ein Stück **Ziegenkäse** ins Zentrum. Jetzt kann man noch **Honig, Thymian** und **Pfeffer** draufgeben, und dann werden die Speckstücke um den Käse gewickelt und in der Pfanne in etwas **Olivenöl** gebraten. Technologisch ist dabei zu beachten, daß beim Braten der Ziegenkäse nicht schmelzen sollte und das ganze Packerl ausrinnt. Dazu gibt es mehrere Möglichkeiten: 1) nicht braten sondern roh essen 2) im Griller mit Ober- und Unterhitze braten 3) statt dem Kochen zum Wirten gehen 4) vor dem Braten tieffrieren 5) statt des Käse zwei übereinanderliegende Dominosteine in den Speck wickeln 6) rasch anbraten und die Pfanne nachher kurz in kaltem Wasser von unten abkühlen. Gegessen wird das Ergebnis am besten mit einem ☞ *gemischten Salat.*

Wild & Lamm

Rehbraten

Das Reh besteht aus einem Rehrücken (s.u.), einem vorderen kleinen Schlögel (weil der andere zerschossen ist) und zwei hinteren großen Schlögeln, der hintere hat auch ein besonders gutes Stück dabei: die Nuß, ein rundes Stück Wildpret. Der Rest des Rehs besteht aus den Wammerln (Rippen), dem Wadschunken (Träger = Hals), und einem Knochen auf einem Brett an der Wand der genauso ungenießbar ist wie die Decke = das Fell. Für den Braten nehmen wir einen **Rehschlögel**. Wildpret muß man parieren (ist gleich enthäuten). Dazu fährt man mit einem spitzen Messer quer zur Faser zwischen Fleisch und das Häutl, und schneidet dann zum Rand hin die Haut weg, wobei man das Messer leicht nach oben dreht (damit geht kein Fleisch mit). Dann dasselbe in der Gegenrichtung, bis man den Hautstreifen in der Hand hat. (Schmeckt den Katzen !). Jetzt kann man spicken, weil das Fleisch ist sehr fettarm, und schmeckt damit ungespickt recht trocken (ist sonst schad um das gute Wildbret). Dazu schneidet man weißen **Speck**, den man aus dem Gefrierfach nimmt, damit er sich leichter schneiden läßt, in Streifen, gibt jeweils ein Streiferl in die Spicknadel und schiebt die Spicknadel längs zur Faser ins Fleisch, und von dort weiter durch die linke Hand. Man kann aber auch mit einem schmalen Messer längs ins Fleisch schneiden, und die gefrorenen Speckstreifen hineinschieben – das geht auch. Oder aber man stopft gefrorene Speckstreifen in das Luftdruckgewehr, und schießt den Speck ins Fleisch (Blöd ist halt hier, wenn man öfters danebenschießt, und aus der Wand, aus Büchern und aus dem Fernseher gefrorene Speckstreifen herausschaun – ist schwer erklärbar, der Hausfrau gegenüber, und deren Wohlwollen gegenüber kreativer Küchentechnologie sinkt dann gewöhnlich meßbar ab). Auf alle Fälle muß man schaun, daß man das Fleisch beim Spicken nicht zu sehr verletzt – es verliert sonst viel an Saft. **Salz** und **Pfeffer** drauf, und in der Pfanne bei größerer Hitze in etwas **Olivenöl** braten bis es Farbe bekommt. Dann nimmt man das Fleisch heraus, gibt **Butter** in die Pfanne und deglaciert (mit Wasser aufkochen, und mit dem Kochlöffel die Bratrückstände aufkratzen und zu einem Saft verarbeiten). Das Fleisch wieder hinein, und dazu kommen in geputzter und geschälter Form: **Zeller, Petersilwurzeln, Karotten, Zwiebel** (mit der Schale), **Knoblauch, Lorbeerblatt, Wacholderkörner, Pfefferkörner, Neugewürz, Zitronenzesten** und Wasser, aber besser natürlich Suppe. Zum Braten gibt's jetzt zwei Versionen: eine halbe Stunde, dann ist das Fleisch innen rosa und zart, bei dieser Variante gibt's aber keinen besonderen Saft – da muß man dann so was aus püriertem, mitgebratenen Gemüse, Knochen, Wasser und Rahm basteln. Zweite Version (die ich hier empfehle): Zwei Stunden. Wenn das Fleisch länger als eine viertel bis halbe Stunde (je nach dem wie dick es ist) im Rohr herumlungert, wird es hart und grauslich, weil es viel Sehnen und Häuteln enthält, und diese sich ab 70° stark zusammenziehen. Bei zwei Stunden aber löst sich die Sache wieder auf, das Fleisch wird weich und man hat dann auch einen hervorragenden Saft. Öfter wenden und mit Wasser oder Suppe aufgießen nicht vergessen ! Dazu natürlich ☞*Knödl*, oder ☞*Serviettenknödl*, ☞ *Rahm*, ☞*Preiselbeeren*, und sonst nix.

Rehrücken

Das beste Stück vom Reh. Das wird nicht zwei Stunden gebraten, das wär nämlich schade drum, weil der Rückenmuskel innen weder Sehnen noch Häuteln oder Fasern enthält, und das Fleisch so auch bei einer kurzen Bratzeit nicht zu Gummi wird. Das Ziel ist es, die beiden Filets und die beiden Jungfernbraten außen gebräunt und innen rosa hinzukriegen. Wer das schafft, bekommt die erste halbe Haube von mir. **Rehrücken** filetieren: oben die beiden Filets; und unten, hinten, die beiden viel kleineren Jungfernbraten mit einem scharfen spitzen Messer dem Knochen entlang herausschneiden; vom Filet löst sich dann noch leicht ein weiterer Muskel, welcher vorne im Vieh angewachsen ist. Diese 6 Stücke sehr gründlich parieren (enthäuteln) – wer nicht weiß wie das geht, möge weiter oben nachlesen oder die Auskunft anrufen. Die Filets werden in einer zudeckelbaren Bratpfanne in **Olivenöl** rundherum scharf angebraten, bis sie leicht braune Flecken bekommen (wegen der Maillard– Reaktion, bitte a.a.O. nachschaun, ich kann nicht alles immer wieder erklären) und zwar so lange, bis sie innen rosa sind. Ätsch !! Das sieht man von außen nicht ! Wie lange also zu braten ist, das kann man schwer erklären[34]. Wenn das Wildpret also innen rosa ist, herausnehmen, und bei 60° warmstellen. Jetzt kommt der Knochen und auch die Parüren, wenn sie die Katze nicht will, am besten in mehrere Stücke gehackt in die Pfanne, zusammen mit **Zeller, Petersilwurzeln, Karotten, Zwiebel** (mit der Schale), **Knoblauch, Lorbeerblatt, Wacholderkörnern, Pfefferkörnern, Neugewürz, Zitronenzesten** und Wasser, aber besser natürlich Suppe. Auf dem Zeug kann man jetzt ruhig zwei Stunden herumbraten, öfters aufgießen und den Rand innen mit dem Saft mit einem Kochlöffel abkratzen, das ergibt den schönen Saft. Am Ende das ganze feste Zeugs rausschöpfen, den Saft rausdrücken, wegschmeissen. Jetzt kommen die Filets samt dem ausgeronnenen Saft noch zum Aufwärmen kurz hinein, das Rohr

---

[34] Vielleicht geht's so: am Anfang ist das Fleisch ganz weich. Später, spätestens nach einer Viertelstunde wird's ungenießbarer Gummi. Nach zwei Stunden ist es wieder weich. Wenn man mit der Fleischgabel draufdrückt, soll es gerade noch nachgeben, aber das kann man eigentlich nur öfters ausprobieren, das ist wirklich Gefühlssache. Man kanns auch lernen, indem man ein Stück eher früher als später herausnimmt, und in der Mitte auseinanderscheidet: dann sieht man den Rosa- oder schon Grauton. Im letzteren Fall verzweifelt man, und brät das Stück halt in der Zwei- Stunden- Variante. Im ersteren Fall rausnehmen und zugedeckt warmstellen bei 40-45°.

darf aber nicht mehr über 60° haben ! Dazu natürlich ☞*Knödl*, oder ☞*Servietten-knödl*, ☞ *Rahm*, ☞*Preiselbeeren*, und sonst nix.

Rehragout

Das geht fast genauso wie das ☞ *Wildgulasch*, nur daß das Fleisch nicht gesurt wird und Gemüse dazu kommt: zuerst **Speck** (das ist der durchzogene) klein schneiden und zusammen mit klein geschnittenen **Zwiebeln** rösten. Jetzt kommt das **Reh** dazu, und wird angebraten, bis es leicht braun ist. **Salz, Pfeffer, Thymian, Paprika** und **Kümmel** dazu. Mit **Rotwein** aufgießen, den restlichen Rotwein austrinken, eine Stunde drauf herumdünsten wenn man noch stehen kann und am Schluß klein geschnittene **Karotten** und **Zeller** dazu, oder aber auch **Eierschwammerl** und dünsten, bis das Gemüse bißfest ist. Dazu passen sehr gut ☞*Spätzle*, aber auch ☞ *Spiralen*, oder ☞*Knödl*.

Hirschsteaks mit Eierschwammerlsauce

Dafür kommt nur das Beste vom Hirsch in Frage, entweder der Rücken, oder die Nuß (das ist ein größerer zentraler Muskel in den Hinterlauf eingebaut). Alles andere ist gewöhnlich entweder zu klein, um als Steak klassifiziert zu werden, und / oder zu stark mit Sehnen durchzogen. Da ein Steak gewöhnlich englisch zu einer zartrosafarbenen Konsistenz gebraten wird, würden die Sehnen als unzerkaubare Masse höchst unangenehm auffallen, und schuld daran ist natürlich der Koch, wer sonst. Mit allen schlimmen Konsequenzen, wie Haubenentzug etc. ! Die **Hirschsteaks** am besten schon am Vortag parieren und schneiden, in Scheiben mit mindestens zwei Zentimeter Dicke, und in einer Mischung aus gemörserten **Wacholder-** und **Pfefferkörnern**, **Thymian, Sherry** und **Olivenöl** einsuren. Andern Tags diese Steaks kurz in etwas **Olivenöl** anbraten. Ja nicht zu viel, sonst wird das gute Wildbret zäh wie Bisonleder ! Ein guter Richtwert sind je eine Minute pro Zentimeter Dicke und Seite, das kann und sollte man aber laufend überprüfen: mit dem Kochlöffel beim Braten auf das Fleisch drücken. Zuerst ist es ganz weich, und wird dann laufend fester, weil sich die Proteinfasern zusammenziehen. Bevor es fest wird, **Salz** und **Pfeffer** dazu und raus damit aus der Pfanne und irgendwo zugedeckelt herumstehen lassen. Jetzt die restliche Sur reinleeren, etwas **Rotwein**, drauf herumglasieren, die geschnittenen **Eierschwammerl** dazu, diese dünsten, und wer will, kann noch **Sauerrahm** reinleeren. Die Flamme abdrehen, leicht auskühlen lassen, auf - sagen wir - 100° herum, damit die Steaks nicht mehr weiterbraten und diese auf die Sauce drauflegen. Bestens dazu wäre ☞*Reis* oder irgendein *Gemüse* oder beides. Das Rezept funktioniert natürlich auch ohne Schwammerl, nur heißt es dann eben anders !

Hirschbraten

Macht man ganz genau so wie ☞*Rehbraten*, nur daß man statt dem Reh einen Hirschen nimmt (drum heißt er ja dann auch Hirschbraten und nicht Rehbraten), und den Braten auf jeden Fall spicken muß (darauf sollte man nicht verzichten, Hirsch ist noch unfetter als Reh).

Wildgulasch

Eingangs gleich einmal eine Faustregel, wenn da was unklar ist: Wildgulasch kann man prinzipiell aus allem machen, was Haare oder Federn hat, nicht aber Schuppen und auch nicht nix davon hat wie dies z.B. beim Regenwurm oder beim Nacktmull der Fall ist, und was nicht im Stall herumsteht und kein Fleischfresser ist wie Fuchs & Tiger & Co – also eigentlich ganz einfach. Verwendbar dafür ist jedes Wildpret, auch wenn es noch so ein unansehnliches Stück ist (z.B. Wammerln vom Auerhuhn oder Wadschunken von der Großtrappe – soll heißen, das was auf den Rippen oder um den Hals herum wächst). Auch voll von Häuteln und Flaxen ist kein Nachteil, weil lang genug gekocht in einer braunen Soße wird das Zeug zu Gelatine, und schmecken tut es fünfsternig. Also: das **Wildpret** wird am besten am Vortag schon pariert (wer das nicht kann, hat nachher einen Finger weniger, soll dieselben davon lassen, und sich mit der Bankomatkarte ein Butterbrot schmieren !) und klein geschnitten. Rein in eine Schüssel, **Olivenöl** drüber, **Majoran**, gestiftelte Zecherln vom **Knoblauch**, und **Kümmel** – so wie das halt beim Gulasch sich gehört. Gut vermantschen, zudeckeln und im Kühlschrank katzensicher stehen lassen. Nächsten Tages **Selchspeck** in Würfeln schneiden, in einem Topf auf kleiner Flamme in **Olivenöl** dünsten bis das Fett glasig ist, den Speck rausnehmen wenn er knusprig ist, einen Haufen (sehr) kleingeschnittenen **Zwiebel** dazu, und jetzt mit größerer Hitze bräunen – viel durchrühren nicht vergessen ! Jetzt kommt das Fleisch dazu wenn man es noch findet. Bräunen, dann **Paprika** (den roten, gemahlenen) und **Paradeismark** dazu, mit **Wombatknochensuppe** oder, wer das nicht hat, mit Wasser aufgießen, daß alles grad bedeckt ist. **Salz** rein (aber eher weniger, weil der Speck hat auch schon Salz in sich !), den Speck wieder rein, durchrühren, aufkochen und wenn das kocht auf kleiner Flamme köcheln lassen (mindestens eine Stunde) bis sowohl die Zwiebelstückchen zu einem schönen Saft zerkocht sind und das Fleisch zart ist. Wer will, und gern fett ißt, schmeißt dann noch **Sauerrahm** rein. Dazu passen natürlich alle Arten von ☞*Semmelknödel* oder ☞*Spätzle* oder aber diverse saftaufnahmefähige ☞ *Pastasorten* wie z.B. Spiralen für die Leute die zu faul zum Knödeln ist und noch immer keine Spätzlepresse ihr eigen nennen.

Hasenbraten

Nachdem man den Hasen überfahren hat, sollte man ihn ausdrücken: d.h. zwischen die Knie nehmen (Löffel oben und Bauch vorne !) und mit beiden Daumen den

Bauch nach unten streichen, was heißt auf die Blase drücken, um sie zu leeren – wenn man das nicht macht, schmeckt er stark nach Wild bzw. auch nach was ganz anderem. Ich gehe hier aber von einem schon ausgenommenen und aus der Decke geschlagenen **Hasen** aus. Zunächst wird er einen Tag gesurt: in 5 – 6 Stücke zerteilen (wer sich dabei einen Finger abschneidet, hat halt ein Stück mehr). In den Brattopf legen, und folgendes Gemisch darüberleeren: **Olivenöl**, **Knoblauch**, **Pfeffer**, **Rotwein** und ein paar zerdrückte **Wacholderbeeren**. Nächsten Tags ein paar **Paradeiser** vierteln, die Kerne herauskletzln, in kleine Würfel schneiden; etwas durchzogenen **Speck** würfeln. Das Zeugs aus dem Topf wird herausgeräumt (aber nichts wegschmeissen !). Etwas **Olivenöl** in den Topf, den Speck anbraten und dann raus wieder damit, aber das Fett drinnen lassen. In diesem die Hasentrümmer rundherum scharf anbraten, dann die Sur wieder drüberleeren, jetzt kommt auch **Salz** dazu, die Speckwürfel und die Paradeiser, mit etwas Wasser aufgießen, wir wollen ja schließlich auch einen Saft haben, und ab ins Rohr für eine Stunde. Dazu empfehle ich natürlich ☞*Knödl* und ☞*Preiselbeeren* sowie Sauerrahm.

Hasenragout

Dazu eignen sich natürlich alle Hasen, die man entlang von Straßen sammelt, und die als Löffelträger noch erkennbar sind, weil die braucht man nicht mehr zerkleinern. Ansonsten kann man auch einen Hasen kaufen. Ich nehm dazu den **Hasenrücken**, weil der ist ein besonders gutes Wildpret, und der Rücken ist zum Braten ja eh fast zu klein. Also: **Speck** und **Schalotten** würfeln, **Frühlingszwiebel** in Zentimeterstücke schneiden, den Rücken (vom Viech natürlich !) mit Längsschnitten vom Rückgrat lösen, entflachsen (d.h. die weißen Häuteln wegschneiden, wer nicht weiß wie man das macht, soll beim Rehbraten nachschaun, ich kann mich nicht immer wiederholen) und quer zur Faser kleinschneiden; **Karotten** und **Zeller** schälen und kleinschneiden (so groß wie die Hasenwürfel). **Olivenöl** in einen Topf, den Speck dazu, leicht anrösten, dann die Schalotten und den Hasen dazu und anbraten. Mit **Weißwein** löschen (aber schon einen guten, bei Unsicherheit unbedingt ausreichend kosten !), und Gewürze dazu: geschnittene **Wacholderbeeren** (nicht zu viele, etwa eine pro Portion Ragout), **Salz**, **Pfeffer**, **Majoran** und gemörserte **Herrnpilze** (so was hat man einfach zu Hause zu haben). Die Karotten und der Zeller kommen jetzt auch dazu, mit Wasser bedecken und eine Viertelstunde köcheln, damit das Gemüse schön bißfest bleibt. Jetzt kommt noch **Creme Fraiche** hinein, durchmischen, und dann noch die Frühlingszwiebel. Nicht mehr kochen, sondern essen. Dazu passen natürlich alle möglichen ☞*Knödel,* ☞*Pasta* oder ☞*Spätzle.*

Wildschweinrücken

Am besten ist der Rücken vom Überläufer. Das ist kein Schwein aus finsteren Spionagekreisen, sondern eine einjährige wilde Sau. Frischling geht auch (der ist jünger), und hat den Vorteil, im Rohr leichter untergebracht werden zu können. Den **Wildschweinrücken** muß man auf alle Fälle teilen, er ist zu lang, es sei denn man hat einen steirischen Brotbackofen zu Hause, ein Fuder Holz zum Heizen, und eine XXXL Pfanne bzw. einen alten eisernen Waschzuber. Um das Platzproblem in der Pfanne zu lösen, hackt man nach dem Entfernen der Hausfrau aus der Sichtweite vom hinteren (kleineren) Ende ein Stück weg, aber vorher werden von der Unterseite (der Innenseite) noch die zwei Lungenbraten herausgeschnitten. Vom weggehackten Trumm bitte noch das Karree herunterschneiden, den Knochen kann man wegschmeißen. (Wildschweinsknochensuppe hab ich noch keine probiert – wenn wem was Gescheites damit gelingt, bitte mir sagen !). So. Jetzt werden der Rücken, die beiden Karreestücke und die Lungenbraten eingesurt, mindestens einen Tag vor dem Braten. Wildbret in die Pfanne werfen (gedeckelt natürlich), **Zeller, Zwiebel, Pfefferkörner, Lorbeer, Knoblauch, Rosmarin,** ein Spritzer **Balsamico** und **Wacholderbeeren** daneben und drüberbreiten, **Rotwein** drüberleeren und genausoviel Wasser danebenleeren (nicht neben die Pfanne natürlich, sondern neben das Fleisch); zudeckeln, kühl stellen und einen Tag nicht mehr anschaun. Am Tag des Bratens: einmal alles Klumpat heraus aus der Pfanne. Jetzt wird **Hamburger Speck** (ungeräucherter durchzogener Speck) in dünne Scheiben geschnitten, etliche Scheiben am Pfannenboden legen, mit dem Rest wird der Schweinerücken zugedeckt. Mit zerquetschten **Wacholderbeeren** und **Knofl** wird das Fleisch eingerieben, **Salz** und **Pfeffer** drüber, und ab ins Rohr bevor ihm kalt wird (220° für 15 Minuten). Nach diesen 15 Minuten kommt die Sur (Gemüse, Kräuter, Wein) dazu, d.h. danebengeschüttet. (Zu dem Zeitpunkt sollte der Speck schon schön brutzeln). Reduktion der Temperatur[35] auf 180°, nochmals für 30 Minuten braten, nach jeweils 10 Minuten bitte aufgießen). Nach Ende der Bratzeit den Braten bitte nicht im Rohr vergessen, sondern essen, und zwar mit ☞ *Knödl,* ☞ *Rotkraut,* ☞ *Preiselbeeren* und Sauerrahm.

Fasanenbrust

Man kann natürlich auch den ganzen Vogel verspeisen, nur hat er leider in den Haxen Gräten wie ein Fisch (es dürfte sich um verhärtete Sehnen handeln – ich bin aber kein Geflügelmorphologe). Also nehmen wir nur Bruststücke, die sind eh sehr groß: **Fasanenbrust** oben der längs nach mit 2 oder mehr Scheiben durchzogenem **Speck** bedecken, 2 Stücke Spagat auflegen, den Fasan umgekehrt (Speck unten) drauflegen, jetzt kommt auch da Speck drauf und mit dem Spagat leicht zusammenbinden (damit sollte das Trumm rundherum bespeckt sein; und jetzt noch die Enden vom Spagat

---

[35] Temperatur: die Temperatur im Rohr ist beim Braten von grundsätzlicher Bedeutung. Während die Angaben in den Rezepten gewöhnlich aufs Grad genau sind, kann man ein Rohr nur ungefähr einstellen, und geeicht ist das Zeug natürlich überhaupt nicht. Ich empfehle daher den Erwerb eines Backofenthermometers zum Hineinstellen ins Rohr.

wegschneiden). **Olivenöl** in die Pfanne, **Knoblauch** blättrig reinschneiden, **Thymi-anzweigerln**, **Rosmarinnadeln** dazu, die Fasanerie reinlegen, **Salz** und **Pfeffer** drauf und anbraten. Wenn sie gewendet sind, und rundherum gebräunt, kommen sie kurz raus, damit die Kräuteln nicht schwarz werden, weil das ruiniert den guten Saft: dieser wird jetzt durch ein Sieb geseiht, zurück in die Pfanne und jetzt kommt ein Spritzer **Paradeismark** dazu. Dann kommen die Fasanen wieder rein, sonst wird ihnen kalt, und werden fertiggebraten, bis sie innen rosa sind (die Bratzeit ist Gefühlssache, da kann ich schwer was dazu sagen, weil das hängt auch davon ab, wie dick sie sind). Vor dem Essen noch 15 Minuten zugedeckelt rasten. Dazu paßt hervorragend ☞*Spargel* und ☞*Polenta* beispielsweise; ☞*Knödl* mit ☞*Linsen* oder ☞*Rotkraut* sind auch erlaubt.

Fasanenragout mit Morcheln

Getrocknete **Morcheln** (frische gehen natürlich auch, aber nur für die, die sich mit der Flora auskennen, die so im Wald am Boden herumlungert !) in etwas Wasser einweichen. **Schalotten** ganz klein schneiden (schneiden; und bitte ja nicht mit dem Zyliss oder so bearbeiten, das zergatscht das Material nur unnötig und man verliert den ganzen Saft !) **Fasanenbrust** gegen die Faser kleinschneiden und in einem Topf in **Olivenöl** anbraten. Den Saft der dabei entsteht, beiseitegießen (bitte aber nicht auf den Fußboden, das stört die Hausfrau, sondern in ein Schüsserl). Die Fasantrümmerln raus aus dem Topf, noch einmal Olivenöl rein, und die Schalotten dünsten. Mit **Weißwein** löschen, zudeckeln und weichdünsten. Jetzt kommen die Morcheln samt Einweichwasser hinein, ein Viertel **Obers**, und der Fasanenanbratsaft. Zehn Minuten köcheln, das Fleisch rein, **Salz** und **Pfeffer** sowie grob geschnittene frische **Basili-kumblätter**. Die Sauce wird mit einem gut verrührten Gemisch aus kaltem Wasser und **Mehl** (ganz wenig, nur in der Region um ein Teelöffelchen herum, nicht gleich einen Sack Mehl in der Badewanne verrühren !) eingedickt und fertig. Essen mit ☞*Tagliatelle Caserecce* oder *Paglia e Fieno Caserecce.* ☞*Reis* geht natürlich auch.

Lammbraten

Nicht zu verwechseln mit einem fettem Hammel, einem überaus grauslichem Produkt aus Nullhaubenkaschemmen ! Für den Braten nimmt man einen Rücken, eine Keule oder ein vorderes **Lammviertel** (das reicht dann für rund acht Portionen). Am Vortag wird das Lammtrumm entfettet (möglichst alles Fett wegschneiden, das Fett ist die Wurzel des Hammelgeschmacks !), das Lammviertel wird zusätzlich noch tranchiert: vordere Keule wegschneiden, vordere Wirbelsäule abtrennen. Mit einer Mischung aus **Olivenöl**, **Salz**, **Pfeffer**, **Knoblauch** (im Frühling natürlich Bärlauch, fein geschnitten) bestreichen, und in die Pfanne legen. Dazu gibt man gleich das Gemüse, das später dann auch mitgebraten wird: **Zwiebeln** geschält und halbiert, **Karotten** geschält, **Zeller** (natürlich auch geschält), **Lauch** und nochmals **Knob-**

lauch; **Pfefferkörner** und, muß aber nicht sein, ein Zweiglein **Rosmarin**. Über Nacht in der Pfanne zugedeckt katzensicher an einem kühlen Ort stellen (ist gewöhnlich der Kühlschrank). Tags darauf brät man zwei bis drei Stunden daran herum, und zwar folgendermaßen: Zuerst das Rohr auf 180° aufheizen. Die Pfanne ausräumen, und das Zeug in den Deckel legen. Dann **Olivenöl** in die Pfanne und die Fleischstücke sehr heiß von allen Seiten anbraten. Fleisch herausnehmen, **Butter** in die Pfanne, dieselbe schmelzen, Wasser dazu und die Bratrückstände deglacieren. Dann das Gemüse hineinverteilen, und das Fleisch darüberlegen. Mit Wasser aufgießen, zudeckeln und ab ins Rohr. Jede halbe Stunde wenden, und öfters übergießen. Den Saft kann man noch verfeinern: **Champignons** und **Karotten** schälen, blättrig schneiden, in **Butter** dünsten, und am Schluß zum Saft geben. Dazu paßt ein guter Rotwein (Cabernet Sauvignon, oder Merlot), ☞ *Petersilerdäpfel*, und jede Art von ☞ *Gemüsern*.

Lammkrone

Nein, das ist nicht das edle Geschmeide für das Haupt des Königs der Lämmer, sondern ein Stück Filet wo noch die Ripperln dran sind. Dieses Stück Lammkronenfleisch hat keine Sehnen die beim Braten zu grauslichen Flachsen werden, und damit eignet es sich hervorragend dazu, nur ganz kurz gebraten zu werden, so daß es innen schön rosa ist. So wie immer wird das Fleisch am Vortag eingesurt: entweder mit einer Mischung aus **Olivenöl**, **Salz**, **Pfeffer**, **Salbei**, **Rosmarin** und **Knoblauch** oder aber auch Olivenöl, Salz, Pfeffer, Knoblauch, Paradeiser (zergatscht), Senf (Dijon), grünem Pfeffer und Balsamico. Am Tag des Festessens zuerst Gemüse ziemlich kleinschneiden: **Zeller**, **Karotten**, **Fenchel** und **Paradeiser**. Zuerst bringen wir das Rohr dazu, 180° heiß zu werden. Die **Lammkronen** werden in Olivenöl scharf angebraten, aber nicht mehr als 5 Minuten. Raus aus dem Bratentopf, und zugedeckelt stehen lassen, den Bratrückstand mit **Butter** und Wasser deglacieren, das geschnittene Gemüse reinkippen, **Rotwein** reinschütten in den Topf und auch in den Koch, und einen Schuß **Balsamico** Essig und roten **Paprika** (das Pulver); und eine Viertelstunde oder so köcheln. Jetzt werden die Lammtrümmer draufgelegt, und zugedeckelt 15 – 20 Minuten im Rohr bei den noch immer (hoffentlich) vorhandenen 180° gebraten. Dann kommen sie wieder raus (rein, raus, rein, keine Ruhe hat man als Lammkrone !) nochmals deglacieren, und den Saft mit dem Pürierstab zercremisieren. Das Lamm wieder rein, und fertig ist das Zeug zum Essen. Bei Tisch entlang der Ripperln auf dem Schneidbrett schneiden (das sind dann die Koteletts mit dem Rippenknochen) und ab auf die Teller. Dazu passen ☞ *Petersilerdäpfel*, und jede Art von ☞ *Gemüsern*, zum Beispiel Rahmfisolen aber sicher auch Polenta oder ☞ *Parmesanpudding*.

Lammrücken

Das mach ich fast genauso wie die Lammkronen, nur ohne Gemüse, und 30 Minuten ins Rohr, weil das Zeug ist dicker. Nicht viel Wasser dazugeben ! Der Lungenbraten (der kleinere, innenliegende Muskelstrang entlang der Wirbelsäule) wird vorher herausgeschnitten, und erst nach halber Bratzeit ins Rohr geschmissen.[36]

Lammeintopf mit Kraut

Dazu macht man am besten simultan zum Fleisch eine ☞ *Gemüsesuppe*, weil die braucht man zum aufgießen (Wasser tuts natürlich auch, aber Suppe ist besser). Eine große **Zwiebel** zerkleinern und in **Olivenöl** dünsten. Bevor er braun wird, rotes **Paprikapulver** dazu, kann ruhig etwas mehr sein, und gleich mit Suppe löschen. Das Zeug auf kleiner Flamme köcheln lassen, aber immer wieder schaun, daß nicht die Suppe verdampft, und die Zwiebel anbrennen ! In dem Fall noch Suppe dazu. Dazwischen wird aber nicht nasengebohrt: Das **Lammfleisch** wird entfettet, entflachst und entknocht (den Knochen kann man ruhig in die Suppe oder aus dem Fenster schmeißen, wenn man sonst nicht weiß, wohin schmeißen – gibt eine gute Lammsuppe). Das Lammfleisch kleinschneiden, und in **Olivenöl** anbraten. Da kommt zuerst ein Haufen Wasser. Das verkocht man, und röstet das Fleisch schön braun an (das gibt erst den Geschmack) Das angebratene Fleisch zu den Dünstzwiebeln, damit sie Gesellschaft haben, die braunen Bratrückstände im Fleischbrattopf mit Suppe aufgießen und mit dem Kochlöffel auflösen (zu einem Saft), und zum Fleisch leeren. Das Zwiebelfleischzeug soll jetzt eine halbe Stunde dünsten. Dazwischen ein Happel **Kraut** kleinschneiden, das kommt zum Fleisch, und dazu noch **Salz**, **Pfeffer**, **Kümmel** und **Knoblauch**. Nochmal eine halbe Stunde dünsten (auf kleiner Flamme), immer wieder umrühren, und am Schluß noch **Sauerrahm** oder Creme Fraiche dazu. Servieren mit ☞ *Petersilerdäpfeln* oder Wachauer Laberln.

Lammragout mit Schalotten

Dieses Rezept hab ich aus meinem Pellabrat geklaut (Henri-Paul Pellaprat, * 1869 in Paris; † 1952 ebenda; war ein französischer Koch und Verfasser eines genialen Kochbuches). In **Olivenöl** **Lammtrümmerln** anbraten bis es duftet, etwas **Mehl** drüberstäuben und weiterbraten aber nicht ankohlen, das wär recht blöd. In der Zwischenzeit werden **Schalotten** geschält[37]. Nach dem Anbraten mit **Rotwein** löschen

---

[36] Die Knochen nach dem Essen nicht wegschmeissen ! Den Rücken in der Mitte teilen, und zusammen mit den Schwarteln am nächsten Tag in Wasser auskochen. Ergibt eine hervorragende Suppe !

[37] Das geht ganz einfach, wenn man die Schalotten ein paar Stunden vor dem Schälen in Wasser badet. Nicht daß sie schmutzig sind und stinken, nein: sie lassen sich dann leicht schälen !

(wer will, kann auch Wasser nehmen), deglacieren, **Paradeismark** aus der Tube dazu, **Salz** und Pfeffer **natürlich**, auch wenn ich mich hier wiederhole; zudeckeln und auf kleiner Flamme das Fleisch weichkochen. Ein Bouquet garní kommt dazu: **Lorbeer**, **Thymian** und **Petersilstengel**, mit Bindfaden zusammengebunden, damit man das Zeug nachher wieder leicht herausbekommt. Wenn das Fleisch weich ist, die Schalotten dazu, noch etwas kochen, und dann **Erbsen**; einmal noch aufkochen, geschnittenen **Petersil** rein und fertig. Gut dazu passen zum Beispiel ☞ *Gnocchi*.

Lammgröstel mit Polenta

Zuerst zur Polenta (ausnahmsweise hier mit Mengenangaben): einen halben Liter Wasser (oder Gemüsesuppe, Milch oder Schwefelsäure), 30g **Butter** und 150g **Polenta** aufkochen. Boden immer wieder aufkratzen, weil sich die Polenta gern unten am Topf anlegt. **Salz, Pfeffer** und **Parmesan** (ca. 2 Deka) dazu rühren, und danach auf ein Backblech leeren, auf das man vorher Haushaltsfolie oder ein aufgeschnittenes Plastiksackl gebreitet hat. Auf 2 cm Dicke ausstreichen, auskühlen lassen (im Sommer länger als im Winter). Einen **Lammschlögel** entfetten, entknochen und in kleine Stücke schneiden. **Fisolen** entenden, in 2 cm Stücke schneiden und 8 Minuten in Salzwasser kochen. Einen **roten Paprika** und **rote Zwiebel** in Stücke schneiden. Jetzt kommt die Polenta in kleingeschnittener Version mit **Olivenöl** in die Pfanne (oder in den Wok). Anbraten und dann wieder raus damit. Dann kommt das Lamm in die Pfanne, anbraten, das Gemüse dazu, weiteranbraten, **Salz, Pfeffer, Thymian** und **Knoblauch** dazu und am Schluß die gebratenen Polentastücke unterheben.

Lammgröstel ohne Polenta

Zuerst Gemüse putzen und schneiden: **Zwiebel, Champignons, Fisolen**, roter **Paprika, Knoblauch** und **Ingwer**. Wie das geht erklär ich nicht, weil das ist fad und da schlaf ich gleich ein. Die Fisolen 8 Minuten in Wasser kochen und abseihen. **Erdäpfel** ebenfalls kochen, schälen und kleinschneiden. **Lamm** kleinschneiden, **Olivenöl** in die Pfanne (oder Erdnussöl in den Wok)[38], und das Lamm anbraten. Wieder raus damit, Zwiebel hinein, und glasig braten, **Salz, Pfeffer, Kümmel** und **Rosmarin** reinschütten und dann der Reihenfolge nach den Rest vom Gemüse rein, härteres zuerst, am Ende die gekochten Fisolen und die Erdäpfel und das Lamm. Wer will, kann noch **Zitronenzesten** und **Orangenzesten** dazugeben.

---

[38] Erdnussöl verträgt mehr Hitze als Olivenöl, deshalb in den Wok immer Erdnußöl leeren

Geflügel

Gans

Eine **Gans** schaut nach mehr aus, als dran ist: wenn sie dreieinhalb Kilo hat, kann man damit gerade fünf Mitesser abfüttern. Gefüllt wird sie (nachdem man das Plastiksackl mit den Innereien herausgenommen hat) mit einem gesechzehntelten **Apfel**, einer ebensolchen **Orange**, **Salz**, **Majoran**, **Petersil** und **Liebstöckl**. Hinten mit Zahnstochern zustochern, sonst kugelt die Fülle überall herum, nur nicht dort, wo sie hingehört. Einen Finger hoch Wasser in eine offene Pfanne, Gans mit Rücken nach oben hinein, 1,5 Sunden unzugedeckt drauf herumbraten (wenn sie zu braun wird, einfach mit Alufolie abdecken). Alle 15 Minuten Wasser nachgießen. Nach 1,5 Stunden umdrehn, jetzt kommt auch geputztes Wurzelgemüse (**Zeller**, **Karotten**, **gelbe Rüben** und **Petersilwurz**) dazu, wer will, kann noch geschälte Maroni (vor dem Schälen einschneiden und kochen, sonst schält man sich blöd) reingeben, nochmals 1,5 Stunden braten, und Wasser nachgießen nicht vergessen ! Vom Saft muß dann man erst einmal einen Haufen Fett von oben abschöpfen. Dann kann man noch **Suppe** oder **Rotwein** dazugeben, und nochmals aufkochen. Zum Gansl passen unbedingt ☞*Rotkraut* und ☞*Semmelknödel*

Ganslragout

Zuerst wird die **Gans** filetiert: Bruststücke und Oberschenkel herausschneiden, enthäuten, und in Ragoutstückchen schneiden. Den Rest von der Gans, Haut und Knochen, kann man in einen großen Topf stopfen, und zu ☞ *Ganslsuppe* verkochen. **Maroni** kreuzweise einschneiden, im Wasser kochen bis sie vor Bedeutung platzen, und noch heiß schälen (da geht's leichter), und zwar auch die innere braune Haut ablösen ! Jetzt werden **Schalotten** geschält, und **Champignons** geschält und halbiert. Die Trümmer (Gans, Maroni, Schalotten und Champignons) sollten etwa gleich groß sein, von der Masse her etwa 2 Teile Gans auf einen Teil der anderen Ingredienzien. Backrohr anwerfen, auf 180°. Das Fleisch in einem Topf in **Olivenöl** anbraten, **Salz**, **Pfeffer** dazu, Maroni, Zwiebel, Champignons dazu, etwas aufgießen (Suppe oder Wasser), dann **Lorbeerblatt**, **Gewürznelke** hinein, und das Zeug ab ins Rohr auf eine Stunde Bebratung. Gut macht sich auch noch ein Schuß Rotwein, hineingeschüttet und gut vermischt. Dazu paßt ein ☞ *Reis*

Entenbrust

Eine **Entenbrust** braten, das kann jeder, der schon ein Messer angreifen darf ohne zu fragen. Die Haut mit dem scharfen Messer (wer eines hat) in Streifen schneiden, derlängs und derquer, das Trumm in **Olivenöl** zuerst mit der Hautseite nach unten etwa 5 Minuten goldfarben anbraten, dann von der anderen Seite zwei Minuten bräunen, mit Wasser oder **Rotwein** deglacieren, dann das Vieh mit der Haut nach oben wieder in die Pfanne befördern. **Salz** und **Pfeffer** drauf, zudeckeln und ab ins Rohr bei 180° für 15 Minuten. Was ich zusätzlich noch mache: vor dem Trip ins Rohr die Hautseite mit einer Mischung aus **Honig** (2 Teile) und **Dijon Senf** (1 Teil) sowie **Cayennepfeffer** einschmieren. Schmeckt hervorragend; der Saft, der dabei entsteht, hat mir schon etliches an Hauben eingebracht, die meine Wirkungsstätte zieren !

Truhahnrollbraten

Wenn man Truthahnfüße enthäutet, entknocht und in ein Netz in stopft, so nennt man das einen "**Truthahnrollbraten**". Man kann zum Braten also entweder das Netz wegnehmen, das Fleisch auseinandernehmen und die Fleischstücke braten, oder man läßt das Ganze zusammen, brät es im Netz, und schneidet das Netz weg wenn alles fertig ist, und hat die Illusion eines größeren Fleischstücks (gilt übrigens auch für den Kalbsrollbraten). Gebraten wird das Zeug genauso, wie es unter ☞*Truthahnkeulen gebraten* steht, ich möchte mich deshalb nicht wiederholen.

Truthahnbrust gerollt gefüllt

Zum Füllen ist eine **Truthahnbrust** besser geeignet als beispielsweise eine Wachtelbrust, weil sie einfach größer ist. Drum heißt dieses Rezept ja auch nicht "gefüllte Wachtelbrust". Wer aber gerne mit Lupe und Pinzette kocht (es soll ja angeblich immer noch eine Anhängerschaft der Mikrogastronomie, die unter dem Namen „nouvelle cuisine" in Frankreich erfunden wurde, geben !), kann auch Wachteln verwenden. Das Rohr aufheizen (180°). Man rammt sodann ein langes spitziges Messer von der dickeren Seite in das Filet, sticht fast bis zum Ende hinein und schneidet so eine Tasche hinein, in die man die Fülle stopft. **Salz** hinein, **Schinken** (am besten recht fetter, Truthuhn ist mager und trocken) und blanchierte **Spinatblätter** (hackt man vom Packlspinat tiefgekühlt herunter. Etwas geriebene **Muskatnuß** schadet auch nicht. Exkurs: man kann die Truthahnbrust auch als großes Schnitzel aufschneiden, Salz, Pfeffer drauf, Schinkenblätter, Blauschimmelkäse und geraspelte Mandeln draufgeben, einrollen und mit Zahnstochern fixieren. Schmeckt auch sehr gut ! Jetzt geht's wieder weiter. In einer Deckelpfanne (den Deckel braucht man nachher, wenn das Viech ins Rohr kommt) in **Olivenöl** von allen Seiten anbraten, herausheben, **Butter** in die Pfanne, auflösen, etwas Wasser oder noch besser **Suppe** dazu und deglacieren, bis ein schöner Saft entsteht. Ab ins Rohr, und eine halbe Stunde darauf herumbraten, hie und da aufgießen. Dazu paßt ☞ *Mandelreis,* ☞ *Erbsen*, andere ☞ *Gemüser* und ☞ *Salat.*

Truthahnstelze gebraten

Die **Truthahnhaxln** nimmt man möglichst schnell aus dem Plastik heraus, wie jedes Geflügel (die werden leicht stinkert, wenn man sie im Plastik läßt. Am besten noch mit kaltem Wasser abreiben und trocknen). Dann schmeißt man sie (etwa zwei Haxln für drei Esser, die blöden Viecher wachsen leider nicht so, daß ein Haxl genau für eine Person genug ist) in eine Pfanne geben, und rundherum in **Olivenöl** anbraten. Dann raus mit den Haxln, Wasser hinein, und aufkochen und die Rückstände zu einem schönen Saft aufkratzen und verkochen. Wieder hinein mit dem Gehaxl und dann kommt dazu: **Salz**, **Pfeffer**, eine halbierte **Zwiebel** mit der braunen Schale, geschälte **Karotten**, **Knofl** und ein Stück **Zeller**. Als Gewürze schneidet man ein Zweiglein **Rosmarin** vom nächsten Gebüsch und ein Büscherl **Salbei** und gibt´s dazu. Wasser dazu, die Gemüser sollten zumindest zum Teil davon bedeckt sein, damit sie schön dünsten und nicht nur luftgetrocknet werden. Ab ins Rohr, zugedeckt bei 200° eine halbe Stunde oder mehr sollte wohl genügen. Dazu passen alle Gemüseideen oder auch ☞*Reis* und ☞*Champignonreis*.

Truthahn Naturschnitzel

Das **Truthahnfleisch** wachst in der Truthahnfabrik und man bekommt es im Supermarkt in Plastik eingeschweißt. Herausnehmen, waschen, und abtrocknen (Zwischen Fleisch und Plastik bildet sich gerne und schnell ein Schleim aus Bakterien). Dann in Scheiben schneiden, aber bitte quer zur Faser ! In der Pfanne in Robbentran und **Olivenöl** scharf anbraten, bis die Stücke Farbe annehmen (ich meine, daß sie dunkelbraune Stellen haben, auf beiden Seiten). Herausnehmen, auf einen Teller legen, in den Bratrückstand noch **Butter** und **Salz** geben, diese auflösen und dann mit Wasser den Rückstand zu einem Saft aufkratzen. Jetzt kann man das Fleisch wieder hineingeben, und das Zeug servieren. Man kann den Saft aber noch verfeinern, und zwar zum Beispiel mit einer Zwiebelsauce mit Pfeffer: In den Saft kleingeschnittenen **Zwiebel** (eine ganze Zwiebel) und mehrere zergatschte **Knoflzecherln** geben, und mit Wasser zehn Minuten aufkochen. Dann leert man den Saft in ein schmales hohes Behältnis und geht mit dem Passierstab drüber, bis die Sauce schon dünn und unbröckelig ist. Zurückleeren in die Pfanne, einen großen Patzen **Creme Fraiche** hineinrühren, **grüne Pfefferkörner**, und vielleicht auch noch geröstete **Speckstückchen** dazu. Die Zwiebelsauce wird noch sauciger, wenn dann noch ein kleiner Teelöffel **Tapioka** oder Maizena, den man vorher in ganz wenig kaltem Wasser auflöst dazukommt, und nochmals kurz aufkocht, damit die Pampe dickflüssig wird. Jetzt kommt das Fleisch, das in der Zwischenzeit kalt geworden ist (wurscht) wieder dazu, und es wird noch etwas daran herumgewärmt (aber nicht mehr gekocht) und fertig. Gut mit ☞*Reis*, ☞*Schwammerlreis*, ☞*Gemüse* aller Sorten, aber auch in Kombination mit ☞*Spaghetti* und Gemüse recht gut.

Truthahngeschnetzeltes

Zuerst wird eine **Truthahnbrust** geschnetzelt, d.h. quer zur Faser in kleine Streifen geschnitten. Dann: **Karotten** schälen, die Enden wegschneiden und in Streifen schneiden (sagen wir, 5 Millimeter dick). **Zucchini** in Würfeln schneiden (auch fünf

Millimeter), es sollten etwa gleich viel Schnetzeln, Karotten und Zucchini sein. Eine **Zwiebel** kleinwürfelig schneiden, in **Olivenöl** glasig anlaufen lassen, dann das Fleisch dazuschmeißen, und unter gelegentlichem Wenden überall anbraten. Dann das Gemüse dazu, anrösten. Wasser muß man normalerweise nicht dazugeben, weil die Zucchini eh Wasser abgeben. Wenns zu trocken ist, jetzt schon **Salz** dazugeben und hineinmischen. Jetzt kommt noch **Pfeffer** dazu, und etwas roter **Paprika**, durchmischen, weg vom Feuer und **Rahm** oder **Creme Fraiche**, oder beides hineinmischen und gut verrühren. Gleich essen. Dazu passen ☞*Pasta*, oder ☞*Reis* – mir schmeckt ein Basmati Reis dazu am besten.

Gansl- Bohneneintopf

Eine hervorragende Verwertung von Ganslresten, sehr nützlich, weil ja eine gebratene Gans immer entweder zu viel oder zu wenig ist[39], ganz egal, wieviele Leute beim Tisch sitzen und schmatzen. Die große Sorte **Bohnen** (Käferbohnen) am Vorabend einweichen und die **Ganslreste** von den Knochen kletzeln und kleinschneiden. Tags darauf **Zwiebel** und **Knoblauch** in **Olivenöl** anbraten, die Bohnen ohne das Einweichwasser dazu, mit Wasser bedecken und köcheln bis sie fast weich sind. Zerkleinerte **Karotten** rein, **Pfeffer**, **Salz** und **Thymian**. Noch köcheln bis die Karotten weich sind, das Gänserne rein, und fertig.

Piccata mit Rucolasauce

Wers nicht weiß: das ist ein **Hendl-** oder **Truthahnschnitzel** das man mit Spaghetti ißt, aber ein Schnitzel mit einer speziellen Panier. Die Schnitzel werden **gesalzen** und **gepfeffert**, und in **Mehl** gewendet. In einen Teller kommen zwei **Eier** und 60g selbstgeriebener **Parmesan**, das Zeug wird mit einer Gabel vermischt. Wichtig dabei sind ausnahmsweise die Mengenangaben: wenn man zuviel Parmesan hineingibt, wird daraus ein Gatsch, der nicht am Schnitzel haftet. Nach dem Bad in der Panier bitte aber nicht zwischenlagern (was beim Wiener Schnitzel möglich ist), sondern sofort in die Pfanne. Gebacken wird das Schnitzel in **Öl** wie jedes andere Schnitzel auch, ist aber etwas komplizierter: den Eierparmesangatsch mit einer Gabel gleichmäßig verteilen, d.h. größere Knödel etwas verteilen. In der Pfanne nicht zu früh wenden: wenn der Käse noch geschmolzen ist, aber noch nicht braun, dann ist er sehr flüssig, und beim Wenden wird die Panier unrettbar ruiniert, so wie der vormals gute Haubenkochruf ! In der ersten Phase pickt das Schnitzel auch am Topf an. Wenn man aber erst dann wendet, wenn es schon leicht braun ist, hält die Panier, und pickt auch nicht mehr an. Also bitte um etwas Geduld ! Wie man Spaghetti als Beilage dazu kocht, muß man wissen, sonst bringt man eine Piccata schon gar nicht zusammen, und man soll die Finger davon lassen, und lieber mit Freunden Karten spielen

---

[39] Dabei handelt es sich um das sogenannte Baul′sche Schnatterdilemma.

und fette Chips mit Ketchup essen bis man platzt. Über die Spaghetti kommt eine **Rucolasauce**, die man unter ☞ *Rucolasauce* nachschlagen kann, wenn man nicht weiß, wies geht (was ich annehme). Was auch saucemäßig gut ist: eine schlichte **Paradeissauce,** zu finden unter ☞ *Paradeissauce,* ganz kurz: in Olivenöl Zwiebel, in Zucker karamelisiert, Paradeiswürferln, Knofl, Pfeffer, Salz dazu, Turmix; durch ein grobes Sieb streichen, und Basilikumblättchen reinschmeißen. Dazu isst man, wie erwähnt: ☞ *Spaghetti*

Brathendl

Im Supermarkt immer die **Hendln** von ganz hinten unten aus dem Regal kramen. Auch wenn der Filialleiter giftig schaut: dort sind sie gewöhnlich am frischesten. Zu Hause möglichst schnell aus dem Plastik heraus: wegen der Bakterienentwicklung.[40] Das Sackl mit den Innereien gibt man der Katze oder hebt es tiefgefroren für eine ☞*Hühnersuppe* auf. Ein Hendl wird gefüllt. Punkt. Aus. Einerseits schmeckt das, wenn man Obst oder Kräuter reinstopft. Andrerseits verzögert das hineingestopfte Zeug das Durchgebratenwerden des Vogels von innen her, und er kann sich darauf konzentrieren, daß das äußere Fett unter der Haut herausgebraten wird, einen guten Saft ergibt und die Haut knusprig wird[41], ohne daß dabei der Innenvogel austrocknet. Also: **Salz** ins Huhn, frischer **Salbei** und **Rosmarin** (ruhig viel davon, was Platz hat); oder auch ein Stück **Butter**, oder einen ganzen **Apfel** mit der Schale hineingeben, Zwiebel, Birnen und was sonst noch so an Obst im Haus herumgammelt in den Geier hineinentsorgen.[42] In die bedeckelbare Bratpfanne, und zwar auf dem Rücken liegend, ohne Wasser geschlossen bei 200° ins Rohr. Wer will, kann noch eine halbierte Zwiebel mit der Schale oder Karotten und Zeller hineingeben. Nach einer viertel bis halben Stunde, je nach Rohranfangstemperatur mit Wasser, oder besser wenn man hat mit Suppe, kann auch Rindsuppe sein (einen Zentimeter hoch) aufgießen, das Hendl verrücken, damit die Haut am Rücken nicht am Pfannenboden anpickt. Weiterbraten (insgesamt so ab anderthalb Stunden), hie und da mit dem Saft aufgießen, und mit dem Kochlöffel den Bratrückstand vom Pfannenrand mit Saft wegkratzen (dabei hält man die Pfanne schief). Die letzte viertel Stunde offen weiterbraten, damit die Haut Farbe bekommt. (Für eine ganz knusprige Haut bestreicht man die Haut mit

---

[40] Dazu der Vollständigkeit halber noch ein ganz einfacher Tip: Hendln halten sich fast unbeschränkt frisch, auch bei großer Hitze, wenn man sie nicht schlachtet, sondern im Stall lässt ! Was im Übrigen auch für anderes freilaufendes Eiweiß gilt.

[41] Hilfreich für eine knusprige Haut ist es auch, die Haut mit einer spitzen Gabel zu durchlöchern, damit Fett austreten kann.

[42] Kleiner Tip von meinem treuen Leser Michael V aus F: Wenn man dem Flieger das Rückgrat herausschneidet und es dann aufklappt, dann reduziert sich die Bratzeit auf eine Stunde. Aus dem Herausgeschnittenen mache man Süppchen. Chirurgische Grundkenntnisse erforderlich !

Obers). In dieser Zeit verdunstet natürlich mehr Saft, weil ohne Deckel gebraten wird, und man sollte aufpassen, daß immer genug Flüssigkeit nachgegossen wird. (Achtung: beim Nachgießen vom Wasser nicht über das Hendl schütten, sondern daneben !). Das Viech herausheben, den Saft nochmals aufkratzen und in eine Sauciere (wenn man so vornehm ist, eine zu besitzen), und das Hendl tranchieren: zuerst die beiden Haxln schräg unter dem Bruststück wegschneiden, (ist verbal schwer zu erklären). Dann mit der Geflügelschere die Brust am Brustbein in 2 Teile schneiden, dann mit dem Messer nach links und rechts auseinanderdrücken und das Gelenk (zum Oberarmknochen), das dann erscheint durchschneiden und das dahinter liegende Fleisch auch noch mit wegschneiden. So bekommt man vier Stücke, und der Rest, der dann noch bleibt kann weggeschmissen werden, vorher kann man das restliche Fleisch noch für ein Risotto abklauben. Essen mit ☞*Reis*, ☞*Champignonreis*, oder ☞*Curryreis*.

Backhendl

Es gibt hier zwei Möglichkeiten: Im Wirtshaus bekommt man die Hendln im Ganzen oder als Halbhuhn gebacken, das geht aber nur, wenn man eine Friteuse hat, die so groß ist, daß ein ganzes oder halbes Hendl hineinpaßt – weil in der Pfanne kann man es nicht im Ganzen backen. Weil das aber in den meisten unserer Küchen nicht möglich ist, bleibt nur die zweite Möglichkeit: kleinere Stücke wie Schnitzel in der Pfanne backen. Dazu zieht man als erstes einem **Hendl** die Haut ab, und schmeißt sie weg oder macht Suppe draus, oder mästet die Katze. Es gibt übrigens nichts grauslicheres, wie ein Backhendl, das mitsamt der Haut gebacken wurde ! Die Haut vom Huhn enthält viel Fett, und so erhält man einen fettgatschigen Bröselklumpen, der gelbtranig um sich spritzt, wenn man mit dem Messer hineinsticht. In diesem Fall verläßt man am besten sofort ohne zu zahlen das Lokal, um sich im Freien zu übergeben. Das enthäutete Huhn wird in vier Stücke zerlegt: zwei Bruststücke, und zwei Haxln. Dabei muß man schon ein bißchen was von der Anatomie verstehen, und ich empfehle, als Übung erst einmal entweder ein Huhn aus Lego nachzubauen, und wiederholt zu zerlegen, oder an ein paar Brathühnern zu üben (ein gebratenes Huhn läßt sich leichter teilen, als ein rohes). Was vom Hendl übrig bleibt, schmeißt man nicht weg, sondern verwendet es tiefgefroren als Basis für die nächste ☞*Hühnersuppe* ! Aus den vier Stücken entfernt man alle diejenigen Knochen, die sich leicht entfernen lassen. Im professionellen Fall ist das ein Knochen im Bruststück (der Oberarmknochen) und zwei im Haxl (Ober- und Unterschenkel). Der Rest ist einfach, und, weil ich mich nicht wiederholen will, unter ☞*Schweinsschnitzel* beschrieben: salzen, panieren, und mit ☞*Petersilerdäpfeln* essen. Übrigens: mein persönlicher Rekord steht beim Verzehr von 11 Bruststücken bei einem Mittagessen ! (natürlich nicht im Wirtshaus, sondern zu Hause bei Muttern).

Bierhuhn

Ganz was einfaches – wer eine Bierflasche aufmachen kann, sollte auch dieses Rezept zusammenbringen ! Ein Rezept vom Meister Michael V. aus F. (zur Vorbereitung des Huhns verweise ich auf ☞*Brathendl;* weil ich mag mich nicht wiederholen): in das **Huhn Salz** leeren, in einen gerade noch für das Huhn passenden Topf **Salbeiblätter** legen, das Huhn am Bauch hineinlegen, eine **Flasche Bier** öffnen, drüberleeren und zugedeckelt eine Stunde auf kleiner Flamme köcheln. Nach der Stunde umdrehen und eine halbe Stunde weiterköcheln, und zwar entweder ohne Deckel, wenn der Saft dicker werden soll, oder mit Deckel wenn der Saft konsistenzmäßig in Ordnung ist (Wenn er zu dick oder zu wenig wird: Wasser oder Bier dazuschütten). Während des Kochens kann man ruhig die zweite und dritte Flasche Bier in den Koch schütten, weil sonst ist ja nichts mehr zum Tun. Essen tut man den Vogel ohne Haut (in die Katze damit). Wenn man vornehm ist, entfernt man die Haut vor dem Servieren, wenn nicht, sollen sich halt die Mitesser damit herumplagen. ☞*Champignonreis* paßt sehr gut dazu !

Coq au Vin

Richtig übersetzt: das Originalrezept verwendet hier tatsächlich einen Hahn und keine Henne. Da ein guter Hahn heute schwer zu bekommen ist (also bitte: nicht dem nächsten Landwirten seinen einzigen Hahn fladern und ihm den Hals umdrehen, weil Hähne fladern ist grundsätzlich verboten, und auch gefährlich, vor allem wenn man sein Auge auf den Wetterhahn vom Rathausturm geworfen hat); sondern eine Henne im Supermarkt erstehen. Zur Vorbereitung halb so viel **Schalotten** und **Champignons** wie Hendlmasse schälen und halbieren, und einige **Knoblauchzehen** schälen, und zu den Schalotten dazuschneiden. Das **Hendl** wird in acht Teile zerlegt: wer das nicht zusammenbringt, und am Schluß inmitten von Haut, Fleischfetzen, abgeschnittener Finger und Knochen in einer blutbespritzten, verwüsteten Küche sitzt, der möge davon ablassen, weil das macht so keinen Spaß, und kaufe Hühnerstücke im Supermarkt. Übrigens: aus den Resten vom zerlegten Huhn kann man sehr gut eine ☞ *Hühnersuppe* produzieren ! Die Hühnerteile in etwas **Olivenöl** rundherum anbraten (bis zur leichten Bräunung). Herausnehmen, in eine Auflaufform leeren und in der Pfanne **Speckwürfel** anbraten. Wiederum herausnehmen und zu den Hühnertrümmern gesellen, damit ihnen nicht fad wird. In die Pfanne kommen jetzt die Champignons, Schalotten und der Knofl, das Zeug anbraten und mit etwas **Hühnersuppe** und **Paradeismark** löschen, und einen schönen Saft zusammendeglacieren. Das ganze Zeug wird jetzt über die Hühner- Speckversammlung geleert, gut durchmischen und gleichmäßig in der Pfanne verteilen, die Hühner mit der Haut nach oben. **Salz** und **Pfeffer**, ein **Lorbeerblatt** und etwas **Thymian** dazu, und gleich eine halbe Flasche **Rotwein** dazuleeren (daneben, nicht darüber). Die andere Hälfte der Flasche sollte man in den Koch schütten, Qualitätskontrolle ist schließlich in jedem Fall ernst zu nehmen ! Für eine Stunde bei 150° ins Rohr, und dazu essen wir: ☞ *Reis*.

Griechisches Hendl

Es gibt nicht viel aus der griechischen Küche was ich für erwähnenswert halte, eine Ausnahme gibt's: das griechische Hendl: ein **Hendl** roh in 8 Trümmer zerteilen in Schlögel (2 Teile) und Bruststücke (ebenfalls zweigeteilt). Aus dem Rest kann man eine ☞ *Hühnersuppe* machen. Die Hendltrümmer werden in **Zitronensaft** und **Olivenöl**, **Salz** und **Pfeffer** eingesurt. Jetzt herrichten: Gleich viel **Zwiebeln**, **Erdäpfel** und **Karotten** schälen und kleinschneiden, **Knoflzechen** zerkleinern, **Schafskäse** und **schwarze Oliven** kleinschneiden. Jetzt kommen die Hühnertrümmer in die flache, offene Auflaufpfanne und werden von allen Seiten angebraten. Die restliche Sur drüberleeren, Hendl raus aus der Pfanne, das Gemüse (Zwiebel, Erdäpfel, Karotten) hinein und anbraten. Aufs angebratene Gemüse kommen die Hühnerteile drauf, Haut nach oben, Knofl und Oliven drüberstreuen, **Thymian** und **Origano** drüber, zwei Zentimeter Wasser und ab ins Rohr, es wird offen gebraten bei 180° für 40 Minuten. Gelegentliches Aufgießen mit Suppe oder Wasser bringt einen guten Saft. Zehn Minuten vor dem Fertigwerden wird der Schafskäse drübergebröselt. Das ungriechische Hendl geht genauso, nur daß wir Schafskäse und Oliven weglassen, und stattdessen noch gelbe Rüben und Petersilwurz zum Gemüse geben. Thymian und Origano auch weglassen, und dafür reichlich Salbeiblätter rein, am besten unter das Gemüse.

Kretisches Hendlgulasch

Wie der Name schon sagt, ein griechisches Gulasch. **Zwiebel** und **Hühnerfilet** nacheinander kleingeschnitten in **Olivenöl** braten, **Obers** dazu, **Dijonsenf**, köcheln lassen, halbierte **Oliven** rein und **Rosmarin**. **Salz** und **Pfeffer** eh klar. Mit Reis servieren. Einfach und gut.

Hendl mit Kürbis und Linsen

Das ist die alpenländische Variante vom Griechischen Hendl, sehr zum Empfehlen, auch wenn die Kombination mit Linsen seltsam klingt. Das **Hendl** wird genauso zerlegt, auch die Hühnersuppe ist hier machbar. **Linsen** brauchen wir auch, und zwar so, wie ich es unter ☞ *Linsen* beschrieben habe. Für das Flugtier schälen und entkernen wir zuerst einmal **Kürbis**, und schneiden ihn in größere Stücke zu 2,8 Bissen pro Stück. **Knoblauch** wird auch geschält und eine **Orange** rollen wir in die Küche. Die Hendltrümmer werden in einer deckelbaren Bratform in **Olivenöl** angebraten, kommen dann wieder raus, wenn das Fleisch etwas Farbe angenommen hat, die heisse Pfanne wird mit **Essig** und **Rotwein** gelöscht und deglaciert. Dann werden die Kürbisse hineingekippt, **Thymianzweige** draufgelegt, der Knoblauch kleingeschnitten drüber um ihn nicht zu vergessen, **Salz** und **Pfeffer** schadet nie, und die Orangen werden mit dem Zestenreisser bearbeitet[43]. Jetzt über das Zeug die Hendlteile vertei-len, mit der Haut nach oben, damit sie schön knusprig wird, mit **Hühnersuppe** oder Wasser oder Klarspüler aufgießen und auf eine Stunde ins Rohr bei 180°. Gegessen wird das Hendl mit den Linsen, wenn man nicht vergessen hat drauf, sonst natürlich ohne Linsen.

Hühnerschnitzel

Ausgelöste **Hühnerfilets** (Bruststücke) einmal so durchschneiden daß sie dünner werden. Dann mit **Salz** salzen, in glattem **Mehl** wenden, einzeln in gesprudeltes (mit der Gabel sprudeln) **Ei** tauchen und gleich ab in die **Bröseln**. Zu den Bröseln kann man auch zerkleinerte Kürbiskerne, Mandeln oder alte Rotwein- Korkstoppeln dazu-geben, ist auch nicht schlecht ! Brösel mit den Fingern andrücken, wenden, und gleich in die Pfanne. Je frischer sie in die Pfanne kommen, desto besser schmecken sie. In der Pfanne ist **Öl** erhitzt. Wenn man vorher mit dem Finger einen (wirklich nur einen ! sonst spritzt es zuviel !) Wassertropfen gleich am Anfang zum Öl gibt, merkt man die richtige Temperatur, weil das Wasser zum Zischen anfängt (sollte 100° sein). Dann kommen die Schnitzel hinein. Es sollte soviel Öl drinnen sein, daß die Schnitzel auch von oben damit bedeckt sind. Bei zuwenig Öl wird dieses leicht braun, und beginnt zu stinken, weil dann die Bröselreste, die abfallen rasch braun werden. Zwei- bis dreimal wenden, bis sie goldbraun sind, und dann mit einer Gabel herausnehmen. Dabei ist wichtig, daß man sie länger senkrecht hält, damit alles Öl abtropft, weil sonst sind sie nur fett und die Panier bleibt matschig. Also: das Öl schön heiß halten (dann ist es dünnflüssiger, und tropft damit besser ab), und schön lang hängen lassen. In eine Schüssel mit Deckel geben, so bleiben sie warm. Am Boden der Schüssel gibt man einen kleinen Teller, unter dem sich dann überschüssi-ges Fett sammeln kann. (Sehr grauslich ist es auch, wenn man keinen Teller darun-terlegt, und das unterste Schnitzel dann schon kalt und matschig ist, und im gestock-ten Fett aller anderen Schnitzel schwimmt). So – fertig. Am besten gleich servieren, frisch schmecken sie am besten. Dazu natürlich ☞*Petersilerdäpfel* und Salat.

Hühnerbrustschnitzel auf Blattsalat

Grünen Salat, Frisée Salat und **Vogerlsalat** waschen, klein zerreißen (bis auf den Vogerlsalat), sehr gut abtropfen lassen und in einer Salatschüssel **salzen** und mi-schen. Ganz wenig **Essig** und **Olivenöl** dazu, und auf Teller geben. **Hühnerfilets** dünn und in Streifen aufschneiden und panieren (sollte man eigentlich wissen wie: nicht klopfen, wohl aber **salzen**, in **glattem Mehl** wenden, danach ins Bad aus ge-schlagenen ganzen **Eiern** tunken, in die **Brösel** schmeißen und gleich in heißem **Öl**

---

[43] Wers noch immer nicht weiß: ein Metalltrumm mit so 5 kleinen Löchern vorne, scharf, damit man dünne Streifen aus der Orangen- oder Zitronenhaut schneiden kann.

backen). Sie können nachher ruhig auskühlen, weil kann man auch kalt essen. Die fertigen Schnitzelstreifen werden über den Salat, der schon am Teller weilt, geschichtet. Der Salat sollte deshalb sehr trocken sein, weil sich sonst die Panier zu einem grauslichen Gatsch aufweicht, und das kostet sicherlich eine Haube ! Über das ganze reibt man noch einen frischen **Kren**, und bunten **Pfeffer** aus der Mühle, und ißt es mit **Weißbrot**. Wer will, kann sich noch **Kernöl** drüber- oder danebenleeren.

Hühner Cordon Bleue

Ausgelöste **Hühnerfilets** (Bruststücke) mit einem spitzen Messer in der Mitte halbieren, (aber nicht ganz auseinanderschneiden!). Dann ins Schnitzel hinein zwei Scheiben **Schinken** und zwischen diese eine Scheibe **Emmentaler** legen. Wieder zuklappen, und schaun, daß der Käs und der Schinken nirgends hervorschaut, wenn er rausschaut, dann abbeißen. Dann **salzen**, in glattem **Mehl** wenden, einzeln in gesprudeltes (mit der Gabel sprudeln) **Ei** tauchen und gleich in die **Bröseln**. Brösel mit den Fingern andrücken, wenden, und gleich in die Pfanne. Je frischer sie in die Pfanne kommen, desto besser schmecken sie. Beim Backen sehr viel Öl verwenden, Cordon Bleue sind sehr dick, und brennen leicht an, wenn sie nicht im Öl schwimmen ! Am besten werden sie daher in einer Friteuse. Der Rest: wie beim ☞*Schnitzel* beschrieben.

Hühnerbrust gefüllt

In die **Hühnerbrust** eine Tasche schneiden, und dahinein ein Stück **Camembert** – sagen wir: einen Zentimeter dick - stopfen, das man in ein Blatt **Schinken** gewickelt hat. In **Olivenöl** von beiden Selten auf großer Hitze anbraten, und dann noch eine Viertelstunde bei 180° ins Rohr stellen. Bevor der Käse sich verselbständigt und das Hühnerfilet eigenmächtig schmelzend verläßt, wieder raus damit und gleich servieren.

Hühnerbrust gefüllt die Zweite

Das geht genauso wie die „Hühnerbrust gefüllt", nur eben anders: die Fülle besteht aus einem Gatsch von **Mozzarella**, **Mascarpone**, **Petersil**, **Schnittlauch**, **Salz** und **Pfeffer** und dazu kommt noch etwas **Zitronensaft** und **Knoblauch**. Das Zeug reinstopfen, das Loch mit einem Zahnstocher oder Superkleber schließen und ab in die Röhre. Wenn die Hendltrümmer undicht werden und ausrinnen, was passieren kann, nicht der Verzweiflung anheimfallen und sich aus dem Kellerfenster stürzen, sondern das Backrohr öffnen, Dampf ablassen, den Deckel vom Bratgefäß abnehmen und das Ausgeronnene zusammenbraten. Schmeckt hervorragend ! Dazu bitte keinen Reis essen, das wird zu trocken, sondern irgendein saftigeres Gemüse.

Hühnergemüserolle

Gemüse in Mangold gewickelt in Hendl gewickelt in Mangold gewickelt in Folie gewickelt in Alufolie gewickelt und gekocht – eigentlich ganz einfach: **Hendlbrust** der Länge nach spalten oder schneiden, aber nicht ganz, so daß das aufgeklappt ein größerer Hendlfleck wird. Von **Mangoldblättern** den Stengel, an dem kein Blätterteil wächst wegschneiden, die Blätter ausgebreitet in einem Topf mit großem Durchmesser in heißem Wasser blanchieren, und wieder herausnehmen, wenn die Blattln weich geworden sind (sonst sind sie nicht so gut zum herumwickeln). Die Mangoldstengel in Streifen schneiden, **Karotten**, **gelbe Rüben**, **Petersilwurz** und was man sonst noch will, ebenfalls schälen und in Streifen schneiden. Ein Geschirrtuch oder einen Teppich aufbreiten, drüber zwei Streifen von dieser Plastikfolie legen, und zwar genau so lang, wie der Topf lang ist, in dem man das Zeugs dann kocht ! Drüber die Hälfte der Mangoldblätter, dann die Hendlflecken, den Rest Mangold, die Gemüsestreifen (diese aber der längs, nicht derquer !). **Salz** und **Pfeffer** drüber, und mit Hilfe vom Geschirrtuch einwickeln (das Geschirrtuch aber bitte nicht mitwickeln, das beeinträchtigt sonst den Wohlgeschmack und die Kaufreundlichkeit erheblich !). Um das Zeug herum kommt noch Alufolie. Dieser Striezel kommt ins köchelnde Wasser, eine halbe Stunde kochen sollte reichen. Dazu passen ☞*Petersilerdäpfel* und ☞*Zwiebelcurryrahm*.

Hühnerbrust mit Kings Prawns

Hühnerfilets ohne Haut in Olivenöl rasch anbraten bis sie durch sind, herausnehmen, deglacieren (wer´s nicht weiß: ein bissi Wasser hinein, aufkochen und mit dem Kochlöffel die Bratrückstände zu Saft verarbeiten). Jetzt dünstet man in dem Saft die ausgelösten **Prawns** (große Shrimps) von beiden Seiten etwa vier Minuten (aufpassen: wenn sie zu lang gedünstet werden, werden sie hart und trocken !) Danach die Filets wieder in die Pfanne, und zusammen mit der grünen Pampe s.u. ab zum Tisch. Zur grünen Pampe: man pantscht ein Lauchgemüse zusammen: **Porree** putzen, der Länge nach schneiden und dann daquer nochmals in fünf Zentimeter lange Stücke schneiden. Den Porree brät man in **Butter** an, gibt ganz wenig Wasser oder **Suppe** dazu (grad daß es nicht anbrennt !) dünstet darauf so lang herum, bis die Flüssigkeit verdünstet ist. Jetzt dreht man die Flamme ganz klein. Dann preßt man **Knoblauchzecherln** hinein, **Salz** und **Pfeffer** kommen dazu, und **Muskat** wird darübergerieben. Jetzt kommt geriebener **Emmentaler** (oder anderer Käse) dazu, hineinrühren, bis der Käse aufgelöst ist, und, wer einen Gallenanfall bekommen will, der soll bitte noch **Creme Fraiche** hineinkippen und hineinrühren. Achtung: die grüne Pampe ist wahnsinnig fett, leichtsinniges und allzu gieriges Ausschlecken des Topfes kann einem nachweislich die Gallenblase kosten, wie unser Mitesser Herbert K aus W feststellen mußte !

Hühnerbrust in Pfefferrahmsauce

Hühnerfilets in **Olivenöl** scharf anbraten. Herausnehmen, **Butter** in der Pfanne zerlassen, mit Wasser aufgießen und die Bratrückstände mit einem Kochlöffel zu einem schönen Saft verrühren. Die Filets wieder hinein, **Salz** und **Pfeffer** dazu und zugedeckelt eine viertel Stunde dünsten. Hendln wieder hinaus, **Creme Fraiche** hineinrühren (mit dem Schneebesen) und dann noch einen Teelöffel **Tapioka** das man in ganz wenig kaltem Wasser aufgelöst hat, hineinschütten, **grüne Pfefferkörner** dazu, unter emsigen Rühren kurz aufkochen. Die Hühner wieder einmal hinein, zudecken, weg vom Herd und fertig. Dazu esse man ☞ *Petersilerdäpfel* und ☞ *Spargel*.

Hühnerbrust mit Mozzarella

Zuerst das Rohr auf 180° aufdrehen (braucht man aber erst später, wird jetzt nur vorgewärmt). **Hühnerfilets**, einmal der Länge nach durchgeschnitten, bratet man ungesalzen in **Butter** und **Olivenöl** auf beiden Seiten sehr heiß an. Die fertig gebratenen Filets nach – sagen wir – zwei Minuten herausnehmen, den Rückstand mit **Butter** versetzen, mit Wasser aufgießen und deglacieren. Jetzt die Hendln wieder hineinlegen, **salzen** (jetzt erst!) und **pfeffern**, und mit dünn geschnittenem **Mozzarella** und **Paradeisscheiben** belegen. Die Paradeiser nochmals **salzen**, - auch ein **Salbeiblatt** obendrauf schmeckt recht gut - und ab ins Rohr, aber nur eine Viertelstunde oder so, bis die Paradeiser gebraten aussehen, sonst rinnt der Käse in den Saft. Dazu passen ☞*Knoblauchspaghetti*, aber auch Erdäpfel und Gemüse aller Sorten.

Hühner Saltimbocca

Wer jetzt der Bedeutung dieses Begriffs entgegenfiebert: „Salt' im bocca!" heißt im römischen Dialekt „Spring in den Mund". Soweit zum Klugscheißerischen. **Hühnerfilets** (Das Originalrezept verwendet Kalbfleisch) in Streifen schneiden (sagen wir, 3 Zentimeter dick). Auf jedes Filet kommt ein frisches **Salbeiblatt**. Bitte aber wirklich Salbei verwenden, und nicht irgendwas anderes vom nächsten Strauch ! Das Ganze in ein Blatt luftgetrockneten **Schinken** (Parmaschinken) wickeln und in etwas **Olivenöl** kurz von allen Seiten anbraten. Dazu passen recht gut **Tagliatelle** (und wer nicht weiß, was das wieder ist, der fahre am 14. Breitengrad südwärts, bis er die Sprache nicht mehr versteht und frage dann irgendwen danach).

Hendlgulasch

Hühnerfilets in nußgroße Stücke schneiden (man kann sie aber ruhig auch im Ganzen lassen wenn man zu faul zum Schneiden ist). Eine **Zwiebel** ganz klein kleingeschnitten in **Olivenöl** leicht braun anlaufen lassen, die Hühnerstücke dazugeben, und mitbraten. Dann einen Haufen **roten Paprika** drüberleeren, dann **Salz** und **Pfeffer**, (ich nehm auch zusätzlich noch **Cayennepfeffer**) dazugeben und mit Wasser aufgießen, daß das Fleisch ganz bedeckt ist (aufpassen: wenn man ohne Wasser jetzt weiterbrät, dann wird der Paprika bitter !). Jetzt schält man einen großen **Erdapfel** und raspelt ihn mit der feinsten Raspel, die man in der Küche findet, und rührt ihn dann in die Pampe. (Der Erdäpfel soll sich dann ganz zerkochen, und gibt der Sauce eine schöne sämige Konsistenz, und man muß kein Mehl dazu hineinschütten !). Leicht wallend köcheln, und (sehr wichtig !) oft, am Anfang alle paar Minuten den Boden mit einem vorne flachen Kochlöffel gründlich aufkratzen, der Erdäpfel legt sich gern am Boden an, und brennt dann an, stinkt vor sich hin, und dann kann man die Pampe wegschmeißen, ein paar Hauben wieder abgeben und gleich zum Wirten gehen! Fertig ist die Sache, wenn die Sauce so verkocht ist, daß man die Erdäpfelpartikel nicht mehr sieht. Dann rührt man noch **Creme Fraiche** oder **Sauerrahm** (hat weniger Kalorien) hinein und kann es auch schon essen, am besten mit ☞*Spätzle*

Hendlgulasch mit Gnocchi und Kürbissauce

Das ist was für Mitesser, die nur den Löffelschein haben, und noch für die „Messer- und Gabelprüfung" lernen ! **Gnocchi** in heißes Wasser, so wie es auf der Packung bekanntgegeben ist, nach 2 Minuten raus und warmstellen. **Kürbis**, **Ingwer**, **Zwiebel** schneiden, in etwas Wasser köcheln, turmixen, wieder in den Topf, **Rahm** oder Creme Fraiche dazu und mit Wasser auf die gewünschte Saucenkonsistenz bringen. In einem 2. Topf, für alle, die über einen solchen verfügen, in **Olivenöl** Hendltrümmer (kleingeschnittene **Hühnerbrust** z.B.) anbraten, dann die Sauce reinschütten und die Gnocchi auch, und **Salz** und **Pfeffer** noch dazu, mischen, den Gatsch tischwärts tragen und zum Essen tröten.

Hendlgulasch mit Kürbis

Eine Variation des obigen Kitts: **Zwiebel** und **Knoblauch** in **Olivenöl** braten, **Hendltrümmer** dazu, **Salz**, **Pfeffer**, **Paradeismark**, **Paprikapulver** und gemahlener **Glockenpaprika** rein, mit Wasser bedecken und das Hendl weichkochen. **Kürbiswürfel** rein, kurz köcheln (die Kürbistrümmer müssen bißfest bleiben !), und dann mit **Rahm** und / oder **Creme Fraiche** mischen und damit abkühlen, daß die Kürbisse nicht nachkochen und dadurch weich werden, was Geschrei bei Tisch generieren könnte.

Paprikahendl

Da kann man nur eines falsch machen: die Haut drauflassen. Das ist dann eine der grauslichsten Gemeinheiten die aus der Küche kommen können, wenn der Koch die Haut drauflaßt. Die wird beim Kochen blass, schleimig und gatschkonsistent. Also **Hendl** häuten, und in so 6 bis 8 Trümmer schneiden, die Flügerln ganz abschneiden[44]. Jetzt werden die üblichen **Zwiebel** in **Olivenöl** gebraten (ganz klein geschnitten), dann kommen die Hendltrümmer dazu, etwas anbraten, mit Wasser oder Wachtelzungensuppe aufgießen, **Salz** gehört noch rein, **Pfeffer, Paradeismark, Knoblauch** und **Paprika** (das Pulver in Geschmacksrichtung „süß"). Köcheln, bis das Fleisch durch ist und die Zwiebeltrümmerln zerkocht sind, dann kommt noch **Sauerrahm** rein und wenn erforderlich, etwas Mehl zum Eindicken der Sauce. Dazu kann man fast alles essen: ☞ *Semmeln*, ☞ *Polenta gratiniert* oder auch ☞ *Spätzle*, ☞ *Bandnudeln*, ☞ *Gnocchi* oder ☞ *Knödeln*.

Saziwi

Eine georgische Spezialität, ist im Prinzip ein Hendlgulasch, mit einer „Gulaschsauce" aus Hühnersuppe mit einer kaukasischen Gewürzmischung zubereitet. Zuerst kommt ein ganzes gerupftes **Huhn** ins Bad, man braucht für die Sauce nämlich eine Suppe als Basis. Also kocht man den Flieger im Ganzen für eine halbe Stunde in einem Liter Wasser (ohne Salz). Nachher wird das Hendl ganz normal im Rohr gebraten (etwa eine Stunde noch), die Suppe bitte nicht austrinken, sondern aufheben. Dazwischen hat man genug Zeit für die Sauce, es sei denn, man ist ein urfaules Huhn und glotzt in die Luft: gleich viel **Zwiebel** und **Walnußkerne** sehr kleinschneiden (besser noch zermörsern), und in **Olivenöl** zusammen mit zergatschtem **Knofl** dünsten. Dazu kommt noch: **Safran, Chilipulver, Koriander, Gewürznelke**, und die Hühnersuppe. Eine viertel Stunde köcheln, damit man Zeit hat, ein **Chmeli-Suneli** zuzubereiten. Jeweils einen Volumsteil vom (das meiste davon hat man selbstverständlich im gut sortierten Kräutergarten frisch verfügbar, die Zubereitung binnen zehn Minuten sollte daher mit einem erfrischenden kleinen Spaziergang durch den sonnigen Garten zu erledigen sein): **Koriander, Dille, Selleriegrün, Petersil, Basilikum, Bohnenkraut, Minze, Majoran, Lorbeer,** gemahlenen **Bockshornkleesamen,** sowie dazu noch ein Stäubchen **Chilipulver** und **Safran**. Das Zeug am besten zusammen am Schneidbrett[45] zerkleinern, und dazugeben zu der dampfenden Hüh-

---

[44] Die Haut und die Flügerln braucht man aber nicht wegschmeißen: daraus kann man eine wunderbare Hühnersuppe kochen. Grad das Fett unter der Hendlhaut ist sehr geschmackig und gut gegen Verkühlung !

[45] Schneidbrett: Man braucht zwei davon: eins mit einer umlaufenden Rinne, zum Aufschneiden von Bratenstücken und tranchieren von Adlern und ein zweites, glattes, zum Herumschneiden. Das zweite ist solange brauchbar, als die Brettmitte noch keine Vertiefung aufweist, die im Lauf der Jahre durch das Scheiden entsteht, weil dann schneiden die Messer nicht mehr so richtig (zum Beispiel beim Schnittlauch) weil der Holzkontakt fehlt. Bewährt haben sich Küchenbretter aus Bambus – die sind sehr hart, halten lang, und bestehen nicht aus edlem Tropenholz. Beim Spülen der Bretter immer auf beiden Seiten naß machen, auch wenn nur eine schmutzig ist: die nasse Seite nimmt nämlich Wasser auf, dehnt sich, und dann biegt sich das Brett. Das vermeidet man, wenn man beide Seiten naß macht. Und noch was: Plastik ist blöd !

nersuppengewürzsauce. Wer jetzt mit den Nerven am Ende ist, weil er die blöden Kräuteln im Garten nicht voneinander unterscheiden kann, und vor einem blaßgrünen, schleimigen Gestampfe aus Hirtentäschel, Nacktschnecken und Königsdistel sitzt und die Hühnersuppe mittlerweile zu qualmendem Gatsch zerkocht ist, der kann jetzt den ganzen Mist einfach wegschmeißen, und das Brathuhn aus der Röhre essen. Nur bitte auf das Salzen nicht vergessen – das Huhn ist nämlich noch nicht gesalzen. Wer allerdings (gratuliere !) das Privatissimum in Gewürzkunde bestanden hat, und ein einwandfreies Chmeli- Suneli vorweisen kann (Überschlaue kaufen das Zeug fertig im georgischen Spezialitätenladen ums Eck), schüttet dieses jetzt aufatmend in die köchelnde Hühnersuppe, **Salz** und **Pfeffer** dazu, und rührt um. Das Brathuhn wird jetzt dem Rohre entnommen, barbarisch zerteilt (nicht in vier Stücke – je zwei Flügerl und Haxln – sondern in acht Stücke und in die Sauce geklatscht. Das Bratgefäß kann man noch innen mit etwas Sauce begießen, deglacieren, und den Saft zur Sauce leeren. Geschafft ! Jetzt können die staunenden Mitesser zum Futter gerufen werden – serviert wird Saziwi mit ☞ *Reis*, dazu bitte georgische Gesänge (Sulimo in Endlosschleife) und Rotwein.

Hühner- Kohlrouladen

Also, weil ich immer wieder gefragt werde: man wickelt dabei nicht ein Hendl in ein Kohlblatt, es ist schon etwas komplizierter: Kohlblätter vom **Kohlkopf** ablösen und in Wasser blanchieren, bis sie weich sind – das dauert runde drei Minuten; dann herausnehmen und in kaltem Wasser abschrecken. Dazwischen stiert man nicht stumpfsinnig in eine Küchenlade, sondern schneidet **Hühnerfleisch** sehr klein, und ebenso **Zwiebel**, **Knofl** und **Petersil**, sowie einige der Kohlblätter (etwa so viel wie das Fleisch ausmacht. So. Jetzt werden Zwiebel und Knofl in **Olivenöl** gedünstet, das Fleisch kommt dazu, drauf herumdünsten, bis das Wasser verdampft ist (umrühren nicht vergessen !), dann kommt der kleingeschnittene Kohl dazu, **Salz**, **Pfeffer**, **Petersil**, **Liebstöckl**, **Muskat** und **Kümmel**. Durchrühren, geriebenen **Parmesan** hinein, ein ganzes **Ei** (Wichtige Anmerkung für Pedanten: wenn ich sage „ein ganzes Ei" dann meine ich das Ei natürlich ohne Schale, obwohl ein ganzes Ei natürlich die Schale inkludiert), und nochmals durchmischen. In die Kohlblätter füllen, diese zuklappen und mit Zahnstocher fixieren. 20 Minuten im Dampfkocher dämpfen (oder in einem Topf mit Gitter unten). Dazu ist eine Paprikasauce recht gut: rote **Paprika** mit **Zwiebel** und **Knofl** kleingeschnitten in möglichst wenig (damit die Sauce nachher nicht zu dünn wird) Gemüse- oder **Hühnersuppe** kochen; **Salz**, **Thymian**, **Oregano** und **Muskat** dazu; ab in den Turmix und durch ein Sieb retour in den Topf. Wenn die Sauce doch zu dünn geworden ist, weil man ja nicht auf meine Ratschläge hören will, mit einigen Löffelchen **Mehl**, das in kaltem Wasser aufgeweicht ist, versetzen, drinnen herumsprudeln und nochmals aufköcheln lassen.

Jambalaya

Ist kreolisch. Zuerst die Zutaten herrichten: **Hühnerbrust** kleinschneiden, **Chorizo** (das ist eine spanische Scharfwurst) oder **Debreziner**, wenn man die Chorizo nicht kriegt, in Scheiben schneiden, **Knoblauch**, grünen **Paprika**, **Stangenzeller** und **Fleischparadeiser** kleinschneiden. Jetzt kommt eine kleingeschnittene **Zwiebel** und die Wurstscheiben in einen Topf zusammen mit **Olivenöl**, damit ihr nicht fad wird, anbraten, die Hühnertrümmer dazu, anbraten, und das kleingeschnittene Gemüse dazu. Fünf Minuten dünsten (viel umrühren) und mit **Hühnersuppe** aufgießen (und zwar dieselbe Menge wie Reis - siehe später). Viel **Paradeismark** dazu, vermischen und dann den **Reis** hinein, **Salz**, **Pfeffer**, **Cayennepfeffer**, **Sardellenpaste**, **Lorbeerblatt**, **Thymian** und **Oregano**. Der Reis muß jetzt dünsten, wenn zuwenig Flüssigkeit da ist, und der Reis noch nicht weich ist, kommt noch Hühnersuppe dazu. Derweilen das Zeug vor sich hindünstet, werden **Frühlingszwiebel** kleingeschnitten, und ein Haufen vorgekochte und entschalte **Prawns** (Riesengarnelen) in kaltem Wasser gewaschen. Wenn der Reis fertig ist, kommen Frühlingszwiebel und Prawns dazu, hineinmischen, und weg vom Herd, und fertig.

Hendl- Kokos Dal

Dies ist ein indisches Rezept (Hindi दाल, Urdu دال) in der Version unseres geschätzten Mitmeisterkochs Michael V aus D mit meinen Kommentaren in der Klammer. „**Rote Linsen** waschen (waschen tu ich sie nicht, ungewaschene sind besser für das Immunsystem), so zirka eine Hand voll pro Nase, rote Linsen muss man nicht einweichen, und in eine zudeckelbare Auflaufform (ich nehm einen normalen Topf) schmeißen. Dazu kommen noch **Kurkuma** (pfui), **Knoblauch** und klein geschnittenes **Hendlfleisch** (Ich selbst brate das Hendl zuerst in indischem **Olivenöl** an, wegen des Maillard Effekts). Mit **Kokosmilch** und Wasser im Verhältnis 2:1 auffüllen daß der Gatsch grad bedeckt ist. Oben drauf noch Julienne **Zwiebeln** und **Kreuzkümmel** (den lass ich weg aus religiösen Gründen) streuen, zudeckeln und ab in den Ofen (bei mir: auf den Herd, nicht hinein) bei 180° für 45 Minuten. Danach, nach dem bißfest kochen noch **Blattspinat**, **Limettensaft** und geriebene **Limettenschale** unterrühren. Eventuell noch mit Wasser die Konsistenz anpassen. **Salzen**. Dazu gibts ☞ *Reis* und **Naan** (gibt's bei mir keines, mein gebackenes Naan kann man ruhigen Gewissens als Katastrophe bezeichnen. Reis muß reichen).

Hühnereintopf mit Bohnen

Eine gute Alternative für alle, denen vor Chili con Carne graut. Eine große **Zwiebel** kleinwürfelig schneiden und in **Olivenöl** anbraten. Wenn sie sich zu bräunen beginnen, geviertelte oder geachtelte **Champignons** mitbraten, auch diese schön anbraten. Dann kommen kleingeschnittene **Hühnerfilets** dazu, ebenfalls durchbraten. **Pfeffer**, **Cayennepfeffer**, **Salz** und roten **Paprika** (Pulver natürlich) hineinschütten, verrühren, und gleich mit Wasser (oder noch besser **Hühnersuppe**) aufgießen; d.h. soviel Flüssigkeit hineinleeren, bis alles davon bedeckt ist. Jetzt wird das Zeug wie ein Gulasch eingekocht, was nichts anderes heißt, als solang drauf herumkochen, bis sich die Zwiebelstückchen ganz aufgelöst haben. Das kann auch eine halbe Stunde dauern. Der Saft wird mit **Tapioka** (oder Maizena) eingedickt: dazu gibt man das Pulver in wenig kaltes Wasser, verrührt die Pampe, und schüttet es in den Topf. Gleich gut einrühren, und noch ein paar Minuten kochen. So: jetzt wird je eine Konserve mit **Kukuruzkörnern** und **roten Bohnen** feierlich eröffnet Der Inhalt der Dosen wird im Sieb mit kaltem Wasser gewaschen, und dann in den Topf gekippt. Gut vermischen, ein paar Minuten noch kochen. Und fertig ist die Sache. Übrigens: Statt Champignons, Kukuruz und Bohnen kann man auch Erbsen, Ahornrinde und Karotten verwenden; statt Hühnerfleisch auch Leguan-, Rinder- Eidechsen- oder Schweinernes oder aber auch Tofuwürfel. Man sieht also wieder: Auch Chili con Carne kann durch Essbares ersetzt werden, das gleich aussieht ! Auf den Teller kommt das Zeug wahlweise mit Schwarzbrot, Semmeln, ☞*Reis,* ☞ *Polenta gratiniert* oder auch mit ☞ *Spätzle.*

Hühnereintopf mit Spargel

Grünen und weißen **Spargel** schälen und in – sagen wir – vier Zentimeter lange Stücke schneiden. Nacheinander in Meerwasser (von der Sorte Arafurasee light) bißfest kochen (wer kein Meer zu Hause hat, nimmt halt synthetisches Meerwasser, das man mit einiger Übung auch selber aus Wasser und Kochsalz herstellen kann), herausschöpfen, aufheben, und das Kochwasser ebenfalls nicht wegschütten, das brauchen wir noch. Jetzt werden **Penne** (das sind die Teigröhrln) in Salzwasser gekocht, abgeseiht, und dieses Wasser kann man später wegschütten. **Frühlingszwiebeln** in Stücke schneiden, und ebenfalls im Penne Salzkochwasser kochen. **Hühnerbrustfilets** quer zur Faser in kleine Stücke schneiden, und in **Olivenöl** anbraten, **Salz** und **Pfeffer** dazu. So: jetzt kommt in einen großen Topf **Butter**, diese wird zerlassen, glattes **Mehl** dazu, leicht anschwitzen, und mit dem Spargelkochwasser (habt ihrs eh nicht weggeschmissen ?) aufgießen. Mit dem Schneebesen alle grauslichen Mehlbröckeln zerarbeiten, und mit **Creme Fraiche, Sauerrahm, Salz, Pfeffer** und **Muskatnuß** (bitte reiben, nicht alser ganzes hineinschmeißen, das ist nicht gut !) zu einer cremigen Sauce verarbeiten. Jetzt schmeißt man Penne, Zwiebeln, und Spargel hinein, vermanscht das Zeug, und entweder man pantscht noch das gebratene Fleisch dazu (was dann einfacher zu servieren ist) oder stellt das Fleisch separat auf den Tisch (was optisch ansprechender ist). Das überlaß ich euch. Dazu paßt sehr gut ein ☞ *Salat.*

Hühnereintopf halbchinesisch

Ich mach das im Wok, und Sojasauce ist dabei, das ist die chinesische Komponente, man kann es aber genausogut in der Pfanne brutzeln. Die **Hühnerfilets** werden derlängs in größere Streifen geschnitten (vier Stück pro Filet) und in **Sojasauce, Zucker, Knoblauch** und geschnittenem **Kümmel** eingesurt. Daß man das Gemüse putzen und schneiden muß, sag ich hier nicht mehr. **Erdnussöl** in den Wok, die Filets ohne die Sur aber mit **Salz** rein, und gebraten wieder raus. Jetzt nacheinander dem Härtegrad nach hineinschmeissen: **Kraut** (weiß oder rot), **Karotten, Bierrettich,** roter **Paprika, Broccoli** und **Frühlingszwiebel** – und die restliche Sur und Salz natürlich. Bevor das Zeug anbrennt, Wasser dazu, am Ende Wasser mit **Tapioka** oder Maizena oder so rein, und am Ende die Hendlfilets drüber, wenn sie nicht schon jemand gierig zusammengefressen hat.

Hühnerleber

Von einer allein wird man nicht satt, da braucht man schon die Leberspende von einem kleinen Hühnerstall. Zuerst frischen **Thymian** aus dem Garten holen und rebeln. Von der **Hühnerleber** schneidet man alles weg, was nicht nach Leber ausschaut: das gelbe Zeugs, Häuteln, Röhrln, Schläuche, Pumpen und Ventile. **Pfeffer** drüber mahlen, **Zwiebel** und **Speck** in **Olivenöl** braten, die Leber dazu, aber nicht ewig sondern nur so lang daß sie innen noch rot bleibt – als Test kann man ja eine durchschneiden. Viel wenden: am besten mit einem eleganten Wurf (so wie wir es von der Palatschinke gewohnt sind). Kurz vor dem Fertigwerden mit Rotwein löschen, den Thymian drüber, und **Salz** (erst am Schluß, sonst wird die Leber hart). Dazu paßt gut ein Eierschwammerlreis oder aber ein ☞ *Champignonreis.*

Fisch & so

Thunfischsteak mit Tagliatelle

Thunfischfilet quer zur Faser in dicke (3 Zentimeter, würd ich sagen) Steaks schneiden. **Tagliatelle** kochen (so wie ☞ *Spaghetti*, da werde ich mich jetzt sicherlich nicht wiederholen !). **Zwiebel**, **Knoblauch**, **Kapern** und **Sardellen** sehr kleinschneiden. Die Steaks in **Olivenöl** scharf anbraten, und wieder raus aus der Pfanne. Jetzt kommt **Butter** dazu, aufkochen, **Rotwein** reinschütten (ein bißchen was kann man da auch in den Koch hineinschütten) Zwiebel und Knofl darinnen andünsten, Kapern und Sardellen dazu, aufkochen und reduzieren, bis eine schöne Sauce entsteht. Jetzt kommen die Steaks wieder zurück, die Tagliatelle sollten jetzt auch fertig sein, und Maaahlzeit !

Lachssteak

Das **Lachssteak** wachst auf Fischen der Gattung Lachs und sind gewöhnlich quer zum Fisch geschnitten und man erkennt sie im Supermarkt daran, daß gewöhnlich auch "Lachs" draufsteht. Möglichst schnell, gleich nach dem Einkaufen aus dem Plastik heraus, diese Verpackungsart ist eigentlich nur eine Bakterienkultur. In kaltem Wasser gut waschen, abtrocknen und in einer zugedeckten Schüssel in den Kühlschrank. Braten immer in wenig **Olivenöl**, entweder in der Pfanne, oder am elektrischen Grill; nicht aber am steinzeitlichen Primitivgrill im Freien, wo man sich nur die Finger verbrennt und einem der eklig fettige Rauch ins Gesicht weht. Die Grillzeit ist zwei bis drei Minuten pro Zentimeter Scheibendicke. **Gesalzen** und mit **Zitrone** bearbeitet wird erst am Tisch – wenn man vorher salzt, entzieht das Salz dem Fisch das Wasser, was heißt der Fisch wird trocken, und durch das Wasser sinkt die Grilltemperatur in der Pfanne und es wird Fischgatsch daraus, und dann ist der Haube nimmermehr. ☞ *Erdäpfel* und ☞ *Gemüse* passen gut zum Fisch.

Lachssteaks mariniert

Die **Lachssteaks** auslösen; d.h. enthäuten, Fett und Gräten wegschneiden und dieses in die Katze stopfen. Die Steaks kommen in eine Schüssel. Jetzt kommt die Marinade: Mit dem Zestenreißer **Limetten** schälen, die Limetten auspressen, Schalen und Saft in ein Häferl. **Salz** und **Pfeffer** dazu, sowie **Honig**. **Sternanis** zerkleinern, und **Zitronengras** (das kann man übrigens lebend kaufen, und im Blumentopf auf der Fensterbank kultivieren) kleinschneiden und beides dazugeben. Gut durchmischen und über die Lachssteaks leeren. Zudeckeln und über Nacht in den Kühlschrank stellen. Gebraten werden die Steaks in einer Pfanne oder im Wok, und zwar in **Traubenkernöl** (muß aber nicht sein, man kann auch Olivenöl, Erdnußöl oder Getriebeöl nehmen). Dazu paßt Gemüse aller Art.

Lachsragout mit Gemüse

Gleich viel **Karotten, gelbe Rüben** und **Gurken** nimmt man. Die Karotten und Rüben schälen, in Stücke schneiden und in Wasser bißfest kochen. Gurke halbieren, entkernen, schneiden und auch in Wasser kochen, aber nicht so lang wie die Karotten ! **Lachsfilets** kleinschneiden (in so große Stücke wie die Karotten), in **Olivenöl** anbraten, **Salz** und **Pfeffer**, drauf, raus aus der Pfanne und zugedeckelt aufheben. Aus dem Bratrückstand machen wir eine Sauce: **Butter** dazu, kleingeschnittene **Zwiebel** drin anschwitzen, **Mehl** rein und anschwitzen, mit **Weißwein** löschen und **Suppe** rein (oder Wasser, wenn man nicht weiß wie man Suppe kocht), und dazu noch **Obers, Pfeffer** und **Salz**. Mit dem Schneebesen immer durchrühren und zu einer dicken Sauce zusammenkochen. Die Sauce über Gemüse und Lachs am Teller drüberschütten und vielleicht noch etwas **Schnittlauch** drauf.

Lachs im Blätterteig

Zuerst **Blätterteig** auftauen und bei Kühlschranktemperatur lagern, das dauert am längsten. Jetzt braucht man **Lachsfilets**. Das sind nicht die Querschnitte durch den Fisch, sondern die grätenfreien Längsschnitte. Filets enthäuten und die Ränder breit wegschneiden (in Summe gut die Hälfte vom Filet), so daß ein dickes Filet zum einwickeln entsteht. Die weggeschnittenen Ränder in Würfel schneiden, und zusammen mit **Obers** eine halbe Stunde tiefkühlen. Das hat keine religiösen Gründe, sondern so klebt das Zeug beim turmixen nachher nicht so. **Mangoldblätter** entstielen und in heißem Wasser (eh klar, worin wohl sonst !) blanchieren, abgießen und zum Trocknen aufhängen (eine Wäscheleine in der Küche sollte sowieso Standard sein). In die Mangoldblätter werden die Lachsfilets eingewickelt. Blätterteig am bemehlten Küchentisch ausbreiten. Jetzt kommen die tiefgekühlten Lachswürfel zusammen mit dem Obers, **Salz, Dille** und **Pfeffer** in den Turmix, es entsteht Lachsmus. Dieses klatscht man auf den Blätterteig[46], drüber kommen die Mangoldlachspackeln, drüber wieder Lachsmus, der Teig drüber und den Teig mit **Ei** (ganzes Ei verquirlt) verkleben und bestreichen. Backpapier auf ein Blech, Blätterteiglachs drauf und ab ins Rohr bei 175° für 40 Minuten. Vor dem Essen noch 10 Minuten rasten lassen. Mit diversen Gemüsern servieren.

Lachs auf Blattspinat

Das ist was für Anfänger, oder wenn man viele Portionen braucht, oder wenn man was am Vortag schon herrichten will oder wenn es schnell gehen soll oder wenn es trotzdem gut schmecken soll. Idealerweise also, wenn ein Nichtkoch mit dem Einfall von 20 hungrigen Gästen am morgigen Tag bedroht wird, trotzdem nicht ewig in der

---

[46] Den Blätterteig gleich auf Backpapier legen. So transportiert man das Zeug nachher am besten aufs Blech

Küche herumpatzen will; und morgen keine Zeit hat. Das Zeug kommt alles aus dem Packl: **Blattspinat** auftaun und in eine eingefettete Gratinierform breiten (oder auf ein Backblech, wenn es mehr Portionen sein sollen). Drüber kommt **Salz**, **Pfeffer**, **Muskat** und aufgetaute **Lachsfilets** (mit einem anderen Fisch geht's genauso). Das ganze wird mit **Creme Fraiche** bestrichen (ein Viertelliter auf 4 – 6 Mitesser). Eine halbe Stunde bei 180° im Rohr gibt dem Fisch den Rest. Dazu gibts ☞ *Erdäpfel & Gemüse diverses*

Lachs Quiche

Das ist ein Lachs – Lauch – Mürbteigkuchen. Zuerst machen wir einen **Mürbteig**. Das weiß man, wie das geht, oder man schaut unter ☞ *Zwiebelkuchen* nach. Der Teig muß eine Stunde in den Kühlschrank, und da machen wir keine Pause, sondern tun wie folgt: **Porree** längs schneiden und auf einen Zentimeter quer, **Lachsfilets** würfeln (das ist das ohne Haut, Gräten, Kopf, Eingeweide und Flossen). In einem Krug 0,2 Liter **Obers** mit 3 **Eiern**, **Dille**, **Petersil**, 8 Deka selbst (!) geriebenem **Parmesan**, **Salz** und **Pfeffer** zusammenpantschen und gut verrühren. Den Lachs mit kleinstgewürfeltem **Speck** in etwas **Olivenöl** anbraten; dann dieses Gebratene und den Lauch in die Form, die mit dem Mürbteig ausgeschlagen ist, mit dem Parmesaneierobers übergießen, und bei 180° eine halbe Stunde ins Rohr. Dazu einen ☞ *Salat* verzehren.

Lachs mit Fettucini

Das geht sehr schnell, und bekommt auch gute Kritiken: Zuerst einmal werden die **Lachsfilets** geputzt: dazu wird die Haut weggeschnitten (zwischen Haut und Fleisch sitzt ein Haufen Fett, das den fischelnden Geschmack produziert), das Rückgrat wird entfernt, und die Gräten werden mit einer Kombizange herausgezogen. In kleine Stücke schneiden und katzensicher zwischenlagern. In Salzwasser **Fettucini** (das sind die breiteren Bandnudeln – wers nicht weiß) kochen. Wie das geht, erklär ich nicht, wers noch immer nicht begriffen hat, der soll halt in einem anderen Kochbuch nachschaun. Damit das Ganze nicht zu trocken ist, machen wir noch eine Spinatsauce: **Blattspinat** aus dem Garten oder dem Tiefkühlfach kleinschneiden (den aus dem Garten vorher kochen, den aus dem Tiefkühlfach auftaun. Nicht verwechseln !). In einem kleinen Topf ein Packl **Creme Fraiche** erhitzen, den Spinat dazu, **Pfeffer**, **Salz** und das wars auch schon (wer will, kann noch **Knofl** hineingeben). Jetzt schaut man nach, ob das Lachsversteck wirklich katzensicher war. Wenn nicht, ißt man vegetarisch: Fettucini mit Spinatsauce ist ja auch was Gutes, oder man geht zum Wirten. Wenn ja, dann wird der Lachs kurz in **Butter** und **Olivenöl** gebraten. Fertig.

Lachs- Bärlauch Lasagne

Anfänger der Lasagnezubereitung lesen jetzt bitte gleich einmal zur Grundschulung das Kapitel „Lasagne", unter „Pasta" zu finden. Bei dieser Lasagne müssen die Lasagneblatteln vorgedünstet werden, sonst bleiben sie zu hart – der Lachs hat nämlich nicht so viel Flüssigkeit wie das Sugo. Bitte aber nur in heißem Wasser liegen lassen, bis sie biegsam sind, nicht aber kochen, und dann bis zum Einlegen in die Backform im Wasser lassen, sonst picken sie zusammen ! ☞ *Bechamel* wie üblich herstellen, und dann in die Backform: Bechamel, **Lasagneblätter**, einzentimetrige Scheiben vom **Lachsfilet** (mit einem scharfen dünnen, langen Messer vom Kopf zum Schwanz hin runtersäbeln), blickdichte Lage **Bärlauchblätter**, **Salz**, **Parmesan** und wieder Lasagneblätter; und zwar so hoch wie man eben will – oberste Schicht: Parmesanbestreuselung. Ins Rohr bis die oberste Schicht goldbrauch knusprig aussieht, es aus dem Rohre duftet und der Hunger sich regt.

Räucherlachs mit Rösti

Was jetzt kommt ist eine seltsame Kombination, aber ich wette einen Kübel Eidotter, daß es euch schmecken wird: Die ☞ *Rösti* sind ganz einfach, die stehen hier auch irgendwo herum, vermutlich machen sie sich bei den Beilagen breit. Zu diesen **Rösti** isst man, wenn man sie gefunden hat, **Räucherlachs** und **Sauerrahm**. Gut geeignet zum Aufbau einer wärmenden Fettschicht für die kalten Monate !

Fumet de Poisson

Nein, das ist kein Geräuchertes, sondern Fischfond, und den braucht an, wenn man gute Suppen oder Saucen produzieren will – und keine Angst, ist nicht schwer: beim Filetieren vom rohen **Fisch** bleiben Rückgrat, Kopf (die Kiemen bitte herausschneiden, die können bitter schmecken), Flossen und Gräten übrig. Dieses Zeug gut auswaschen, und in viel zerlassener **Butter** ganz langsam, wegen der Geschmacksentwicklung, andünsten (braten soll das Zeug aber nicht). Dann kommt dazu: **Schalotten**, **Lauch**, **Fenchel**, **Petersil**, **Stangenzeller**, **Lorbeer**, **Thymian** und **Pfeffer**, dann **Weißwein** in den Topf und in den Koch schütten. Wenns köchelt, noch Wasser dazu, daß alles bedeckt ist, eine halbe Stunde ganz schwach kochen, und öfter den Schaum abschöpfen (sonst wird's trüb). Längeres kochen als eine halbe Stunde ergibt guten Tapetenkleister wie ich höre, in diesem Fall würde ich aber den gesamten Wein in den Koch schütten. Nach dem kochen durch ein Tuch (Taschentuch, möglichst nicht gebraucht, oder Vorhang) in einen Topf seihen, und das Tuch nicht ausdrücken. Das Zeug sollte nach dem Abkühlen leicht gallertartig sein. Gleich verwenden, oder aber einfrieren.

Saibling in der Folie

Ein praktisches Essen, wenn man selbst abwaschen[47] muß, was man beim Kochen so anpatzt. Der **Saibling** ist keine Forelle, obwohl er fast so ausschaut, und drum heißt er auch anders, nämlich Saibling. Soweit zum biologischen Sachverhalt. Rohr auf 200° vorglühen, je ein Stück Alufolie pro Fisch ausbreiten, und in der Dimension (Fischlänge + 10cm) mit **Olivenöl** bepinseln, damit der Fisch nicht an der Folie anpickt. In die Bauchhöhle kommt **Salz**, **Pfeffer**, geschnittener **Knoblauch** und **Rosmarin**. Auf die Folie ebenfalls Knoblauch schneiden, **Basilikumblätter** und zerschnittene **Wacholderbeeren**. Auf das Zeug wird der Fisch gelegt, drüber kommen **Zwiebelscheiben**, **Thymian** und ein Spritzer **Rotwein**. Die Folie über dem Fisch locker schließen (nicht einwickeln, ist nicht nötig), auf einen Gitterrost nebeneinanderlegen und eine halbe Stunde bei 200° braten. Dazu: natürlich ☞ *Petersilerdäpfel*. Alternative: Saiblinge filetieren, in einer viereckigen Pfanne mit der Haut nach unten nebeneinander legen, das restliche Zeugs drauf, und mit einer Alufolie abdecken. Aus dem Rest der Fische kann man eine gute Suppe kochen, oder aber ein ☞ *Fumet de Poisson*

Forelle blau

Um die häufig an mich gestellte Frage gleich zu beantworten: nein, sie wird nicht gestrichen, die Forelle; Pinsel und Farbtöpfe also wieder wegräumen. Die **Forellen** mit viel kaltem Wasser waschen, mit dem Vorhang trockenreiben, und wegstellen (aber nicht zu weit weg, sie sollen wieder auffindbar sein !). So. Jetzt brauchen wir einen Topf mit Deckel, wo die Forellen nebeneinander Platz haben. Dort drinnen machen wir erst mal eine court bouillon: es kommt so viel Wasser hinein, daß die Viecher bedeckt sind. In das Wasser (jetzt noch ohne die Fische, dieselben wieder rausnehmen) kommt hinein: ein sechzehntel **Essig** pro Liter Wasser, **Salz**, **Pfefferkörner** und **Lorbeerblatt**, in Ringerl geschnittene **Zwiebel**, geschälte und geviertelte **Karotten**, **Zeller** und **Petersilstengel**. Das Zeug aufkochen, und eine halbe Stunde auf kleiner Flamme zugedeckelt sieden. Kurz vor dem Essen erst kommen die Fische ins Wasser – sie brauchen nämlich nur etwa zehn Minuten. In die Fische hinein kommt **Rosmarin**, die Fische dürfen im Wasser aber keinesfalls kochen, sonst desin-

---

[47] Abwaschen beim Kochen: Wenn man keinen Abwaschknecht hat wie in einer Großküche, muß man das selbst machen – kochen ohne abwaschen zwischendurch geht nicht, sonst erstickt man gleich in schmutzigen Utensilien – also dazwischen immer wieder waschen und wegräumen. Das geht ganz einfach: nur sehr heißes Wasser, ohne Waschmittel, kein abtrocknen. Waschmittel ist unnötig, wenn man das Zeug laufend wäscht, weil dann trocknet kein Dreck an, und das waschen kostet auch keine Zeit. Allerhöchstens kann man etwas Salz ins Abwaschwasser schütten: das schmirgelt, und bindet auch Fett ! Irgendwelche andere Bedenken küchenfremder Kleingeister in Bezug auf den Verzicht auf Waschmittel bei der Reinigung kann man natürlich auch aus ökologischen Gründen bedenkenlos beiseitewischen.

tegrieren sie, das Wasser darf nur ganz leicht sieden. Fertig sind sie, wenn die Augen zu weißen Kugerln werden. Dazu natürlich ☞ *Petersilerdäpfel*, und viel zerlassene **Butter.**

Forelle mit Orangen

Bitte nicht gleich herummeckern, das ist kein Scherz: das ißt man in Galicien als Trucha Naranja und es schmeckt wirklich hervorragend ! Die **Forellen** werden gesalzen, und mit geschälten **Orangen** gefüllt, die in Scheiben, und zwar quer zu den Spalten geschnitten sind, damit viel Saft freigesetzt wird. Ein Stückchen **Butter** hineingeben schadet auch nichts, Forellen sind ja ziemlich fettfrei. Hinein in den Bratentopf mit ihnen, zudeckeln und für 20 Minuten bei 200° reicht völlig.

Schill gratiniert

Der **Schill** ist ein internationaler Fisch, der in Ungarn Fogosch, und im Westen Zander gerufen wird. Schmecken tut er aber überall gleich, wenn er richtig behandelt wird, und man ihn nicht in Margarine bratet und mit fertig gekaufter hundert Prozent fettiger Mayonnaise serviert, wobei am Teller noch eine sogenannte „Garnitur" – der absolute Schrecken gepflegter Küchenkultur – in Form eines Salatabfallblattes mit artifiziellen rotvergammelten Paprikaschnitten und etwas blaßwässrigem Kraut aus der untersten Konserve sich ausbreitet. Dieses Rezept hier ist zwar etwas komplizierter, aber trotzdem keine besondere küchentechnologische Herausforderung: Zuerst einmal alles herrichten, was man später schnell braucht[48]: Drei **Zwiebel** auf 6 Filets gerechnet schälen und mit dem Reibeisen reiben. Zum Heulen wieder aufhörten, und **Paprika** (das ungarische rote Pulver), **Paradeismark** in der Tube, **Mehl** und **Sauerrahm** herbeischleppen. So. Die Schillfilets werden auf beiden Seiten in glattem **Mehl** gemehlt, und kommen jetzt nebeneinander in die Gratinierform. In eine Bratpfanne schüttet man jetzt **Olivenöl**, dünstet darin bei kleiner Hitze den Zwiebelgatsch, den Paprika dazu, und deglaciert unter Zugabe von etwas Wasser. Jetzt einen Spritzer Paradeismark, **Salz** und den Rahm dazu, damit der Saft kälter wird und das Mehl, das jetzt gleich hineinkommt, nicht klumpt. Das Mehl möglichst fein drüberstreuen und gleich mit dem Schneebesen zu einer dicklichen Sauce verarbeiten, bis keine Mehlbröckeln mehr da sind (das muß man halt können, sonst empfehle ich, das im Sommer in der Sandkiste mit Sand und Wasser zu üben). Gut verrühren, noch einmal ganz leicht aufkochen, und die Pampe über die Filets in der Gratinierform

---

[48] Das „Mis en Place" beim Kochen ist grundsätzlich sehr zum Empfehlen: Als erster Schritt wird alles hergeräumt, was man dann später zum Kochen braucht: das Werkzeug wie Schneidbrett, Messer, Kettensäge, Kochlöffel und alle Zutaten in gewaschenem, geschältem, abgewogenen, geschnittenen und sonstigem Zustand. Beim Mis en Place bleibt der Herd einmal kalt, den braucht man dann erst später. Nach dem Mis en Place wird die Küche zwischenaufgeräumt und geputzt.

kübeln, bis kein Fisch mehr ein Ohrwaschel respektive eine Flosse herausstreckt. Drüber kommen jetzt noch geriebener **Parmesan** (natürlich selbst geriebener – alles andere zerstört den Fischgeschmack**), und Bröseln**, sehr gleichmäßig verstreut; und ab ins Rohr, mit Ober- und Unterhitze wird gratiniert. Dazu passen natürlich ☞ *Petersilerdäpfel* und ☞ *Salat* aller Sorten.

Schill mit Paradeiser

Eine Mutation des obigen Rezeptes. Hintergründiges zum **Schill** will ich hier nicht mehr verbreiten, das steht in einem anderen Rezept. Wir beginnen mit **Paradeisern**, die wir vierteln, entkernen, würfelig schneiden, und die später die Bekanntschaft des Fisches machen dürfen. In **Olivenöl** kleingeschnittene **Schalotten** (eine Zwiebel tuts aber auch) und **Knoblauch** andünsten, und dann die Paradeiser mitdünsten, aber auf kleiner Flamme. Inzwischen eine flache Form am Boden mit zergatschtem **Knofl** ausreiben, die Fischfilets drauflegen (übrigens: das geht auch mit Lachs, Wels oder Walsteaks !), **Salz**, **Pfeffer**, und **Kümmel** drauf; die Schalottenparadeispampe drüber verteilen und (optional für die zu dünnen unter meinen geschätzten Nachköchen) **Obers** schön gleichmäßig drauf verteilen. Bei 220° eine Viertelstunde ins Rohr, und ☞ *Petersilerdäpfel* sowie einen Haufen Gemüse dazu. Hat auf Anhieb zwei Hauben bekommen (bzw. zwei Gräten).

Wolfsbarsch mit Sardellen

Statt **Wolfsbarsch** kann man auch andere Fische verwenden, in Filetform oder alser Ganzes, und alles an Fisch, was in der Pfanne Platz hat (Mondfisch geht da zum Beispiel nicht). **Olivenöl** mit zerschnipseltem **Knoblauch**, zergatschten **Sardellenfilets** aus dem Glasl, **Paradeiswürfel** wie im Rezept oben beschrieben (ich mag mich nicht wiederholen, das zahlt mir ja niemand), sowie viel frischem **Thymian** oder **Rosmarin** mischen. Die Fische innen und außen mit dem Gatsch beschmieren und in die Pfanne damit; **Salz** und **Pfeffer** drüber, viele Tropfen **Zitrone** und ab ins Rohr für 15-20 Minuten bei 220° in der Sonne.

Wels mit Paprikasauce

Was ein Wels ist, weiß man, das erklär ich hier sicherlich nicht. Für die Sauce **Schalotten** in viel **Butter** (weil der Fisch ist relativ mager) dünsten, kleingeschnittene **rote Paprika**, **Knofl**, **Thymian**, **Pfeffer** und **Salz** dazu; und jetzt kommt ein Fischfonds ☞ *Fumet de Poisson* dazu. Kochen, turmixen und zurück in den Topf oder in eine Sauciere wenn man weiß was das ist und auch eine hat, und sie in der Küche noch findet. Der **Wels** wird ganz einfach in **Butter** oder **Olivenöl** gebraten, erst in der Pfanne kommt **Salz** und **Pfeffer** dazu, und am Schluß kann man noch zweizentimetrige **Frühlingszwiebel** Stücke mitbraten. Der Fisch sollte natürlich erst knapp vor dem Essen gebraten werden, so schmeckt er am besten. Nicht auf die Sauce vergessen, die gehört auch auf den Tisch ! Dazu: ☞ *Petersilerdäpfel* und ☞ *Gemüse*.

Fisch al Baolo

Fischfilets (Wels, Zander, Blauwal, Scholle, Guppy oder so) in eine flache eingefettete Form legen, Haut nach oben. **Zwiebel, Kapern, grünen Pfeffer** (die Körndln aus dem Glasl), **getrocknete Paradeiser** und **Oliven** kleinschneiden, **Salz** und **Pfeffer** dazu. **Creme Fraiche** in dieses Zeugs hineinrühren, über den Fisch schütten, gut verteilt natürlich, **Parmesan** drüber und zwanzig Minuten bei 180 Grad ins Rohr. Unter den Fisch kann man auch gedünsteten **Bärlauch** oder ersatzweise **Spinat** (Blattspinat, nicht den Cremespinat !) breiten. Dazu paßt hervorragend: ☞ *Fenchel mit Oliven* und ☞ *Erdäpfel*.

Joghurteierfisch

Klingt sensationell grauslich, und schaut aus wie ein gelbgekotzter, zusammengefallener Pudding in der Pfanne, schmeckt aber hervorragend. Also: ein Viertel **Jyo**drei ganzen **Eiern** und geschnittenem **Petersil** versprudeln, **Salz** und **Pfeffer** dazu. **Fischfilets** (was halt grad zu der Jahreszeit so wächst: Wels, Scholle, Qualle oder Seegurke) so in eine viereckige Pfanne klatschen, daß kein Platz mehr zwischen ihnen bleibt; einen kleinen Schöpfer **Hühnersuppe** drüber (aber echte, keine Packlsuppe, sonst lieber gar keine Suppe !) und darüber noch die gelbe Youghurteierpampe, bis alles bedeckt ist. Bei 200° im Schatten eine halbe Stunde ins vorgeheizte Rohr, das Zeug mutiert durch die Hitze von gelb auf braunfleckig, und dann ist es fertig. Dazu: : ☞ *Petersilerdäpfel* und ☞ *Salat*.

Heringsalat mit Rösti

Einfacher geht's ja wirklich nicht mehr: Einen ☞*Heringsalat* produzieren und ☞*Rösti* ebenso und zusammen verzehren.

Scholle mit Champignonsauce

Schollenfilets unbedingt auftaun lassen, auch wenn sie am Sackl besserwisserisch behaupten, die Filets gehören tiefgefroren in die Pfanne. (Übrigens: wer frische Filets hat, braucht sie damit auch nicht mehr tieffrieren, damit sie tiefgefroren in die Pfanne kommen). In einem Teller etwas **Worcestersauce** und **Weinessig** mischen, die Filets darin durchziehen. So. Das Rohr auf 200° aufheizen. **Paradeiser** entweder kleinschneiden, oder in heißes Wasser legen, bis sie vor Wut platzen (kochen dürfen sie dabei aber nicht), und auskühlen lassen. **Champignons** entstengeln, schälen, kleinschneiden (haselnußgroß), **Zwiebel** kleinschneiden. Zwiebel in **Olivenöl** anlaufen lassen, wenn sie glasig sind, die Champignons dazu, dünsten bis das Wasser verdampft ist, die Paradeiser enthäuten und mit der Hand hineingatschen (den grünen

Stengelansatz aber bitte wegschmeißen ! der ist weder gut noch eßbar). Ein bißchen drauf herumdünsten. Jetzt kommen **Shrimps** dazu, geschnittene **Dille** und **Basilikum**. **Salz**, **Pfeffer** und **Cayennepfeffer** nicht vergessen. Die Schollenfilets nebeneinander in eine flache Pfanne geben (so eine viereckige ist am besten), mit dem Gemüsegatsch übergießen, und noch eine Viertelstunde ins (schon heiße) Rohr. Dazu paßt: ☞ *Reis* natürlich.

Scholle mit Mandelkruste

Schollenfilets salzen, in **Mehl** wenden, durch versprudeltes **Ei** ziehen, in **Mandelsplittern** wälzen und in heißem Öl panieren. Essen mit ☞*Petersilerdäpfel* und sonstigen Gemüsern.

Seefisch gebacken

Gut eignen dafür tut sich **Kabeljau** oder natürlich **Scholle**. Die Filets gut abtrocknen[49] (mit dem Taschentuch, dem Vorhang in der Küche oder mit einem Tuch), **salzen** und genauso backen, wie dies unter ☞*Wiener Schnitzel* beschrieben ist. Der Fisch wird allerdings nicht geklopft, weil das sonst einen Gatsch ergibt und die ganze Küche voller Fisch ist, was die Katze wohl freut, aber die Hausfrau zum schäumen bringt wie gut gemälztes Lagerbier an einem schönen Frühlingstag im Biergarten. Dazu passen sehr gut ☞*Petersilerdäpfel*, ☞*Erbsen* und auch ein ☞*Erdäpfelsalat* mit ☞*Vogerlsalat* gemischt.

Kings Prawns

Was man dazu braucht: Kaltwasser- **Prawns** in erster Qualität (sind schon vorgekocht und ausgelöst), die man auftauen läßt; **Olivenöl** oder Walrat, **Zwiebel** in Ringerl geschnitten, viel **Knofl, Lorbeerblatt**, geschnittenes **Basilikum** und **Rosmarin**. Das Olivenöl in eine Pfanne schütten, Zwiebel und Knofl hinein schneiden und die Shrimps darin braten. (Salz nicht vergessen, aber nicht zuviel !) Dazu kommt Pfeffer, das Lorbeerblatt, Basilikum und Rosmarin. Den Saft tunkt man mit dem **Weißbrot** auf, das man dazu ißt – schmatz !

Kings Prawns in Tamarindensauce

Falls das wen interessiert: Gung Makaam heißt das Zeug. Aber genug davon, merkt sich ja eh keiner. **Tamarinden** bekommt man im Sackl am Flughafen in Bangkok.

---

[49] Abtrocknen generell: Uninteressante Beschäftigung und überkommenes Relikt aus grauer Vorzeit. Ohne Abtrocknen wird in unseren Breiten das Zeug genauso gut trocken; und der Kalk ? Haben wir eh alle im Schädel, also was solls. Eine Ausnahme gibt's schon: edles Glas schaut mit Kalkflecken nicht gut aus.

Die Schote knacken, die Kerne rausschneiden, den verbleibenden Gatsch in einem Mörser mit etwas Wasser bedeckt zermörsern. Vor dem Verwenden grob abseihen. Die **Prawns** aus der Schale herausschneiden: den Rücken mit der Schere aufschneiden – die Schalen nicht wegschmeissen, mit denen machen wir ein köstlich Süppchen ! ☞*Krebsenschwanzsuppe*. Und jetzt kommt der Wok: **Zwiebel** in **Erdnussöl** dünsten, **Zucker** drüber, die Zwiebel karamelisieren (was dasselbe ist wie solang braten, bis sie braun werden). Jetzt kommt ein Spritzer **Fischsauce** dazu und **Chilipaste**, verrühren, die Prawns rein, beidseitig braten und wieder raus (warmstellen). In den Resten die im Wok herumtümpeln kann man jetzt als Beilage diverse **Gemüse** braten, oder Nudeln oder Glasnudeln oder Gemüse mit Nudeln oder Glasnudeln mit Nudeln oder sonst was man eben so braten mag.

Reis mit Thunfischsauce

Auch als „Pampe Todobi" bekannt, wurde vom Meister auf einem Adriatörn kreiert. **Schwarze Oliven** entkernen und kleinschneiden. **Zwiebelringerl** in **Olivenöl** glasig dünsten, viel **Knofl** dazuschneiden, **Thunfisch** aus der Adria oder aus der Dose dazu, und einige Minuten dünsten. Jetzt die Oliven hineinschütten, aufkochen, und mit **Rahm** oder Creme Fraiche (wer will, kann stattdessen auch Kokosmilch verwenden) verrühren. Dazu ißt man natürlich ☞ **Reis**, sonst hieße das Rezept ja nicht so sondern halt anders.

Schwammerl

Spaghetti mit Herrnpilzen

Herrnpilze putzen (nicht waschen !), kleinschneiden, und in **Butter** in der Pfanne andünsten, am Schluß **salzen**. Wer will, kann auch noch **Knoblauch** drübergatschen oder kleingeschnitten mitdünsten. Das Zeug über die ☞*Spaghetti mit Butter* schütten, die man parallel dazu macht, und durchmischen. Kombinationen mit Rahm oder Creme Fraiche sind auch möglich. Möglichst frisch essen.

Schwammerlsauce I

Ein echter Klassiker. Die **Herrnpilze** ja nicht waschen, sie lassen sich nur vollaufen, und der Dreck geht eh nicht runter. Klein schneiden. Je mehr man von den weißen bis grünen Röhren dazugibt, desto sämiger wird die Sauce, wobei hier gilt: je grüner desto schleimiger, und essen kann man das grüne Zeugs natürlich. Wenn das grüne Geröhre allerdings zu schwarz mutiert, wegschneiden. Viel **Butter** (ein Viertel Packl für vier Portionen) zerlassen, geschnittene Schwammerl dazu, auf kleiner Flamme dünsten. Am besten gleich **Salz** dazu: das Salz entzieht den Schwammerl das Wasser, und die Sache brennt damit nicht an. Die Schwammerl sollten von selbst soviel Wasser lassen, daß sie darin köcheln – man kann aber mit einem Schuß Wasser oder besser noch **Milch** nachhelfen. Viel umrühren und den Boden mit dem breiten Kochlöffel aufkratzen: Schwammerl legen sich leicht an und brennen dann an, und das heißt gleich: sofort eine Haube weniger ! Nach etwa 10 Minuten sollten sie soweit fertig sein (aussehen wie eine Sauce) – dann kann man sie entweder einfrieren, oder gleich essen, und zwar kommt in diesem Fall noch **Creme Fraiche** oder **Rahm** oder beides dazu. Dazu ißt man natürlich ☞*Knödl*, aber auch ☞*Spaghetti*. Gut ist es auch, wenn man am Anfang geschnittene Zwiebel und Petersil in Butter dünstet, und dann erst die Schwammerl dazugibt (und dann weiter wie beschrieben, ich mag mich nicht wiederholen). Das schmeckt übrigens mit frischen Eierschwammerl auch sehr gut !

Schwammerlsauce II

Eine kleine Mutation, wenn man im Sommer schon drei Wochen Schwammerlsauce gegessen hat: viel **Zwiebel** in Halbringerl schneiden, in **Olivenöl** glasig werden lassen, die **Schwammerl**, wie oben hergerichtet dazugeben und dünsten, statt der Milch mit **Rindsuppe** oder Hühnersuppe aufgießen. Am Schluß viel **Petersil** dazu und **Rahm** oder Creme Fraiche. Wer fett werden will, kann noch ein Bechamel hineinschütten.

Eierschwammerl mit Ei

Eierschwammerl findet man mit dem Geigerzähler im Wald, meist halb unter Laub versteckt, und immer in größeren Gruppen, d.h. portionsweise wachsend – was sehr praktisch ist. Man kann sie mit keinen anderen Schwammerln verwechseln, es sei denn man ist blöd. Sie werden geputzt (Nicht waschen, sie saufen sich sonst mit Wasser an, das man dann mühsam verkochen muß, wenn man nicht eine Suppe haben will!) und klein geschnitten. So. Jetzt wird kleingeschnittener **Zwiebel** in **Butter** glasig anlaufen gelassen, dann kommen die Schwammerln dazu, dünsten bis das Wasser verkocht ist, und versprudelte **Eier** je nach Schwammerlmenge drüberschütten. Jetzt sehr viel umrühren, und dabei den Boden aufkratzen. Wenn die Eier gestockt sind, **Salz** dazu (erst jetzt, wenn man das Salz vorher dazu gibt, entzieht es den Schwammerln das Wasser und die Pampe ersäuft!), und klein geschnittenen **Petersil**. Mit dick geschnittenem **Schwarzbrot** essen, man kann Eierschwammerl aber durchaus auch als Beilage verwenden.

Eierschwammerlragout

Da kann man alles an Restfleisch entsorgen, was sich so in den Tiefkühlladen angesammelt hat, weil den unter Umständen seltsamen Geschmack deklariert man als feinstes Pilzaroma, das nur mit diesem Rezept zu erzielen ist. Also: **Zwiebelringerln** in **Olivenöl** dünsten, die kleingeschnittenen **Fleischabfälle** mitrösten (Truthahn, Schwein, Rind, Ratte, Maulwurf, Igel ohne Stacheln oder Känguruh), die **Eierschwammerl** dazudünsten, **Erbsen** hinein, vielleicht etwas Wasser, und am Schluß wird die zweifelhafte Konsistenz mit einem Viertel **Rahm** verschleiert. **Salz** und **Pfeffer** nicht vergessen! Dazu paßt recht gut ein ☞*Reis*

Eierschwammerl-Erdäpfelrahm

Das kann man mit allen möglichen Schwammerln machen, ich nehm am liebsten **Eierschwammerl**, die gepflückt, geputzt und tiefgekühlt sind. Zuerst einmal kleinschneiden: **Speck** in halbzentimetrige Würfel, geschälte **Erdäpfel**, **Karotten**, **Knoblauch** und **Zwiebel**. Jetzt den Speck in etwas **Olivenöl** anbrutzeln, die Zwiebel dazu und glasig dünsten, das restliche Gemüse und die aufgetauten Schwammerl dazu, etwas Wasser (eher wenig, sonst wird's eine Suppe!) reinschütten, oder auch klare Suppe, wer hat; dann **Salz**, **Pfeffer**, **Lorbeerblatt**, zermatschgerte **Wacholderbeeren** (nicht zuviel davon, sonst glauben alle, der Koch hat zuviel Gin reingeschüttet beim Saufen!). Köcheln bis die Erdäpfel durch sind, und dann **Sauerrahm** reinrühren. Essen mit Schwarzbrot.

Eierschwammerlgulasch

Eierschwammerl schneiden wenn nötig, **Zwiebel**, roten **Paprika** und **Knoblauch** kleinschneiden (zum Teil geschält natürlich). Die Eierschwammerl in einem Topf in

Butter dünsten und leicht anbraten, und wieder raus aus dem Topf mit ihnen. In demselben Topf den Zwiebel in **Olivenöl** dünsten, Paprika und Knoblauch dazu, weiterbraten, mit **Weißwein** löschen daß es zischt, **Salz**, **Pfeffer** und **Paprikapulver** dazu. **Suppe** oder Obers dazu und weichköcheln. Dann in den Turmix, einen Gatsch draus machen, retour in den Topf, die Schwammerl (gibt's die eh noch ?) dazu, kurz aufkochen, **Petersil** rein und fertig. Selbstverständlich mit ☞*Knödl* essen.

Eierschwammerl- Erdäpfelgulasch

Ganz einfach: **Eierschwammerl** putzen, kleinscheiden und in **Butter** dünsten. Dann wird ein ☞*Erdäpfelgulasch* zubereitet, oder man hat schon zufällig eines fertig wo herumstehen das man nehmen kann, und ganz am Schluß kommen noch die Schwammerl dazu.

Eierschwammerlstrudel

Der Eierschwammerlstrudel ist nichts anderes als ein Strudel mit Eierschwammerl gefüllt, eigentlich ganz klar. Ich beschreibe also nur die Fülle, den Strudel möge man bitte woanders nachblättern, eine gute Gelegenheit, in diesem Buch zu lesen. **Erdäpfel** kochen, schälen und kleinschneiden. In **Olivenöl** werden **Zwiebel** gedünstet, dann die **Eierschwammerl** dazu, geriebener **Käse** oder auch Blaukäse, **Salz** und **Pfeffer** kommt rein, und dann die Erdäpfel. **Rahm**, **Creme Fraiche** und Robbenfett ergänzen den Geschmack. In den **Strudelteig** wickeln und ins Rohr damit. ☞*Salat* und irgendein Dip gehört natürlich auch dazu.

Herrnpilz- Kürbisgulasch

Speckige **Erdäpfel** kochen (aber nur so, daß man sie schälen kann, es wird drauf später nochmal herumgedünstet !), schälen und würfelig schneiden. **Fisolen** stückelig schneiden, kochen, abseihen. Dieselbe Menge **Kürbis** wie Erdäpfel schälen und schneiden. **Zwiebel** in Ringerl schneiden, und in **Olivenöl** dünsten. Wasser dazu, Erdäpfel und Kürbis hineinschütten (Spätestens jetzt zeigt sich, daß der Topf zu klein ist – ätsch !). Jetzt **Knofl** in Scheiben dazu, **Salz**, **Pfeffer**; kochen, bis die Erdäpfel-kürbisse fast bißfest sind, und dann kommen **Herrnpilze** rein (getrocknete oder tief-gekühlte. Wenns fertig ist, noch **Creme Fraiche** hineinmantschen. Übrigens: gut dazu sind auch gebratene **Speckstückchen**, die man am Schluß dazugibt ! Dazuessen: Kürbiskernbrot.

Herrnpilze paniert

Das Panieren von panierten Herrnpilzen geht wie beim ☞*Wiener Schnitzel* beschrieben, nur bitte die Schwammerl nicht klopfen, das gibt unschöne Flecken im Umkreis von zehn Metern, die die Wohnqualität signifikant absenken. Als Rohmaterial nimmt man die Köpfe von wurmfreien kleineren **Herrnpilzen**, die im Sommer geputzt werden, und ungewaschen im Ganzen in die Größe von Champignonköpfen geschnitten und eingefroren werden. Paniert werden sie in noch gefrorenem Zustand, und kommen so noch gefroren in die Pfanne.

Herrnpilz Risotto

Für Risotto nehmen wir nicht den Langkornreis, sondern einen **Rundkornreis**, sonst wird's nix. **Herrnpilze** putzen, Würmer und Schnecken herausschneiden, kleinschneiden, die Schnecken vierteln. Die Herrnpilze in **Butter** dünsten und aufheben. **Zwiebel** kleinschneiden. Dieselben in **Ölivenöl** dünsten, den Reis dazu, auf kleiner Flamme unter viel herumrühren glasig dünsten, und mit **Weißwein** löschen. Jetzt mit **Suppe** (Huhn, Rind oder Kalb) oder Wasser, wer zu faul zum Suppenkochen ist bedecken und auf kleiner Flamme köcheln. Wenn die Suppe weg ist, die Schwammerl dazu, und Suppe nachschütten, fertigkochen, solang bis der Reis weich ist. Jetzt kommt noch **Sauerrahm** dazu und geriebener **Käse** (vorzugsweise Parmesan), **Pfeffer** und **Salz**, durchrühren und fertig.

Herrnpilz- Rollgerstlrisotto

Ein Risotto ohne Reis, hab nur keinen besseren Namen gefunden, drum nenn ich es halt Risotto. Getrocknete **Herrnpilze** in Wasser einweichen. In **Olivenöl** werden **Zwiebel** und **Knoblauch** glasig gedünstet, dann schüttet man **Rollgerstl** dazu, wer will auch noch andere Körndeln wie Hafer, Roggen, Dreikorn, Vierkorn oder Nullkorn (von dem man nicht dick wird). Mit wenig (nicht einmal den Gatsch bedeckend) Wasser oder **Gemüsesuppe** immer wieder etwas aufgießen und auf kleiner Flamme köcheln. Sehr oft den Boden aufrühren, und schaun ob es nicht anbrennt, wieder Wasser dazu bis die Körndeln weich sind. Irgendwann kommen die Schwammerl dazu, **Butter** schmeißt man rein, und geriebenen **Parmesan**, **Salz** und **Pfeffer** sind eh klar. Am Ende noch geschnittenen **Petersil**. Serviert wird das Zeug mit einem oder mehreren Blättern **Rohschinken** (Jamon Serrano) und **Parmesan** zum Drüberstreuen. Dazu paßt natürlich ein ☞ *Salat*.

Parasol in Butter

Parasol soll man nur essen, wenn man sicher ist, daß es kein Knollenblätterpilz ist. (Beim Parasol läßt sich das Ringerl am Stengel verschieben, und ganz sicher weiß man den Unterschied am Tag danach). Am besten sind die mit dickem Hut, der unten noch rosa bis weiß aussieht. Wenn er unten einmal braun wird, dann ist er schon zu alt, und man sollte ihn stehen lassen, weil dann kann er aussamen, und für Nachwuchs ist gesorgt. Den Hut vierteln, und in **Butter** anbraten. **Salzen**, und mit **Schwarzbrot** essen. Sollte man nicht am Abend essen, ist sehr schwer, und man kann vielleicht nicht schlafen und hat Albträume von giftigen, mobilen Kampfschwammerln. Gebraten kann man den Parasol auch ein paar Wochen einfrieren, ohne daß er an Geschmack verliert.

Parasolschnitzel

Parasol soll man wie gesagt nur essen, wenn man sicher ist, daß es kein Knollenblätterpilz ist. (Beim Parasol läßt sich das Ringerl am Stengel verschieben). Als Schnitzel wird er genauso paniert, wie dies unter ☞*Wiener Schnitzel* beschrieben ist (aber bitte keinesfalls klopfen !).

Parasole alla Italiana

Oh Parasole mio ! **Cocktailparadeiser** halbieren, die **Parasolhüte** in Streifen schneiden, **Zitronenthymian** und **Basilikum** (viel davon !) kleinschneiden, **Knoblauch** schälen. Die Parasoltrümmer in **Butter** und **Olivenöl** ein paar Minuten dünsten (sie gehen sehr stark ein dabei, man kann also ruhig mehr schneiden, als in die Pfanne geht !) und gleich am Anfang **salzen**, damit sie Wasser absondern und nicht anbrennen. Jetzt kommen die Paradeiser dazu, noch etwas drauf herumdünsten, bis die Paradeiser angedünstet sind. Dann: viel Knoblauch hineinpressen[50], Zitronenthymian und Basilikum dazu, umrühren, **Pfeffer** und fertig. Mit geschnittenem **Schwarzbrot** essen.

Schwammerlgulasch

Dieses Rezept ist ideal, wenn man von jeder Sorte Schwammerl nur eines gefunden hat, und man trotzdem was zum Essen machen will. Man kann also Täubling, Reizger, Eierschwammerl, Butter- und Birkenpilze, Atompilze, Parasole, Fußpilze und auch Herrnpilze dazu verwenden, man muß aber nicht, sondern kann ein Gulasch auch aus nur einer Sorte machen. Ich möchte daher das allseits beliebte Reizgergulasch näher beschreiben: Wie die Reizger aussehen, sollte man eigentlich wissen, was ja ganz allgemein beim Schwammerlkochen wichtig ist, sonst sollte man nur auf denjenigen Schwammerln herumkochen, die man im Supermarkt findet. (Reizker haben eine stark färbende rote Milch, die mit der weißen Milch sind ungenießbar !). **Schwammerl** putzen (nicht waschen, sie saufen sich sonst an, und dann spritzt es, wenn sie ins heiße Fett kommen ! Ansaufen darf sich im Übrigen nur der Koch, und zwar aus Kummer, immer dann, wenns Essen anbrennt), und in Streifen schneiden. Sie sollen dann nicht mehr herumstehen, sonst wird ihnen fad, und dann laufen sie immer gleich blau an. **Zwiebel** kleinschneiden, und mit zerkleinertem **Speck** und **Knoblauch** in **Butter** glasig dünsten. Jetzt kommt noch **Salz**, **Pfeffer**, **Paprika**, **Kümmel** und **Paradeismark** dazu. Schwammerl reinschütten, (Umrühren nicht ver-

---

[50] Ein Tip für Faule: wenn man Knoblauch durch die Presse jagt, muß man ihn nicht schälen, die Schalen bleiben in der Presse zurück. Ab besten nur den Stielansatz wegschneiden.

gessen – nur herumrühren hilft aber nicht, man muß auch, am besten mit einem vorne geraden Kochlöffel den Boden aufkratzen, damit sich nichts anlegt!). Wenn die Flüssigkeit eingekocht ist, **Creme Fraiche** hineinleeren. Danach darf es nur mehr ein paar Minuten köcheln, aber nicht zu heiß, sonst wird's noch kaputt. Essen mit dem Eßbesteck, mit Bandnudeln, mit ☞ *Reis* oder mit Schwarzbrot.

Goldfußröhrlingsuppe

Das sind die Schwammerl, die ab Spätsommer portionsweise, d.h. in größeren Gruppen fad auf der Wiese herumstehen, weil sie nicht wissen, wo sonst hingehen, einen schleimigen Hut aufhaben (was ziemlich grauslich sein muß, wenn ich mir das so vorstelle), und auch auf den Namen Butterpilz hören. Der Stengel vom **Goldfußröhrling** wird weggeschnitten, und dann der Kopf geschält (was besser geht, wenn der Schwamm schon ein bißchen herumgelegen und abgetrocknet ist). Wenn er violett anläuft, dann macht das überhaupt nichts, das gehört dazu. Dann kleinschneiden, ins heiße Wasser, **Salz** dazu, fünf Minuten kochen, und sonst nichts mehr dazu ! Man glaubts ja nicht, aber nur das Schwammerl allein und Wasser gibt schon eine sehr gute Suppe.

Goldfußröhrlinggemüsesuppe

Das ist die noch bessere der Goldfußröhrlingsuppen. Dazu werden die geschälten (siehe oben) und geschnittenen **Goldfußröhrlinge** in **Butter** gedünstet. Raus damit, Aufgießen mit Wasser, und dann (im Ganzen, sonst kriegt man das Zeugs später nicht mehr aus dem Topf, und muß es mitessen !) geschälte **Karotten, Petersilwurzen, Zeller,** und **Salz** dazu. Eine halbe Stunde kochen, und dann das Gemüse herausholen und wegwerfen und die Butterpilze wieder hinein in die klare Suppe (und nicht umgekehrt !).

Reizker gebraten

Nur die **Reizker** mit der roten Milch nehmen, die mit der weißen Milch sind ungenießbar. Stengel wegschneiden, und schaun, ob Wurmlöcher da sind. Wenn Wurmlöcher da sind, dann hat er meistens Wurmlöcher und ist deshalb auch wurmig (sonst wärn ja keine Wurmlöcher da – das gilt übrigens für alle Schwammerl !) Ansonsten ist er wurmfrei, weil er ja sonst Wurmlöcher hätte. Wenn er Wurmlöcher hat, den Hut durchschneiden und das verwurmte Zeugs wegschneiden. Das nicht verwurmte, das ist das ohne Wurmlöcher, in heiße **Butter** geben, **salzen** und kurz braten. Mit **Schwarzbrot** essen.

Vegetarisch

Gemüselasagne

Für die Fülle Gemüse putzen und kleinschneiden: **Karotten**, **Lauch**, **Zwiebel**, **Knofl** in **Olivenöl** dünsten und anbraten, dann geschnittenen gedünsteten **Blattspinat** dazu. Mit etwas **Weißwein** löschen, und **Pomodori Pelati** dazu. Jetzt kommt **Basilikum**, gemahlenes **Lorbeerblatt**, **Curry**, ganz wenig **Nelkenpulver**, **Salz** und **Pfeffer** dazu. Als nächstes kommt eine ☞ *Bechamelsauce* dran, so wie a.a.O. beschrieben, nur daß ein **Lorbeerblatt**, **Petersil** und **Pfeffer** dazukommt (das Lorbeerblatt fischt man später wieder heraus). In die viereckige Lasagnepfanne kommt jetzt abwechseln Bechamel, **Lasagneblätter**, Gemüsesugo, oben abschließend mit Bechamel. Über das Bechamel eine lockere Lage in Scheiben geschnittener **Mozzarella**. Eine dreiviertel Stunde bei 200° im vorgeheizten Rohr sollte genügen.

Zucchini mit Schafskäse

Zucchini, gelbe und rote **Paprika** kleinwürfeln (doppelt soviel Zucchini wie Paprika, wenn der Zucchino schon Baseballschlägerdimension hat, wird er innen ausgehöhlt – d.h. die Samen werden herausgeschnitten, weil das Fruchtfleisch am Rand schmeckt viel besser). In **Olivenöl** kurz dünsten, **Paradeismark**, **Salz** und **Hühnersuppe** dazu, kurz köcheln. Die Hälfte davon im Turmix zergatschen und wieder zurückschütten. Jetzt vermantscht man **Schafskäse** mit 20 prozentigem **Topfen** (das ist nicht der Alkohol- sondern der Fettgehalt), und schneidet schwarze **Oliven** dazu, dann schüttet man das Zeug zu dem anderen Gatsch. Gegessen wird das Zeug mit **Reis** und Zucchinischeiben, die in Olivenöl angebraten werden (mit Salz und Pfeffer).

Linsen mit Tofu

Extrem gesund, basisch, vegetarisch und schmeckt trotzdem nach drei Hauben: Die **Linsen** werden am Vorabend eingeweicht, das spart Gas oder Strom. Nächsten Tags die Linsen weichkochen, aber ja nicht gatschig zu grauenhaftem Patz zerkochen ! Abseihen und beiseite stellen. Jetzt wird Gemüse kleingeschnitten, auf Linsengröße: **Zwiebel**, **Paradeiser**, **Karotten**, **Zucchini** empfehle ich, und in dieser Reihenfolge, das härteste zuerst, in **Olivenöl** dünsten, vielleicht etwas Wasser oder Suppe dazu. Während das Gemüse köchelt, wird **geräucherter Tofu** in Würferl geschnitten, und diese werden in Olivenöl geröstet, unter häufigem Wenden natürlich, damit keine Kohle daraus wird. Die Linsen dann ins Gemüse reinkippen, etwas **Zitronensaft** macht sich gut, **Sojamilch** und diverse Kräuter; gut ist zum Beispiel eine Mischung aus **Origano** und **Thymian**. **Salz** und **Pfeffer** nicht vergessen. Dazu paßt natürlich ein ☞ Salat und ☞ *Erdäpfel*.

Tofu mit Kukuruz und Bohnen

Zwiebel kleinwürfelig schneiden und in **Olivenöl** anbraten. Wenn sie sich zu bräunen beginnen, kommen kleingeschnittene **Räuchertofu** Würfel dazu, diese ebenfalls durchbraten. **Pfeffer**, **Cayennepfeffer**, **Salz** und roten **Paprika** (Pulver natürlich) hineinschütten, verrühren, und gleich mit Wasser (oder noch besser **Hühnersuppe**) aufgießen; d.h. soviel Flüssigkeit hineinleeren, bis alles davon bedeckt ist. Paradeiser in heißem Wasser (nona, wo sonst wohl) blanchieren, häuten und zergatscht zum Tofu. (Kleinschneiden statt häuten geht auch). Gut vermischen, eine viertel Stunde kochen. Jetzt wird je eine Konserve mit **Kukuruzkörnern** und **roten Bohnen** feierlich eröffnet Der Inhalt der Dosen wird im Sieb mit kaltem Wasser gewaschen, und dann in den Topf gekippt.. Nochmal aufkochen, und fertig ist die Sache. Auf den Teller kommt das Zeug wahlweise mit Schwarzbrot, Semmeln, ☞*Reis,* ☞ *Polenta gratiniert* oder auch ☞ *Spätzle.*

Räuchertofu mit Birnen

Dieses Rezept klingt so, als hätte es ein dressierter Affe oder ein Zufallsgenerator entworfen: Scheiben vom **Räuchertofu** und Scheiben von **Birnen** (entkernt natürlich) zusammen in **Olivenöl** dünsten, etwas **Salz** und **Pfeffer**, aber auch roter **Chili** kann dabei nicht schaden. Das Zeug ißt man mit einem Bohnensalat aus **Zwiebeln**, roten **Bohnen** aus der Dose (d.h. schon gekocht), **Kürbiskernen**, **Kürbiskernöl**, **Essig** und **Bärlauch** oder **Petersil**. Über die Tofubirnen streue ich vor dem Essen noch **Limettenzesten** drüber. Schmeckt sowohl gut als auch gesund, was an sich recht selten ist !

Spargelauflauf

Als „Auflauf" bezeichnet man „ein in feuerfestem Behälter im Ofen überbackenes, salzig oder süß abgeschmecktes Gericht" – welcher Aussage von Wikipedia ich mich voll anschließe. In diesem Fall pantscht man zusammen: **Spargel** geschnitten, ungekocht, geschält; **Erdäpfel** geschnitten, gekocht, geschält, **Zwiebel** ringelig geschnitten, ungekocht, geschält, **Schinken**, geschnitten, ungekocht, ungeschält; **Bechamel** ungeschnitten, gekocht, ungeschält, (wers nicht weiß, was das ist, lasse ab vom Auflauf oder schaue unter: ☞ *Bechamel* nach. **Salz & Pfeffer** ungeschnitten, ungekocht, ungeschält noch dazu, **Käse** geschnitten, ungekocht, ungeschält drüber und ab ins Rohr eine halbe Stunde zum gratinieren. Vegetarier: bitte den Schinken weglassen ! Dazu paßt ein ☞*Salat.*

Spargel mit Gemüse

Ganz einfach: **Spargel** schälen und in Stücke schneiden, in **Olivenöl** in der Pfanne braten, **Blattspinat** und geschnittene **Paradeiser** dazu, **Knoblauch**, **Pfeffer** und

Salz. Fertig. Kann man so essen, aber auch mit gebratenem **Speck**, und / oder **Bulgur** oder auch Quinoa.

Kürbislasagne

Das geht genauso wie die normale Lasagne, nur das Sugo ist anders: **Zwiebel**, **Knoblauch** dünsten, kleingeschnittene **Paradeiser** dazu, zur Sauce zerköcheln und kleinere **Kürbistrümmerln** rein. Nicht mehr viel drauf herumkochen, sonst zergatschen die Kürbistrümmerln. In die Pfanne kommt das Zeug so wie immer, mit **Lasagneblättern** und **Bechamel**, statt dem Parmesan über den Schichten nehmen wir **Mozzarella**. Auf die oberste Bechamelschicht kommt wieder **Parmesan** drauf.

Kürbisrisotto mit Gorgonzola

Dafür brauchen wir einen richtigen **Risottoreis**, der Langkornreis ist hier natürlich auch möglich, aber nicht richtig, weil er nicht gatschig genug ist. Ein perfektes Risotto ist eben ein Gatsch, aber ein Gatsch aus der Kategorie der Gutgatsche. Also: wir putzen am Gemüse herum: **Knoblauch**, **Zwiebel** und **Kürbis** (Kürbis bitte doppelte Menge wie der Reis, das macht im Endzustand dann 1:1 aus) schälen und kleinschneiden (Knoblauch ganz klein, Kürbis Würferln mit 5 mm Seitenlänge, Zwiebel egal). Eine **Mandarine** zu Saft pressen (eine halbe Orange geht auch). Knofl & Zwiefel in **Olivenöl** glasig dünsten, mit **Weißwein** löschen (vorher ISO 9001 Qualitätstest durchführen beim Wein !), den Reis reinschütten, den Mandarinensaft reinschütten, mit Wasser oder Schnabeltierknochensuppe bedecken, **Salz**, **Pfeffer**, **Lorbeerblatt** und eine **Gewürznelke** dazu, etwas **Muskatnuß** reinreiben, gut durchmischen und auf kleinster Flamme darauf herumköcheln. Wenn die Flüssigkeit aufgesogen ist, noch welche dazu, so lange bis der Reis gatschig ist. Wenn der Gatsch ausreichend gatschig ist (kosten !), kleingeschnittene **Salbeiblätter** und ein paar Stücke vom **Gorgonzola** (je gorgonziliger desto fetter werden die Esser) dazu und reinrühren, bis er sich aufgelöst hat, und ab zum Tisch. Dazu passt natürlich viel ☞ *Grüner Salat*.

Kürbisrisotto das Zweite

Geht genauso wie oben, nur mit anderen Zutaten: **Zwiebel** ins **Olivenöl**, so fangt es immer an, da ist man nie falsch. **Reis**, Wasser und **Salz** dazu wie oben. Jetzt kommen kleingeschnittene **Pomodori Secchi** dazu, köcheln wie oben, **Gorgonzola**, später dann (damit er sich nicht zergatschkocht) kleingeschnittener **Kürbis**, **Creme Fraiche**, **Basilikum** und **Pfeffer** am Schluß. Ebenfalls ein hervorragendes Rezept !

Kürbisrisotto das Dritte

Risotto pflegt in der Küche inflationär aufzutreten, aus dem Grund, weil man in ein Risotto alles reinschmeissen kann, was man so im Haushalt findet. Diesmal kommt hinein: gebratene **Kürbiswürfel**, geröstete **Kürbiskerne**, **Zwiebel**, **Bergkäse**, **Kürbiskernöl** und **Schnittlauch**.

Ziguririsotto mit roten Rüben

Ziguri hören außerhalb von Wien auch auf den Namen Zichorie, man verwendet das Wort auch als „eine übern Ziguri haun" im Sinne von „einen Schlag auf den Kopf geben" – das ist aber jetzt nicht das Thema meiner Betrachtung. **Zwiebel**, **Knoblauch** und **Ingwer** kleinschneiden und zusammen in ein Schüsserl geben. Die **Ziguri** werden der Länge nach geteilt, jetzt den Strunk rausschneiden, dann nochmals teilen, und zweimal der quer schneiden. In **Olivenöl** dünsten, sie sollen aber noch bissfest sein. Raus damit, in ein Schüsserl und zudeckeln. In den Topf noch etwas Olivenöl, und **Shrimps** rot anbraten (es sei denn, sie sind schon gekocht, dann kann man den Punkt auslassen). Wieder Olivenöl, Zwiebel & Co rein, und dünsten, mit **Weißwein** löschen. Danach **Risottoreis** dazu, Wasser und **Salz**. Langsam den Reis dünsten und immer wieder Flüssigkeit dazu, und zwar **Kokosmilch**, bis der Reis schön weich und cremig ist. Dazwischen wird nicht in der Nase gebohrt, sondern es werden **rote Rüben** geschnitten, und zwar die schon geschälte und gekochte Sorte. Wenn der Reis fertig ist kommen ebendiese Rüben dazu, die Shrimps, durchmischen, **Pfeffer** rein, und die Shrimps wenn es sie noch gibt, **Parmesan**, durchmischen aber nicht mehr kochen, und fertig. Dazu passt wie so oft ☞ *Salat*.

Ziguri mit Nüssen gratiniert

Etwa 1,5 **Ziguri** pro Mitesser halbieren und den Strunk herausschneiden, weil der ist bitter. Etwa 5 Minuten im Wasserbad dämpfen, ins Wasser etwas **Zitrone** hinein. In der Zwischenzeit wird nicht geschnarcht, sondern es werden **Walnüsse** und **Kürbiskerne** zerkleinert, mit **Parmesan** und etwas **Olivenöl** zusam-mengemantscht. Die gedämpften Ziguri kommen in eine Auflaufform, den Nussgatsch drüber und ab ins Rohr. Bevor sie fertig sind, noch geriebenen **Emmentaler** drüber und schön braun braten. Das Zeug mit ☞*Brot* essen.

Gemüserisotto mit Shrimps

Wer die vorherigen Risottorezepte ausreichend durchgehirnt hat, wird sich bei diesem Rezept nicht schwer tun, das ich verkürzt wiedergebe; wer noch Risottokochprobleme hat, möge noch einmal beim Grundrezept oben anfangen. In dieses Risotto kommt neben **Reis**, **Knoblauch**, **Zwiebel** und **Parmesan** noch folgendes dazu: **Kirschparadeiser**, **Karfiol**, **Porree**, **Thymian**, **Obers**, **Thymian** und **Shrimps**. **Salz** und **Pfeffer** is eh klar. Schmatz.

Erdäpfel- Pastinakenrösti

Was leichtes Gesundes: geschälte (eh klar) **Erdäpfel** und geschälte **Pastinaken** zerkleinern (schneiden, raspeln, schreddern, zerkauen oder in einen Sack stopfen und mit dem Auto drüberfahren), mit **Ei** vermischen, **Salz**, **Pfeffer** und **Muskat** drüber, wenn zu feucht dann noch **Brösel** rein, dünne Laberln formen und in **Butter** oder **Olivenöl** oder beidem herausbraten. Dazu passt schon wieder wie so oft ☞ *Salat* und ☞ *Endivienrahmgatsch*. Das Rezept funktioniert aber genauso gut mit Petersilwurzen statt der Pastinaken und dazu noch Karotten, wenn irgendwer die Pastinaken nicht von den Petersilwurzen unterscheiden kann, ist das also kein Drama !

Kürbisragout mit Pomodori Secchi

Geht nur im Herbst, in der Kürbiszeit. Getrocknete **Herrnpilze** in Wasser einweichen (frische gehen natürlich auch, die werden aber nicht eingeweicht), **Kürbis** kleinscheiden, **getrocknete Paradeiser** sehr klein schneiden („sehr klein" ist etwa 20% von „klein"), **Zwiebel** und **Knoblauch** ebenfalls zerkleinern. Dann wie so oft üblich die Zwiefel in **Olivenöl** dünsten, mit **Weißwein** (grüner Veltliner) löschen, den Kürbis reinschütten, Knofl reinschneiden, die getrockneten Paradeiseln dazu, die Herrnpilze nicht vergessen, **Salz** und **Pfeffer** und weichdünsten, bis der Kürbis bißfest ist (gatschig sollte er nicht sein ! das gibt zwei bis drei Hauben Abzug !). Wenn nötig, etwas Wasser noch dazu, aber nur so viel, daß nix anbrennt. Wenn das soweit zufriedenstellend fertig ist, noch kleingeschnittenen **Rosmarin** rein. Wer unbedingt will, kann am Anfang zu den Zwiefeln auch noch Speck reinschneiden. Dann muß er aber das Rezept hier ausschneiden, und woanders hinpicken, weil es dann nicht mehr vegetarisch ist ! Und die Herrnpilze kann man dann weglassen, die gehen im Speck geschmacklich unter. Zu verspeisen mit Teigwaren, z.B. Hörnchen.

Kräuterseitlinge in Senfsauce

Die **Kräuterseitlinge** wachsen nicht im Wald, sondern in der Fabrik, wo sie geerntet und verpackt werden. Kräuterseitlingsfabriken sind aber sehr selten, und damit findet man diese Schwammerl leider nicht in jedem Supermarktregal. Na egal: wenn man welche findet werden sie kleingeschnitten, so wie auch die gleiche Menge **Frühlingszwiebel**. Man beginnt aber mit den **Erdäpfeln** (ebenfalls gleiche Menge): die werden geschält und in Scheiben oder Würfel oder so geschnitten und in **Olivenöl** bräunlich geröstet. Dann kommen sie raus aus der Pfanne bevor sie verkohlen, und werden und die Schwammerl kommen rein in die Pfanne, drauf herumdünsten und öfter wenden, dann die Frühlingszwiebel dazu, **Salz**, **Pfeffer** und **Oregano** oder Majoran, oder aber auch Thymian, was halt grad da ist. Dann werden die Erdäpfel wieder dazugeschüttet, das ganze wird mit einer ☞*Oberssenfsauce* übergossen, durchgerührt, und ab auf die Teller. Mit Baguette essen, das schmeckt !

Champignonsauce mit Knödl

Champignonsauce macht man genauso wie ☞*Schwammerlsauce* die man aus Herrnpilzen verfertigt, nur daß man schaun muß, daß die Champignons frisch sind, und unter dem Hut noch rosa. Wenn sie dort schon schwarz sind, sind sie (nicht nur für Schwammerlsauce) ungeeignet, und gehören nicht in die Küche, sondern dem Geschäftsführer vom Supermarkt auf seinen Schreibtisch geschüttet, oder auf den Komposthaufen. Also: **Champignons** entstengeln, enthäuten, klein schneiden, in **Butter** dünsten, das ganze Wasser verkochen. Wenn man hat, ist auch ein Teelöffelchen Herrnpilzpulver (getrocknete, gemahlene Herrnpilze, darf in keiner Haubenküche im Gewürzkästchen fehlen) in der Sauce sehr gut. Mit etwas **Milch** aufgießen, köcheln, und **Salz** dazu. Dann kommt ein Teelöffel **Tapioka**, den man in ganz wenig kaltem Wasser oder Milch auflöst, dazu und dann wird noch mit **Rahm** oder **Creme Fraiche** verfeinert. Dazu schmeckt am besten ein ☞*Knödl*.

Linsen mit Knödl

Einfacher geht's nicht mehr: ☞**Linsen** und ☞**Knödl** machen und zusammen essen.

Gröste Knödl

Die grestn Knedl (wie sie auch heißen) wurden 1632 in Gresten, der Heimatstadt der Grestn Knedl erfunden. Soweit zum geschichtlichen Hintergrund. Kleingeschnittene **Zwiebel** in einer breiten Pfanne in **Olivenöl** anlaufen lassen, und da hinein die kalten (schon vorher gekochten) ☞**Knödl** in kleinen Stückchen hineinschneiden. Auf kleiner Flamme lassen, daß sie schön braun werden, und öfters umschaufeln. Pro Knödl ein **Ei** versprudeln, und drüberleeren, und auf kleiner Flamme weiter dran herumbraten, bis das Ei gestockt ist. Nicht salzen, die Knödl sind eh schon gesalzen ! Am besten dazu paßt ein ☞*Paradeissalat*.

Kaspressknödl

Das geht fast so wie ☞*Knödl*, wer die zusammenbringt, wird auch am Kaspressknödl nicht scheitern: die **Knödelmasse** so machen, wie es hier irgendwo herumsteht, dazu kommt aber noch in **Olivenöl** gedünsteter kleingeschnittener **Zwiebel**, und sehr kleinwürfelig geschnittener Käse, im Original ist das ein Tiroler **Graukäse**, oder auch **Bierkäse**, wenn der Graukäse grad nicht am Baum wächst. Alternativ kann man auch **Bergkäse** und **Quargel** nehmen, oder **Gruyere** (der Käse soll einen eher höheren Schmelzpunkt haben, also recht hart sein). „Pressen" auf althochtirolerisch heißt „braten", hab ich gehört, ihr müßt daher nicht eine Stunde auf der Knödelmasse herumhocken, um sie zu pressen. Es werden vielmehr kleinere Knöderl gewutzelt, auf ein Brett damit, flachdrücken, die Ränder glätten, und in **Rapsöl** herausbacken bis sie goldbraun sind. Gut abtropfen lassen ! Sie eignen sich entweder in einer ☞ *Kaspressknödlsuppe* als Suppeneinlage, oder man isst sie zu ☞ *Spinat*, ☞ *Sauerkraut*, ,

☞ *Gurkensauce* oder auch ☞ *warmem Krautsalat* oder einfach mit einem Haufen ☞ *grünem Salat.*

Paradeiserknödel

Nein, das ist ernst gemeint, und schmeckt hervorragend: in die normale Knödelmasse kommt noch rein: **Zwiebel** und **Knoblauch** die in viel **Olivenöl** gedünstet sind, kleingeschnittene **Paradeiser**, und kleingeschnittener **Blauschimmelkäse**. Ganz normal verarbeiten wie eben ein Knödel das braucht. Als Beilage eignet sich hervorragend ☞ *Mangold* oder ☞ *Spinat.*

Erdäpfelknödl gefüllt

Für die Fülle wird ein Gatsch aus zerkleinerten **Paradeisern**, **Mozzarella**, **Knoblauch**, **Salz** und **Origano** zusammengemantscht. Wie man zu **Erdäpfelknödlteig** kommt, steht unter ☞ *Erdäpdelknödl,* wo sonst. Aus einem Stück Teig ein Knöderl wutzeln, am bemehlten Brett flachdrücken, und einen Löffel Fülle in die Mitte drauf. Den Teig rundherum gut schließen (Ränder mit den Fingern zusammenpressen), den Knödel noch am bemehlten Brett herumrollen und im Wasserbad köcheln bis sie oben schwimmen. Raus damit, abtrocknen lassen und dann in einer Pfanne in Butter goldbraun anbraten. Dazu passt ☞ *alles Mögliche.*

Mangoldknödel

Wie man knödelt, weiß eh jeder auswendig. In diese **Knödelmasse** kommt für dieses Rezept noch **Mangold** hinein, oder Spinat; gedünstete **Zwiebel** und **Parmesan**. Wer Fett ansetzen will, weil er die Hose immer verliert, möge noch zerlassene braune **Butter** drüberschütten ! Selbstverständlich wird dazu ein ☞ *grüner Salat* gegessen.

Spinatnockerln Malfatti

So gut kann vegetarische Küche sein ! „Malfatti" heißt „miserabel geraten" oder auf gut wienerisch „ned zum anschaun". Die Nockerl sind auch leicht zerrupft ansichtig, und wenn jemand bei Tisch meckert, so genügt der Hinweis auf den Namen des Rezepts mit dem Nebensatz „das gehört bekanntlich so !". Und Ruhe. Also: Getrocknete **Herrnpilze** einweichen und einen Haufen **Kürbis** würfelig schneiden. In einer Schüssel wird folgendes zusammengepantscht: 2 **Eier** und 1 **Dotter** für 3 Mitesser, 150 Gramm **Ricotta**, kleingeschnittener und sehr gut ausgedrückter[51] (wenn es zu feucht ist, braucht man zu viel Mehl und es wird ein Patz) **Tiefkühlspinat**, gepresster

---

[51] Zum Trockenlegen den aufgetauten Tiefkühlspinat in ein Geschirrtuch in die Mitte legen, das Tuch an den vier Zipfeln nehmen und über dem Kopf im Kreis wirbeln. Am besten macht man das im Wohnzimmer, das ergibt ein künstlerisch wertvolles Gemälde an der ganzen Wand.

Knoblauch, Salz und **Pfeffer.** Mit griffigem **Mehl** stauben und verrühren bis ein halbwegs brauchbarer, was heißt, nockerlformfähiger Gatsch entsteht. Kalt rasten lassen und mit 2 Esslöffeln geformt in köchelndes Wasser haun, nach 10 Minuten sollten die Nockerl fertig sein. Inzwischen wird nicht blöd in die Gegend gestiert, sondern in einer großen Pfanne wird in **Butter Leinsamen** ganz leicht geröstet, dann kommt der Kürbis rein, dünsten, er soll aber knackig bleiben (Vorsicht: wird sehr schnell zu Gatsch wenn man zu lang drauf herumtemperiert !) und natürlich die Herrnpilze, und dann werden die Nockerln drübergelegt, was auch optisch sehr ansprechend ist. Selbstverständlich wird auch dazu wiederum ein ☞ *grüner Salat* gegessen.

Spinatgnudi

Die Gnudi sind enge Verwandte der Gnocchi, und haben statt Erdäpfel Ricotta in sich. Sie sind in dieser Form auch unter dem Synonym Malfatti bekannt (siehe oben). Wir beginnen mit dem Spinat: entweder **Blattspinat** auftauen, und zwar soviel an Gewicht wie **Ricotta**, wobei je ein Viertel Kilo für drei Mitesser ausreichend ist, oder aber Spinat und **Bärlauch** aus dem Garten holen, entstengeln, waschen, kleinschneiden. **Zwiebel** in **Olivenöl** dünsten, dann den Spinat reinschmeissen und zusammenfallen lassen. **Knoblauch** dazu, **Salz, Muskat** und **Pfeffer**, und weg vom Herd. Jetzt den Ricotta reinschütten, je einen **Dotter** pro Mitesser - oder ein ganzes Ei, das ist nicht heikel - und einen Löffel geriebenen **Parmesan** und die Masse mit **Grieß** oder Mehl binden daß ein ordentlicher Gatsch draus wird. Abkühlen, und aus dem Gatsch kleine Knödel wutzeln und ab ins leicht köchelnde Waser für eine Viertelstunde. In der Zwischenzeit wird nicht Zeitung gelesen, sondern es werden **Cocktailparadeiser** geviertelt, und in **Butter** leicht angedünstet – sie sollen aber nicht zu Gatsch zerfallen ! In die Butter kommt vor den Paradeiser noch geschnittener **Salbei** rein, und **Salz** nicht vergessen. Die Gnudi dürften auch entfernt mit den Grießnockerln verwandt sein: schmeißt man sie ins Kochwasser, dann gehen sie unter, und wenn sie durch sind, schwimmen sie oben. Praktisch ist das ! Übrigens: das Kochwasser kann man wegschütten oder aber auch zu einer sehr guten Gemüsesuppe weiterverarbeiten.

Hoargneistnidei

Das ist salzburgerisch. Wer mir sagen kann was Hoargneistnidei heißt, der gewinnt ein Laberl aus einem Haarnest. In **Olivenöl** gedünstete **Zwiebel** werden in der Lieblingsrührschüssel mit kleingeschnittenem **Sauerkraut** aus dem Packl, drei **Eiern** pro Packl Sauerkraut, glattem **Mehl**, **Knoblauch** aus der Presse, **Ingwer** und **Kren** sowie **Salz, Pfeffer, Thymian, Origano** und **Kümmel** zusammengepantscht bis ein Gatsch entsteht, der am Kochlöffel picken bleibt. Wenn er nicht picken bleibt, fehlt Mehl. Mit einem Löffel einen Patzen aufs Schneidbrett klatschen und flachdrücken, und dann in **Öl** herausbacken. Selbstverständlich gehört dazu ein ☞ *grüner Salat* und zum Beispiel auch ein ☞ *Kräutergurkenrahm.*

Spinaterdäpfelwürschteln

Das Zeug ist mit den Gnudi oben eng verwandt, schaut aus wie vegetarische Hundsträmmerl, schmeckt aber hervorragend und eignet sich auch als Suppeneinlage. Folgendes wird in einem Weidling zusammengemantscht: 200g zergatschte, gekochte und geschälte mehlige **Erdäpfel**, 150g passierter **Spinat** (kann ein Tiefkühlspinat sein), 250g **Topfen** mit 40% Fett, 2 **Eier**, 2 **Dotter**, 80g **Parmesan**, 250g glattes **Mehl, Salz.** Einen großen Topf mit Wasser füllen und auf den Herd damit. Den Teig auf einer bemehlte (sonst pickt das Zeug überall herum und es entsteht die große Sauerei !) Fläche zu Würschteln wutzeln, vom Würschtel ein Stück abreißen und Kleinwürschteln wutzeln mit, sagen wir 1,5 cm Durchmesser und 7,45 cm lang. Die Kleinwürschteln auf einen Kleinwürschtelteller legen und einzeln ins heiße Wasser in den Topf rein. Am Anfang vorsichtig umrühren, damit die Würschteln nicht anpicken ! Aufwallen lassen, abdrehen, zudeckeln und noch fünf Minuten ziehen lassen. Verdrückt wird das Zeug mit zerlassener **Butter**, man kann auch noch **Käse** drüberreiben, oder **Salbei**, oder ein zerkleinertes **hartes Ei**, oder alles zusammen. Verpflichtend gehört dazu: ☞ *grüner Salat.*

Spinatstrudel

Wer zu faul ist, im Herbst Spinat im Garten oder im Park anzubauen, nimmt ein Packl **Blattspinat** in tiefgefrorenem Zustand, und setzt sich eine halbe Stunde drauf, damit er auftaut – ist auch gut für die Hämorrhoiden. **Zwiebel** kleinschneiden und in **Olivenöl** dünsten. Da hinein kommt der abgetropfte Spinat, **Salz**, **Pfeffer** und **Muskatnuß,** und dann wird das Zeug aufgekocht. Ein Packl griechischen **Feta** oder aber auch **Mozzarella** aus Italia kleinschneiden und zerbröseln (zerbröseln gilt nur für den Feta, Mozzarella läßt sich bekanntlich nicht zerbröseln). Der Feta / Mozzarella kommt zum Spinat dazu, ebenso die **Dotter** zweier Eier. Aus dem **Eiklar** wird Schnee gemacht. Dazu wartet man nicht auf den Winter, sondern auf die betriebsbereite Küchenmaschine. Das Rohr auf 180° vorheizen. **Butter** in einem Reindl schmelzen. Ein **Strudelteigblatt** nach dem Auftaun auf einem sauberen Geschirrtuch ausbreiten, mit geschmolzener Butter bestreichen, das zweite Strudelteigblatt drauflegen, und danach den Spinatkäsedottergatsch drauf ausbreiten: gleichmäßig verteilen, aber am Rand einen Streifen frei lassen (damit man die Enden nach dem Einrollen einschlagen kann), und hinten etwa sieben Zentimeter freilassen, damit man ihn leichter einrollen kann. Jetzt den Schnee drauf ausbreiten, vorsichtig mit Hilfe vom Tuch einrollen, mit der restlichen geschmolzenen Butter bestreichen, aufs Backblech oben in die Auflaufform, und ab ins Rohr. Nach fünf Minuten mit gesprudeltem **Ei** bestreichen (das kann man später noch wiederholen). Dazu paßt gut ein ☞*Salat* und auch ein ☞*Kräutergurkenrahm* oder ein ☞*Tsatsiki*.

Spinatstrudel II

Geht so wie oben, nur die Fülle ist etwas anders: **Erdäpfel** schälen, kleinschneiden und weichkochen. **Zwiebel** und **Knoblauch** in **Olivenöl** dünsten, **Spinat** (ich nehm tiefgekühlten, der geht auch) rein, **Salz**, **Pfeffer**, **Currypulver**, **Sesamkörner** und **Joghurt**. **Petersil** und **Dille** kann man auch noch reinkippen, wer mag. Den Rest erklär ich nicht, ich mag mich nicht wiederholen. Weiß außerdem eh jeder, wie man einen Strudel füllt.

Gemüsestrudel

Champignons entstengeln, schälen und vierteln. **Zwiebel** und **Speck** kleinschneiden und in **Olivenöl** dünsten, die Champignons dazu. In der Zwischenzeit **Blattspinat** (tiefgefroren) herrichten. **Karotten**, **Stangenzeller**, **Zeller**, **Erbsen**, **Petersilwurz**, **gelbe Rüben**, **Porree** und was man sonst noch so aus der Gemüselade kramen kann schälen (wenn erforderlich, die Erbsen beispielsweise natürlich nicht schälen !) und in kleine Stücke schneiden. Gemüse und Spinat zur Champignonzwiebelspeckpampe geben, unzugedeckt dünsten, vielleicht ein ganz kleines bißchen Wasser dazu, öfters umrühren nicht vergessen, und weg vom Herd. Das Wasser soll am Ende ganz verkocht sein, sonst weicht es später den Strudelteig auf, wenn man ihn belegt, und dann reißt er, und es gibt groß Geschrei in der Küche ! Das Rohr auf 180° vorheizen. **Butter** in einem Reindl schmelzen. Ein **Strudelteigblatt** nach dem auftaun auf ein Tuch oder den Teppich ausbreiten, mit geschmolzener Butter bestreichen, das zweite Strudelteigblatt drauflegen, und danach das Gemüse drauf ausbreiten: gleichmäßig verteilen, aber am Rand einen Streifen frei lassen (damit man die Enden nach dem Einrollen einschlagen kann), und hinten etwa sieben Zentimeter freilassen, damit man ihn leichter einrollen kann. Jetzt kommt geriebener **Grana Padano** (wers nicht weiß was das ist, der solls bleiben lassen; wer weiß was das ist, der hat den Parmesan eh selbst gerieben) drüberstreuen, vorsichtig einrollen, mit der restlichen geschmolzenen Butter bestreichen, aufs Backblech oben in die Auflaufform, und ab ins Rohr. (Statt dem Parmesan kann man auch Mozzarella zerreißen und draufstreuen.) Nach fünf Minuten Backzeit den Strudel mit gesprudeltem **Ei** bestreichen (das kann man später noch wiederholen). Dazu paßt gut ein ☞*Salat* und auch ein ☞*Tsatsiki*.

Rotkrautstrudel

Wie man ☞ *Rotkraut* macht, weiß man. (Oder man schaut nach, oder man kaufts fertig, tiefgefroren, schmeckt auch nicht schlecht). Ins gedünstete **Rotkraut** kommt **Obers**, **Petersil** und ein Haufen **Nüsse** (Walnüsse am besten). Auskühlen lassen, zwei **Dotter** dazu, aus dem **Eiklar** schlägt man Schnee, und fertig. Den Rest macht man wie den ☞ *Spinatstrudel*. (Gatsch über den Teig, drüber den Schnee, einrollen und ab ins Rohr). Was gut dazu paßt: ☞ *Preiselbeerrahm*.

Spinatpizzarolle

Tiefgekühlte oder frische **Spinatblätter** kleinschneiden (die frischen aber vorher blanchieren) und **Mozzarella** mittelkleinwürfelig schneiden. In einem Schüsserl ein **Ei**, **Knoblauch**, **Salz** und **Pfeffer** verrühren und aufheben. **Pizzateig** (der darf auch fertig gekauft werden ohne daß ich dann bös schau) entrollen, die Hälfte vom Eiergatsch über den Teig leeren und verteilen, Spinat und Mozzarella drüber verteilen, einrollen, auf ein Blech mit Backpapier und ab ins Rohr. Dazu paßt gut ein ☞*Salat* oder ein ☞*Tsatsiki*.

Torta Pasqualina

Das ist eine ligurische Ostertorte der nicht- süßen Art, aus Gemüse und Teig. In die Füllung werden in Vertiefungen ganze Eier hineingeschlagen, die dann beim Backen hart werden. Das mach ich aber nicht. Statt des Originalteiges aus Mehl, Wasser und Olivenöl nehme ich einen **Strudelteig**. Und zwar lege ich vier Blätter in eine Springform, nacheinander, und immer nur zur Hälfte in die Form, und immer um 90° versetzt, wer sich das vorstellen kann. Hinein kommt eine Fülle aus angebratenen **Zwiebeln** und ebensolchem **Blattspinat**, in der Rührschüssel zusammengemantscht mit **Ricotta**, **Parmesan**, **Salz**, **Pfeffer**, **Knoblauch** und **Majoran**. Die **Eier** misch ich da auch rein. Der Kitt wird in die Springform gekippt, und dann wird ein Teigblatt nach dem anderen reingepappt und mit gesprudeltem **Ei** bestrichen. Die fertige Oberfläche streich ich dann noch mit zerlassener **Butter** ein. Ins Rohr hinein für 30 Minuten vervollständigt diese Torte. Dazu paßt gut ein ☞*Salat* und ein ☞*Tsatsiki*.

Mangold- Eierschwammerl Rouladen

Wer das zum ersten Mal kocht, soll zur Sicherheit zuerst einen Strudelteig auftauen. Von den **Mangoldblättern** vorsichtig die Stengel herausschneiden, und aufpassen, daß danach die Blätter möglichst nicht zerrissen sind. Die Stengel kleinschneiden (quer zur Faser, auf ein bis zwei Zentimeter). Die Blätter vorsichtig waschen und in einem breiten Topf in heißem Wasser blanchieren. Der Sinn ist der, daß die Blätter dabei weich und biegsam werden, also nur in fast kochendem Wasser baden, und nur so lang, bis sie eben weich sind. Die Blätter dabei einzeln ein- bis zweimal falten, ordentlich übereinanderlegen, und immer drei bis vier ins Wasser. Wenn sie weich sind, mit einem flachen Trumm (Flachschöpfer, Schaufel, Schuhlöffel) herausheben und zum Abtropfen in ein Sieb legen. Jetzt **Zwiebel** und **Eierschwammerl** schneiden (so groß wie die Mangoldstengel – sind die eh noch da?). Stengel, Schwammerl und Zwiefel in **Olivenöl** anbraten, bis das Wasser verdunstet ist; **Salz**, **Pfeffer**, **Majoran** und (ganz am Schluß) **Petersil** reinschmeißen (Beim Majoran bitte vorsichtig dosieren: wenn der zu viel wird, schmeckt man keine Schwammerl mehr !). Die Pampe vom Feuer nehmen, **Brösel** drüberbröseln, **Eier** drüberklatschen, und den Gatsch vermischen. So – und jetzt zeigt sich gleich, ob die Blätter ordentlich blanchiert sind: auf einem Brett ein Blatt entfalten, einen Löffel Gatsch drauf, einrollen und in eine Pfanne legen. Wenn da allerdings nur noch Blattfetzen herumliegen, zu einem unförmigen grünglitschigen Gatsch zerkocht, dann wissen wir eins: nicht ordentlich aufgepaßt beim Lesen vom Rezept ! Zur Strafe wird der grüne Gatsch jetzt klein geschnitten, und zusammen mit dem Stengelzwiebeleierschwammerlbröseleigatsch auf den **Strudelteig** geschmiert, eingerollt und als Strudel gegessen. Geht schließlich auch. (Strudelrezepte stehn hier haufenweis herum, ich sag aber nicht, wo genau). Im Kochbuch den Rezeptnamen auf „Mangoldstrudel" händisch ausbessern nicht vergessen ! Die es geschafft haben, schöne kleine Mangoldpackerln zu wutzeln, brauchen keine Rezeptüberschrift korrigieren, können den Strudelteig wieder einfrieren, bekommen eine halbe Haube von mir, streuen über die Mangoldknöderln **geriebenen Käse** (Emmentaler, Gurktaler, Ötztaler oder Mariatheresientaler) und etwas **Parmesan**. Bei 180° im Rohr bräunen (den Käse natürlich, Mangold läßt sich nicht bräunen, nur bei hoher Temperatur schwärzen).

Knödelschwammerlmuffins

Also, ich nehm dafür tiefgefrorenen **Parasol**. Wer den nicht vorrätig hat, kann aber auch **Eierschwammerl** nehmen, oder **Champignons**. Das Rezept ist im Prinzip ganz einfach: eine stinknormale **Knödlmasse** zusammenpampen, wie es unter ☞ *Knödl* geschrieben steht. Geschnittene Champignons (oder Parasole) in **Butter** dünsten, geschnittene **Frühlingszwiebel** dazu, mit dem Knödelgatsch vermischen. Die Silikonform für Muffins suchen gehen, finden, und innen mit **Olivenöl** bepinseln, die Knödlmasse reinstopfen, ruhig mit einem ordentlichen Gupf drauf, weil man will ja auch was am Teller haben, und so eine halbe Stunde ins Rohr, bei maximal 150° - bis die Masse oben leicht bräunlich angebraten ist. Der Meister serviert dazu ☞ *Gurkensauce* und ☞ *Salat*.

Gemüseauflauf

Erdäpfel schälen und halbweich (d.h. sagen wir zehn Minuten, einverstanden ?) kochen. In der letzten Minute noch **Broccoli** kleingeschnitten dazu, abgießen und auskühlen lassen. In eine Auflaufform Gemüse hineinschlichten: Erdäpfel in Scheiben, Broccoli, **Paradeiser** und **Zucchini** in Scheiben. Drei **Eier** mit einem viertel Liter **Milch** versprudeln, viel **Petersil** und **Schnittlauch** geschnitten dazu, **Salz**, **Pfeffer** und **Muskat** hinein, und flächendeckend über das Gemüse leeren. Drüber noch geriebenen Käse (Gouda oder **Emmentaler** oder so) drüberbröseln und eine halbe Stunde oder länger ins Rohr, nicht zugedeckt, bei 200° im Schatten, bis der Käse schön braun anläuft.

Gemüsecurry

Das kann man im Wok machen oder im Topf, da misch ich mich nicht ein. Im Prinzip eigentlich nur Gemüse und Curry, was ja nicht verwunderlich ist, da es ja auch so heißt. Das sensationelle dran ist die Flüssigkeit, mit der man aufgießt: **Cashewnüsse** mit Wasser turmixen ! Ansonsten so wie eh immer: **Olivenöl**, **Zwiebel**, **Knoblauch** braten - (alles in dieser Reihenfolge wegen der Knackigkeit !) dann **Paradeiser**, **Zitronenstückchen** ohne Schale, jetzt das Cashewwasser draufschütten, **Curry**, **Kurkuma**, **Salz** und **Pfeffer** reinhaun; **Erdäpfel**, roter gelber oder durchsichtiger **Paprika**, **Pastinaken**, ganz am Schluß **Zucchini** und grob zerkleinerte **Cashewnüsse** dazu, bißfest dünsten und fertig. Öfter den Boden aufkratzen, die Nußpaste im Cashewwasser legt sich gern an und brennt dann an.

Petersilwurzengratin

Die Lieblingsauflaufform mit **Butter** einfetten, sonst pickt das Zeug später drinnen herum. Und dann hineinschneiden: **Petersilwurzen** und **Champignons**, natürlich ohne Erde, Schnecken und Häuteln. In einer Rührschüssel zusammenpantschen: **Milch**, **Obers**, geriebenen **Bergkäse**, **Eier**, **Salz**, **Pfeffer** und **Senf**. Das Zeug wird über das Gemüse geschüttet, vermischen, **Käse** (Bergkäse, Talkäse oder Parmesan) drüberreiben und ab ins Rohr bis zur goldgelben Verfärbung. Wer will, kann übrigens noch gerösteten **Speck** reinschmeißen !

Gemüse mit Kurkuma und Ingwer

Eignet sich hervorragend, um das Gemüsefach im Kühlschrank zu leeren. In meinem Fall war das so: ich hab im Kühlschrank (und auch außerhalb desselben) folgendes in noch brauchbarem Zustand gefunden: **Champignons**, **Paprika**, **Zucchini**, **Porree**, **Paradeiser**, **Gurken**, **Zwiebel** und **Knoblauch**, und **Ingwer** natürlich. Das Zeug hab ich kleingeschnitten, in **Olivenöl** gedünstet, und zwar in der Reihenfolge des Härtegrades dieser Ingredienzien, dann bin ich noch über **Salz**, **Pfeffer** und **Kurkuma** gestolpert, habs reingeschmissen, etwas geriebenen **Käse** dazu, und fertig war der Gatsch. Hat auf Anhieb eine Haube gebracht ! Kann man essen mit: ☞ *getoastetem Schwarzbot, Erdäpfel,* oder mit sonst irgendwas. Oder: Mit einem **Jasimreis** essen, und im Wok machen. Schmeckt auch hervorragend. Da kommt noch **Sojasauce** rein, und **Salz** statt der Fischsauce, und trotzdem **Käse** !

Karfiol mit Linsen

Sehr wirksam bei Diabetes, Lebersausen und Zehennagelwucherungen. **Linsen** am Vorabend ins Wasser legen. Am Tag der beabsichtigten Nahrungsaufnahme kleingeschnittene **Karotten** (geschält natürlich) und ebensolchen **Karfiol** in **Olivenöl** kurz dünsten, die Linsen dazu, ganz wenig Wasser, nur was man zum Dämpfen braucht, und dämpfen – wie gesagt. **Salz**, **Pfeffer** und **Curry** kommt dazu. Jetzt wird **Tapio-**

ka, das in keiner ernstzunehmenden Küche fehlen darf (nicht ernstzunehmende Topfpantscher nehmen Mehl oder Maisstärke) mit **Joghurt** zusammengemantscht, und in den Topf geschüttet. Es soll aber keine Suppe draus werden, und auch kein Brei, also eher wenig davon nehmen. Kurz aufwärmen, **Petersil** rein, und fertig. Bei einem Schwächeanfall nachher infolge unzureichender Kalorienaufnahme empfiehlt sich die Einnahme eines Stücks fetten Specks !

Gemüse mit Mandelsauce und Tofu

Einen Haufen Gemüse braucht man dazu, wie ja schon der Name sagt; zum Beispiel **Porree**, **Zucchini**, **Karotten**, **Broccoli**; und zwar in kleingeschnittenem Aggregatzustand. Das Zeug wird gedämpft im Dampfdämpfer, im Schnapsbrennkessel oder einfach gedünstet, dann kommt die Mandelcreme drüber, kleingeschnittener gerösteter **Räuchertofu**, durchmischen und fertig. Ach ja – noch zur Mandelcreme: ganz einfach. Geschälte **Mandeln** mit **Zitronensaft**, **Olivenöl**, Wasser oder Suppe, **Salz**, **Pfeffer**, **Muskat**, **Dille**, **Petersil** oder anderem Gekräutel mit dem Passierstab durcharbeiten bis das Zeug cremig ist, und fertig.

Gemüse Quiche

Dafür braucht man einmal einen **Mürbteig** in einer Glasform, wie ich ihn beim ☞ *Zwiebelkuchen* beschrieben habe – ich will mich hier ja nicht wiederholen, bitte also nachzuschaun, wers noch immer nicht weiß, das Rezept steht eh gleich in der Nähe. (siehe unten !). Jetzt schneidet man **Zwiebelringe** und **Knofl** klein, und schwitzt dieses in **Olivenöl** an. Zum Gemüse: Man kann fast alles dazu nehmen. Gut ist zum Beispiel eine Mischung aus **Broccoli, Karotten, Champignons** und **Erbsen**, oder auch Kürbis, Lauch und Broccolistengel. Die Gemüser werden geputzt, mundgerecht kleingeschnitten, und in Wasser blanchiert oder in Olivenöl gedünstet, je nachdem, welche Speckschicht man anstrebt – aber nur sehr bißfest: das Zeug kommt dann noch ins Rohr! Die Zwiebel und das Gemüse werden gleichmäßig am Teig verteilt. Drüber streut man geriebenen Käse. (z.B. **Emmentaler**, oder auch **Parmesan**, aber aufpassen: der wird schneller und bräuner braun). Dann kommt ein Überguß drüber: **Sauerrahm**, pro Nase ein **Ei**, dazu noch **Parmesan**, **Petersil**, **Thymian**, **Zitronenzesten** und **Zitronensaft**; gut durchsprudeln und drüberschütten. Gleich ab ins Rohr, für ungefähr 40 Minuten (man siehts eh, wenn der Teig am Rand braun wird, und der Käse auch sich bräunt, ist es soweit). Heraus aus dem Rohr, und noch zehn Minuten heraußen stehen lassen, das Zeug ist inwendig nämlich sehr heiß, und sonst gibt's das übliche Geschrei bei Tisch, und das kostet etwa eine halbe Haube. Dazu paßt gut ein ☞*Salat*.

Karfiol- Erdäpfel Gratin

Das kann man kochen, wenn man vegetarisch essen will, aber dennoch fett. **Erdäpfel** kochen, schälen und in Scheiben schneiden. Derweilen sie kochen wird nicht Zeitung gelesen. Nein. **Karfiol** in Röschen schneiden, und nach den Erdäpfeln kurz blanchieren. In derselben Pfanne **Butter**, **Knoblauch** und **Bröseln** rösten. In eine befettete Form[52] die Erdäpfel rein, den Karfiol, **Bergkäse** drüberreiben, mit Schnitten vom **Camembert** belegen, **Salz, Pfeffer** und **Muskat** nicht vergessen, und eine Mischung aus **Obers**, **Creme Fraiche** und **Milch** drüberleeren, die Brösel drüberbröseln wenn man nicht auf sie vergessen hat, und ins Rohr damit ! Natürlich gibt's dazu einen ☞*Salat*.

Kohlschmarrn

Kein Schmarrn, dieser Schmarrn: **Kohlkopf** entblättern, die Stengel rausschneiden, den Rest grob schneiden, in heißem Wasser (was sonst) blanchieren und abseihen. Dazwischen **Zwiebel**, **Speck** (Achtung Vegetarier: bitte unbedingt weglassen !) und **Schnittlauch** kleinschneiden, wer hat kann auch **Eierschwammerl** oder **Champignons** oder 6er Dübel kleinschneiden; und eine Art Palatschinkenteig zusammenpantschen (die Mengen sollten ungefähr eingehalten werden): für 4 Portionen 180 cm³ **Milch** mit vier **Eiern**, **Salz**, **Pfeffer**, **Muskat** 30g zerlassener **Butter** und 100g **Mehl** (glattes natürlich) zersprudeln. Jetzt in einer großen Pfanne (wichtig: eine mit Deckel brauchen wir !) Zwiebel in **Olivenöl** glasig dünsten, Speck dazu, weiter herumdünsten, umrühren nicht vergessen, dann die Schwammerl, wenn man welche hat, dazuleeren und dünsten. Wenn das Zeug schön hell angebraten ist, den Kohl reinmischen und die Eiermilch flächendeckend drüberleeren. Jetzt Flamme ganz klein drehen (sonst brennt´s unten an), die Pfanne zudeckeln, und den Teig aushärten lassen. Wer es nicht mehr aushält, kann jetzt zum essen anfangen, wer will kann den Schmarrn jetzt wenden, die andere Seite bräunen, dann in der Pfanne zerreißen, und erst jetzt wird gegessen. Dazu paßt natürlich ☞ *Salate aller Arten*.

Frittata mit Blaukäse

Nein, das ist nicht eine einzelne Fitatte als Diätmenü, sondern ein Eiergatsch, der in der Pfanne gebraten wird und dann mit Blaukäse bestreut sich im Rohr aufwärmen darf. Dementsprechend mischen wir **Eier**, **Parmesan**, **Obers**, **Milch**, **Salz** und **Pfeffer** mit der Gabel zusammen, **Olivenöl** in eine Pfanne die man später auch ins Rohr stellen kann ohne daß der Griff in Flammen aufgeht oder gar nicht hineinpasst, dann wird das Zeugs auf kleiner Flamme angebraten. Wenn die Frittata fest ist, **Blaukäse**

---

[52] „In eine mit Butter befettete Form" heißt es inflationär in Kochbüchern. Einer schmierts beim anderen ab. Ich erspare mir das fettige Gepatze und bepinsle die Form mit Olivenöl. Geht schneller, ist sauberer, und im Geschmack kein Unterschied.

drüber streuen und ab ins Rohr zur Bräunung. Dazu empfiehlt der Chef ☞ *Grünen Salat*.

Frittata

Und das ist jetzt das italienische Originalrezept: eigentlich dasselbe wie oben, nur ohne Käse. Am besten man leert die **Gemüse**lade in einen Häcksler (kann man sich beim nächsten Bauern ausborgen, das macht er sicher gerne), brät das Zeug mit etwas Wasser in der Pfanne an, und dann kommt eine **Green Curry Paste** hinein, **Curry** auch noch, **Paprika** (das rote Pulver), **Pfeffer** und **Salz**. Am Schluß noch die **Eier** drüberschütten.

Zwiebelkuchen

Für einen Zwiebelkuchen wird eine flache Glasform mit einem Mürbteig ausgeschlagen und mit einer Pampe gefüllt. Zum Mürbteig (wer´s noch nicht weiß, wie der geht): 21 Deka griffiges **Mehl**, 14 Deka (sehr kalte, sonst wird's ein Gatsch !) **Butter**, einen **Dotter** und einen Löffel **Rahm** (oder auch halb so viel Topfen wie Mehl) in der Küchenmaschine mit dem Teighaken durcharbeiten, bis ein Teigpatzen entstanden ist. Dieser darf dann (was in der Küche sonst niemand darf), eine Stunde zugedeckt im Kühlschrank rasten. Der Teig wird dann mit dem Nudelwalker bearbeitet, und als dünne Schicht mit den Fingern (Achtung: vorher Hände waschen ! sonst wird's zu würzig im Geschmack !!) in eine Glasform gestrichen, und am Rand drei Zentimeter hochgezogen. Einen Haufen **Zwiebel** schälen und in dünne Scheiben schneiden. Die Zwiebeln in **Butter** dünsten, und wenn sie hellgelb gedünstet sind, in die Glasform in den Teig schütten. Wer will, kann zu den Zwiebeln noch kleingeschnittenen **Schinken** oder **Speck** mischen – dann ists halt nicht mehr vegetarisch, aber was solls. Ein Achtel **Obers** mit zwei **Dotter**, **Salz** und **Pfeffer** versprudeln (mit einer Gabel) und über die Zwiebel schütten. Gleich ins Rohr, und bei 180° sagen wir eine halbe Stunde backen (Solang halt, bis der Teig noch nicht verbrannt ist – öfteres Nachschauen wird empfohlen !)

Khachapuri

Das ist georgisch, und zwar ist das ein mit Käse gefüllter, gebackener Germteigfladen. Kann man essen als Vorspeise, aber auch als Hauptspeise mit Salat. Wurscht wie man es ißt: die Zubereitung bleibt dieselbe: Zuerst brauchen wir einen Germteig (ausnahmsweise sind die Mengenangaben hier wichtig). Wir pantschen als erstes ein sogenanntes Dampfl aus 120 ml lauwarme **Milch** mit 2 Sackerln **Trockengerm** zusammen, dazu kommt noch ein halber Teelöffel **Zucker**, gut versprudeln, daß ja keine Bröckerln drin herumschwimmen, und das Zeug lassen wir einmal eine Viertelstunde herumstehen. Derweilen wird aber nicht blöd herumgestiert in der Luft, sondern wir zermantschen in einem Suppenteller mit einer Gabel etwa 200g **Mozza-**

rella, 100-200g **Ziegenkäse** und ein **Ei**. In einen Weidling oder in die Rührschüssel von der Küchenmaschine kommt jetzt 300g griffiges **Mehl** rein, das Dampfl, ein Eßlöffel **Zucker** als Futter für die Germ, und 110g weiche **Butter**, und das Zeug wird mit der Maschine aber ganz vorsichtig und nur kurz zu einem Teig geknetet, und dann händisch weiter verarbeitet. Dieser Teigpatzen darf jetzt in der Rührschüssel rasten, zugedeckt mit einem sauberen Tuch, am besten oben auf einem Kasten, wo es schön warm ist, und zwar anderthalb Stunden lang. Danach wird er noch einmal händisch durchgeknetet, um die Luftbläschen im Teig zu zerkleinern und zu verteilen, und dann rastet er noch einmal 40 Minuten. So. Jetzt etwas Mehl auf ein Stück Backpapier auf die Arbeitsplatte in der Küche geschüttet, oder am Fußboden wenn die Arbeitsplatte mit schmutzigem Geschirr oder anderem Mist verstellt ist. Darauf kommt der Teig, dieser wird zu einem Kreis mit dem Nudelwalker ausgewalkt, der den doppelten Durchmesser von der Pfanne hat, in den er dann hineinkommt. Darauf kommt der Käse- Eigatsch, in die Mitte, und die Ränder werden nach innen eingeschlagen, Ränder mit den Fingern zusammendrücken. Der Fladen wird jetzt mit Hilfe vom Backpapier in die Pfanne gehievt, mit etwas zerlassener **Butter** bestrichen, mit etwas **Käse** bestreut, und im Rohr bei 180° golden gebacken. Dazu empfehle ich natürlich: ☞ *Grüner Salat.*

Röstizza

Das ist eigentlich auch nicht ganz vegetarisch, aber ziemlich schon, und ich habs, wie der Name schon sagt, in der schönen Schweiz geklaut, und zwar im Chalet „Les Preisettes" hoch oben im Jura. Der Wirt hat auf 1.800 Meter Seehöhe eine Pizza mit einem Rösti gekreuzt, und herausgekommen ist das folgende: speckige **Erdäpfel** kochen, schälen und über Nacht stehen lassen (warum, das weiß der Geier). Am nächsten Tag grob reiben, **Schinken** kleinschneiden. Den Schinken in **Olivenöl** anrösten, die Erdäpfelschnipsel druntermischen (sagen wir, 4 Zentimeter hoch ?), **Salz** drauf, und goldbraun braten. Mit etwas Milch drauf herumspritzen und mit einem flachen Topfdeckel wenden (1. Zudeckeln; 2. Wenden mitsamt der Pfanne; 3. Die Pfanne weg und drehen (jetzt liegt die Flade am Deckel); 4. Vom Deckel in die Pfanne gleiten lassen). Weiterbraten, bis auch die Unterseite goldbraun ist. Bis jetzt sinds ja noch Rösti, aber jetzt kommt die Mutation: etwas Pizza Sauce drüber (zergatschten **Knoblauch** in **Olivenöl** dünsten, **Paradeiser** reingatschen und zermantschen, **Salz** dazu, und 20 bis 30 Minuten drauf herumkochen, bis die Sauce eingedickt ist); gedünstete **Champignons** drauf und eine Schicht **Gruyere** und ab ins heiße Rohr zum gratinieren – und fertig ist die Röstizza.

Tartiflette

Das hab ich auch in der Schweiz geklaut, war allerdings mit einem kulinarischen Raubzug nach Frankreich verbunden: speckige **Erdäpfel** kochen, schälen, auskühlen lassen und in die Gratinierform, wenn sie frei ist, in Scheiben reinschneiden. In der Zwischenzeit **Zwiebel** und **Speck** (Speck kann man auch weglassen, drum steht das auch unter „vegetarisch" herum) grobwürfelig schneiden, beides zusammen in einer Pfanne anrösten, und über die Erdäpfel schütten, **Salz**, **Pfeffer** und gut vermischen. Und jetzt kommt der **Tartiflette Käse** aus Frankreich (ein Brie, Camembert oder Romadur tuts aber auch !) in dünne Scheiben geschnitten drüber; ab ins Rohr und bei eher größerer Hitze, so 250° drinnen lassen bis der Käse geschmolzen und braun ist. Dazu paßt ein ☞ *Grüner Salat.*

Käse Fondue

Wenn wir schon in der Schweiz sind, darf der Klassiker nicht fehlen ! Zuerst wird **Weißbrot** in mundgerechte Stücke geschnitten. Den **Fonduekäse** am besten fertig im Sackl kaufen, das ist eine Mischung auf Gruyere und Vacherine. Auf ein solches Sackl, das gewöhnlich so bemessen ist, daß es ein Founduetöpchen füllt, schütten wir 300 cm² **Weißwein** in dieses Töpfchen, und stellen es am Herd. Bitte rechnet mit etwa 150 bis 200 Gramm Käse pro Nase. Den Wein wärmen, und unter ständigem Gerühre den Käse da drinnen schmelzen. **Knoblauch** schälen und klein reinschneiden, **Muskat** und **Pfeffer** kommt auch dazu. Durch den vielen Wein ist der Gatsch natürlich jetzt viel zu dünn, und drum müssen wir ihn mit **Maizena** oder Tapioka eindicken. Dieses Pulver muß in einer kalten Flüssigkeit aufgelöst werden, sonst klumpt das Zeug. Dazu nehmen wir natürlich einen guten **Kirschschnaps**, weil sicher grad kein Wasser da ist. Das Zeug vermischen, reinleeren, mit dem Käse noch am Herd durchmischen, dann verdickt sich die Sache. Jetzt ist es aber fertig, und kommt auf den Brenner, der am Tisch steht. Dazu kann man ☞ *Erdäpfel* essen, und *Weißwein* trinken und auch *Kirschschnaps.* Vorsicht bitte: nicht überfressen ! höchste Speibgefahr !

Palatschinken

Ausnahmsweise einmal Maße, weil hier ists wichtig: für 15 Stück Palatschinken 250 Gramm **griffiges Mehl**, 5 ganze **Eier**, 625 Milliliter **Milch** (oder für 11 Stück 200 / 4 / 500 oder aber auch 150 / 3 / 375 für 8 Stück Tschinken)) und **Salz** werden in der Badewanne zusammengepantscht. In eine flache Pfanne kommt eine größere Messerspitze Margarine (Butter geht nicht, sie verträgt die hohe Temperatur nicht), ganz heiß werden lassen, etwas von der Pampe hineinschütten, durch Drehen der Pfanne verfließen lassen. Der Boden der Pfanne soll dabei ganz, aber nur dünn bedeckt sein. Gleich nach einer halben Minute beginnen, den Fleck von der Pfanne zu lösen – das geht bei der ersten Palatschinke noch gar nicht, da hilft nur ein Wutanfall, die kann man wegschmeißen; bei der zweiten wird's besser und dann geht's ganz einfach. Auf was man aufpassen muß: Beim Hineinschütten nicht nur auf eine Stelle schütten: dort kühlt dann nämlich die Pfanne aus, das Fett wird weggewaschen, und genau dort pickt dann die Palatschinke an der Pfanne an. Nach etwa einer Minute mit der Brat-schaufel oder durch Indieluftschleudern wenden, noch etwa eine Minute (muß man versuchen, die Zeit ist Gefühlssache) auf der anderen Seite braten, und dann raus auf einen Teller, den man mit einem zweiten Teller zudeckt, damit sie warm bleiben. Vor der nächsten Palatschinke wieder eine Messerspitze Margarine hinein, sehr heiß, kann ruhig ein bißchen stinken, und verlaufen lassen, und so weiter und fort. Als Fülle nimmt man **Marillenmarmelade** (oder auch Erdbeermarmelade). Alser kalter kann man sie zu Fritatten (siehe ☞*Fritattensuppe*) scheiden (zuerst dritteln, über-einanderlegen, und dann daquer sehr fein in Streifen schneiden. Übergebliebene kann man auch portioniert für später einfrieren.

Hollerstrauben

Gebackene Hollerblüten sind das. Wer nicht weiß, wie blühender Holler ausschaut, möge davon ablassen dieses zuzubereiten. Wer es weiß der tauche die **Hollerblüten-dolden** am Stengel der zum Backen dranbleibt in den **Palatschinkenteig** (siehe ☞*Palatschinken*) und danach ab ins heiße **Öl**, das vielleicht einen halben Zentimeter in der Pfanne herumsteht, den Stengel gleich abschneiden, wenden und fertig. **Über-staubzuckern**, und Essen mit Salat, Marmelade, Preiselbeeren, Himbeeren, Kompott oder gar nix.

Crespelle mit Spinat & Mozzarella

Das ist eine Palatschinke aus italienischer Küche, macht sich aber im Titel viel bes-ser, weil niemand weiß, was das ist, und so der Koch gehörig an Prestige gewinnt. Also: Crespelle machen, das geht so wie **Palatschinken**, nur italienisch halt. Einen roten **Paprika** zerkleinern, desgleichen **Frühlingszwiebel**. Diese beide in **Olivenöl** leicht andünsten, **Blattspinat** (das ist der nicht zergatschte, wo man die Blätter noch erkennt) dazu, **Salz**, **Pfeffer** und **Muskatnuß** reinrühren, durchdünsten. Diesen Gatsch auf die Crespelle klatschen, kleingeschnittenen **Mozzarella** dazu, einrollen, aufs Backblech legen, auf das wir aber vorher ein Blatt Backpapier legen. 20 Minu-ten bei 180° in die Röhre. (Das Auge mehr erfreut allerdings die Variante, wo die Crespelle nicht gerollt werden, sondern der Füllungspatzen kommt in die Mitte, und dann wird der Rand zu einem Packerl hochgezogen, das man mit einem Schnitt-lauchstengel zubindet). Füllen kann man die Crespelle mit allem möglichen, was man so aus dem Kühlschrank herauswischt. Gut ist auch eine Schwammerl- Schin-kenmischung in Käsebechamel oder ein schlichtes Sugo mit zerkleinertem Wurzel-gemüse. Derweil die Crespelle sich im Rohr erwärmen wird nicht getratscht und sinnlos Zeit vertrödelt, weil wir jetzt noch eine köstliche Safransauce zubereiten. **Suppe** (wenn ich grad wegschau, geht auch eine Hühnerwürfelsuppe) mit **Safranfä-den** aufkochen, **Creme Fraiche** hineinrühren, nochmals aufkochen und dahinein kommt noch **Tapioka**, der in wenig kaltem Wasser vorher aufgelöst wird, damit er nicht klumpt. (Statt Tapioka geht natürlich auch Mehl, Maizena, Tapetenkleister, Puddingpulver oder Trockenmilch). Dazu am besten einen ☞ *Grünen Salat* servieren.

Mangold Gratin

Mangold sind große grüne Gemüseblätter mit weißen Stengeln, die in der Erde wachsen. Sie sind eßbar, und drum stehn sie auch hier im Kochbuch herum. Also: die **Mangoldblätter** samt Stengeln quer zur Faser schneiden und in heißem Wasser blanchieren. Man kann ruhig eine größere Menge Mangold nehmen, weil er im Wasser so wie Spinat stark eingeht (wie zu heiß gewaschene Hemden übrigens auch, nur kann man die nicht so gut gratinieren). Abseihen, ausdrücken und in einer Gratinierform verteilen, **Salz** und **Pfeffer** drüber. **Zwiebel** kleinwürfelig schneiden, **Knoblauch** schälen und in Scheiben schneiden (zu den Zwiebeln dazugeben); **Paradeiser** vierteln, den grünen Stengelansatz wegschneiden, die Kerne mit den (hoffentlich sauberen) Fingern herauskletzeln und wegschmeißen, die Paradeiser dann würfeln. Zwiebel und Knofl in **Olivenöl** glasig dünsten, die Paradeiser mitdünsten, und wer will, kann da noch zerschnipselte **Sardellen** reinschmeißen – muß aber nicht sein. Der Gatsch wird über den Mangold gleichmäßig verteilt. Über das Zeug kommt jetzt noch drüber: grob geschnittene **Basilikumblätter**, **Bröseln**, **Parmesan** (natürlich frisch geriebener. Wer es ablehnt, Parmesan selbst zu reiben, und statt dessen Packlparmesan verwendet, der soll statt Parmesan Gips nehmen, das kostet weniger und schmeckt besser !), und kleingerissener **Mozzarella**. Ab ins Rohr bei runden 200 Grad, bis die Oberfläche schön goldbraun ist. Und was kann man dazu essen ? ☞ *Petersilerdäpfeln*, getoastete halbierte Baguettes, gefülltes Roß oder alles was Flossen hat.

Gemüsespätzle gratiniert

Ist eine vorzügliche Beilage, man kann sie aber genausogut auch als Hauptspeise essen. Rohr auf 200° vorheizen. ☞*Spätzle* machen, kalt abschrecken und irgendwohin stellen (aber bitte unbedingt dort hin, wo man sie später noch findet !). Jetzt wird geputztes und kleingeschnittenes Gemüse nacheinander in kochendem Salzwasser blanchiert (nur kurz überbrühen, es soll noch sehr bißfest sein, und bitte zu bedenken: es kommt alles zusammen noch ins Rohr !): **Erbsen, Kukuruz, Broccoli, Karfiol, Karotten, Champignons**, und was es sonst alles noch gibt – eine gute Gelegenheit, die Gemüselade im Kühlschrank zu räumen ! Das Gemüse wird in einem Weidling mit den Spätzle gemischt, und in eine gefettete flache viereckige Pfanne geschüttet – etwa drei Zentimeter hoch. **Geriebenen Käse** (z.B. Emmentaler, kriegt man fertig im Packl) drüberleeren, und ab ins Rohr, bis der Käse geschmolzen und schön braun ist. Dazu empfiehlt der Küchenchef [53]☞ *Salat* aller Sorten.

Eiernockerlauflauf

Eiernockerl sind das, was man fälschlicherweise in 78,98% der untersuchten Fälle als „Spätzle" angedreht bekommt, von Wirten, die keine Ahnung von richtigen Spätzle haben (siehe a.a.O.). In den Spätzle ist nie irgendein Fett drinnen. Für die Nockerl 300g **Mehl** (für 4 Personen), **Butter**, ein **Ei**, **Salz** in den Lieblingsrührkessel, rühren, und **Milch** reinschütten bis ein patziger Teig entsteht. Er muß sich klebrig vom Rührwerk zum Kessel hinzahn, also nicht zu flüssig sein, und auf keinen Fall bröselig. Das Zeug wird mit einer Flotten Lotte (so heißt das bei uns, man schmiert den Teig rein, und rührt unten Nockerl heraus) in köchelndes Wasser hineingerührt, ein paar Minuten kochen, abseihen, kalt spülen damit nichts zusammenpickt, und irgendwo hinstellen. **Zwiebel** und **Speck** (oder auch keinen solchen) in **Olivenöl** braten. Jetzt die Nockerl in die Gratinierform, vorher mit Pinguintran befettet, noch ein paar **Eier** reinmischen, sowie geriebenen **Käse** aus dem Packl, die Speckzwiebel, gut mischen, oben **Parmesan** drüber und ab ins Rohr. Wird korrekterweise mit ☞ Blattsalat verspeist.

Eiernockerl

Die **Nockerl** so wie oben herstellen, ich mag das nicht noch einmal herbeten. **Zwiebel**, **Speck** und **Olivenöl** genauso in der Pfanne braten, dann die Nockerln dazu, und am Schluß kleinwürfelig geschnittenen **Bergkäse** reinschüttten und noch kurz unter fleißigem Umrühren anbraten bis sich Fäden ziehen lassen. ☞ *Blattsalat* gehört auch dazu ober halt was anderes.

Bärlauchnockerl

Eh klar, wie oben, nur daß kleingeschnittener **Bärlauch** dazu kommt, eh klar.

Schwarzbrot Toast mit Käse und Preiselbeeren

Schwarzbrotscheiben dick schneiden (14 mm oder so), und mit **Apfelscheiben** (Äpfel schälen, entkernen, in Scheiben schneiden und gleich verarbeiten, sonst wer-

---

[53] Küchenchef: gleichbedeutend mit dem absoluten Herrscher. Sein Wort ist Gesetz und seine Anordnung verlangt widerspruchslose Durchführung. Es kann davon pro Küche nur einen geben. Gefährlich wird es, wenn jemand dem Chef Hilfe anbietet („ ich wasch Dir ab...") und dann versucht, eigene Methoden anzuwenden, Platz zu beanspruchen, oder gar Fragen zu stellen. Das führt zum mörderischen Konflikt, bei dem nur einer übrig bleibt – der Küchenchef !

den sie braun) belegen. Darüber kommen **Käsescheiben**. Man kann Camembert nehmen, aber auch Blaukäse, Gouda oder Emmentaler– oder auch alle zusammen nebeneinander. Auf einen Bratrost und in den Ofen, mit Ober- und Unterhitze von 180° solang rösten, bis der Käse geschmolzen ist. Unter den Rost geb ich noch ein Backblech (oder Alufolie), damit der heruntertropfende Käse nicht verbrennt – sonst fragen sich alle, welches stinkende Zeug man heute wieder zusammenpantscht. Auf Teller legen, man muß - wers kann - mit Messer und Gabel essen, weil es sehr heiß ist. Dazu ißt man ☞*Preiselbeeren* (an besten natürlich die selber gemachte Marmelade).

Gnocchi mit Mozzarella

Gesprecht ist: „Nocki" und nicht anders, und sind eigentlich Erdäpfelknöderl. Die kann man natürlich auch selbst machen, was aber eher ein Gepatze ist; die fertig gekauften sind auch gut, kann man nehmen, ohne daß man sich mit Junk Food vergiftet. Zuerst machen wir die Pampe fertig: **Paradeiser**, **Knoblauch**, **Zwiebel** und **Mangold** oder **Porree** kleinschneiden, und in **Olivenöl** dünsten, **Salz** und **Pfeffer** dazu, was sonst. Die **Gnocchi** werden in Olivenöl auf kleiner Flamme bebraten, nicht vergessen öfters wenden. Dann die Pampe drüberleeren, noch einmal durchköcheln und abdrehen. Vor dem Servieren würfelig geschnittenen **Mozzarella** reinmischen, und gleich am Teller damit ! (Wenn man den Mozzarella zu früh in die noch heiße Pampe gibt, löst er sich in schleimige Fäden auf, und den Patz frißt keiner mehr, da gibt's nur unnötiges Gezeter am Tisch !) Dazu empfiehlt der Küchenchef wie schon so oft: ☞ *Salat* aller Sorten.

Gnocchi mit Kohl und Karotten

Es gibt nicht viel, was man nicht mit **Gnocchi** essen kann, geschnetzelte Autoreifen zum Beispiel. Dieses Rezept geht genauso wie das oben, nur daß man kleingeschnittene **Kohlblätter**, reingibt, **Schalotten** und **Karotten** und **Paradeiswürfel**. Mit **Thymian** würzen, und **Salz** natürlich.

Gnocchi mit Kürbis und so

Gnocchi sind so vielseitig, man kann sie mit fast allem mischen, und ich könnte jetzt die nächsten 79 Rezepte mit Genocke ausfüllen, ich mag aber nicht. Hier nur ein Beispiel: **Olivenöl**, **Schalotten** und **Knoblauch** in die Pfanne (Speck würde auch dazupassen); **Gnocchi** dazu, **Kürbis** drauf und geschnittenen **Blattspinat** (den tiefgefrorenen, der ist in Ordnung), drauf herumbraten und fertig. Fünf Minuten vor dem Essen noch **Feta** draufbröseln. u.s.w.

Gnocchi mit Spargel

Um die immerwährende Lobpreisung der Gnocchi fortzusetzen: ich hab sie immer im Kühlschrank, weil sie schmecken hervorragend und man kann sehr viel damit kochen, wie zum Beispiel dieses Rezept hier aus meiner Kreativwerkstatt: **Spargel** schälen, in Stücke schneiden; in die Pfanne **Olivenöl** und darin die Spargel dünsten. In der Zwischenzeit **Cocktailparadeiser** vierteln und dazuschütten, jetzt etwas **Porree** in Scheiben schneiden, dazugeben, immer durchmischen nicht vergessen ! Jetzt kommen **Salz** und **Pfeffer** rein, ohne die geht ja fast gar nix. **Mascarpone** oder **Mozzarella** wird jetzt hineingemischt, **Knoblauch** kann auch nicht schaden, wenn er sich aufgelöst hat, die **Gnocchi** rein, durchmischen und dünsten bis die Gnocchi warm sind. Am Schluß noch **Petersil** dazu und fertig. Die Haube ist wieder einmal gesichert !

Gnocchi mit Spinat

Zwiebel in **Olivenöl** dünsten, tiefgekühlte **Spinatblätter** drauf oder frische, wer das Zeug eben hat, kurz dünsten, **Gnocchi** dazu, weiter herumdünsten, geriebenen **Käse** drüberstreuen und im Rohr gratinieren. Dazu passt hervorragend ☞ *Ziguri gebraten* und ☞ *Salat*.

Halloumi mit Gemüse

Allgemeines zum Thema Halloumi hab ich schon bei den Vorspeisen verlautbart, daher kann das hier unterbleiben. Zuerst kochen wir **Erdäpfel** und schälen sie, sie werden warm gestellt. Im selben Töpfchen **Erbsen** kochen, zu den fertigen Erbsen kommen dann die Erdäpfel dazu wenn sie nicht schon wer zusammengefressen hat. **Salz**, **Pfeffer**, geschnittene **Minze** und etwas **Zitronensaft** dazu. Der **Halloumi** wird in gewohnter Weise in Scheiben geschnitten und in etwas **Olivenöl** goldbraun gebraten. Möglichst rasch nach dem braten servieren, da ist der Käse noch knusprig ! Eine Zusatzhaube kann man damit im Minimum verdienen !

Halloumi Rösti

Dreimal so viel **Erdäpfel** wie **Halloumi** kochen, schälen, auskühlen lassen dass man sich nicht die Finger verbrennt, und reiben. Halloumi dazureiben, **Eier** rein, griffiges **Mehl**, **Salz** und **Pfeffer** und etwas **Muskat**. Zusammenpampen, mit einem Löffel einen Patzen in die Pfanne, in der schon etwas **Öl** ist, flachdrücken und herausbacken. Dazu kann man Blattspinat essen, gebratenes Hendl oder ein gefülltes Ross.

Paprika gefüllt vegetarisch

Da gibt's zwei Sorten: entweder man macht ☞ *gefüllte Paprika* und kletzelt beim Essen das Faschierte heraus, oder man nimmt dieses Rezept: Die roten **Paprika** längs halbieren, den Stengel natürlich wegschneiden. **Cous Cous** mit heißem Wasser beschütten. Bis es fertig ist wird nicht aufs Handy geglotzt, sondern **Knoblauch** geschält und geschnitten, mit **Olivenöl** in einer backrohrfähigen Pfanne[54] dünsten, **Paradeiser** zerkleinern und dazu, etwas köcheln, in der Zwischenzeit wird nicht aufs Handy geglotzt sondern **Pomodori Secchi** werden kleingeschnitten, **Kapern**, **Mozzarella** und **Oliven** ebenso. Jetzt das Cous Cous, Pomodori, Kapern, Oliven und Mozzarella zusammenpantschen, **Salz** und **Pfeffer** rein, eh klar, und das Zeug in die Paprika reinstopfen. Die gestopften Paprika in die Pfanne auf den Paradeisgatsch legen, vielleicht mit etwas Wasser oder Suppe aufgießen und 36,25 Minuten ins Rohr damit. Jetzt darf man aufs Handy glotzen, aber nur 36,25 Minuten lang. Ein ☞ *Salat* passt gut dazu.

Topfennockerl I

Ein halbes Kilo **Topfen** mit 20% Fett , **Salz**, **Brösel**, **Gries** und vier **Eier** in die Rührschüssel von der Küchenmaschine schmeißen. Wer fett werden will, kann noch etwas **Butter** dazugeben. Mit dem groben Rührhaken durchmantschen, und solange griffiges **Mehl** oder Uhu Alleskleber dazulöffeln, bis daraus ein halbwegs fester Teig entsteht (ein formbarer, aus dem man z.B. einen kleinen Schneemann, respektive Topfennockerlmann bauen könnte). Aus dem Zeug werden mit einem Eßlöffel Nockerl gestochen, in leicht kochendes Salzwasser befördert und durchgekocht. Nach dem Kochen abseihen, und entweder mit in **Butter** kurz angerösteten **Bröseln** beböselbutttern (das sogenannte „Schwenken", das niemals ein Schwenken ist, weil vom herumschwenken verteilt sich die Butter nicht, und wenn man Jahre damit verbringt !). Neben das Zeug kann man am Teller noch geröstetes Gemantsche aus **Speck**, **Zwiebeln** und **Lauch** schütten, das man mit **Rahm** verfeinert.

Topfennockerl II

Ähnlich wie bei Topfennockerl I vier **Dotter**, 250 g **Topfen**, 80 g **Butter**, **Zitronenzesten**, **Salz** und **Muskat** zusammenpantschen. Und jetzt kommen aber 150g **Semmelwürfel** vulgo Knödelbrot hinein. Öfters durchmantschen und eine halbe Stunde rasten lassen. Danach händisch Knöderl wutzeln, diese zu Würschteln flachwutzeln und wie Semmelknödel im Wasserbad köcheln. Passt hervorragend zu ☞ *Kohlrabi.*

Topfenpalatschinken

Die ☞*Palatschinken* hab ich schon beschrieben, das erklär ich nicht noch mal, wers noch immer nicht kann, solls bleiben lassen und zum Würschtelstand gehen, das ist auch schön. Als Fülle zerläßt man 5 Deka **Butter**, haut 2 **Dotter** dazu, rührt 2 Deka

---

[54] Es gibt da welche aus Keramik mit einem Griff den man ein- und ausklinken kann, Sehr praktisch, ich hab so eine schon lang, ist öfter in Verwendung

Staubzucker hinein, ein Achtel **Rahm** und 25 Deka **Topfen**, und vermischt alles recht gut mit dem Schneebesen. Dann kratzt man noch die äußerste gelbe Schale mit dem Zestenreißer oder der Raspel aus der Werkstatt von einer **Zitrone** und gibt das auch noch dazu, vermischt und klatscht die Fülle in die Palatschinke, zusammenrollen und fertig.

Kaiserschmarrn

Ist ähnlich wie Palatschinken, nur daß der Teig flaumiger wird, weil man Schnee verwendet. Also: 14 Deka **Mehl**, zwei Deka **Staubzucker**, 4 **Dotter** (die vier **Klar** bitte gleich in den Küchenmaschinenkessel) und soviel **Milch,** daß ein dickflüssiger Teig entsteht zusammenpantschen und gut verrühren. Dann die Klar zu Schnee schlagen (die Klar ganz wenig salzen, da wird der Schnee steifer) und unter den Rest mischen, so vorsichtig, daß der Schnee möglichst erhalten bleibt. Jetzt kann man noch, nach vorheriger Befragung der Mitesser, denn nicht alle wollen sie, und man hat sonst am Tisch ein unnötiges Geschrei, **Rosinen** dazugeben. In einer Pfanne Margarine zerlaufen lassen, und die Pampe einen halben Zentimeter hoch hineinschütten. Wenn man glaubt, daß der Fleck von unten, nämlich dorten wo man nicht hinsieht, goldbraun geworden ist, wenden, und die andere Seite ebenfalls bräunen. Dann mit dem Holzkochlöffel, der Kettensäge, oder mit was auch immer zerkleinern und zerreißen, und gleich servieren, vielleicht noch etwas Staubzucker drüber. Dazu paßt sehr gut ein Zwetschkenkompott oder ein Apfelkompott.

Schwammerlreis mit Gemüse

Einen ganz normalen ☞**Reis** kochen. In einem zweiten Topf **Zwiebel** in **Butter** dünsten, und kleingeschnittene Schwammerln, was man halt so findet im Supermarkt, dazugeben. **Champignons**, braune Champignons, oder Austernseitlinge. Dünsten, bis alles Wasser verkocht ist, **Salz** dazu und fertig. Die Schwammerl kann man entweder unter den fertigen Reis mischen, oder separat am Teller schütten.

Polentalaberln

Wie man Polenta macht, erklär ich nicht, das ist erste Vorlesung im ersten Semester: ☞ *Polenta gratiniert*. Also bitte ☞ *Polenta* machen, und zugedeckt beiseite stellen. Jetzt **Zwiebel** und **Knoblauch** kleinschneiden, in **Olivenöl** dünsten, zur Polenta leeren. **Kürbiskerne** zerkleinern und zur Polenta leeren. **Bergkäse** zerkleinschneiden und zur Polenta leeren. Jetzt noch ein **Ei** zur Polenta leeren, alles durchmischen, Knödeln formen, flachdrücken und in Öl in der Pfanne herausbacken daß der Rauch aufsteigt, und fertig. Die Laberln sollte man mit ☞ *Salat* verspeisen, aber auch zum Beispiel mit einem ☞ *Schwammerlgulasch* – warum auch nicht ? Oder einfach mit in Olivenöl gedünsteten Zwiebeln und Champinons.

Topfenknödel

Für neun Knödl mittlerer Dimension einen dreiviertel Kilo **Topfen** mit 10 % Fett, 10 Deka **Butter**, 3 ganze **Eier, Salz**, 10 Deka **Brösel**, und 5 Deka **Grieß** in die Küchenmaschine schmeißen, mit dem Knethaken vermantschen, und, weil das so anstrengend war, muß der Teig eine Stunde im Kühlschrank rasten. Knödel formen und etwa 10-15 Minuten in heißem Salzwasser kochen. Wer noch mag, kann die fertigen Knödl in Butterbrösel wälzen.[55]. Topfenknödel ißt man mit Erdbeermarmelade, ☞ *Himbeersauce*, zerlassener Butter, gedämpften Mummeln oder Zwetschkenröster.

Pfirsichknödel

Man kann dafür natürlich auch Marillen, Zwetschgen oder Meisen- oder Roßknödl verwenden – was man halt lieber mag. Zuerst braucht man einen Teig. Dazu wird ein viertel Liter Wasser mit **Salz** gekocht, in das man 16 Deka griffiges **Mehl** hineinrührt (Am besten mit dem Teighaken der Handküchenmaschine). Abkühlen lassen, und ein **Ei** hineinmischen. Jetzt heraus mit dem Gatsch, auf eine bemehlte Fläche, händisch durchkneten (immer wieder Mehl auf die Fläche und die Hände) und mit dem Nudelwalker zu einem Teig mit einem halben Zentimeter Dicke ausrollen. Jetzt werden die **Pfirsiche** mit Schale und Kern) hineingewurschtelt. Sie müssen ganz bedeckt sein, keine Spalten dürfen offen sein, und die ganze Luft muß man auch noch herausdrücken. Die Knödl werden eine halbe Stunde in Salzwasser gekocht – und aufpassen, daß sie schwimmen, und sich nicht am Topf unten anlegen, sonst reißen sie sich dann los, und sind kaputt, weil Wasser in den Knödl dringt ! In einer Pfanne wird jetzt **Butter** geschmolzen. Dahinein kommen **Brösel**, und leicht durchrösten. Die Knödl werden, wenn sie gekocht sind, einzeln in diese Pfanne gegeben, und gewälzt, bis sie rundherum bebutterbröselt sind. Essen tut man sie aufgeschnitten, **Butter** hinein, und **Staubzucker** drüberstreun.

---

[55] An dieser Stelle möchte ich es auf keinen Fall verabsäumen, ein altes Hausmittel wieder in allgemeine Erinnerung zu rufen, das in Vergessenheit geraten zu sein scheint: Semmelbrösel in den Socken - legen jeden Schweißfuß trocken !

Exotisch

Asiatisch Nummer Eins

Eine kleine Einleitung zur Asiatischen Küche, aber etwas anders als in anderen Kochbüchern, wie auch sonst alles in diesem seltsamen Buch. Ich beginne mit einer Frage an meine lieben Leser: „warum sind chinesische Speisekarten so lang und nicht zum derlesen ? Dreihundert Positionen nicht als Seltenheit ? Und trotzdem irgendwie langweilig ?“ Ganz einfach: „Asiatisch“ ist nichts anderes als die Kombination von 20 der wichtigsten Grundsubstanzen: 5 Hauptingredienzien (Hendl, Schwein, Rind, Tofu, Meeresinhalt); 3 Füllstoffe (Reis, Nudeln, Nix); 9 Gemüser (Bambus, Schwammerl, Sprossen, Kukuruz, Fisolen, Rote Paprika, Kürbis, Frühlingszwiebel, Salat); 2 Grade der Würze (scharf, unscharf) und 2 Grade der Säure (süß- sauer, nicht süß- sauer). Und jetzt rechnet der Koch herum: 5 x 3 x 9 x 2 x 2 = 1.620. Und danach schreibt er auf die Karte: „Süß- saures Hendl mit Reis und Bambus – scharf !…. € 6,80“. Und darunter: „Süß saures Schweinefleisch mit Reis und Bambus – scharf ! …. € 6,80“. Und so weiter. 480 Zeilen lang. Es gibt für den armen Koch auch eine Software, die die Speisekarte schreibt (der berühmte Wong Tong Menu Maker); man muß nur oben eingeben, was man so im Kühlschrank findet. Und genauso läuft es auch in unserer Küche: Schaun was da ist, nach den ersten 3 Kategorien, und dann noch mit den Gewürzen experimentieren: Sojasauce zum Würzen, Fischsauce[56] als Salzersatz, Red, Green oder was sonst noch für Curry Sauce und Kokossauce; das sollte einmal für den Anfänger zum Beginnen reichen. Ein Beispiel: **Erdnussöl**[57] in den Wok, **Hendl** in Trümmerln geschnitten anbraten, wieder raus, nacheinander **Champignons**, **Tofu**, **Kürbis**, **Frühlingszwiebel** rein, Hendl wieder dazu, **Kokosmilch**, **Red Curry Paste**, **Soja** und **Fischsauce** rein. Reicht für eine neue Zeile in der Speisekarte. Und € 6,80 würde ich auch dafür ansetzen.

Won Ton

Fangen wir aber zunächst einmal mit etwas ganz Einfachem an: gefüllte Teigtascherl. Die Won Tons fallen übrigens begrifflich in die Übergruppe der Dim Sum, beim Essen sind sie kaum auseinanderzuhalten, was aber auch ganz wurscht ist, weil schmecken tun beide gut. Den Teig sollte man fertig kaufen, das ist besser als selbst gemacht, weil es weniger Arbeit ist mit demselben Ergebnis. Für die Fülle gibt es tausende Rezepte; z. B. **Shrimps**, **Mais**, eigeweichte **Mu Err Schwammerl**, **Frühlingszwiebel** mit **Sojasauce**, **Sesamöl**, **Salz**, **Pfeffer** und **Dille** kleinschneiden und

---

[56] Fischsauce besteht aus fermentiertem Fisch, fischelt aber seltsamerweise nicht. Also keine Angst vor dem Hineinschütten.
[57] Im Wok nimmt man immer Erdnußöl: das hält die Hitze am besten aus

mischen. Ein aufgetautes Teigblättchen auf ein Brett legen, aufs Brett etwas Wasser leeren, einen Teelöffel Pampe drauf, die vier Teigenden zusammennehmen und zusammendrehen (wer viel Zeit hat, der bindet das Zeugs dann noch mit einem Schnittlauchhalm zusammen). Das Zeugs wird 20 Minuten gedämpft: und zwar entweder in so einem schönen Bambuskorb im Wok, der mit Wasser gefüllt wird (bis etwas über der Höhe vom Bambus) oder im Dampfgarer. Damit die Packerln nicht anpicken, was ein würdeloses, grausliches, und von Tobsuchtsanfällen begleitetes Herumgemurkse bei Tisch ergeben kann, wird der Untergrund vom Dämpfer mit Öl bepinselt. Man kann natürlich auch ein Salatblatt darunterlegen oder ein Bärlauchblatt oder ein Bananenblatt oder so. Essen mit ☞ *Won Ton Sauce*.

Szechuansuppe

Shi Take Schwammerl in heißem Wasser eine halbe Stunde baden, dann kleinschneiden – das Wasser aufheben ! Irgendwoher **Hühnerfleisch** hernehmen und kleinschneiden. **Hühnersuppe** (echte natürlich – ja keine Packlsuppe, das hat mit Kochen nix zu tun, das ist Barbarei, die mit der Gicht bestraft wird !) kochen, da hinein kommen die Schwammerl in ihrem Badewasser, klein gebrochene breite **Glasnudeln**, **Bambussprossen** und sehr zerkleinerter **Ingwer**. Zersprudeltes **Ei** wird hineingequirlt und soviel in kaltem Wasser aufgelöstes **Tapioka**, daß die Suppe chinesisch wirkt (wird leicht schlatzig). Nach dem Kochen, sagen wir nach einer viertel Stunde, Herd abdrehen, und dann kommt das Hühnerzeugs hinein, wenn es noch nicht die Katze gefressen hat, ein Spritzer **Essig**, **Sesamöl** und **Sojasauce**, sowie **Paradeismark** und kleingeschnittene **Frühlingszwiebel**.

Hendlnudelkokossuppe

Schalotten kleinschneiden und in ein Schüsselchen geben. **Hühnerfilets** in Bissen schneiden, und in einer Pfanne in **Erdnussöl** leicht anbraten; wieder raus, bevor das Zeug hart wird. Jetzt im selben Topf **Asia Nudeln** (am besten die schmalen Bandeiernudeln) kochen, abseihen, zudeckeln damit sie warm bleiben, und sich merken, wo sie herumstehen, weil die brauchen wir noch. Noch einmal Öl in die Pfanne, diesmal **Red Curry Paste** dazu, aufkochen, **Kokosmilch** rein, **Sojasauce**, **Coconut Cream Powder**, oder Kokosmilch gut verrühren und am Schluß das Hühnerfleisch rein, bevor es die Katze verzaht. In die Suppenteller kommen jetzt die Nudeln rein, mit der Suppe aus dem Wok aufgießen (mit Fleischstücken natürlich) und die Schalotten am Tisch stellen zum drüberstreuen.

Spinat Lauchsuppe

Blattspinat ernten oder auftaun (was im Winter fast dasselbe ist); waschen, in heißem Wasser blanchieren bis er zusammenfällt und klein schneiden. Gleich viel **Porree** und **Frühlingszwiebeln** in Ringerln schneiden. **Knoblauchzecherln** und etwas

Ingwer schälen und klein schneiden. Vielleicht vorher Erkundigungen bei den Mitessern einholen, wer Ingwer mag - es soll Leute geben, die wollen keinen Ingwer, und dann ist natürlich nicht der Ingwer, sondern der Koch schuld ! Eine Dose **Kukuruzkörner** öffnen. So. Jetzt kommt etwas **Olivenöl** in den Suppentopf (im Wok kann mans auch machen). Porree, Zwiebeln, Ingwer und Knofl drei Minuten anbraten, den Spinat dazu, und dann mit **Kokosmilch** (bekommt man im Packl oder in der Dose im Supermarkt) auffüllen, bis der Suppentopf so voll ist, wie man ihn gern voll hätte. Jetzt Kukuruz dazu, wer will, kann noch **Sambal** dazugeben (aber nur wenig, das Zeug ist sehr scharf und kann den Suppentopf zerfressen, und dann schwimmt die Küche im Kokoslauchzwiebelspinatgatsch !). Wer will kann noch mit Wasser verdünnen, ein paar Minuten kochen, **Salz** und **Muskatnuß** dazu und fertig.

Grüner Curry vegetarisch

Etwas ganz Einfaches, schnell und zum Üben mit dem Wok, und keine Ausreden bitte sehr - die Zutaten bekommt man alle auch in Europa ! Zuerst einmal diverses Gemüse putzen, schälen und in Stücke schneiden: **Karotten**, **Karfiol**, **Broccoli**, **Baby Maiskolben**, und was man sonst noch alles frisch am Markt bekommt. In etwas **Erdnussöl** oder Kokosöl im Wok (nona) kleingeschnittenen **weißen Tofu** (das ist der blockweise verkäufliche innen weiße und außen gelbe Schwabbelgatsch) leicht bräunlich anrösten, und wieder raus damit. Noch etwas Öl in den Wok, **Green Curry Paste** (gibt's fertig, hier ist Convenience ausnahmsweise erlaubt) rein, kurz köcheln, ein paar **Kaffernlimettenblätter** (nicht zu viele, und diese nicht mitessen, die sind grauslich und hart) und das Gemüse rein, und zwar in der Reihenfolge, daß alles am Ende gleich knackig ist. Gleich nach dem Gemüse so viel **Kokosmilch** reinleeren, daß die Konsistenz sich zwischen Eintopf und Nochnichtsuppe einpendelt, **Sojasauce** drüber, **Thai Basilikum**, am Schluß den Tofu reinmischen und fertig.

Spinatnudeln

Eine sehr gute Beilage, zum Beispiel zu gebratener Entenbrust oder gepökelter Eidechsenleber. Chinesische **Eiernudeln** kochen, abseihen. Im Wok **Knoblauch**, **Ingwer** und **Chili** in **Erdnußöl** anbraten, die Nudeln rein, **Fischsauce** und **Sojasauce** dazu, und **Babyspinatblätter** kurz darin dünsten, viel umrühren und durchmischen.

Prawns mit Gemüse

Zuerst einmal etlichen **Fisolen** die Enden abschneiden, dritteln und sieben Minuten[58] in Wasser kochen, abseihen. **Tiger Prawns** (das sind sehr große Shrimps) auftauen

---

[58] Ich hab einmal irgendwo gelesen, daß die an sich giftigen Fisolen nach sieben Minuten kochen das Gift abbauen. Das Kochwasser muß man wegschütten (z.B. ins Aquarium, um die Algen zu vernichten).

lassen und schälen. **Zwiebel** in Ringerl schneiden, **Ingwer** ganz kleinschneiden, **Shi Take** Schwammerl entstengeln, **Porree** in 10 Zentimeterstreifen schneiden, **Frühlingszwiebel** in Zweizentimeterstücke schneiden, **Knoblauch** schälen und kleinschneiden und das alles in Einzelschüsserln geben. In einer Tasse **Sherry** mit **Sojasauce** und **Tapioka** vermischen. **Erdnussöl** in den Wok, die Prawns hinein und kurz anbraten (eine Minute pro Seite reicht da schon); herausnehmen und irgendwo hinlegen (aber natürlich dort hinlegen, wo man sie wieder findet und die Katze sie nicht frißt !). Jetzt kommt der Rest in den Wok, und zwar in der Reihenfolge: Zwiebel + Ingwer; kurz braten; Schwammerl, Porree, Frühlingszwiebel, Knofel, Fisolen – dazwischen immer kurz (halbe Minute) herumbraten und oft mit einem Holzspatel durchschaufeln ! Und jetzt: **Salz**, **Pfeffer**, gemahlener **Glockenpaprika**. Piri Piri oder Chili geht auch zur Not, für Leute, die keinen eigenen Glockenpaprika ihr eigen nennen können. Am Schluß die Sauce noch einmal gut durchrühren, drüberleeren, umschaufeln, und noch mit Wasser aufgießen, bis (geht sehr rasch, etwa eine halbe Minute) eine dicke Sauce entsteht. Feuer ausblasen, die Prawns über das Gemüse legen, und ab auf den Tisch.

Beef Teriyaki

„Teriyaki" heißt die Sauce, mit der das Zeug im Wok übergossen wird; was auch immer man damit beschüttet, ist flexibel, in unserem Fall jetzt Rind. Also: **Rindfleisch** (am besten nichts flachsiges, also kein Gulaschfleisch, sondern Filet, Beiried oder Scherzl) entflachsen und kleinschneiden. **Champignons** häuten und schneiden, **Frühlingszwiebel** 3 cm lang schneiden, **Knoblauch** und **Ingwer** kleinschneiden; und natürlich die Teriyaki Sauce herrichten: **Zitronensaft**, **Soja**, Wasser**, Schnittlauch**, **Tapioka** und **Sake** (kann man auch ganz weglassen oder durch Sherry ersetzen) zusammenpantschen. Weiter geht's so wie immer mit dem Wok: **Erdnußöl** rein, das Fleisch kurz anbraten (ja nicht zu lang, sonst wird es zäh – es sollte innen noch rosa sein), wieder raus, dass die Schwammerl rein, gemahlenen **Glockenpaprika** oder so dazu, Ingwer und Knofl rein. Wenn das Zeug gar ist, die Sauce durchrühren, reinschütten, verrühren und vielleicht mit noch etwas Wasser auf die richtige Konsistenz bringen. Gas abdrehen, das Fleisch rein, durchmischen und fertig.

Ketchuphendl Süß Sauer

Also, das hätte ich bisher nicht für möglich gehalten, aber ich habs mit eigenen Augen bestaunt: Ketchup im Wok ! unfaßbar ! (aber trotzdem köstlich). **Hühnerfilets** schneiden, und Gemüse auch: **Broccoli**, **rote Paprika**, **Karfiol**, **Karotten**, **Ananas**, asiatische **Schwammerl** (die weißen, von denen ich nicht weiß, wie sie heißen, oder andere) und **Thai Egg Fruit** wer hat (das sind kleine grüne Melanzani). **Erdnussöl** in den Wok, **Red Curry Paste** dazu, herumrühren, Hendl rein und anbraten, viel **Ketchup** reinschütten (!), das Gemüse rein, fleißig umschaufeln, **Kaffernlimetten-**

blätter, **grünen Pfeffer** (in Körnerform), **Thai Basilikum** dazu, **Zucker** (wenig) und **Austernsauce**. Alles zusammenpampen, rühren und fertig ist das Gekoche wenn das Gemüse bißfest ist. Mit ☞*Reis* essen.

Hendl mit Bambus und Pilzen

Was man dazu braucht: einen Wok, und zwar einen schweren aus Gußeisen, und nicht irgendein billiges Blechklumpert. Mit dem wird's nichts – das sag ich gleich. Man kann zwar auch eine Pfanne nehmen, aber garantieren tu ich dann auch nicht, daß das Ergebnis eßbar ist. Zuerst, und das ist die eigentliche Arbeit, werden die Zutaten hergerichtet, und jeweils in ein eigenes Schüsserl gegeben – gekocht ist das Zeug dann in zehn Minuten ! Also: Hühnersuppe kochen (aus Wasser und ausnahmsweise **Hühnersuppenwürfel**). **Hühnerfilets** kleinschneiden, in eine Schüssel und mit **Sojasauce** und **Portwein** (oder Sherry) mischen. **Portwein** in eine Tasse, und mit **Tapioka** mischen (Tapioka ist Maniokmehl, und wächst im Chinesenladen). Von den **Glasnudeln**, die immer in praktischen Portionen für 143 Personen abgepackt sind, mit der Kreissäge ein faustgroßes Stück abschneiden, in Salzwasser kochen, und kalt abschrecken. Als Beilage natürlich einen ☞*Jasminreis* kochen. In eine Schüssel heißes Wasser geben (da kommt dann das Gemüse hinein, heißes Wasser deshalb, damit es warm bleibt). Reis und Nudeln kommen nicht in den Wok, sondern werden separat serviert. Und jetzt zum Gemüse: (Man muß nicht alles davon nehmen, hier kann man experimentieren. Man nimmt halt, wozu man gerade Lust hat, und was man so unter dem Kühlschrank hervorkehrt. Ich hab die Gemüser aber hier in einer Reihenfolge aufgezählt, wie man sie dann später in den Wok schmeißen soll – die festeren Sorten zuerst, die weichen am Schluß, damit alle am Ende schön bißfest sind, und kein Gatsch draus wird: **Knoblauchzecherln** schälen und klein schneiden. **Ingwer** schälen und sehr klein schneiden. **Mandeln** in der Schale fünf Minuten kochen, abgießen, und zwischen zwei Fingern aus der Haut flutschen. **Frühlingszwiebeln** in Ringe schneiden (ohne das grüne Geblätter). **Champignons** entstengeln, schälen, vierteln (besser noch sind braune Champignons oder noch besser: **Shi Take Pilze**, kriegt man gelegentlich auch frisch im Supermarkt). Roten **Paprika** streifig schneiden. **Bambus** (aus der Dose) waschen, ins Schüsserl. Desgleichen **Sojakeimlinge** (kriegt man manchmal auch frisch !) waschen. **Chinakohl** (das ist der längliche Salat) in halbzentimetrige Scheiben schneiden und mit den Fingern zerlegen. In den Wok gibt man etwas **Erdnußöl**[59]. Dann kommt der Knoblauch und der Ingwer hinein, und nacheinander das Gemüse, in der Reihenfolge wie beschrieben, und ganz am Schluß die vorgekochten Glasnudeln. Man muß dabei mit einem vorne flachen Holzkochlöffel ständig umschaufeln (umrühren ist zu wenig) und - sagen wir – spätestens jede halbe Minute eine neue Sorte Gemüse dazuschütten. Wenns fertig

---

[59] Zum woken ist Erdnussöl am besten. Es ist geschmacksneutral und hält vor allem größere Hitze aus

ist, daß heißt, wenn das Gemüse angebraten, aber noch bißfest ist, **Fischsauce** rein, in die Schüssel (wo das heiße Wasser drin war, aber jetzt nicht mehr ist) damit, und zugedeckelt. Jetzt schüttet man das Fleisch in den geleerten Wok, und bratet die Stücke rundherum schön an, auch hier öfters umschaufeln. Wenns Fleisch angebraten ist, wird mit der Hühnersuppe aufgegossen, und noch ein paar Minuten gedünstet. Dann kommt die Mischung Portwein + Tapioka dazu, gut verrühren, und jetzt kann man zuschaun, wie die Pampe so schön schleimig wird, wie man es vom Chinesen kennt. Wenns soweit ist, ist alles fertig, und sollte gleich verspeist werden.

Hendl mit scharfer Kokosnuß- Schwammerlsauce

Zuerst wieder alles herrichten, bevor man zum woken anfängt: **Champignons** entstielen, häuten und nicht zu dünn (sagen wir, drei Millimeter ?) schneiden. Etliche **Knoblauchzecherln** klein schneiden, rote **Pfefferoni** (die Menge entscheidet dabei über die Schärfe) in Scheiben, und **Schalotten** in Ringerln schneiden. **Mandeln** kurz kochen, abseihen, abkühlen lassen und aus der Schale flutschen. **Hühnerfilets** oder Truthahn oder Großtrappenfilets in kleine Stücke schneiden und in eine Schüssel mit einer genialen Mischung aus **Salz**, **Sherry** und **Sojasauce**. Eine Konservendose mit **Kokosnußmilch** öffnen (es sei denn, die Palme vorm Haus trägt grad frische Nüsse, die man reiben kann). Und jetzt zum Wok: **Erdnußöl** hinein, Mandeln und Hendlfleisch anbraten, salzen, und wenn es fertig ist, herausnehmen. Dann genau in dieser Reihenfolge: Knoblauch und Pfefferoni, eine Minute braten; Schalotten, zwei Minuten braten, Schwammerln, **Salz**, **Koriander** (aber nur wenn alle das Zeug wollen, frisch und kleingeschnitten, oder aber getrocknet). Gut durchmischen. Das Salz entzieht jetzt den Schwammerln das Wasser, und es bildet sich ein Saft, in dem man die Schwammerln dünstet. Nach drei bis fünf Minuten (je nach Schwammerlmenge) kommt die Kokosnußmilch dazu, und es wird noch etwas drauf herumgedünstet, bis sich der Saft etwas eingedickt hat, da kann man auch mit **Tapioka**, das man in kaltem Wasser auflöst, nachhelfen. Jetzt kommt das Fleisch entweder wieder dazu (am besten in ein Eck vom Wok, schaut schöner aus, man kann es aber auch hineinmischen), oder es wird in einer eigenen Schüssel am Tisch gestellt. Dazu paßt natürlich ☞*Jasminreis*. Die Pampe ohne Fleisch und Mandeln kann man auch als Beilage verwenden – zum Beispiel zu gegrilltem Fleisch oder flambierten Mastochsenfilets.

Hendl mit Cashewnüssen

Ein thailändischer Klassiker: zuerst im Wok Cashewnüsse in etwas Erdnussöl rösten, ständig wenden, sonst brennen sie an. Dann raus damit und der Reihe nach in den Wok schmeißen: noch einmal **Erdnussöl**, blättrig geschnittenen **Knoblauch**, **Chili** (das Gewürz – very hot !), den Knofel bräunen; dann geschnittenes **Hühnerfleisch** (anbraten); dann geschnittenen **roten Paprika**, (oder stattdessen Schwammerl), **süße Sojasauce**, **Sojasauce**, vielleicht auch etwas Wasser, einen kleinen Löffel braunen

Zucker, **Zwiebelviertel**, **Schwammerl**, (Shi Take) **Frühlingszwiebel** und (die vorher schon gerösteten) **Cashew Nüsse**. Wer will, kann noch Korianer (das grüne Zeugs) hineinschmeißen, ich persönlich lehne ihn aus religiösen Gründen ab[60]. Grausliches Gewächs. Soll gefälligst auf der Wiese bleiben !

Curryhuhn mit Ananas und Mandeln

Zuerst einmal alles herrichten und in Schüsserln geben, fürs Kochen braucht man dann nur mehr zehn Minuten. Also: **Hühnerfilets** in etwa fünf Millimeter dicke Scheiben schneiden. **Zwiebel**, **Knofl** Zecherln, und **Ingwer** klein scheiden. **Karotten** schälen und in dünne Streifen schneiden. Eine **Ananas** schlachten (wehe, ich hör einmal, daß irgendwer eine Konservenananas dazu nimmt, mit diesem semisynthetischen Zeugs braucht man erst gar nicht kochen anfangen !) und soviel man davon braucht klein schneiden (sollte vielleicht ein Drittel der Masse vom Fleisch sein). **Frühlingszwiebeln** in Scheiben schneiden, das tiefgrüne Zeug oben aber wegschmeißen. **Mandeln** in heißem Wasser aufkochen, mit zwei Fingern aus der Haut flutschen, dann in wenig **Erdnußöl** hellbraun rösten, und dann wieder rausnehmen. In Wasser **Rindsuppenwürfel** aufkochen – aber nur, wenn grad keine fertige Rindsuppe da ist ! In einer Tasse kaltem Wasser **Tapioka** kalt einrühren. Jetzt wird der Wok angeworfen. **Erdnußöl** hinein, und ins heiße Öl das Fleisch von allen Seiten unter Rühren und Wenden anbraten. Das gebratene Fleisch herausnehmen und warm stellen. Jetzt kommt der Rest hinein, wobei die Reihenfolge schon wichtig ist, und man nicht vergessen soll, sehr häufig mit einem vorne flachen Holzspatel umzuschaufeln. Zwiebel, Knofl und Ingwer eine Minute anbraten, viel **Curry** dazu, Karotten hinein, eine Minute braten, jetzt kommt **Fischsauce** dazu, die Ananasstückchen und das gebratene Fleisch hinein, wiederum eine Minute braten, Suppe hineinschütten, verrühren, zudeckeln und jetzt drei Minuten köcheln. Dann schmeißt man die Mandeln und die Frühlingszwiebeln dazu, vermischt, und gießt mit dem Tapiokawasser auf, das man vorher aber noch kräftig aufrührt. Gleich gut vermischen, vielleicht noch eine halbe Minute oder so aufkochen bis die Sauce sämig wird, und fertig. Dazu ißt man natürlich ☞*Jasminreis*.

Hühnerflügerln mit Honigsauce

Die Flügerl mariniert man am besten schon am Vortag. Von den **Hühnerflügerln** nimmt man nur die beiden größeren Teile. Vergleichsweise: die „Hand" schneidet man weg, und macht draus eine gute ☞*Hühnersuppe,* „Unterarm" und „Oberarm" trennen, und fettige Teile der Haut wegschneiden, diese kommen in die Suppe oder in die Katze, die eh schon unten sitzt und erwartungsvoll raufschaut. Jetzt kommen in eine Schüssel: etwas **Erdnussöl**, und jeweils gleichviel kleingeschnittener roter oder

---

[60] Die Verwendung von Koriander in der Küche hat mir mein Druide verboten.

grüner **Pfefferoni** und **Ingwer**, **Piri Piri** oder Chilipulver sowie mit dem Zestenrei-ßer produzierte und kleingeschnittene **Zitronenschalen**. In diesem Gatsch werden die Flügerln hineingeschüttet und gut durchgemischt. Nächsten Tages wird der Wok angeworfen. **Erdnußöl** hinein. Soviel Flügerl, daß der Wok im heißen unteren Teil bedeckt ist, und zehn Minuten knusprig braten; dann herausnehmen, in einer zugedeckelten vorgewärmten Schüssel warmstellen und die nächste Partie braten. Wenn alle fertiggebraten sind, wird der Bratrückstand mit **Sojasauce** deglaciert, etwas **Hühnersuppe** oder Wasser kann man auch dazugeben, wenn man mehr Saft haben will, und dann kommen etliche Löffel **Honig** und noch **Fischsauce** zum Salzen dazu. Gut verrühren ! Die Sauce wird jetzt noch eingedickt: dazu wird **Tapioka** in ganz wenig kaltem Wasser aufgelöst, dazugeschüttet, und dann aufkochen lassen – die Sauce sollte dann schön dick sein. Fertig. Flügerl am Teller, Sauce dazu, Basmatireis oder ☞ *Jasminreis*.

Hühnertrümmerln mit Gurke

Das sind Hühnerbruststücke mit Sauce, Gurke und Glasnudeln. Entweder man serviert das Zeugs als kalten Gurkenglasnudelsalat mit darüber geschüttetem warmen Hendl, z.B. wenn man die Glasnudeln nicht mehr findet, und sie schon kalt sind wenn man über sie stolpert; oder alles zusammen warm aus dem Wok. Ich beschreibe zweiteres, und gehe davon aus, daß Ihr alles findet, was Ihr gebrutzelt habt. Zuerst die **Glasnudeln** in zehn zentimetrige Stücke brechen oder mit der Schere schneiden, kochen, und aufheben, aber so, daß man sie wieder findet. **Zwiebel** julienne schneiden. **Gurke** schälen, und mit dem sogenannten Sparschäler (warum zum Geier der so heißt, weiß kein Mensch) Streifen heruntersäbeln. In einem Glasl zusammenpampen: **Honig**, **Erdnußpaste** (muß aber nicht sein, hat nicht ein jeder vorrätig), **Sesamöl** oder Sesamkörndeln, **Sojasauce**, **Chilisauce** scharf oder süß, **Honig**. In dieser Reihenfolge in den Wok kommen jetzt: **Erdnußöl**, geschnittene **Zwiebel**, geschnittene Hühnerfilets, **Cashew Nuts**. Drauf herumbraten bis das Hendl nicht mehr rot ist. Jetzt die Pampe aus dem Glasl dazu, durchrühren, die Glasnudeln hineinverteilen (jetzt sieht man, daß es praktisch ist, sie vorher zu schneiden !), die Gurken hineinmischen, und nur mehr ganz kurz dünsten, sonst lassen die Gurken zu viel Wasser ! Mit **Fischsauce** würzen und mit ☞ *Jasminreis* essen.

Kali Mirch Murgh

Ist indisch, und bekommt immer eine Haube, wenn ichs mach. **Ingwer** und **Knoblauch**, und **Hühnerfilets** kleinschneiden (die Hühner nicht so klein schneiden wie den Knoblauch). Ingwer und Knofel zusammen mit **Gewürznelke**, **Pfefferkörnern** und **Lorbeerblatt** im Wok in **Erdnußöl** anrösten, die Hühnerstücke dazugeben, anbraten, dann **Curry** und **Chilipulver** dazugeben, **Fischsauce** rein, im eigenen Saft dünsten, etwas Wasser aufgießen und das angebrannte am Wokboden zu einem schönen Saft aufkratzen. Herd abdrehen, **Joghurt** hineinrühren, **Petersil** dazu und fertig – ja nicht mehr kochen, Bröckerlgefahr ! Essen mit ☞ *Jasminreis*.

Masaman

Die Bezeichnung kommt vom persischen „Musulman" und weist auf den arabischen Ursprung dieses Thai- Rezepts hin. Dies als geschichtlicher Hintergrund zur Einleitung. **Erdnüsse** schälen. Eine **Zwiebel** in Ringerln schneiden; **Frühlingszwiebel** zweizentimetrig zerstückeln; **Erdäpfel** kochen, schälen und in zwei Bissen große Stücke schneiden. Soviel Masse wie die Erdäpfeln an **Hühnerfilet** oder Tofu kleinschneiden, und im Wok in Erdnußöl anbraten (aber nicht bräunen, nur dünsten, und den Saft nicht verkochen), wieder raus damit und warmstellen. Jetzt die Zwiebel dünsten, und dann kommt fertig gekaufte „**Masaman Curry Paste**" in den Wok, aufkochen, **Kokosmilch** dazu, die Erdäpfel, das Fleisch hinein, die Erdnüsse, ein Löffelchen **Zucker** und einige Spritzer **Fischsauce**. Die Frühlingszwiebel rein, noch etwas dünsten und fertig. Dazu kann man einen ☞ *Jasminreis* essen oder auch nicht wenn man nicht mag.

Ente mit Shi Take

Entenbrustfilets wachsen in den Supermarkt Tiefkühltruhen. Rechnet bitte mit einem Filet für 2 Personen. Die Schwierigkeiten beginnen sofort nach dem Auftauen: mit dem Haut abziehen. Das geht nur, wenn man mit einer Hand das Filet festhält, mit der zweiten die Haut abzieht, was aber nicht geht, weil sie ja angewachsen ist (das ist nicht so einfach, wie bei einem Hendl). Deshalb nimmt man die dritte Hand, und schneidet – oder besser noch: ritzt zwischen Haut und Fleisch herum. Wenn man das ohne Messer versucht, reißt die Haut Fleischfetzen aus dem Filet. Wer das geschafft hat, ohne das Trumm an die Wand zu haun und zum Wirten zu gehen, darf weiterkochen. Die **Häuteln** gibt man in einen Topf mit einem viertel Liter Wasser, und kocht sie aus, zu einer Suppe. Das Filet – jetzt ohne Haut – bitte quer zur Faser in dünne Streifen schneiden, und in eine Schüssel geben, wo man dazuleert: **Sojasauce, Knofl, Salz** und einen Teelöffel **Zucker** (klingt grauslich, was ?). Und jetzt wird hergerichtet (die Reihenfolge ist so gewählt, wie die Ingredienzien dann in den Wok wandern): **Zwiebel** in Ringerln schneiden, **Ingwer** schälen und stifteln, **Shi Take** Pilze entstengeln, vierteln, in Wasser einweichen. Kleine Baby **Kukuruzkolben** am nächsten Feld klauen, oder eben Körner aus der Konserve nehmen und waschen; die unteren weißen Teile von **Frühlingszwiebeln** schälen und in dreizentimetrige Stücke schneiden; die oberen grünen Teile derselben in dünne Ringerln schneiden, **Tapioka** mit etwas kaltem Wasser verrühren. Jetzt kommt **Erdnußöl** in den Wok, und dann schüttet man in der Reihenfolge wie oben beschrieben das Zeug hinein, und jeweils immer kurz anbraten. Die Entenzuckersojaknofltrümmerln kommen nach dem Ingwer dazu, die Schwammerln zusammen mit deren Einweichwasser;

nach den grünen Zwiebelringerln kommt die Entensuppe dazu, aus der man aber vorher die ausgekochten Häutln entfernt hat. Nach dem Tapiokasaft nur mehr kurz aufkochen, bis die Pampe schlatzig wird, und gleich auf den Tisch. Auch dazu ißt man natürlich ☞*Jasminreis*.

Ganslbrust mit Gemüsern

Zuerst alles herrichten: **Ganslbruststücke** enthäuten, und quer zur Faser in Streifen schneiden (Man kann statt der Gans auch Ente, Hendl, Truthahn, Hund oder Ratte nehmen). **Frühlingszwiebel**, **Kürbis**, **Fisolen**, **Stangenzeller** und einen **roten Paprika** schneiden, und in Schüsserln schütten (die Fisolen vorher sieben Minuten in Salzwasser kochen). In ein separates Schüsserl kommt zerkleinerter **Knoblauch** und **Ingwer**, ein Teelöffel **Zucker** und **Stangenzellerblätter**. Jetzt noch **Hühnersuppe** wärmen, **Sambal** oder eine rote Thai Paste oder so und **Sojasauce** herrichten damit man später nicht tobend die Küche danach durchwühlt, wenn das Zeug im Wok schon raucht, und einen Löffel **Tapioka** in kaltem Wasser auflösen. So, jetzt beginnts: **Erdnußöl** in den Wok, und das Fleisch anbraten. Herausnehmen, und zudeckeln. Jetzt kommt nach und nach das Gemüse hinein, und zwar die härteren Sachen zuerst, und immer schön durchrühren; insgesamt aber nur kurz anbraten, vielleicht fünf Minuten in Summe. Am Schluß den Knoflingwerzuckergatsch dazu, Sojasauce, Sambal, **Fischsauce** und **Pfeffer**; nochmal durchrühren, mit der Suppe aufgießen und diesen Saft dann mit dem Tapiokawasser verdicken. Jetzt kommt das Fleisch wieder dazu wenn man es noch findet und es nicht schon wer weggefressen hat, sonst gibt's nur vegetarisches Essen und eine Haube weniger, durchrühren und gleich auf den Tisch. Auch dazu ißt man natürlich ☞*Jasminreis*.

Schweinsspieße indonesisch

Am Vorabend wird das Schweinsschnitzelfleisch einmariniert. Dazu pantscht man in einer Schüssel zusammen: **Kokosmilch**, **Sojasauce**, **Curry**, kleingeschnittener **Koriander** (Petersil tuts auch, wenn man keinen Koriander hat oder mag), **Zitronensaft** und **Salz**. In diese Pampe kommen 3 cm breite Streifen **Schweinsschnitzel** hinein (in Streifen deshalb, weil so kann man leichter Spieße fabrizieren !). Zudeckeln, und über Nacht in den Kühlschrank. Am nächsten Tag die Fleischstreifen ziehharmonikaartig auf Spieße stecken, und grillen. Dazu kommt **Basmati Reis** und selbstgemachtes ☞ *Mango Chutney*. Wenns am Grilltag regnen sollte, was man ja nicht immer weiß, wenn man am Abend zuvor die Marinade anrührt: dann brät man einfach die Fleischstreifen in der Pfanne (ist eh viel besser als das primitive Herumgegrille) an, schüttet am Schluß die restliche Marinade dazu und kocht nochmals kurz auf, was einen sehr guten Saft ergibt.

Gemüse mit Rindfleisch

Ich möchte da keine gastronomischen Vorschriften von mir geben: das chinesische Rindfleisch kocht man genauso, wie das chinesische ☞*Hendl mit Bambus und Pilzen*. Da kann man selber weglassen, was man will. Nur eines: Als Rindfleisch nimmt man BSE freie **Rindsschnitzel**, die man quer zur Faser in ganz dünne Streifen schneidet. Dann braucht man nur ganz kurz drauf herumwoken, und das Fleisch bleibt schön saftig und wird nicht hart. Übrigens: statt Rindernem kann man natürlich auch Truthahn, Schweinernes, Schöpsernes, Flugsaurier, Ratte, Ente, Würmer, Schnecken, Schleiereulen oder Fisch nehmen. Die Zubereitung bleibt immer eine Variation des Grundrezepts Hendl mit Bambus und Pilzen.

Bulgogi

Das ist ein koreanisches Feuerfleisch. Zu einem solchen kann es werden, wenn es am offenen Feuer getopft wird, aber auch, wenn man ein paar Handvoll Chili reinschmeißt, oder beides. Dünne geschnittene **Rindschnitzel** in kleine Stücke schneiden und in **Sesamöl**, **Chili**, in Ringerl geschnittene **Frühlingszwiebel**, **Sesamkörner** und **Sojasauce** einsuren, wenn geht, ein paar Stunden oder über Nacht. Am nächsten Tag **Champignons** entstengeln und enthäuteln. Das Rind wandert jetzt in den Wok, der sollte sehr heiß sein. Rasch anbraten, viel wenden, und gleich raus wenn das Rinderne gebräunt ist – je nicht zu lang, ein paar Minuten sollten genügen, sonst hat man ein koreanisches Bergschuhesohlenfleisch der zäheren Sorte ! Also raus damit, und zudeckeln. In den Wok kommen jetzt die Sur und die Champignons. Schön durchbraten, wenn sie fertig sind, das noch warme Fleisch rein, und weg vom Feuer. Dazu paßt ☞*Jasminreis*; und zwar gilt hier: je feuertöpfischer, desto mehr Reis braucht man.

Gemüse mit süß- saurer Sauce

Wie bei jeder chinesischen Pampe werden zuerst die Ingredienzen in Schüsserln hergerichtet, im Wok gekocht ist dann alles in wenigen Minuten fertig: kleingeschnittenen **Zwiebel** und **Knofl** in ein Schüsserl. **Zeller** schälen und schneiden; **Zucchini** in halbzentimetrige Scheiben schneiden; **Broccoli** in kleinere Röschen teilen und waschen; **Sojasprossen** waschen. In einem Kaffehäferl in Wasser **Tapioka** auflösen. Für die süß- saure Sauce verrührt man: 4 Eßlöffel **Sojasauce**, 5 **Sherry**, 1 **Paradeismark**, 6 Wasser; einen Teelöffel **Honig**, einen Teelöffel **Ingwer** fein geschnitten, sowie etwas **Chili** und **Pfeffer**. So. Jetzt kommt der Wok: auf dem Herd damit, und etwas **Erdnußöl** hinein. Wenn das Öl heiß ist, in dieser Reihenfolge dazu: das Zwiebel- Knoflgemisch, Zeller, Zucchini, Broccoli, Sojasprossen. Immer kurz anbraten und am Schluß **Fischsauce** dazu. Dann leert man die süß- saure Sauce drüber, eine Minute noch zugedeckt dünsten, und am Schluß das Tapiokawasser drüberleeren, gut durchschaufeln, und gleich servieren. Dazu paßt natürlich ☞*Jasminreis.*

Pad Thai

Mein vegetarisches Lieblingsasiatenrezept: Zuerst einmal richten wir in einzelnen Schüsserln die Ingredienzien her, den Wok brauchen wir erst ganz am Schluß. Also: Getrockneten **Tofu** (man kann statt dem Tofu auch Hendl oder Prawns nehmen) in Wasser einweichen, abseihen. **Erdäpfel** kochen, schälen, in Würfel (1 cm Seitenlänge genau bitte) schneiden, aufheben. Im selben Topf mit frischem Wasser **Fisolen** sieben Minuten kochen, abseihen. **Eiernudeln** kochen, abseihen, kalt abschrecken. Aus verquirlten **Eiern** Omelette in einer befetteten Pfanne braten und kalt in Streifen schneiden. **Bohnensprossen** aus der Dose waschen. **Frühlingszwiebeln** streifig schneiden. Zwiebelringe herstellen (aus **Zwiebeln** natürlich – was sonst). **Pfefferoni** kleinschneiden. **Kurkuma** mit **Fischsauce** und **Chilipulver** (oder Piri Piri) und **Sojasauce** zusammenpantschen. Bevor man jetzt in weiteren Zutaten in Schüsserln erstickt, tritt der Wok in Aktion: **Erdnussöl** hinein, und dann in der Reihenfolge: Zwiebel, Pfefferoni, Kurkumagatsch anbraten (eine Minute pfannenrühren). Tofu, Erdäpfel, Fisolen, Bohnensprossen dazu und braten (1 Minute). Nudeln dazu und weiterbraten (2 Minuten). Herd abdrehen, Omelettestreifen und Frühlingszwiebeln drüberstreuen. Hat auf Anhieb eine Haube bekommen !

Pad Thai Zhwai

Pad Thai eins steht schon oben herum, aber nicht in dieser Version aus Nordthailand. Zuerst **Tamarinden** knacken und das Innere mit etwas Wasser turmixen und durch ein feines Sieb streichen. Wer seinen Tamarindenbaum schon zwecks Brennholzgewinnung gefällt hat, der nehme Tamarindenpaste, wer keine solche aufzutreiben in der Lage ist, verzichte darauf und esse ein Butterbrot mit Extrawurst. **Frühlingszwiebel** in Stücke schneiden, einen Block **Tofu** schneiden und in **Erdnußöl** anbraten; raus damit und in demselben Öl getrocknete **Shrimps** (nicht zuviel davon, die sind sehr intensiv im Geschmack – man kann aber auch die normalen gefrorenen Shrimps nehmen) leicht rösten, und auch raus damit. Jetzt kommt noch einmal relativ viel Öl in den Wok, und dann werden ganze **Eier** in das Öl geschlagen, die heftig zerrührt werden. Wenn die Eier gestockt sind, mit Wasser (so viel wie die nachfolgenden Nudeln aufsaugen werden) aufgießen, nicht schrecken, das schaut dann extrem grauslich aus, wie halbverdautes wieder hochgekommenes Gesuppe. Jetzt wird verfeinert: **Chili**, **Sojasauce**, **Austernsauce**, etwas **Zucker** und die Tamarinden rein, dann **Reisnudeln** rein, die nehmen das Wasser auf, und jetzt schauts schon immer mehr wie was zum Essen aus ! Gut durchmischen, bis die Flüssigkeit in die Nudeln gewandert ist, Frühlingszwiebel, Tofu und Shrimps hineinmischen, und vor dem

Essen noch rohe **Mungbohnensprossen** drüberstreuen (das sind die, die sie uns im Laden unter dem Namen „Sojasprossen" verhökern). Fertig.

Nasi Goreng

Nein, das ist kein Schreibfehler, und heißt nicht Hasi Goreng, was ein beliebtes asiatisches Wildgericht ist, und es heißt auch nicht Hendi Goreng, obwohl Hendl drinnen ist. Nasi Goreng ist gebratener Reis mit Gemüse und – wahlweise Huhn, Schwein, Shrimps, Elefant, Ratte oder was sonst noch ins Auto gelaufen kommt. Zuerst ☞ *Reis* (ich nehm dafür den Langkornreis) kochen und an einem sicheren Ort aufheben. Aus versprudelten **Ei** möglichst dünne Omelettes basteln und in Streifen schneiden. Dann wird kleingeschnitten: **Hühnerfilet, Porree, Zwiebel, rote Paprika** und **Frühlingszwiebel**; außerdem bitte noch herrichten: eingeweichte **Shi Take Pilze**, und **Mungbohnensprossen** (das ist das Zeugs, was einem überall als „Sojasprossen" angedreht wird). **Erdnussöl** in den Wok, das Fleisch kurz anbraten, und wieder raus damit. **Red Curry Paste** und **Thai Chili Paste** oder **Sambal** oder was sonst noch an scharfem Zeugs irgendwo herumkugelt ins Öl, zerrühren, Zwiebel hinein, und den Rest, (zuerst die Schwammerl, und dann immer das härtere Zeugs zuerst), dabei ständig mit dem Spatel durchmischen und den Boden aufkratzen. Jetzt kommt noch dazu: **Sojasauce, Fischsauce**. Ein bißchen **Chili** kann auch nicht schaden. Das Fleisch wieder rein, sonst verkühlt es sich, den Reis, gut durchmischen, die Omelettesteifen drübersteuern und die hungrige Meute zum essen rufen, wenn sie nicht eh schon bei Tisch sitzen und rumoren.

Bami Goreng - Gebratene Nudeln

Bitte mit Ehrfurcht kochen, es handelt sich hier um das Nationalgericht von Singapur ! **Chinesische Nudeln** (und zwar nicht die Glasnudeln, sondern die Eiernudeln - gibt's in jedem besseren Supermarkt) in Salzwasser kochen (nur bißfest, sie werden nachher noch gebraten, und werden dann dadurch noch weicher !), kalt abschrecken, und im Sieb abtropfen lassen. Jetzt die restlichen Zutaten vorbereiten[61]: **Schweinsschnitzel** und **Hühnerfilets** quer zur Faser in dünne Streifen schneiden. **Shrimps** auftauen. **Zwiebel, Ingwer** und **Knoblauch** klein würfeln. Etwas tiefgefrorene **Spinatblätter** vom Tiefkühlspinatblock sägen und im Sieb auftauen lassen. **Chinakohl** oder anderen Salat in Streifen schneiden. **Frühlingszwiebeln** in Streifen schneiden.

---

[61] Vorbereitungsküche / Mise en Place: Die meisten Rezepte sind vom Work Flow her falsch aufgebaut, weil nichts fertig hergerichtet ist, wenn der Topf danach schreit. Am besten richtet man sich also zuerst alle Zutaten so her, daß man sie dann so fertig hat, wie es der Topf später verlangt. Besonders wichtig ist das, wenn man mit dem Wok kocht, weil da die Kochzeiten sehr kurz sind, und man nicht unterbrechen kann, um Karotten zu stifteln, während die Zwiebeln verkohlen.

Jetzt wird der Wok angeworfen. Zuerst das Fleisch in Erdnußöl anbraten, raus damit und warmstellen; dann das Zwiebelknoblauchingwergemisch dazu (immer schön umschaufeln nicht vergessen !) und drei Minuten dünsten. Dann kommt dazu **Reisessig**, scharfe **Chilisauce** (gibt's alles im Chinesenladen), und natürlich auch **Sojasauce**. Gut durchmischen, und aufkochen. Jetzt kommen (wieder in dieser Reihenfolge) der Spinat dazu, die Frühlingszwiebeln und der Salat. Am Schluß noch die Nudeln hineingeklatscht, gut vermischen, drei Minuten dünsten, das Fleisch dazu, wenn man den Überblick noch hat, und ganz am Schluß die Shrimps, diese aber nicht merh braten sonst verkümmern sie !

Prawns mit grünem Pfeffer

Einfach & schnell: ausgelöste **Kings Prawns** in **Erdnußöl** anbraten, zwischenseitlich aus dem Wok herausnehmen damit Platz ist für **Knoblauch** kleingeschnitten; diesen anbraten, **grünen Pfeffer** dazu, **Austernsauce** und **Fischsauce**, die Prawns wieder rein und fertig. Mit ☞*Reis* essen.

Couscous mit Gemüse

Ich will Euch jetzt sicher nicht einreden, daß Couscous fernöstlichen Ursprungs ist (Marco Polo und so, hat sich auf letzter Reise nach China nach Tunesien versegelt, Couscous eingekauft und dann zu Hause Lügengeschichten aufgetischt); aber das Zeug schmeckt mit Gemüse recht gut, und ich koch das im Wok, drum steht es hier herum. **Couscous** mit **Gemüsesuppe** übergießen, durchrühren, zudecken und stehen lassen. Und jetzt putzen und kleinschneiden: **Knoblauch, Zwiebel, Karotten, Stangenzeller, Frühlingszwiebeln** und **Austernseitlinge. Erdnußöl** in den Wok, **Pinienkerne** anrösten, herausnehmen. Dann das Gemüse hinein, beginnend mit den Zwiebeln und Knofeln, und dann immer nach der Härte sortiert, und bißfest anbraten. **Salz, Pfeffer, Paprika** und **Zitronensaft** dazu, die Pinienkerne drüber (wenn sie nicht schon jemand aufgefressen hat), und fertig.

Kohlingwerschweinsfilet

Wer das problemlos lesen kann ohne zu stottern, wird es auch am Herd schaffen, daß was rauskommt dabei: **Schweinsfilet** (den Lungenbraten) der Länge nach halbieren und in dünne Scheiben schneiden. Die Gemüser: **Kohl, Karotten, Zwiebel** und **Ingwer** in Stücke, Streifen, Ringerl und Scheiben schneiden, kleiner oder größer, dünner oder dicker. Den Kohlstrunk bitte aber nicht verwenden! In einem Häferl **Sherry** (oder Portwein), **Sojasauce, Paprikapulver** und **Tapioka** zusammenmischen. **Erdnußöl** in den Wok, das Fleisch anbraten, daß es grad nicht mehr rosa ist (bei mehr herumbraten drauf mutiert es zur Schuhsohle), und gleich wieder raus damit. Jetzt Zwiebel und Ingwer rein, umschaufeln, Karotten, herumschaufeln, Kohl, umherumschaufeln bis er bißfest ist (aufpassen, der Kohl zerkocht, wenn länger gekocht zu

Gatsch bzw. zu gar nix mehr !), jetzt den Häferlinhalt drüberschütten, etwas Wasser dazu auch noch, wenn sich das Zeug unten am Wok anlegt, rundumherumschaufeln, das Fleisch dazu, noch ein paarmal umrundumherumschaufeln, weg vom Feuer und fertig. Dazu einen guten ☞*Reis* servieren.

Tofukrautgemüse

Was vegetarisches, gesundes ! **Erdäpfel** kochen, schälen und kleinschneiden; **Zwiebel** in dicke Halbringerl schnipseln, **Knoblauch** und **Karotten** schälen, kleinschneiden, jede bekommt ein Feng Schui Loch in der Mitte gestanzt wegen dem linksdrehenden Om. **Geräucherten Tofu** in einzentimetrige Würfel schneiden, bei Neumond geerntetes **Weißkraut** in dünne Streifen schneiden (das Kraut sollte massemäßig so viel sein, wie alles andere zusammen). Jetzt kommt der aus biologisch abgebautem Eisenerz gegossene Wok auf den Herd, **Erdnußöl** rein, und dann der Rest, eins nach dem anderen. Zuerst Zwiebel, Knofel und Tofu, scharf anbraten, dann: **Sojasauce**, **Kümmel**, roter **Paprika** (das Pulver), **Kurkuma**, ein Spritzer **Essig**; dann Karotten und Kraut, durchdünsten (kosten), mit dem mehrfach ungebeizten Holzspatel öfters wenden (bei Neumond immer von links nach rechts, sonst umgekehrt !). Zum Schluß die Erdäpfel rein und ab zum Tisch. Ja nicht an Freitagen kochen, das ruiniert das Karma auf Generationen !

Orangenfisch mit Kokos

Klingt wild – hat aber auf Anhieb eine Haube bekommen. **Zander**, Blauwallungenbraten oder Welsfilets kleinschneiden und in **Orangensaft**, **Orangenzesten**, **Ingwer**, **Sherry** und **Tapioka** einsuren. (Ich setze voraus, daß Tapioka schon bekannt ist, und ein Zestenreißer in der Messerlade herumgammelt). Gemüse putzen, kleinscheiden und in Schüsserln geben: **Zwiebel**, **Frühlingszwiebel**, **Broccoli**, **Karotten**, **gelbe Rüben**, und was man sonst noch als Gemüse identifizieren kann. In den Wok **Erdnußöl**, Zwiebel glasig dünsten, den Fisch abseihen, den Saft aufheben, den Fisch in den Wok, Ingwer und **Chilipulver** drüber, anbraten, den Fisch wieder raus und zugedeckelt aufheben. Jetzt kommt eine Dose **Kokosmilch** und das Gemüse rein, in der Reihenfolge je nach erforderlicher Kochzeit. **Fischsauce** rein, wenn das Zeug bißfest ist, den Saft vom Fisch, wenns ihn noch gibt. Dort ist Tapioka drinnen, also gut rühren, weil jetzt wird der Saft dick. Wenn er soweit ist, den Fisch rein, weg vom Feuer und fertig. Dazu einen guten ☞ *Reis* servieren.

Pasta

Spaghetti mit Butter

Wir beginnen mit was ganz Einfachem: Spaghetti oder auch andere Teigwaren kocht man alle etwa gleich, nur die Kochzeit ändert sich: In einen großen Topf kommt viel Wasser. Unbedingt viel Wasser, sonst wirds ein angebratener Gatsch. Ins Wasser kommt **Salz**. Jetzt kann man noch wenn man will, einen frischen **Salbei** hineinschmeißen. **Spaghetti** ins kochende Wasser, drauf schaun, daß sie möglichst bald ganz untergetaucht sind, und einige Zeit kochen. Die Kochzeit hängt davon ab wieviel Spaghetti im Wasser sind, von der Sorte der Teigwaren (Suppennudeln beispielsweise kürzer) und von der Meereshöhe (je höher, desto länger) und ob man den Herd aufgedreht hat, oder drauf vergessen hat. Am besten, man kostet öfter, bis sie al dente sind, das heißt: noch knackig, keinesfalls dürfen aber blasse, wäßrige, gatschige Schleimwürmer herauskommen ! Abgießen in ein Sieb, und gleich wieder zurück in den Topf. Ja nicht mit kaltem Wasser abschrecken ! Das ist barbarisch und ruiniert den Geschmack. Ein Stück **Butter** dazu, und mit dem Kochlöffel (oder noch besser mit einer großen Holzgabel) die Butter hineinrühren, dann picken sie nicht zusammen. Gleich essen, später picken sie zusammen, am besten sind sie frisch.

Spaghetti mit Knoblauch

Spaghetti ganz normal kochen, wer´s nicht weiß: Großen Topf mit Wasser (Spaghetti brauchen viel Wasser zum Kochen), **Salz** dazu und wer will, noch ein Büschel **Salbei**. Spaghetti ins kochende Wasser geben, öfters umrühren, bis sie al dente sind. **Butter** in einem kleinen Reindl zergehen lassen, und einen Haufen **Knoblauch** (eine große Zehe pro Portion, oder auch mehr) schälen, in dünne Scheiben schneiden, in die Butter geben und leicht anrösten. Vorsicht, die Butter darf nicht zu heiß werden, wenn sie einmal braun geworden ist, kann man sie auch schon wegschmeißen, und wieder von vorn beginnen! Dann die Spaghetti abgießen und wieder zurück in den Topf schütten (Den Salbei kann man jetzt wegschmeißen). Die Knoblauchbutter drüberleeren und hineinmischen.

Spaghetti mit Gorgonzola

Einfach, köstlich und mörderisch fett. Zum Aufbau von imposanter Leibesfülle hervorragend geeignet ! In etwas **Butter** auf kleiner Flamme den **Gorgonzola** (nein, das ist keine Stadt in Spanien, sondern kommt aus einer Käsemanufaktur !) zerlassen, geschnittene **Salbeiblätter** dazu, mit **Obers** aufgießen, **Salz** und **Pfeffer** dazu und gekochte **Spaghetti** hinein. Wer an der Fettembolie sterben will, der kann noch Creme Fraiche und Olivenöl dazumischen, sehr gut machen sich auch ein paar Shrimps da drinnen, nicht nur optisch ! Dazu trinkt man ein Gläschen lauwarmes Olivenöl.

Spaghetti mit Gorgonzola & Shrimps

Eine Kreation, vom Meister höchstpersönlich ausgebrütet: **Gorgonzola** in **Butter** schmelzen, mit dem Schneebesen[62] dabei herumrühren. Mit **Milch** aufgießen (das ist nicht ganz so fett wie das Rezept oben), aufkochen, etwas **Tapioka** in kaltem Wasser auflösen, reinschütten und aufkochen bis das Zeug sich eingedickt hat. Feuer unter dem Topf mit einem Kübel Wasser löschen, eine Hand voll geschnittenen **Bärlauch** reinrühren, und jetzt die **Shrimps** reinschmeißen. Nicht mehr aufkochen, sonst gehen die Shrimps auf Shrimperln ein, und keiner findet die Winzlinge in der Sauce, und alle schrein bei Tisch herum, und meckern. Dazu gibt's wie in der Überschrift steht **Spaghetti**, sonst würde ja in der Überschrift auch was anderes stehen – oder ? Weiters dazu gibt's natürlich **Kings Prawns**, die geschält in **Butter** und **Knoblauch** gebraten werden. Im Bratrückstand kann man die fertigen Spaghetti wälzen. Was man mit den Schalen der Prawns gastronomisch anfangen kann, dazu gibt's ein Preisrätsel. Wer das Rezept dazu findet, gewinnt vielleicht eine halbe Pendeluhr.

Spaghetti mit Shrimps und Broccoli

Die **Shrimps** werden aufgetaut und im Sieb unter kaltem Wasser gründlich gespült. Dieselbe Menge **Broccoli** wird geputzt, das heißt man schneidet die dicken Stengel weg, und teilt die Röschen in kleinere Stückchen. Die Stengel bitte schälen und zerkleinern, die kann man so auch essen, oder eine Suppe draus machen. Die Broccoli werden gewaschen und in kochendem Salzwasser ein paar Minuten (etwa drei, sie sollen noch bißfest sein) gekocht. In einen anderen Topf kommt ein Viertel **Obers**, das man leicht erhitzt (gerade unter der Kochgrenze), und nacheinander kleingewürfelter **Paradeiser**, und **Eckerlkäs** (ich nehm den "Enzian" Käse; gut ist aber auch ein paprizierter Eckerlkäse) klein hineingeschnitten. Dann mit dem Schneebesen so lange sprudeln, bis sich die Käsestückchen aufgelöst haben. Das dauert aber ein bißchen, nicht die Geduld verlieren! In der Zwischenzeit kocht man **Spaghetti** in Salzwasser. Jetzt schüttet man die Broccoli ins Obers, nochmals vermischen, aber vorsichtig, daß sich die Broccoli nicht auflösen – spätestens jetzt merkt man, wenn man sie zu viel gekocht hat. Weg vom Feuer und die Shrimps dazu, vermischen, und nicht mehr erwärmen, weil die Shrimps sind eh schon gekocht und wenn man sie noch einmal kocht, gehen sie ein wie schmutzige Wollsocken bei 100° und man muß sich blöde Kommentar anhören, wo man die seltene Sorte von Zwergenshrimps wohl her hat. Spaghetti abgießen, und in den Topf zurück, ein Stück **Butter** dazu und durchrühren, bis die Butter verteilt ist, und fertig.

---

[62] Damit das klargestellt ist: unter „Schneebesen" verstehe ich hier nicht das zur Winterszeit zu gebrauchende Kehrgerät, mit dem werden die Spaghetti garantiert nichts, sondern ein Küchenutensil mit einer um einen runden Metallbügel gewickelten flachen Metallspirale.

Spaghetti mit Shrimps und Spargel

Das geht natürlich nur zwischen April und Juni. Wer anderer Meinung ist, der soll bitte Fast Food in sich hineinstopfen, weil das schmeckt genauso wie Dosenspargel. Alle anderen bitte **Spargel** schälen (das steht schon wo herum, wie man das macht), in 2 cm Stücke schneiden, **Paradeiser** entkernen (das Grüne auch wegschneiden !) und kleinschneiden, **Knoblauch** schälen und kleinschneiden. Die Paradeiser in **Olivenöl** dünsten, den Spargel und Knofel dazu, zerkleinerte **Pomodori Secchi**, **Salz** und **Pfeffer**, und weiterdünsten bis der Spargel durch ist; vielleicht etwas Wasser dazu, daß nichts anbrennt. Am Schluß noch frisch gerebelten **Origano** rein, oder irgendein anderes Kräutel. **Spaghetti** gehören natürlich auch dazu, sonst würde das Rezept ja anders heißen – eh klar !

Spaghetti mit Shrimps und Kokos

Bevor es fad wird, noch eine Variation der obigen Rezepte: hier in abgekürzter Version, damit mir keiner einschläft: **Spaghetti** wie üblich, Sugo in der Reihenfolge **Olivenöl**, **Zwiebel**, **Karotten**, **Erbsen**, **Kokosmilch** zusammenpantschen und ab Schluß die aufgetauten **Shrimps** reinschmeissen. Dazu noch **Salz** (nona), **Pfeffer**, **Kurkuma** und / oder **Curry**. Nicht mehr kochen, sonst schrumpfen die Shrimps zu Shrimpserln !

Spaghetti Bolognese

Für Spaghetti mit Sugo nimmt man ☞*Spaghetti mit Butter,* und Sugo. Und das Sugo geht so: **Zwiebeln** geschnitten in **Olivenöl** glasig anlaufen lassen. Gemischtes **Faschiertes** dazu, viel umrühren und das Faschierte mit dem vorne flachen Kochlöffel zerkleinern, bis das Faschierte angebraten, und alles Wasser verdampft ist, dann kleingeschnittene **Karotten** und **Zeller**, **Petersilwurz**, **Salz**, und **Pfeffer** hinein. Wenn das Zeug leicht angebraten ist, **pomodori pelati** (im Sommer selbstgemacht oder winters aus der Dose) oder passierte Paradeiser aus dem Tetrapackl oder aber auch konzentriertes Paradeismark aus der Dose und Wasser (diese Reihung ist als Wertung in geschmacklicher Reihenfolge zu betrachten !) dazu, köcheln. Am Schluß die Gewürze: **Cayennepfeffer**, frische Kräuter: **Origano** und **Thymian**, viel **Knofl**, danach nicht mehr kochen. Am Teller über die Spaghetti schütten und dazu frisch geriebenen **Parmesan** (den aus dem Plastiksackl kann man sich sparen – der ist eine geschmacklose Verhöhnung der italienischen Küche !) Mahlzeit. Sugo eignet sich auch hervorragend dazu, daß man eine Scheibtruhe voll davon kocht, und dann portioniert einfriert !

Spaghetti Carbonara

Spaghetti in Salzwasser al dente kochen. **Schinken** und / oder **Speck** in Streifen oder Würfel schneiden, und in **Olivenöl** dünsten (beim Schinken braucht man natürlich mehr Olivenöl als beim Speck). Mit **Obers** aufgießen, geriebenen **Parmesan** dazu, gut vermischen. Weg vom Feuer, **Dotter** werden hineingerührt, und über die Spaghetti geschüttet. Leicht hineinarbeiten, und dabei aufpassen, daß nicht aller Schinken / Speck dann unten zu liegen kommt, sonst entsteht Geschrei bei Tisch, weil die ersten nur Nudeln am Teller bekommen, und die letzten im Speck ersticken und nach Nudeln schreien ! Die Variante „al Baolo" gibt es auch, sie verwendet Speck und kleingeschnittenes **Geselchtes**, kleingeschnittene **Paradeiser** kommen auch noch rein und die Eier werden als Ganzes (mit Eiklar aber ohne Schale) reingeschmissen und schnell verrührt, das macht die Sauce schön sämig.

Spaghetti mit Bärlauch Pesto

Das Bärlauch Pesto ist nichts anders als gewaschene, geschnittene **Bärlauchblätter**, die mit **Salz** und **Olivenöl** vermischt sind. Dieses Zeugs pantscht man in ☞*Spaghetti mit Butter* und ißt es.

Spaghetti mit Olio und Aglio

Ganz einfach: ☞*Spaghetti mit Butter* kochen, aber ohne Butter ! In der Zwischenzeit **schwarze Oliven** entkernen (der längs nach vierteln, und mit dem Messer den Kern herausschälen) und gleich viel **Knofl** schälen und kleinschneiden. Mindestens jeweils eine Hand voll, man darf halt nachher nicht mehr ins Theater gehen, sonst fallen die alle vom Gestank um, und die Aufführung ist geschmissen ! Wenn das Zeug geschält und geschnitten ist und die Spaghetti fertig sind, **Olivenöl** über die heißen Spaghetti schütten, **Salz** dazu, und die Oliven und den Knofl drüberleeren. Nicht zuviel mischen, sonst verstecken sich die Oliven am Boden vom Topf, und es kriegt nur mehr der letzte am Tisch was davon, und alle anderen schrein blöd herum ! Gleich frisch essen.

Spaghetti mit Basilikum- Nußpesto

Frisches **Basilikum** kleinschneiden, und in eine Glasschüssel schmeißen. Gleich **Olivenöl** und **Salz** dazu und durchmischen – das Öl konserviert die leicht flüchtigen Aromastoffe vom Basilikum. Jetzt einen Haufen **Knofl** schälen, kleinschneiden, dazugeben und mischen; und dann noch **Walnüsse** oder Delfinnüsse schälen, kleinschneiden, dazumischen. Dazwischen hat man ☞*Spaghetti mit Butter* gekocht, aber bitte ohne Butter ! Das Pesto kommt in der Schüssel am Tisch, und jeder nimmt sich, was er will. Den Rest vom Pesto kann man dann im Kühlschrank aufheben (am besten in einem Marmeladeglasl), oder aber auch einfrieren, oder zum Nachbarn übern Zaun werfen.

Spaghetti mit Kürbiskern Pesto

Ich erklärt nur mehr das Pesto – den Rest muß man wissen, woanders suchen gehn, im Internet schaun, einen Wachmann fragen, oder die Auskunft anrufen. In einer Schüssel zusammenpantschen: Kleingeschnittene **Kürbiskerne**, **Parmesan**, geschnittenen **Petersil**, **Olivenöl**, und **Kernöl**; dazu natürlich **Salz** und **Pfeffer**. Das Zeug kommt über die gekochten **Spaghetti**, und wird in selbige hineingerührt. Dazu kommen noch **Rohschinkenblätter** (z.B. Schwarzwälder Schinken), die in **Olivenöl** knusprig gebraten werden.

Spaghetti mit Zucchinisauce

Zwiebel julienne schneiden, in **Olivenöl** dünsten, **Knoblauch** hineinschneiden, **Pomodori pelati** dazuschütten, **Salz**, **Pfeffer** drüber, etwas köcheln, **Zucchino** oder **Zucchini** kleinwürfelig schneiden und kurz aufkochen und zum Gatsch dazu. Über **Spaghetti** schütten (über gekochte natürlich, nicht über die ungekochten !)

Spaghetti Maestro Baolo

Das sensationelle daran sind nicht die **Spaghetti**, sondern das Sugo: **Zwiebel** in **Olivenöl** dünsten, **Champignons** darinnen dünsten, **Zucchini** rein, dünsten, **Creme Fraiche** und **Paradeismark** rein, **Salz** und fertig !

Spaghetti mit Erbsen und Spinat

Klingt eigentlich grauenhaft ungenießbar, trotzdem, ich kann's sehr empfehlen, hat sofort eine Haube bekommen und ist auch gesund und rasch zusammengepantscht. Wie man **Spaghetti** kocht, erklär ich jetzt wirklich nicht mehr. Also: kleingeschnittenen **Speck** und **Zwiebel** dünsten, tiefgefrorenen **Spinat** und **Erbsen** und **Salz** dazu, **Obers** reinschütten und fertigdünsten. Wer will kann noch kleingeschnittene **Zitrone** dazu essen, passt auch gut.

Spaghetti sizilianisch

Wie man die **Spaghetten** kocht, erklär ich nicht mehr, ich kann mich ja nicht dauernd wiederholen. Das Sugo wird alser Kaltes zusammengenudelt: in **Olivenöl** kommen kleingeschnittene getrocknete **Paradeiser** (die Pomodori Secchi gibt's leider außerhalb von Italien fast nirgends zum kaufen), **Oliven**, **Knofl**, **Petersil**, **Kapern**, **Pfefferoni**, **Salz**, **Pfeffer** – und wer will, kann auch noch kleingeschnittene **Sardellen** (oder auch Shrimps) dazugeben**.** Umrühren und das wars auch schon. Über die warmen Spaghetti leeren, und nicht durchrühren, weil das Zeug sinkt sonst auf den Grund des Topfes ab, und alle am Tisch maulen, weil sie glauben, sie bekommen nix außer Spaghetti, und das kostet eine Haube für die mißlungene Präsentation ! Drüber bei Tisch kommt übrigens natürlich noch **Parmesan**.

Spaghetti alla Limone

Zwei Pampen werden zusammengepantscht: Erstens in einem Schüsserl **Zitronen-zesten**, **Parmesan**, **Petersil** und **Eier**, sowie im Topf am Herd etwas **Hühnersuppe** mit **Zitronensaft**, letzteres kann man auch zu einem Fond einkochen, muß aber nicht sein. Beides wird über die gekochten **Spaghetti** geschüttet, und über der kleinen Flamme in diese hineingearbeitet. Dazwischen leeren wir noch **Pinienkerne** drüber, geröstet oder auch nicht. Schmeckt sehr gut nach südlicher Sonne, vor allem an einem nebligen Novembertag !

Spaghetti mit Avocado

Es ist extrem schwierig, ein Spaghetti Rezept zu finden, das Kinder nicht gern essen. Bei diesem hier ist es aber soweit: in die fertig gekochten **Spaghetti** kippt man folgende Pampe: **Schalotten** in **Olivenöl** gedünstet (das geht ja noch), kleingeschnittene **Avocado** dazu (na ja), bittere kleingeschnittene **Radicchio** Salatblätter (bähhh), **Knoblauch**, **Blauschimmelkäse** (brrrr), **Thymian**, **Pfeffer** und **Salz**. Durchmischen und fertig, und schon sitzt man allein bei Tisch.

Spaghetti mit Garnelen

Da nimmt man am besten nicht die Kleinshrimps, sondern große **King Prawns**. Diese entschalen (zu den Schalen, siehe ☞*Krebsenschwanzsuppe*) und entdärmen, in **Olivenöl** mit **Knoblauch** und **Zwiebel** anbraten, **Salz**, **Pfeffer** dazu; jetzt kommen die Krebseln wieder raus ins warme Töpfchen, etwas Wasser in die Pfanne, deglacieren, und ein Packerl **Gervais** in die Sauce rühren. Danach: **Paradeiswürfel** da drinnen dünsten aber nicht mehr zuviel, daß sie nicht zergatschen ! Jetzt noch grob geschnittenes **Basilikum** drüber, die restlichen Prawns, die die Katze übergelassen hat rein, und fertig. Einfach über die Spaghetti am Teller leeren (nicht im Topf druntermischen, sonst gibts Streit am Tisch, weil die Garnelen sich topfbodenwärts zu entfernen pflegen, und der letzte sie alle bekommt, während der erste Esser am Tisch nur Spaghetti am Teller hat !).

Spaghetti mit Shrimps und Zitronensaft

Die **Shrimps** werden natürlich eingesurt: **Salz**, **Pfeffer**, **Olivenöl**, **Knoblauch** und **Chili**, **Schnittlauch** und **Petersil**. Das macht natürlich nur Sinn, wenn die Shrimps in der Sur länger herumliegen, sagen wir einmal, 3 Stunden im Minimum. Dazwischen kann man schon die **Spaghetti** vom Pastabaum runterpflücken und kochen. Wenn sie fertig sind, kommen sie in eine Mischung aus **Butter**, **Sauerrahm** und **Zitronensaft**, gut durchmischen, und möglichst gleich servieren. Nicht vergessen, die Shrimps auch drübergeben, sonst sinkt die Reputation als Koch beträchtlich !

Spaghetti Sepia mit Zucchini

Spaghetti Sepia sind schwarz. Keine Angst, das kommt nicht daher, daß die Spaghettipumpe in der Spaghettifabrik kaputt ist, und das Schmieröl in den Teig rinnt, sondern in diesen Teig haben Tintenfische hineingespuckt. Da schmeckts gleich viel besser, was ? Die Spaghetti ganz normal kochen- wie, das hab ich woanders erklärt, irgendwo halt. Zum Sugo: **Shrimps** auftauen; vom **gelben Zucchini** die Enden wegschneiden, der Länge nach halbieren, das weiche Innere mit den Samen herausschneiden und wegschmeißen, den Rest kleinstifteln. **Paradeiser** vierteln, den grünen Stengelansatz wegschneiden, die Kerne herauskletzeln und den Rest kleinwürfelig schneiden. **Zwiebel** julienne schneiden, in **Olivenöl** dünsten. Paradeiser und Zucchini dazu, **Knoblauch** drüberschneiden, **Origano** und **Thymian** reinschmeißen, **Pfeffer** und **Salz** dazu und fertigdünsten, bis die Zucchini bißfest sind. Wenn das fertig ist, Herd abdrehen, die Shrimps drüberleeren und zudeckeln, vor dem Servieren durchmischen (wenn man die Shrimps kocht, gehen sie ein wie zu heiß gewaschene Socken, und alle am Tisch maulen über die Mikromeerestiere).

Spaghetti mit Kürbis

Zwiebel, **Olivenöl**, **Kürbis** (kleingeschnitten natürlich, nicht den ganzen !) und **Knoblauch** dünsten, dann **Obers** rein und **Frischkäse**, noch etwas dünsten und dann **Suppe** oder Wasser drauf, mixen und raus aus dem Topf, irgendwohin halt. In den Topf kommt wieder **Olivenöl** rein, **Zwiebel**, **Speck**, nochmals **Kürbis**, aber geschälter (die Schale ist sonst beim Essen merklich härter, und das wollen nicht alle so) und am Schluß **Salbei** kleingeschnitten. Wenn man die Sauce von vorhin noch wo findet wird sie drüber geschüttet und vermischt. **Pfeffer** und **Salz** wären jetzt auch nicht schlecht. Das Zeug kommt über die **Spaghetti**, die man dazu ja auch braucht, sonst würde das Rezept ja anders benannt sein.

Spaghetti Puttanesca

Das muß man kochen, wenn die Kinder außer Haus sind, weil da ist alles drinnen, was sie nicht wollen: wie man **Spaghetti** kocht, erklär ich hier nicht mehr, das wird schon langweilig. Für das Sugo **Olivenöl**, **Sardellen** aus dem Glasl, **Chili** und **Knoblauch** dünsten bis sich die Sardellen auflösen. Dann kleingeschnittene **Paradeiser** drauf und einkochen lassen, dann kommen noch **Oliven** und **Kapern** rein, und mit **Fischsauce** (statt Salz) und **Balsamico** würzen. Ganz am Ende noch **Petersil** oder **Basilikum** kleinschneiden und reinrühren. Das wars auch schon; **Parmesan** kann man auch noch drüberschütten beim Essen.

Spaghetti borealis

Erfunden im Schatten eines Isländischen Vulkans, nach einem Blick in den Kühlschrank (mehr war nicht da): Die **Spaghetti** werden genauso gekocht, wie am Kontinent, da gibt's keinen Unterschied. Für die Pampe schmeißt man in einen Topf hinein: **Speck** und **Zwiebel**, dieselben zusammen anbraten, **Paradeiser**, **Knoblauch** und **Champignons**. Man könnte die Variante auch als „Spaghetti Carbonara Borealis" titulieren, in dem Fall schüttet man noch Rahm oder Obers rein.

Penne mit Tofu und Gemüsepampe

Zwiebeln geschnitten in **Olivenöl** glasig anlaufen lassen, geviertelte **Champignons** kommen dazu, getrocknete **Tofuwürfel** (bekommt man im Reformhaus) einweichen (in Wasser, Suppe, 70er Getreideöl, Bier oder sonstwas) und zu den glasigen Zwiebeln schütten. **Paradeisern** die Haut abziehen oder auch nicht, wen die Häuteln nicht stören (macht man indem man sie in heißes Wasser legt bis sie platzen - nicht vor Wut, sondern vor Hitze - und dann häutet), kleinschneiden, den grünen Stengelansatz wegschneiden, die Paradeiser dazumantschen, etwas daran herumkochen. **Zucchini** geschnitten und **Melanzani** geschnitten kommen dazu (man kann auch experimentellerweise alle anderen Gemüser verwenden, was man halt grad irgendwo herumliegt), und dann die Gewürze: unvermeidlich ist viel **Knofl**. Daneben noch **Cayennepfeffer, Origano, Thymian**. Ißt man am besten zu Teigwaren (Spiralen oder vorzugsweise **Penne**) und erklärt den Mitessern, daß es sich um ein erlesenes Ragout aus dem Fleisch des seltenen hinterindischen violetten Brillenkaimans handelt.

Spiralen mit Zucchinisauce

Wie man **Spiralen** (Fusili) kocht, das weiß man einfach, das erklär ich nicht. Drüber kommt die Sauce: **Zwiebel** kleinschneiden, in **Butter** und **Olivenöl** glasig dünsten. **Zucchini** sehr kleinwürfelig schneiden (etwa einen halben Zentimeter) und dazuschütten, gleich auch einen **Eckerlkäs** dazu, und einen Haufen kleingeschnittenen **Knoblauch**. Durchrühren, bis die Zucchini gedünstet sind, dann ein Viertel **Obers** drüberleeren, noch mal aufkochen, **Salz**, **Pfeffer** und fertig.

Spargelhörnchen

Der **Spargel** gehört geschält, und in Stücke geschnitten, das hab ich eh schon irgendwoanders ausführlich behandelt, und mag es hier nicht wiederkäuen. Die **Hörnchen** kochen, kurz vor dem Weichwerden **Sojabohnen** dazugeben, das Hörnchensojabohnenkochwasser aufheben, und die Hörnchen und Bohnen selbst natürlich auch. In demselben Topf **Olivenöl** schütten, den Spargel kurz braten, mit Hörnchensojabohnenkochwasser ein bißchen aufgießen, und darin den Spargel weichköcheln. Jetzt kommt **Obers** dazu, **Salz** und **Pfeffer**; wenn die Sache zu flüssig ist, den Saft abgießen in einen kleinen Topf und reduzieren. Jetzt werden die Sojabohnenhörnchen reingeschüttet, **Zitronenzesten**, kleingeschnittenes **Basilikum** kommt noch dazu und natürlich selbstgeriebener Grana Padano **Parmesan**.

Pasta Eintopf

Hier wird Pasta (Spaghetti, Hörnchen, Spiralen und diverses anderes Genudel) mit Gemüse, Gewürzen, und anderem Zeugs was sich so in einer landesüblichen Pasta findet, zusammen in einen Topf geschmissen und gekocht. Wenn das Wasser verkocht ist, ist das alles fertig und kann gegessen werden. Vorteil: nur ein Topf, und der Geschmack, der sonst mit dem Nudelkochwasser weggeschüttet wird, bleibt erhalten. Also: nehmen wir zum Beispiel **Fusili** (die Spiralen), schütten sie in den Topf, und soviel Wasser dazu, daß die Fusili grad noch nicht bedeckt sind (für Bemessungsfanatiker: 250 Gramm Pasta und 660 ccm Wasser). Jetzt kleingeschnittenes Gemüse rein, und zwar soviel wie die doppelte Menge trockene Pasta, weil die geht ja beim Kochen auf – eh klar, durch das Wasser, das sie aufnimmt: **Paradeiser**, **Zwiebel**, **Schalotten**, **Knoblauch**, **Porree**, **Kürbis**, **Paprika**, oder auch Spinat, Schinken, Shrimps, Radiergummis, Champignons, Essiggurken, Fisolen; **Salz**, **Pfeffer**, ein Schuß **Olivenöl**, **Basilikum** oder anderes Gekräutel. Köcheln bis das Gemüse bißfest ist. Wenn jetzt noch Wasser im Topf unten rumsteht: entweder noch stehen lassen, bis die Pasta das Wasser aufgesaugt hat, oder einfach im Suppenteller mit dem Löffel essen und das nächste Mal weniger Wasser nehmen.

Hirtenmakkaroni

Das kommt aus Südtirol und ist vergleichbar mit einem Sugo Bolognese, nur fetter. **Speck**, **Zwiebel** und **Knoblauch**, alles kleingeschnitten im Topf in **Olivenöl** dünsten, **Champignons** dazu, dünsten bis das Wasser weg ist, **Faschiertes** dazu, leicht rösten zwegnen dem Geschmack, dann **Salz**, **Pfeffer**, **Paradeismark**, roter **Paprika** (das Pulver) und **Paradeissauce** aus dem Packl, sowie **Obers** oder Rahm oder Creme Fraiche, was halt da ist. **Majoran**, **Thymian** und **Rosmarin** kommen auch dazu und **Estragon Senf** oder Dijon Senf. Am Teller **Parmesan** drüberstreuen und mit **Makkaroni** essen, drum heißt das nämlich so, sonst würde es ja wahrscheinlich anders heißen !

Schinkenfleckerl

Der Schinkenfleck, in Form eines Deminuitivums auch „Schinkenfleckerl" genannt, wurde 1736 in einem leider heute nicht mehr bekannten inneralpinen Think Tank erfunden, um einem damals dräuenden Kantinensterben entgegenzuwirken. Eine kluge Maßnahmen, wie man auch heute noch sieht: keine ernstzunehmende Kantine kommt heute ohne den wöchentlichen Schinkenfleck aus, und deshalb seien ihm hier einige Zeilen gewidmet: **Fleckerl** im Salzwasser kochen, abseihen und in eine gefettete Auflaufform schütten. Drüber kommt **Rahm**, ein **Eidotter** pro Mitesser (die **Eiklar** inzwischen bitte zu Schnee schlagen), **Salz**, **Pfeffer**, **Muskat**, **Petersil** und kleingeschnittener **Schinken** oder Geselchtes. Jetzt den **Schnee** sorgsam und vorsichtig unterheben, drüber kräftig **Parmesan** streuen und ab ins Rohr für eine halbe

Stunde. Eine vor allem in den Kantinen verbreitete Variante gibt's noch die ich gar nicht mag: Statt dem Schnee wird Bechamel hineingemantscht. Das Ergebnis ist dann ein fester, gelber Schinkenfleckziegel, der auch für den Hausbau geeignet ist, selbst wasserdichte Kellerwände lassen sich damit herstellen !

Krautfleckerl

Gibt's eigentlich gar nicht. Weil: den „Krautfleck" gibt's ja auch nicht, wie solls da das „Krautfleckerl" geben ? Wie kann es die Verkleinerungsform von was geben, was inexistent ist ? Man sieht schon: ein wahrhaft philosophisches Gericht. Höchst real ist aber folgendes: in einem großen Topf unter der Beteiligung von Salzwasser **Fleckerl** kochen – der Topf sollte mindestens fünfmal so groß sein wie die Trockenmasse der Fleckerln. Inzwischen eine **Zwiebel** nudelig schneiden, und vom **Krauthappel** der Menge nach doppelt soviel abschneiden, wie den ungekochten Fleckerln entspricht, und zwar zerschnipselt etwa so groß wie diese. Fleckerl abseihen und im selben Topf die **Zwiebel** in **Olivenöl** sowie **Knoblauch** dünsten, und folgendes drüberschütten: einen Spritzer **Essig**, **Staubzucker**, (oder auch Kristallzucker, der karamelisiert etwas besser) **Salz**, **Pfeffer**, **Kümmel**, **Liebstöckel** und (wer will) **Paradeismark**, **Paprika** und **Kurkuma**. Gleich auch das geschnittene Kraut drüber, gut durchmischen, soviel Wasser dazu daß der Boden einen halben Zentimeter bedeckt ist, zudeckeln und auf kleiner Flamme das Kraut ohne Deckel weichdünsten (das Wasser sollte verkocht sein, wenn das Kraut gedünstet ist !). Wenn das geschehen ist, was man durch Kosten verifiziert, die Fleckerln dazu (wenn sie nicht schon wer aufgefressen hat), durchmischen und fertig. Beim Essen kann man über das eingangs formulierte Problem nachdenken. Oder auch nicht.

Grüne Nudeln gratiniert mit Schinken und Champions

Grüne Nudeln in kochendes Salzwasser geben. Derweilen sie kochen, **Champignons** entstengeln, enthäuten, und vierteln. Wenn die Nudeln fertig sind, abgießen, kalt abschrecken, und in eine flache und gefettete Auflaufform leeren. Im selben (jetzt leeren) Topf kleingeschnittene **Zwiebeln** in **Olivenöl** anlaufen lassen, die geschnittenen Champignons dazu und so lang dünsten, bis das Wasser verkocht ist. Dann weg vom Herd, kleingeschnittenen **Schinken** dazu, **Rahm**, **Creme Fraiche** oder **Obers** dazuschütten (oder eine beliebige Kombination aus diesen dreien) und über die grünen Nudeln verteilen. Etwas durchmischen und oben mit **Parmesan** bestreuen. Ab ins Rohr bei 180° und etwa zwanzig Minuten überbacken, bis der Käse schön knusprig braun ist.

Käse- Nudelauflauf

Zuerst schalten wir das Rohr ein, und zwar auf 180°. Dann kochen wir in einer Glasform **Penne** (das sind die schräg abgeschnittenen Teigröhren) in Salzwasser mit etwas **Olivenöl** und **Salz** al dente (Penne ins kochende Wasser geben, und nicht gatschig, sondern bißfest kochen – sie kommen nachher eh noch ins Rohr !), seihen sie ab und geben sie in eine gläserne Auflaufform, die vorher mit **Butter** eingestrichen wurde. In der Zwischenzeit wird ein ☞ *Bechamel* vorbereitet: **Butter** wird zerlasssen (in einem größeren Topf) und griffiges **Mehl** darin goldgelb angedämpft. Das Ganze wird mit **Milch** aufgegossen und vom Herd genommen. Jetzt schmeißt man geriebenen **Käse** (da kann man von Parmesan bis Emmentaler alles nehmen, was man so im Kühlschrank entdeckt) und ganze **Eier** (aber ohne Schale) über die Penne und mischt gut durch. Würzen mit **Salz** und **Muskat**, und das Bechamel darüberleeren, und nochmals durchmischen. Wer will, kann auch noch gedünstete Champignons oder Schinken, oder beides hineingeben, schmeckt auch recht gut ! Den Rand der Auflaufform sollte man mit einer Küchenrolle abwischen, die Patzer werden sonst im Rohr dunkelbraun und stinken verbrannt vor sich hin. Oben drauf kommt nochmals **Käse**, am besten ein frisch geriebener Parmesan, und vielleicht auch ein paar **Butterflocken**, und ab ins Rohr, bis die Oberfläche schön knusprig goldbraun gebraten ist. Dazu paßt hervorragend ein ☞ *Grüner Salat* mit kleingeschnittenen Nüssen und Kernöl.

Canneloni

Visuell, aber keineswegs olfaktorisch an Hundstrümmerln gemahnend. **Canneloni** sind kurze Teigröhren größeren Durchmessers, gewissermaßen handelt es sich dabei um Makropenne. Man kocht sie in Salzwasser sehr bißfest (wenn man sie zu stark kocht, zerreißen sie beim herausnehmen) und füllt sie mit dem **Sugo**, das man auch für ☞*Spaghetti mit Sugo* verwendet (beschreib ich hier nicht mehr, wers noch immer nicht auswendig kann, muß halt nachschaun). Die gefüllten Canneloni kommen in eine Backform, und werden mit ☞ *Bechamel* übergossen, in das man auch geriebenen **Parmesan** hineingerührt hat (wie schon gesagt: hier kommt ausschließlich frisch geriebener Grana Padano in Frage, der fertige geriebene Packlkas ist höchstens zum Streun bei Glatteis zu gebrauchen). Über das Ganze streut man ebenfalls **Parmesan**, wobei hier gilt: je mehr, desto dünkler in der Farbe ist das Ergebnis. Hinein ins auf 200° vorgewärmte Rohr, und solang drinnen lassen, bis der gewünschte Bräunegrad erreicht ist. Dazu paßt am besten ein Kalterer oder ein Barolo, und ein ☞ *Grüner Salat*.

Lasagne

Zwiebeln geschnitten in **Olivenöl** glasig anlaufen lassen. (Immer derselbe Beginn). Gemischtes **Faschiertes** dazu, kleingeschnittene **Karotten** und **Zeller**, **Salz**, **Pfeffer**. Wenn das Zeug leicht angebraten ist, **pomodori pelati** (im Sommer selbstgemacht oder aus der Dose) oder passierte Paradeiser aus dem Packl dazu, köcheln. Am Schluß die Gewürze: **Cayennepfeffer**, **Oregon**, **Thymian**, viel **Knofl**, danach nicht mehr kochen. So: dieses Zeug heißt Sugo, und man kann es auch über Spaghetti schütten, in Canneloni stopfen, in Paprika für gefüllte Paprika und wo man sonst noch glaubt, es hinschütten zu müssen – sehr vielseitig halt, diese Grundpampe der italienischen Küche. Daneben macht man ein ☞ *Bechamel* (erklär ich nicht, muß man halt wissen, wies geht. Ins Bechamel reibe ich noch etwas **Muskat**), und pantscht das ganze schichtenweise in die flache Form: Bechamel / **Lasagneblätter** (trocken, ungekocht, aus dem Packl) / Sugo / Bechamel / geriebenen **Parmesan** / Lasagneblätter / Sugo usw. bis die Höhe stimmt (soll eher nicht so hoch und mehr breit sein, dann kann es nicht umfallen, und man hat nachher weniger Gatsch und mehr goldbraune Kruste). Die oberste Schicht besteht aus Bechamel, darüber wird nochmals Parmesan gestreut. Ab ins Rohr, und eine dreiviertel Stunde bei 180 bis 200 Grad, nicht zudecken, sonst kommt keine Farbe zustande.

Gemüse

Broccoli

Der **Broccoli** wird geputzt, das heißt man schneidet die dicken Stengel weg, und teilt die Röschen in kleinere Stückchen. Diese werden gewaschen und in kochendem Wasser ein paar Minuten (etwa drei, sie sollen noch bißfest sein) gekocht und abgeseiht. Den Stengel kann man auch essen, wenn man ihn schält. In den Topf haut man **Salz** und **Butter** (nachdem man das Wasser weggeschüttet hat) und röstet blättrig geschnittene **Mandeln** (gibt's fertig im Sackl) an. Die kommen auch über die Broccoli.

Erbsen

Einfacher geht's nicht: lesen lernen, damit man lesen kann was am Packl steht, einkaufen gehen, die tiefgekühlten **Erbsen** ins kochende Wasser schütten, aufwallen lassen, gleich danach ins Sieb schütten, die Erbsen zurück in den Topf , **Salz** und ein Stück **Butter** drauf, vermischen. Das wärs. Wers komplizierter haben will, kauft Erbsenschoten, klaubt die Erbsen heraus, zählt sie, und kocht auf ihnen herum. Noch komplizierter ist nur der Anbau von Erbsen im eigenen Erbsenbeet. Einfacher sind die tiefgekühlten, und sicher von gleicher Qualität.

Erdäpfel gebraten

Festkochende **Erdäpfel** (Ditta) in kaltes Wasser, **Kümmel** dazu und so lang kochen, bis sie beim Anstechen mit der kleinen dreizackigen Gabel sich auch innen weich anfühlen (gleichbleibender Widerstand beim Anstechen). Dann herausschütten, schälen, in den Topf **Butter** geben, am Herd auf kleiner Flamme lassen. Dann die Erdäpfel nach dem Schälen in den Topf geben, und alle paar Erdäpfel umrühren, damit die Erdäpfel von allen Seiten langsam geröstet werden. Auf kleiner Flamme sicherlich 10 Minuten weitermachen, **Salz** dazu, immer wieder umrühren.

Erdäpfel gebraten II

Dazu nehm ich ganz kleine **Erdäpfel**, die samt der Schale gegessen werden. Eine Gratinierform mit **Olivenöl** bepinseln (innen natürlich, nicht außen !), die halbierten Erdäpfel rein, **Salz**, **Pfeffer** und kleingeschnittenen **Rosmarin** reinmischen und eine halbe Stunde ins Rohr.

Erdäpfel gratiniert

Eine Gratinierform, wer keine hat, eine Radkappe oder ein Blechkübel wird mit **Butter** ausgestrichen. Die Finger nachher an den Haaren abwischen, das ergibt seidigen

Glanz im Haar. **Erdäpfel** schälen, in dünne Scheiben (3 Millimeter oder so) schneiden, und abwechselnd mit **Lauchscheiben** 45 Grad geneigt hineinschlichten. **Salz, Knoblauch, Kümmel** und **Rosmarin** drüberstreuen und mit einer Eiermilch (**Milch** mit **Ei** und **Obers** versprudelt) drüberleeren. Jetzt kommt noch geriebener **Käse** drüber, und ab ins Rohr.

Erdäpfel- Käsegratin

Ähnlich wie oben: Erdäpfelscheiben aus gekochten und geschälten **Erdäpfeln** in die Gratinierform, in **Olivenöl** gedünstete **Zwiebel** und **Knoblauch** drüber, kleingeschnittene **Nüsse, Salz, Pfeffer, Thymian** und Scheiben vom **Brie** drüber und diese Schichten noch einmal und wer will noch einmal, etc. Drüber eine Eiermilch leeren oder auch **Milch** mit **Creme Fraiche** und **Muskat** und in die Röhre damit.

Erdäpfel- Kürbisgemantsche

Erdäpfel kochen und schälen. Nona. Bis sie durch sind, wird aber nicht blöd aus dem Fenster gestiert, sondern gleich viel **Kürbis** wie Erdäpfel halbiert, entkernt (mit einem Löffel), geschält und in kleine Stücke geschnitten (für Pedanten: 2 cm Kantenlänge). **Zwiebel** in Ringerl schneiden, in **Olivenöl** oder biologischem Biberfett dünsten, wenn sie glasig sind die Kürbiswürfel reinschmeißen, und mit **Salz, Pfeffer** und **Paradeismark** drauf herum dünsten. Umrühren, d.h. das unterste zuoberst umschaufeln nicht vergessen ! Wenn die Kürbistrümmer fast bißfest sind, die Erdäpfel hineinschneiden; dann kommt noch **Creme Fraiche** dazu, und das wars auch schon. Wer noch etwas **Schnittlauch** irgendwo findet, kann ihn auch noch hineinschütten.

Erdäpfelpürree I

Mehlige **Erdäpfel** (Sieglinde) schälen, in Stücke schneiden, und in kaltes Wasser mit **Kümmel** geben und so lang kochen, bis sie beim Anstechen mit einer Gabel sich auch innen ganz weich anfühlen. Was auch gut ist: wenn man zu den Erdäpfelstücken gleich große Stücke **Zeller** gibt und mitpürriert ! Man kann sogar die Erdäpfel ganz weglassen, dann hat man ein Zellerpürree. Läßt man den Zeller auch noch weg, dann hat man Kümmel mit gar nix mehr und nimmt beim Essen nicht zu. Das Wasser der Erdäpfel wegschütten, **Salz, Butter** dazu, und **Milch**, und mit dem Handmixer zu Gatsch verarbeiten. Dabei mit langsamer Geschwindigkeit beginnen, und immer wieder Milch dazuschütten. Man kann dafür auch einen Erdäpfelzergatschungsstößel verwenden, wenn man einen hat. Nach dem Mixer kommt noch der Pürrierstab (wenn man einen in der Küche findet). Fertig ist die Pampe, wenn das Püree ganz glatt, und ohne Bröckeln und Klumpen ist. Das geht nur, wenn die Erdäpfel mehlig waren, und sie wirklich richtig durchgekocht sind.

Erdäpfelpürree II

Ein Rezept unserer begnadeten Mitköchin Uschi S. aus W. der mein Erdäpfelpürree viel zu gatschig und flüssig ist. Es soll auch anderswo Beschwerden über zu flüssiges Pürree geben, wie ich höre ! Die **Erdäpfel** so wie oben beschrieben kochen, Wasser wegschütten, die Erdäpfel zerstösseln, auch **Milch** und **Butter** kommen hiezu, **Salz** und **Muskat**. Jetzt aber nicht maschinell zerkleinern, sondern mit dem Schneebesen händisch so lange bearbeiten, bis keine Bröckeln mehr in der Masse sind. Dazu müssen sie natürlich wirklich weich gekocht sein ! Mit dem Schneebesen kommt eine Menge Luft hinein, der Gatsch bleibt fester, und hat eine Konsistenz, daß man kleine Skulpturen daraus formen könnte, kleine Pürreezwerglein zum Beispiel.

Erdäpfelschmarrn

Erdäpfel in kaltes Wasser, **Kümmel** dazu und so lang kochen, bis sie beim Anstechen mit der kleinen dreizackigen Gabel sich auch innen weich anfühlen (gleichbleibender Widerstand beim Anstechen). Herausnehmen, kaltstellen und dann schälen und durchs Reibeisen reiben. In der Zwischenzeit in einer Pfanne eine kleingeschnittene **Zwiebel** in **Olivenöl** oder Biberfett anlaufen lassen, und wen sie glasig sind, die Erdäpfel dazugeben. Auf kleinster Flamme 30 bis 60 Minuten rösten, **Salz** und **Pfeffer** dazu, immer wieder mit dem breiten Kochlöffel wenden, und fest den Boden aufkratzen. Das Ergebnis ist leicht bräunlich durchsetzt von den (dann) gebräunten Zwiebeln und dem aufgekratzten Zeugs.

Fenchel al Baolo

Und jetzt noch mit Fanfarengetöse: **Fenchel** ganz einfach aber wohlschmeckend: Fenchelstreifen in **Olivenöl** dünsten, und gleich auch dazu: geschnittene **Kapern** und würfelige **Paradeiser**, dazu **Salz**, **Pfeffer**, und **Thymian**.

Fenchel gratiniert

Rohr auf 180° (wichtig dabei: „auf 180°" und nicht „um 180°" sonst kann man den Herd nicht mehr bedienen, weil die Knöpfe an der Wand anstoßen) drehen, **Fenchel** entblättern oder vierteln, die Stengel wegschneiden, weil die sind hart und grauslich, das **Fenchelgrün** aufheben. Fenchel im Dampf oder heißem Wasser blanchieren, in eine Auflaufform schichten, Käsebechamel (wers noch immer nicht weiß: **Butter** und **Mehl**, rühren; **Milch**, rühren, **Käse**, rühren, **Salz**, **Muskat**, rühren bis fester Gatsch) drüber; ab damit ins Rohr bis es schön braun ist und am Schluß das zerkleinerte Fenchelgrün drüber.

Fenchel mit Oliven

Backrohr auf 180° im Schatten aufheizen. Schwarze **Oliven** entkernen und vierteln, **Pomodori Pelati** zergatschen (die kann man ruhig aus der Dose nehmen, ohne daß ich bös werde wenn ich draufkomme – eines der wenigen Convenience Produkte, die ich in meiner Küche zulasse !). Vom **Fenchel** die Stengel und das Grünzeug wegschneiden, der Länge nach vierteln. **Schalotten** und **Knoblauch** kleinschneiden, in einer flachen Form in **Olivenöl** anbraten, weg vom Feuer, ein paar Zweige **Thymian** und **Rosmarin** drauflegen, ein **Lorbeerblatt** dazu und drüber den Fenchel legen.) Jetzt die Oliven und den Pomodoripelatigatsch drüberschütten, und auch **Parmesan** (selbergeriebenen – da kenn ich wiederum keine Gnade !) drüberstreuen, **Salz** und **Pfeffer** und ab ins Rohr für eine Dreiviertelstunde. Vor dem Servieren noch kleingeschnittenes **Fenchelgrün** drüberstreuen (wenn es noch auffind- und indentifzierbar ist). Paßt hervorragend zu ☞ *Fisch al Paolo*.

Fisolen

Wenn man die grünen Bohnen kocht und kleinschneidet (die beiden Enden muß man vorher auch wegschneiden und wegschmeißen !) und mit Rahm oder so komponiert, so nennt man das Ergebnis Fisolen. Also: grünen **Bohnen** die beiden Enden wegschneiden, und den Rest in halbzentimetrige Stücke schneiden. In wenig Wasser vielleicht auch zusammen mit frischem **Bohnenkraut** kochen (zumindest sieben Minuten, sonst sind sie giftig), das Wasser wegschütten, und dann **Salz**, **Sauerrahm** oder Creme Fraiche dazugeben oder aber auch geröstete **Speckwürfel** und vermischen. Nicht mehr kochen. Fertig.

Gestürzte

Speckige **Erdäpfel** (Ditta) in kaltes Wasser, **Kümmel** dazu und nicht ganz weichkochen. Herausnehmen, kaltstellen und dann in eine Pfanne mit (wenig) heißem **Olivenöl** grob reiben und **Salz** drüner (die lockere Struktur sollte dabei erhalten bleiben !) und langsam anbraten lassen. Nach einiger Zeit den ganzen Fleck wenden und von der anderen Seite braten[63]. Zum Wenden legt man am besten einen umgestülpten flachen Deckel auf die Pfanne, dreht Pfanne und Teller ganz rasch um, gibt die Pfanne wieder am Herd und läßt den Erdäpfelfleck (jetzt aber mit der anderen Seite nach unten) in die Pfanne gleiten. Salzen erst am Teller ! In der Schweiz heißt das Zeug: „Rösti" und wird etwas anders gemacht siehe ☞ *Rösti*.

---

[63] Man bekommt heut keine wirklich guten Erdäpfel mehr, und die Sortenbezeichnung allein genügt nicht, man muß auch das Anbaugebiet kennen. Ein speckiger Erdäpfel aus der Höhenlage eines Granitbodens (z.B. aus dem Waldviertel) schmeckt wirklich so, dieselbe Sorte im Tiefland auf Humus angebaut ist mutiert im Topf zum mehligen Gatschhaufen.

Grüne Bohnen

Da gibt es viele Sorten und Farben, aber alle sind gut, und alle, auch die blauen, werden beim Kochen grün. **Bohnenschoten** im Ganzen (nur die beiden Enden muß man wegschneiden) in wenig Wasser vielleicht auch zusammen mit frischem **Bohnenkraut** kochen (zumindest sieben Minuten, sonst sind sie giftig), das Wasser wegschütten, ein **Salz** und ein Stück **Butter** drauf und durchmischen (Schwenken nennt man das).

Gurkensauce

Ist ganz einfach, und schmeckt sehr gut; zum Beispiel zu gekochtem Rindfleisch. **Butter** in einem kleinen Topf zerlassen. Von der **Gurke** (locker eine ganze für zwei Normalesser) ein Ende wegschneiden und mit dem Gurkenhobel die Gurke feinblättrig in den Topf hobeln. (Das andere Ende, d.h. die letzten fünf Zentimeter schmeißt man auch weg, meistens ist die Gurke an den Enden bitter, auch wenn man eine "bitterfreie" Sorte kauft). Auf kleiner Flamme ohne Deckel[64] dünsten – öfters umrühren, **Salz** erst am Schluß dazu. Ist die Pampe fertig, so kann man **Knoblauch** hineinpressen (aber dann nicht mehr kochen !) und auch **Rahm** dazugeben. Wenn beim Kochen zu viel Wasser freigesetzt wird, und die Sauce aber sauciger gewünscht ist, kann man das Gurkenwasser abgießen, und daraus eine ☞ *Gurkensuppe* basteln !

Heurige

Heurige schabt man. Dazu legt man sie in kaltes Wasser, und kratzt mit einem kleinen Messer, das nach innen gekrümmt ist (Tourniermesser), die äußere Haut so ab, daß die innere Haut, die sehr viel zum guten Geschmack beiträgt, noch erhalten bleibt. Bei älteren Erdäpfel braucht man das gar nicht versuchen, die lassen sich nicht schaben, da kann man tagelang an ihnen herumkratzen, und es kommt nichts dabei heraus, das geht wirklich nur bei Heurigen. Die geschälten Erdäpfel in kaltes Wasser, **Kümmel** dazu und so lang kochen, bis sie beim Anstechen mit der kleinen dreizackigen Gabel sich auch innen weich anfühlen (gleichbleibender Widerstand beim Anstechen). Dann im Topf zu den Erdäpfel **Butter** und geschnittenen **Petersil** geben und gleich zudecken, daß der Topf nicht auskühlt. Durchschwenken, damit sie mit Butter und Grünzeug bedeckt sind.

Karfiol gebröselt

Die grünen Blätter und den Stengel schneidet man weg, der restliche **Karfiol** wird geviertelt und in **Salzwasser** blanchiert (nur kurz überkochen, er soll unbedingt noch

---

[64] Deckel bitte nur mit dem Griff nach unten ablegen. Sonst hat man jedesmal eine Wasserlacke auf der Ablagefläche, im Wiederholungsfall rinnt dann bereits ein Bächlein auf den Boden und noch später besteht Ertrinkungsgefahr in der Küche !

bißfest sein. Eigentlich kann man Karfiol ja roh auch essen). Dann raus aus dem Wasser, gut im Sieb abtropfen lassen, in kleinere Stücke zerteilen, und in eine Schüssel. Während der Karfiol kocht, schaut man nicht blöd aus dem Fenster, weil draußen gibt's eh nichts zum Glotzen, sondern man hat genug Zeit, in einer Pfanne **Butter** zu zerlassen, und in der zerlassenen Butter **Brösel** zu rösten. Die Röstbrösel leert man über den Karfiol, und gleich, noch dampfend, essen.

Karfiol gratiniert

Die grünen Blätter und den Stengel wegschneiden, der restliche **Karfiol** wird auf Röschen geschnitten und in Wasser kurz blanchiert. Zusammen mit ringelig geschnittenem **Porree** in eine feuerfeste gebutterte Auflaufformleeren und durchmischen. Das Rohr kann man jetzt auch schon auf 182,5° einschalten. Jetzt machen wir ein Käse- Bechamel: ein Stück vom **Butterwürfel** abschneiden, in einem Topf schmelzen, gleich viel griffiges **Mehl** dazu, mit dem Schneebesen gut durchrühren und mit **Milch** aufgießen, kleingeschnittene **Sardellenfilets** hineinschmeissen, und auf kleiner Flamme weiterwurschteln, bis man eine schön cremige Creme bekommt. **Salz** und **Muskat** kommt auch noch dazu. Damit das Zeug wirklich was wird was man will, muß man folgendes beachten: Wenn die Pampe zu dünn ist, kommt noch Mehl dazu, wenn der Schneebesen drin stecken bleibt, kommt noch Milch dazu, wenn grauslich schmeckt (kosten !) kommt noch Butter oder Salz oder beides dazu. Also ganz einfach. Am Schluß rührt man noch geriebenen **Bergkäse** hinein, der löst sich dann auf. Das Zeug leert man über den Karfiol, und dann mit **Parmesan** (natürlich selbst geriebenen Grana Padano, der fertige aus dem Sackl ist höchstens gut als Katzenstreu !) bestreuen, und dann hinein ins Rohr damit und bei mittlerer Hitze wird darauf herumgratiniert bis es sich appetitlich bräunt.

Karfiollaberln

Ich hab da ein vegetarisches Karfiolrezept und trau mich wetten um eine halbe Penderluhr, daß man das auch Nicht- Vegetariern unterjubeln kann: **Karfiol** sehr klein schneiden mit dem Messer, und die Lieblingsrührschüssel geben. Pro Mitesser ein ganzes **Ei** ohne Schale reinschmeissen, **Salz** und **Pfeffer** (was sonst), **Petersil** oder **Bärlauch** oder gar nichts wenn Grünes nicht erwünscht sein sollte (das gibt's auch), und geriebenen **Käse**. Durchmischen und **Brösel** hinein, bis es nicht zu trocken und nicht zu feucht ist, um nachher Knöderln wutzeln zu können. Jetzt sollte der Gatsch einmal eine halbe Stunde herumstehen, bis sich die Bröseln vollgesogen haben, öfters durchkneten ist hilfreich. Danach Knöderln wutzeln, wie gesagt, auf ein Brett, flachdrücken und diese Laberln in **Rapsöl** herausbraten bis sie schön braun sind. Dazu passt sehr gut ein ☞ *Porree.*

Karotten

Karotten werden mit dem Gemüseschäler geschält, die Enden schneidet man weg, und dann schneidet man sie in Stücke: Dabei sind alle Formen möglich, nur Scheiben sollte man nicht schneiden: die sind nämlich wahnsinnig schlecht umzurühren, und aus dem Topf bekommt man sie auch nicht raus, weil sie immer auf der Schnittfläche herumpicken. Also bitte: stifteln, schräge Stücke, oder andere Kunstwerke der Schnitzkunst herstellen ! **Olivenöl** in den Topf, die geschnittenen Karotten hinein, sehr heiß braten, umrühren, gleich dazu: **Salz**, etwas **Pfeffer** und eine Prise **Zucker** (wirklich ! – eines der wenigen Rezepte, wo selbst ich Zucker verwende). Nach fünf Minuten sollten sie fertig sein – dann sind sie schön bißfest.

Karotten und Kraut

Kraut (Die grüne Knolle ist hier gemeint, nicht aber das Sauerkraut, mit dem wird's nix !) in kleine Stücke schneiden, desgleichen gleich viel geschälte **Karotten**. Das Kraut in **Olivenöl** vier Minuten dünsten (öfters durchmischen), die Karotten drüber, etwas **Staubzucker**, **Salz**, **Pfeffer** und frisch geriebenen **Kren**. Bißfest braten und am Schluß etwas **Obers** drüberleeren.

Kohl

Zuerst **Erbsen** kochen, weil die kommen dann später dazu. Oder nicht. Die **Kohl-blätter** vom Häupl herunterkletzeln, die Stiele wegschneiden und die Blätter klein-schneiden – 2 x 2 cm würde ich sagen. Kohl kann ruhig zwei- bis dreimal soviel sein wir die Erbsen, er geht beim Dünsten stark zusammen. Jetzt **Speck** und **Zwiebel** in **Olivenöl** anbraten, den Kohl dazu, etwas Wasser sonst kann man das nicht dünsten, **Salz**, **Pfeffer**, eh klar, und **Kümmel** rein, dünsten, die Erbsen dazu wenn sie noch auffindbar sind, und am Schluß noch **Sauerrahm**. So richtig wienerisch wird der Kohl wenn er noch gestaubt wird: einen Kübel Mehl in Wasser gelöst reinschütten und noch einmal aufkochen. Ich mach das nicht, das wird dann nur ein Papp der nach nix schmeckt !

Kohlrabi

Kohlraben haben keine Flügel, sind nicht schwarz und man kann sie roh essen, ver-suppen oder zum Gemüse transformieren. **Kohlrabi** schälen (am wenigsten schneidet man sich dabei, wenn man sie zuerst halbiert, dann auf die Schnittfläche legt, und dann erst mit dem Messer die Schale von oben nach unten wegsäbelt). Die **Kohlra-biblätter** nicht wegschmeißen, die brauchen wir noch. Also: schälen und würfeln (1,8 cm Kantenlänge) und der Größe nach sortieren. Im Topf **Olivenöl** und ein klei-nes Löffelchen **Zucker**; **Salz**, **Pfeffer** auch dazu, Würfel mit den großen beginnend hinein, einen halben Zentimeter klare **Suppe** (egal welche: Gemüse- Hühner- Rinds-oder Wassersuppe ohne gar nix) dazu, durchschaufeln, dünsten bis sie bißfest sind.

Am Schluß **Petersil** dazu und auch die kleingeschnittenen grünen **Kohlrabiblätter**, oder **Bärlauch**. Am Schluß kann man noch **Sauerrahm** oder **Creme Fraiche** reinschütten, aber dieses Zeug kann man ja eh überall reinschütten.

Kohlrabi mit Erbsen

Wie man **Kohlrabi** und **Erbsen** in **Olivenöl** dünstet, sollte man wissen wenn man dieses Kochbuch verwendet, ansonsten bitte Micky Maus Hefte lesen ! Interessant ist hier die Sauce: **Dijonsenf** kommt dazu, **Dille**, **Rahm** und **Zitronenzesten**. Das Zeug wird cremiger wenn man es noch mit etwas **Mehl** staubt.

Kohlsprosserln

Die besten sind natürlich die von mir angebauten aus dem Garten, aber zu kaufen gibt's auch schon ganz brauchbare. Zuerst muß man die **Kohlsprosserln** schälen, indem man unten vom Stengelansatz ein Stück wegschneidet, und dann so zwei bis vier Blätter abzieht (die drunter sind dann noch nicht von irgendwem betapscht oder von schleimigen Schnecken versabbert). Waschen muß man sie jetzt nicht mehr, aber wer unbedingt will, der kann ja, da misch ich mich nicht ein. Nach Größe sortieren. Dabei genügen aber zwei Größen: groß und klein. Zuerst die großen in kochendes Wasser, so etwa eine Minute ohne Deckel kochen, dann die kleinen dazu, und noch eine Minute kochen. Abseihen, zurück in den Topf, zudeckeln, ein Stück **Butter** dazu, schwenken, geriebene **Mandelsplitter** darüber (gibt's fertig im Sackl), nochmals schwenken, und fertig. Statt der Mandelsplitter kann man auch Speck dazugeben, den man zusammen mit kleingeschnittenen Zwiebeln röstet.

Kürbis

Aus dem Garten oder dem Supermarkt einen **Kürbis** holen. Halbieren, mit einem Löffel die Kerne herausschälen, in Streifen schneiden und schälen (oder umgekehrt) oder nicht schälen, das geht genauso. In kleine Würfel schneiden. Diverse **Knoblauchzecherln** schälen, **Kümmel** kleinschneiden. Jetzt wird **Zwiebel** geschält, julienne geschnitten und in **Olivenöl** gedünstet. Dann kommt rotes **Paprikapulver** dazu, umrühren, die Kürbiswürfel dazu, gut durchmischen. Den Knofl hineinschneiden (in kleinen Scheiben), den Kümmel dazu, **Pfeffer** und ein paar Spritzer konzentriertes **Paradeismark** aus der Tube. So – jetzt fünf Minuten dünsten, dann kommt erst das **Salz** dazu (sonst wird zum Gatsch, wenn mans gleich am Anfang reinschüttet), durchrühren und fertig. Ihr könnt Kürbis natürlich machen wie Ihr wollt – mir schmeckt er am besten, wenn die Würferln nicht gatschig, sondern schön knackig sind.

Kürbis mit Paradeiser

Das ist auch sehr gut, schmeckt leicht süßlich. Ich mag mich nicht wiederholen, vom Ablauf her ist es dasselbe Rezept wie das darüber Festgehaltene. Zusammengemantscht werden: **Zwiebel** in **Olivenöl**, **Kürbis** dazu, **Knoblauch** reinpressen, **Pfeffer** und **Salz**, eh klar, und kleingeschnittene **Pomodori Secchi** (das sind die guten italienischen getrockneten).

Kräuterseitlinge in Kürbis- Käsesauce

Das kann man einfach so essen, oder aber auch mit Brot oder Knödel oder Erdäpfel, oder mit Geselchtem oder einem gefüllten Ross als Beilage. Die **Kräuterseitlinge** werden geschnitten und in **Butter** gedünstet, dann raus aus dem Topf. Hinein kommt **Butter** und **Kürbis**, dünsten, zergatschen mit dem Erdäpfelzergatschstössel oder Handmixer, **Milch** dazu, **Bergkäse** und turmixen. Wieder in den Topf rein und die Schwammerl dazu und fertig. **Salz** und **Pfeffer** sind eh klar. ☞*Knödel* dazu essen.

Kukuruzkolben

Zum Kochen müssen die Körner der **Kukuruzkolben** noch leicht milchig sein, und noch nicht fest (das ist Ende August schon der Fall). Die besten sind die selbst gezogenen Kolben, die zweitbesten findet man im Supermarkt und zur Not klaut man sie am nächsten Feld. Man kocht sie etwa eine viertel Stunde in Wasser, in das man einen Schuß **Milch** hineingibt (verbessert den Geschmack). Das Wasser nicht salzen ! Davon werden die Körner nämlich hart, weil das Salz ihnen das Wasser entzieht ! Am Teller bestreicht man die Kolben mit **Butter** und jetzt erst werden sie **gesalzen**.

Letscho

Paradeiser in einen Topf, Wasser drüber bis sie bedeckt sind, und auf den Herd damit. Das Wasser soll keinesfalls kochen ! Kurz bevor das Wasser kocht, platzen die Paradeiser vor Wichtigkeit und Bedeutung, und dann werden sie ernst genommen und kommen heraus aus dem Bad, und werden auf den umgedrehten Deckel vom Topf oder sonstwohin gelegt (aber so, daß man sie nachher noch findet !) damit sie auskühlen. Jetzt schneidet man **Zwiebel** in Ringerln, und dann roten und gelben (und wer will auch noch grünen, getupften und blauen) **Paprika** in nudelige Streifen. In den Paradeisertopf kommt jetzt **Olivenöl**, in dem man kleingeschnittenen **Speck** und die Zwiebel dünstet, bei größerer Hitze wird das Zeug ein paar Minuten durchgeröstet. In der Zwischenzeit ziehn wir den Paradeisern die Haut über die Ohren, und zergatschen sie mit den Händen in eine Schüssel. Den harten Stengelansatz schmeißen wir weg. Wer so wie ich zu faul zum Paradeiserschälen und Hautabziehen ist, kann das auch lassen, das merkt beim Essen kein Mensch, wenn sie ungekocht klein genug geschnitten sind, so wie ich das immer mache. Wenn der Zwiebelspeck fertig ist (das erkennt man durch Verkostung oder an der glasigen Zwiebelkonsistenz) kommt der

Paradeisergatsch oder die geschnittenen Paradeiser dazu, **Salz, Pfeffer, Cayenne-pfeffer**, **Kurkuma** und die geschnittenen **Paprika** und nochmals ein paar Minuten aufkochen. Einige Zecherln **Knofl** schälen und hineinpressen – und fertig. Mit dem Rezept kann man sich natürlich spielen: man kann auch noch Zucchini dazugeben, Kukuruz, Bohnen und so, aber auch Paprika (das rote Pulver).

Linsen

Je kleiner die Linsensorte, desto besser ist sie (weil die Geschmacksstoffe in der Schale sitzen, und der Schalenanteil bei kleineren Körndln größer ist). Die **Linsen** werden mit einem feinen Filzstift numeriert, und in umgekehrter Reihenfolge am Vorabend in eine Schüssel gelegt, sodaß diese nur halb voll ist (damit sie Platz zum quellen haben). Dazu kommt geschälte **Zwiebel**, ein **Lorbeerblatt**, **Thymian** und soviel Wasser, daß die Schüssel voll ist. Am nächsten Tag ist das Wasser aufge-sogen, und man spart sich einen Haufen Kochzeit, Gas oder Strom. So. Üblicher-weise werden die Linsen jetzt mit etwas Essig und Margarine im Wasser gekocht, solang bis sie zerfallen und nur mehr ein paar Schalen im Gatsch herumschwimmen, und dann kommen noch geschätzte 25 Handvoll Mehl hinein, bis ein brauchbarer Tapetenkleister entsteht. Ekelhaft. Es geht auch anders: in etwas **Olivenöl** die klein-geschnittene Zwiebel (die vom Einweichen), **Karotten**, und **Speck** (Speck muß aber nicht sein) anbraten. Scharfen **Dijon Senf** dazu, einen Spritzer **Essig**, den Thymian und das Lorbeerblatt vom Einweichen dazu, die Linsen (nicht auf die Linsen verges-sen ! sonst fehlt das wichtigste !), durchrühren und mit Wasser bißfest kochen. **Salz** und **Pfeffer** nicht vergessen. Kein Mehl ! Sehr wohl aber kann man Rahm hineinrüh-ren, das schmeckt sehr gut.

Linsen süß- sauer

Fast so wie oben: **Linsen** am Vorabend in Wasser einweichen. Am Tag danach **Stangenzeller**, **Karotten**, **Zwiebel**, **Knoblauch** in **Olivenöl** anbraten, mit **Weißwein** löschen, mit dem restlichen Weißwein den Durst löschen, **Zucker** rein, **Balsamico Essig** dazu, **Salz** und **Pfeffer** und bißfest weichdünsten. Vor dem Essen auf 2 cm Länge geschnittenen **Schnittlauch** drüberkippen.

Mangoldstengel

Das grüne Zeugs (Blätter) vom **Mangold** brauchen wir hier nicht, das kann man aber sehr gut anders verarbeiten ☞*Mangold gratiniert*. Die Stengel derlängs und derquer in ein- bis zweizentimetrige Stücke schneiden und waschen. **Knoblauchzecherln** schälen, **Thymian** und **Rosmarin** rebeln und kleinscheiden. Einen sauberen Topf suchen, und wenn man fündig wird, etwas **Olivenöl** rein (wenn man keinen sauberen Topf mehr findet, empfiehlt es sich, das Kochen einzustellen, die Küche samt Inhalt zu säubern und dann feierlich zum Wirten zu gehen). Ins Öl kommt der Mangold, den Knofl feinblättrig dazuschneiden, scharf anbraten, durchmischen (nicht nur „umrühren" – das Unterste mit dem Obersten tauschen !) und die Gewürze dazu. Am Schluß noch **Salz** und **Pfeffer** rein, und nicht zu galertigem Gatsch zerkochen, sondern nur zu noch immer knackiger Konsistenz.

Mangold mit Karotten

Mangold ist ziemlich grün und wächst im Garten oder am Markt. Es gibt aber auch Mangold aus der Mangoldfabrik. Den Stengel schneiden wir in Streifen, die Blätter irgendwie klein (so daß man es halt essen kann, und einem nicht die Blattln beim Essen aus dem Mund heraushängen, das schaut nicht schön aus). **Karotten** und **Zwiebel** schälen und kleinschneiden und **Knoblauch** schälen. Jetzt kommt das Zeugs in einen Topf, einen Wok oder in eine alte VW Käfer Radkappe: **Olivenöl**, dann die Zwiefel, glasig anlaufen lassen, den Mangold und die Karotten dazu, eingehen lassen, den Knofl klein drüberschneiden und öfters wenden (umrühren allein genügt nicht, es gehört das Oben mit dem Unten getauscht !) **Pfeffer**, **Salz** und **Zitronenzesten**[65] drüber. Wenn das Zeug halbwegs weich ist, kommt ein Schüsserl **Frischkäse** rein (Das ist das weiße Zeugs, das so wie Verputz ausschaut). Noch etwas herumdünsten drauf, und essen.

Mangold gratiniert

Dazu braucht man **Mangold**. Was sonst, sonst würde das Rezept ja auch anders heißen. Das grüne Zeugs (Blätter) wird vom gelben Zeugs (Stengel) heruntergeschnitten, in diesem Rezept brauchen wir nur das grüne Zeugs, was mit dem gelben Zeugs geschieht, steht unter ☞*Mangoldstengel*. In einem Topf mit großem Durchmesser zwei Finger Wasser zum köcheln bringen und die Blätter vorsichtig gefaltet reinlegen. Dies dient nicht der Aufbewahrung des kostbaren Mangold (hat mit Gold praktisch nichts zu tun !) für spätere Generationen, sondern dem Blanchieren der Blätter, damit sie weich werden. Nach zwei Minuten sollte das erledigt sein. Sie kommen in ein Sieb zum abtropfen, und danach schichtenweise in eine Gratinierform: zwei Lagen Blätter (ordentlich ausbreiten, nicht einfach reinnudeln !), **Brösel** draufstreuen (50 Eßlöffel am m²), genausoviel geriebenen **Parmesan** (selbst gerieben natürlich, mit Packlparmesan kann man das alles gleich weghaun, da hat man weniger Arbeit), **Salz** und einige Schnipsel **Butter**; und dann wieder zwei Lagen Blätter. Obendrauf ebenfalls Brösel, die ergeben eine erfreulich knusprige Kruste, und **Käse** (kann auch

---

[65]Zesten ? – dacht ich mirs doch: da gibt's beim Haushaltswarenandler einen sogenannten Zestenreißer zu kaufen; das ist ein Schneidgerät mit vier kleinen scharfen Lochmessern, mit dem man dünne Streifen aus der Zitronenschale oder Streifen aus einem Autoreifen schneiden kann. Merken bitte, ich erklärs nur einmal !

Parmesan sein), der wird leicht braun, aber auch geriebener Emmentaler oder so. 20 Minuten ins Rohr, bis die Oberfläche golden knusprig ausschaut.

Parmesanerdäpfel

Ganz einfach: **Erdäpfel** kochen, schälen, kleinschneiden, in eine Auflaufform, **Parmesan**, **Salz** und **Muskatnuss** drüber und auch gewürfelten **Speck**. Ins Rohr und goldbraun anbraten.

Pastinakencreme

Das ist ein Gatsch, wie schon der Name sagt. **Pastinaken** in **Olivenöl** dünsten, turmixisieren, **Butter** rein und fertig. Wenns nicht schmeckt ist entweder kein Salz drinnen, oder die Pastinaken wurden nicht geschält, oder mit Tannenbaumwurzeln verwechselt.

Pastinaken gratiniert

Pastinaken schaun aus wie Petersilwurzen, sind aber keine, sonst würden sie ja auch Petersilwurzen heißen, und nicht Pastinaken. Soweit zur Biologie der Pastinaken. Wir schälen sie und schneiden sie würfelig, dann werden sie in **Olivenöl** gedünstet, derweilen schneiden wir **Porree** in Ringerl, und die kommen zu den Pastinaken damit sie nicht so allein sind. Mit soviel **Weißwein** löschen, wie der Koch nach dem Weißweintesten übrigläßt, und noch etwas dünsten, **Salz**, **Pfeffer** und **Thymian** kommt noch dazu, und **Sauerrahm**. Das Zeug in eine Auflaufform schütten, mit **Parmesan** bestreuen und ab ins Rohr. Wer zu mager ist, kann auch statt oder zu dem Rahm dazu Creme Fraiche und Obers reinschütten, das macht schön fett.

Petersilerdäpfel

Erdäpfel (Ditta) in kaltes Wasser, **Kümmel** dazu oder nicht und kochen. Dann herausschütten, in den Topf gleich **Butter** und geschnittenen **Petersil** geben und gleich zudeckeln, daß der Topf nicht auskühlt. Dann die Erdäpfel schälen, dazugeben, und alle paar Erdäpfel diese durchschwenken, damit sie ganz mit Butter und Grünzeug bedeckt sind[66]. Gesalzen wird bei Tisch.

---

[66] Ich muß jetzt ein paar Worte zum Thema „Erdäpfel schälen" verlieren, und hoffentlich findet sie wer: Schon Papst Nautilus der zweite hat anläßlich der Übersetzung der Bibel ins Katholische (diese Formulierung ist geklaut, wer sie im Original findet, bekommt von mir eine Haube) formuliert: „Du sollst keine Erdäpfeln anstechen beim Schälen". Dieses Gebot hat sich leider nicht ganz durchgesetzt, aber ich schließe mich dieser Meinung dennoch vollinhaltlich an. Erdäpfel schält man aus ästhetischen Gründen ohne Dreizack (auch wenn jetzt die Dreizackerdäpfelgabelindustrie wütend gegen mich intrigiert, das halt ich aus !); und zwar wird der Erdapf in der Hand gehalten, und kurz in einem dünnen kalten Strahl Wasser ge-

Porree

Das äußerste Blatt vom **Porree** (ist dasselbe wie Lauch) wird entfernt, wer weiß nämlich, wer daran schon herumgefingert hat mit dreckigen Pfoten, dann muß man den Rest nicht mehr waschen. Die Wurzeln wegschneiden, und den Rest in halbzentimetrige Ringerln schneiden. Wenn man beim Schneiden zur Spitze kommt, muß man hie und da auch hineinschaun, unter die Blättern, meistens ist oben eine Menge Erde drinnen, und dann sollte man den Lauch waschen. In einem Topf zerläßt man etwas **Olivenöl**, und gibt ein wenig Wasser (sagen wir: 3/8 Zentimeter) und **Salz** dazu. Das kocht man unzugedeckelt auf, und schmeißt den geschnittenen Lauch dazu, **Knoblauch** dazupressen ist auch nicht schlecht. Beim Kochen zerfallen die Ringerln. Fünf Minuten auf kleiner Flamme kochen, länger nicht, sonst wird's ein Gatsch, und anfangs öfters umschaufeln. Das Wasser sollte aber schon verkocht sein. Dann kann man noch **Creme Fraiche** oder Rahm dazugeben, aber ja kein Mehl, auch wenn das in minderwertigen Kochbüchern als unumgänglich gepriesen wird ! - und gut durchmischen. Nicht mehr kochen.

Rosmarinerdäpfel

Große Erdäpfel schälen und derlängs nach in Scheiben schneiden (je größer die Trümmer, desto leichter nachher beim Braten !). In der Pfanne in Olivenöl beidseitig braten, Salz drauf und ein paar Rosmarinzweigerln oder gerebelten Rosmarin. Beim Braten bitte einzeln nebeneinander legen und wenden wenn sie schön golden sind, auf keinen Fall einfach gedankenlos reinschaufeln !

Rotkraut

Wem nicht graut vor Kraut, kocht **Rotkraut** ! Das sind die violetten Knollen, die ab Herbst im Gemüseregal am Markt herumlungern, und dieses zur Martinigansl- und Wildschweinzeit in gehäuftem Umfang. Also: Eine **Zitrone** auspressen, und den Saft in einen Weidling leeren. Einen **Apfel** schälen, entputzen, in Scheiben schneiden, und in den Zitronensaft geben (dann wird er nicht braun – was im Prinzip allerdings wurscht ist, weil rot vom Kraut wird er sowieso, und nach dem Kochen bleibt von ihm überhaupt nix über). Jetzt kommt noch dazu: **Lorbeerblatt**, **Nelken**, **Pfefferkörner**, und ein Viertel **Rotwein** aus einer Flasche. Das Krauthappl wird halbiert, damit man den Stengelansatz herausschneiden kann. Der Rest wird sehr fein geschnitten. Wer zu dem Zweck keinen Krauthobel in der Küche aufbewahrt, soll sich schämen und muß zur Strafe das Kraut mit dem Messer fein schneiden. Das geschnittene Kraut wird mit der Pampe im Weidling vermischt, zugedeckt, und bleibt über

---

duscht, damit man sich nicht die Finger verbrennt. Nichts ist widerlicher, als Erdäpfeln, die infolge von dreizackigen Stichverletzungen schon beim Anschaun auseinanderfallen !

Nacht kühl stehen. Nächsten Tages kommt **Schweineschmalz** oder **Butter** oder **Olivenöl** in einen großen Topf, und **Zucker**, den man im Fett karamelisiert. Dann: das zweite Viertel Rotwein (wenn man es inzwischen ausgetrunken hat, nimmt man halt das dritte Viertel), **Salz**, sowie ein Viertel Wasser. Wenn das Zeug kocht, kommt das Kraut mitsamt der ganzen Marinade in den Topf dazu, und wird niedergedünstet (das Kraut geht dabei stark ein). Öfters umrühren und durchmischen nicht vergessen !

Rösti

Erdäpfel schälen und grob reiben, in die Lieblingsrührschüssel damit. Mit einigem **Salz** bestreuen, durchmischen und eine halbe Stunde mindestens rasten lassen, in dieser Zeit zieht das Salz das Wasser aus dem Gatsch. In ein Sieb damit über die Abwasch hängen. Nach einer halben Stunde Herumhängen von diesem Gatsch mit den Händen einen Batzen herausholen, sehr gut noch einmal ins Sieb hinein ausdrücken, einen Knödel formen und diesen auf einem Küchenbrett flachdrücken. Die Batzen werden jetzt in die Pfanne ins **Rapsöl** geklatscht. Wenn die Unterseite nach so 3 bis 4 Minuten gebräunt ist, was man ja praktischerweise nicht sieht, mit Kochlöffel und Bratenschaufel vorsichtig wenden, danach raus auf Küchenrollenpapier, und fertig.

Salzerdäpfel

Es gibt verschiedene Sorten, die sich alle für verschiedene Zwecke eignen – wirklich gute Erdäpfel, die auch schmecken, findet man aber sehr selten. Für Püree nimmt man mehlige (z.B. Sieglinde), für Salat Kipfler und für alle anderen Zwecke Bintje oder Ditta. Heurige gibt es von allen Sorten, sie sind einfach frisch aus der Erde geklaubt. Heurige sind fast immer mehlig, es sei denn, es ist eine sehr festkochende Sorte. Generell werden die Erdäpfel immer speckiger, je älter sie sind. Salzerdäpfel sind die einfachsten: **Erdäpfel** kalt schälen, in kaltes Wasser und so lang kochen, bis sie weich sind.

Sauerkraut

Unverzichtbar zum Beispiel zum Schweinsbraten. Das **Sauerkraut** wird kurz im Sieb gewaschen und ausgedrückt, um die Schärfe zu reduzieren. In einen Topf kommt **Schmalz**, wers nicht hat nimmt Ganslfett, aber Olivenöl oder Murmeltiersalbe tuts auch. Jetzt kann man noch **Speckwürferln** drinnen braten, wer mag. Ansonsten kommt das Kraut rein, etwas Wasser, **Salz**, **Lorbeerblatt**, **Kümmel** und **Wacholderbeeren**. Das Kraut wird jetzt geköchelt, zur Halbzeit kommt noch grob **geriebener Apfel** hinein. Meistens wird das Zeug noch „gestaubt": was heißt, mit einem Scheffel Mehl in Kleister verwandelt. Ich verzichte drauf, es schmeckt so besser und macht nicht so dick.

Spargel

Gibt's leider nur im Frühjahr von April bis Juni. Dosenspargel ist absolut unbrauchbar – übrigens nicht nur für Suppe, er hat in keiner guten Küche was verloren – die Produktion sollte eigentlich verboten sein, schad um den guten Spargel ! Ob der **Spargel** frisch ist, sieht man an der Schnittstelle. Beim Einkaufen Spargel also immer von unten anschaun, und dazu im Supermarkt das Papierl an dieser Stelle aufreißen (wenn grad niemand herschaut). Den Spargel schält man zunächst einmal. Dazu wird das Ende abgeschnitten und dann nimmt man ihn mit der linken Hand (Linkshänder bitte umgekehrt !) bei der Spitze, und schneidet mit dem Gemüseschäler, etwa 5 cm unterhalb der Spitze beginnend, die äußere Rinde in Streifen zum Ende hin ab, die Rinde schmeißt man weg oder kocht ein Süppchen daraus. Wenn man genau schaut, sieht man die wegzuschneidende Schicht auch: sie schaut leicht silbrig glänzend aus, und ist auch härter als die Schichten darunter ! Ab ins Wasser, und etwa fünfzehn Minuten (hängt davon ab, wie dick der Spargel ist – Solospargel kocht man länger) auf kleiner Flamme zugedeckelt kochen. Wasser abgießen, **Salz** und **Butter** darüber. Wenn die Butter geschmolzen ist, durchschwenken (bis alle Spargel bebuttert sind). Dazu kann man Schinken essen; man kann Spargel in kleinerer Menge aber auch sehr gut als Beilage zum Beispiel zu Kalbfleisch nehmen. Besonders gut ist es, nach einem Spargelessen bei Tisch noch den Teller abzuschlecken. Das ist auch protokollarisch gestattet, nicht gestattet ist es, den Teller vom Nachbarn abzuschlecken !

Spinat

Der tiefgekühlte **Spinat** ist sicherlich frischer als wenn man ihn am Markt in Blätterform kauft und selbst kocht. Daher: auf kleinster Flamme einen Ziegel Spinat zugedeckt auftauen, kochen solang wies am Packl steht, am Schluß ein Stück **Butter** zur Geschmacksverbesserung (Fett ist in jedem Fall ein Geschmacksverstärker – gilt für alle Rezepte !), **Salz**, und recht viel **Knoblauch** mit der Knoblauchpresse hineinpressen. Nach dem Knoblauch nicht mehr kochen, sonst geht der Geschmack verloren. Man kann aber auch noch **Dotter** oder **Rahm** hineinmischen – gesetzlich ist da nichts vorgeschrieben. Kalten Spinat soll man nicht mehr aufwärmen und essen, er entwickelt beim Aufwärmen Giftstoffe. Also: aufgewärmten Spinat etwaigen bösen Nachbarn schenken, oder zu Hause den grünen Salon damit neu ausmalen !

Spinat für Gemüsebeetbesitzer

Die Vorbereitungen für dieses Essen beginnen ein halbes Jahr zuvor: **Spinat** im Beet anbauen und ihm bis zum Herbst beim Wachsen zuschauen. Wenn die Blattln groß und erwachsen geworden sind, abschneiden, aber die innersten, kleinen, stehen lassen, dann wächst die Pflanze weiter, auch über den Winter, zumindest in gemäßigten Breiten. Für vier Portionen Spinat muß man schon einen Arm voll Blätter ernten, das

Zeug wird beim Verarbeiten immer kleiner. Die Stiele rausschneiden und wegschmeißen, vorzugsweise auf den Kompost, damit daraus gute Gartenerde wird, die man für das Spinatbeet braucht. Den Rest der Blätter grob kleinschneiden, waschen, und in Salzwasser runde 5 Minuten kochen. Raus damit, in den Turmix, Rindsuppe oder **Milch** dazu, Wasser geht zur Not auch, **Knofel** ein Haufen darf nicht fehlen, **Butter** ein Stück und mixen und retour in den Topf und fertig. Man kann die Blattln nach dem Kochen auch abseihen und für später einfrieren, das geht auch.

Ziguri gebraten

Ziguri so wie oben beschrieben herrichten, kleingeschnittene **Paradeiser** drüberleeren, **Salz**, **Pfeffer** und **Thymian** drüber, und mit der Schnittfläche nach unten in **Olivenöl** dünsten. Nach ein paar Minuten wenden, und von der anderen Seite dünsten. Bevor sie anbrennen, etwas Wasser dazu und noch einmal wenden.

Ziguri gratiniert

Das geht fast genauso wie der Karfiol oben, nur daß man dazu, wie schon der Titel sagt, Ziguri verwendet (wers nicht kennt: das sind Endivien oder Chiccorien) und nicht Karfiol. Die **Ziguri** werden halbiert, der Strunk wird herausgeschnitten weil der ist bitter, und dann kommen sie mit der Schnittfläche nach unten in die Gratinierform. Ein **Paradeiser** muß jetzt her: vierteln, das Grüne wegschneiden, die Kerne mit dem Daumennagel rausdrücken oder herauslutschen, in kleine Würfel schneiden und über die Ziguri streuen. Drüber kommt ein ☞**Bechamel**, und über das ganze wird **Parmesan** gestreut. Ab ins Rohr bis das Zeug oben schön braun ist.

Zucchini

Zucchini waschen, frisieren, zähneputzen, trocknen, kleinschneiden. In etwas **Olivenöl** geschnittenen **Zwiebel** (in Würfel, Ringerln, Streifen, Spiralen, Kugerln oder was weiß ich noch alles geschnitten, das ist mir wurscht) und **Knoblauch** bißfest anbraten; den Zwiebeln dazu, weichdünsten und dann die Zucchini rein. **Salzen** erst nach dem Braten, sonst lassen sie zuviel Wasser, und es wird ein Gatsch draus. Sehr gut schmeckt auch, etwas **Curry** dazu, aber statt der Paradeiser, beides zusammen eher nicht mischen !

Zucchini gratiniert

Mit diesem Rezept kann man seine eigene Verfettung stufenlos steuern ! **Erdäpfel** schälen, und dieselben sowie **Zucchini** in dicke Scheiben schneiden. In einem Töpfchen dünsten wir kleingeschnittenen **Knoblauch** in **Butter**, das Zeug in die Gratinierform (feuerfestes Steingut, Keramik, Schamotte, teflonbeschichtete Granitschüssel oder so) schütten und verteilen – auch an den Rändern bitte. In das Töpfchen kommen jetzt **Milch** und **Obers** hinein, in einer Mischung je nach gewünschtem

Verfettungsgrad, und in Summe etwa, sagen wir, 100 ml pro Mitesser; frischen **Thymian** hineinrebeln, **Muskatnuß** (reinreiben natürlich, nicht im Ganzen !), das Zeug wird aufgekocht (aufpassen, geht leicht über und versaut umliegende Landstriche !). So, jetzt das geschnittene Gemüse abwechselnd überlappend in die Form legen, die Milch drüberleeren, **Salz**, **Pfeffer**, und am Schluß noch **Parmesan** drüberstreuen (frisch geriebenen natürlich), und ab ins Rohr bis es sich wohlschmeckend bräunt. Wer nicht allzu fett werden will, nimmt nur Milch, oder gar entfettetes Wasser anstatt, und wenig bis gar keinen Parmesan. Wenn am Ende halbrohe Erdäpfel in einer trübweißlich eklig fettäugigen Molke herumschwappen, gekrönt von verkohltem Parmesan, dann hat was an Temperatur, Backzeit oder den Mengen oder allem zusammen nicht gestimmt, und man muß zurück zum Start (oder zum Wirten).

Zucchini mit Champignons

Eine Variante: **Zucchini** zusammen so wie oben, aber mit **Champignons** in **Olivenöl** bissfest dünsten, **Salz** dazu. Schmeckt hervorragend und wird von mir lebhaft empfohlen ! Am besten eignen sich die Champignons mit den braunen Köpfen. Wer will und hat, kann auch mit Herrnpilzen arbeiten, das geht auch.

Zucchini mit Paradeiser

Bei dieser Variante nehmen wir dicke **Zucchini**, ist weniger Arbeit, weil: den Zucchino mit dem Maßband in halbzentimetrige Scheiben ritzen und dann schneiden. **Kirschparadeiser** vierteln. In einem Topf die Scheiben nebeneinander in etwas **Olivenöl** braten, und wenden, es sollte schon jede Scheibe schön angebraten sein. Die Gebratenen rausräumen, und hinein mit der nächsten Partie. Wenn jede Scheibe dran war, die Paradeiser reinschütten, leicht anbraten, die Zucchini wieder rein, durchmischen, **Salz**, **Pfeffer** und fertig. Wer will kann noch **Knoblauch** reinschmeissen.

Beilagen

Knödel[67]

Beim Knödln braucht man drei Sachen: Geduld, Genauigkeit beim Einhalten vom Rezept, und viele Versuche bis das Ergebnis schön flaumig ist. Für 12 / 9 / 6 / 3 Knödel schüttet man in einen Weidling: 333 / 250 / 167 / 83 Gramm **Semmelwürfel**. Dazu gibt man: 133 / 100 / 67 / 33 Gramm **griffiges Mehl**, **Salz**, einen großen Haufen fein geschnittenen **Petersil** oder auch Bärlauch, etwas geriebene **Muskatnuß**. Mit einem langen Kochlöffel gut durchmischen. Jetzt zerläßt man **Butter** oder Margarine. Wer will kann darin noch **Zwiebel** andünsten, leert sie gut verteilt drüber, und mischt nochmals stark durch (die Butter befettet die Semmelwürfel, und auf dem Fett sollte dann das Mehl haften bleiben, das dann schön verteilt als Klebstoff dient – alles klar zum wissenschaftlichen Hintergrund der Knödlerei ? Das ist der wichtigste Schritt: das Mehl als Kleber mit Hilfe des Fetts gut zu verteilen). 500 / 375 / 250 / 125 Milliliter **Milch** in einen Krug, 4 / 3 / 2 / 1 ganze **Eier** hineinklatschen, und mit einer Gabel sehr gut durchmischen. Einen großen Topf (oben möglichst breit, damit die Knödl nebeneinander schwimmen können) mit Wasser am Herd stellen, zum Kochen bringen (zugedeckt, dann geht's schneller – nachher bleibts dann unabgedeckelt). Derweil schüttet man die Eiermilch über die Semmelwürfel, und mischt auch diese sofort mit dem Kochlöffel durch, und zwar möglichst von unten her (nicht daß man oben herumstochert, und unten steht die Milch blöd herum !) und solang, bis alles von der Milch feucht ist. Fünf Minuten stehen lassen, nicht mehr, und dann noch einmal von unten her durchmischen. Das ganze wiederholen, bis die Konsistenz der Pampe plötzlich von locker / befeuchtet auf klebrig / gatschig umschlägt, d.h. wenn das Mehl und die Semmelwürfel aufgequollen sind und das Zeug schön pickt, wird es Zeit, die Knödl kommen ins nur ganz leicht köchelnde Wasser. Jetzt formt man Kugeln, Hände vorher unters Wasser halten. Ja nicht zuviel drauf herumdrücken, sonst wern die Knödl steinhart und man kann höchstens Billard spielen damit ! Also: Knödl formen, leicht kneten, und dann rundwutzeln, und ins leicht wallende Wasser. Rundwutzeln ist wichtig, weil sich damit eine Kleberschicht außen bildet, die beim Kontakt mit dem heißen Wasser aushärtet, und den Knödl zusammenhält. Einen nach dem anderen, und fünfzehn Minuten ohne Deckel leicht wallend kochen. Der Topf muß dabei so breit sein, daß sie frei schwimmen können, weil sie drehen

---

[67] Knödel wärmen: Knödl schmecken frisch am besten. Wenn sie eine halbe Stunde an der Luft herumgekugelt sind, vertrocknen sie und verlieren massiv an Qualität. Man kann sie aber trotzdem schon vorher fertig machen, wenn man im Knödelkochtopf zwei Zentimeter Wasser stehen läßt, einen Dämpfeinsatz reinlegt, darauf die Knödl breitet und sie auf der kleinsten Flamme zugedeckt vor sich hindampfen läßt. Da bleiben sie noch stundenlang frisch und saftig.

sich bisweilen von selbst herum und schaun, daß sie von allen Seiten bekocht werden – gscheit, was ? Die Stunde der Wahrheit ist gekommen, wenn der erste Knödl im Wasser ist und sich zu einem Gatsch auflöst. Ich würde daher beim ersten Mal nur einen Knödl hineinschmeißen, und ein bissi warten: bleibt er schön rund und knödelig, folgen ihm die anderen. Löst er sich auf, wirft man ihn an die Wand, was einen häßlichen Fleck gibt, den man dann mit Daten zum geschichtlichen Kontext beschriften kann, und dann wird nach einem gebührenden weiterführenden Tobsuchtsanfall, bei dem man Familie, Katzen und Hunde am besten ins Freie schickt, in die Knödlmasse noch griffiges Mehl eingearbeitet. Dabei werden die Semmelwürfel leider mechanisch beschädigt, die Luft wird aus den Bröckeln gedrückt, und flaumig wird das Ergebnis deshalb nicht mehr – aber zumindest kann man es essen, und muß nicht zum Wirten gehen. So – noch ein Versuch, hinein ins Wasser, und jetzt sollte es stimmen. Wer mehr als 12 Knödl braucht, weil er total verfressen ist, der kauft sich am besten eine Knödelpumpe. Die braucht zwar einen ganzen m² Küchenfläche, aber mit der kann man an die 256 Knödl in der Stunde herstellen.

Tirolerknödel

Darf seit dem Staatsvertrag von Vomp vom vom 18. Oktober 1891 auch außerhalb von Tirol gekocht und gegessen werden, was die wenigsten wissen dürften ! Geht genauso wie: ☞*Knödel*; nur daß in die Masse noch kleingeschnittenes (Würfel mit 4 mm Kantenlänge) **Xelchtes** hineinkommt. Vor dem Essen bitte nicht vergessen, ein andachtsvolles Andreas Hofer Lied mit mindestens drei Strophen zu singen, damit der Staatsvertrag auch eingehalten wird !

Spinatknödel

Dieser wurde im Staatsvertrag von Vomp (siehe oben) nicht explizit erwähnt, und darf in Tirol aber auch gekocht werden. Das sind ganz einfach ☞*Knödel* mit in die Masse hineingatschten blanchierten **Spinatblättern**, in **Butter** gedünsteten **Zwiebeln** und **Knoblauch**, **Topfen** und **Bergkäse** (im Flachland auch Talkäse). Über den Knödel leert man zerlassene **Butter** und schüttet gehobelten **Parmesan** drauf. Gegessen wird das Zeugs mit ☞*Salat*.

Serviettenknödel

Das sind nicht, wie vielfach noch immer angenommen wird, Knödel, die man mit der Serviette essen muß, weil sie patzig sind, sondern das ist ein Knödel im Ganzen, den man ohne Mehl macht. Damit er nicht auseinanderfällt, kommen mehr Eier dazu als beim normalen Knödel, und wird er beim Kochen in ein Tuch gewickelt. Ein Sackl **Knödelbrot** (hat normalerweise 25 Deka) in den Weidling, **Salz** und **Muskat** drüber. Dann eine kleingeschnittene **Zwiebel** in viel **Butter** glasig anlaufen lassen, zusammen mit **Petersil** über die Semmelwürfel schütten und gut vermischen. Dann macht man ein Gepantsche aus einem Viertel Liter **Milch** und 5 ganzen **Eiern**, mit der Gabel versprudeln, und über die Semmelwürfel schütten, sehr gut durchmischen, und eine halbe Stunde rasten lassen, öfters umrühren. Wasser mit Salz in einem großen Topf zum Kochen bringen. Dann nimmt man einen sauberen Fetzen[68] (am besten heimlich ein Stück aus einem Leintuch herausschneiden, beim Fußende, wo es am wenigsten auffällt, aber natürlich nicht aus dem eigenen Bett !), und schüttet den Knödlgatsch drauf. Leicht durchkneten, und zu einem ungeflochtenen Striezel formen. Dann ins Tuch wickeln (oder in eine Klarsichtfolie – siehe nächsten Rezept), und an den beiden Enden mit einem Spagat zubinden – aber genug Platz lassen, der Knödl muß beim Kochen noch aufgehen können ! Eine halbe bis dreiviertel Stunde im Wasser kochen (je nachdem wie dick der Knödl ist), herausnehmen, sich dabei die Finger verbrennen, eine Sentenz aus der Sammlung altpersischer Verwünschungen und Flüche ausstoßen, auf ein großes Brett damit, auswickeln, und am Tisch in Scheiben schneiden.

Servietten- Germknödel

Eigentlich sind das böhmische Knödel (d.h. Germknödel), in deren Masse Semmelwürfel eingearbeitet sind, und genauso kenn ich sie von meiner böhmischen Großmutter, die das behmische Knedln perfekt beherrscht hat. Zuerst brauchen wir ein Dampfl: in ein vierterl **Milch**, lauwarm (26° im Schatten), einen halben Würfel **Germ** reinbröseln, ein Löfferl **Zucker** (als Germfutter), versprudeln und stehn lassen bis sich an der Oberfläche ein leichter Schaum bildet. Wir mischen dann in einem Weidling je ein halbes Kilo glattes und griffiges **Mehl**, **Salz** dazu, zwei oder drei **Eier**, und das Dampfl. Gut durchkneten, am besten händisch (die Maschine ist mechanisch zu grob zum Teig und ruiniert ihn), noch ein vierterl Milch dazu, oder noch besser: **Bier** ! Weiterkneten bis sich ein Gatsch bildet, und jetzt kommen **Semmelwürfel**[69] hinein, durchmischen und eine halbe Stunde stehen lassen, dann „geht der Teig" (er geht nicht in den Garten spazieren, sondern vergrößert sein Volumen durch die Verdauungsprodukte der Germ, die den Zucker und das Mehl auffressen). Wenn

---

[68] Im Gegensatz dazu: Stinkender Fetzen. Abwaschfetzen vulgo Wettextücher und so Zeugs neigen dazu, als ideale Intensivkultur von Bakterien, Würmern, Wärme, Feuchtigkeit und Nährstoffen, durch Gestank Aufmerksamkeit zu erregen. Abhilfe schafft ein einminütiger Aufenthalt des feuchten Tuches in der Mikrowelle mit anschließender kalter Spülung (Pasteurisation). Auch hie und da in der Geschirrwaschmaschine mitwaschen hat sich sehr bewährt

[69] Kann man fertig kaufen, bekommt man nur leider nicht überall, z.B. nicht in der schönen Schweiz. Dann macht man sich das Zeugs selber: Trockene Semmeln mit der Brotschneidemaschine in zentimetrige Scheiben schneiden, diese in zentimetrige Würschte, und diese mit dem Messer in Bröckerln. Übrigens: mit Schwarzbrot geht das auch, ich mach auch gern Mischknödel aus weißen und dunklen Semmelwürfel !

er genug herumgegangen ist, eine Knödelwurscht auf Klarsichtfolie formen, einrollen, nochmal in Alufolie einrollen (zur Sicherheit) und im Wasserbad köchelnd baden.

Topfen- Serviettenknödel

Die gleiche Gewichtsmenge **Semmelwürfel** und **Topfen** (20% Fett) mit dem Kochlöffel zusammenpampen. Vier **Eier** trennen: aus den Eiklar machen wir einen Schnee, und die Dotter mischen wir mit soviel cm³ **Milch**, wie wir Gramm Topfen genommen haben; und dazu kommt noch **Salz**, **Pfeffer** und **Muskat**. Die Eiermilch kommt über den Topfensemmelwürfelgatsch, wird hineingearbeitet, dann den Schnee vorsichtig hineinziehen. Das Zeug in einen gebrauchten Socken füllen (je gebrauchter, desto würziger !), oben zubinden und im Wasserbad eine halbe Stunde köcheln. Statt dem Socken kann man auch eine Knödlwurscht auf Klarsichtfolie formen, einrollen, nochmal in Alufolie einrollen (zur Sicherheit) und ebenfalls im Wasserbad heiß köcheln.

Erdäpfelknödel

Mehlige **Erdäpfel** kochen, sie dürfen dabei ruhig platzen, sie werden dann eh geschält. Also, schälen, wie gesagt, in einen Topf haun, einen Batzen **Butter** drüber und mit einer Erdäpfelpresse aus dem Erdäpfelpressenladen oder auch dem Erdäpfelstampfer (wer nicht weiß was das ist: hat einen Griff auf der einen, und auf der anderen Seite eine mäandernd gebogene Stahlstange) zerstampfen. Jetzt kommt ein **Ei** dazu, **Salz** und gleich viel **Gries** und griffiges **Mehl**, daß sich das Zeug beginnt, nicht mehr vom Zerstampfer zu lösen. Wenn dem soweit ist, vom Zerstampfer kletzeln, rauskratzen aus dem Topf, händisch auf einem Brett weiterkneten, und immer wieder Mehl dazugeben, bis der Gatsch nicht mehr an den Händen, am Küchentisch, am Fußboden, im Vorhang und auf der Katze pickt. Dann kann man Knödl wutzeln, und zehn Minuten im Salzwasser ganz ganz leicht köcheln. Nachher Küche putzen nicht vergessen, sonst grämt sich die Hausfrau, und die Knödl können noch so gut sein, das gibt dann trotzdem keine Haube.

Erdäpfel- Schinkengugelhupf

Wichtige Meldung an alle meine Leser unter 30: es handelt sich mit Sicherheit nicht um einen Googlehupf, sondern tatsächlich um einen Gugelhupf. Das ist kein Schreibfehler, also bitte das höhnische Grinsen wieder einzustellen ! Etliche große mehlige **Erdäpfel** kochen und schälen; **Petersil** schneiden. Währenddessen eine Gugelhupfform buttern und mit **Brösel** bebröseln; **Schinken** kleinschneiden, und ein **Ei** pro Mitesser trennen: Dotter in ein Schüsserl und Klar in den Küchenmaschinentopf, **Salz** dazu und Schnee schlagen. In einer Schüssel die noch heißen, geschälten Erdäpfel zerstoßen, **Butter** dazu hineinarbeiten und **Muskat**. Die Dotter reinmischen, das ganze Zeugs in den Schnee schmeißen (nicht in den vor dem Haus sondern in den anderen !) Jetzt kommen noch der Schinken und der Petersil rein, ab in die Backform, und 40 Minuten bei 200° backen.

Reis

Butter in einen Topf, und wenn diese geschmolzen ist, ein Häferl **Reis** dazu, und umrühren, bis alle Reiskörner fett sind (sie picken dann später nicht zusammen). Dann ein Häferl Wasser dazu (genausoviel Volumen wie der Reis), **Salz**, umrühren, zudeckeln und volle Hitze. **Zwiebel** schälen, in deren Mitte eine **Gewürznelke** stecken, und mit der spitzen Seite in den Reis stecken. Wenn das Zeug zum Kochen beginnt, ganz klein drehen, es soll langsam dünsten, und nicht kochen. Wenn alles Wasser verkocht ist (man merkt es, der Topf beginnt leise zu knistern, weil das Klumpat anbrennt) die Nelke herauskletzeln, aufrühren, den Boden aufkratzen, das Gas abdrehen und noch zehn Minuten stehen lassen, dann sind die Körner kernweich.

Curryreis

Butter in einen Topf, und wenn diese geschmolzen ist, ein Häferl **Reis** dazu, und umrühren, bis alle Reiskörner fett sind (sie picken dann nicht zusammen). Dann ein Häferl Wasser dazu, **Salz**, **Curry**, umrühren, zudeckeln und volle Hitze. Wenn das Zeug zum Kochen beginnt, ganz klein drehen, es soll langsam dünsten, und nicht kochen. Wenn alles Wasser verkocht ist (man merkt es, der Topf beginnt leise zu knistern) aufrühren, den Boden aufkratzen, das Gas abdrehen und noch zehn Minuten stehen lassen. Vielleicht ein Wort noch zum Curry: Das ist auch etwas, was immer gleich heißt, aber immer verschieden schmeckt. Curry ist nämlich eine Gewürzmischung, und je nachdem, was die da in er Curryfabrik hineinmischen, schmeckts anders. Man sollte sich also das Sackl aufheben, oder die Sorte merken, nicht jedes Curry schmeckt gleich gut, und man muß dann nicht einfach irgendeines nachkaufen, sondern das was einem geschmeckt hat.

Champignonreis

Die **Champignons** darf man nicht waschen, sonst saufen sie sich an, und das ist schließlich verboten, weil das darf in der Küche nur der Koch. Man bricht die Stengel weg, und schält sie. Dazu greift man mit den Fingern oder mit einem Tourniermesser unter den Hut hinein, und zieht die Haut in Streifen vom Hutrand weg zur Mitte der Kappe. Dann werden sie geviertelt, und kommen in einen Topf, zusammen mit **Olivenöl**. Jetzt wird unter anfänglich häufigem Umrühren daran herumgedünstet. Eigentlich sollten sie gleich nach spätestens einer Minute so viel Wasser lassen, daß sie in diesem Wasser dünsten. Wenn sie aber sehr trocken sind, zum Beispiel, weil gerade eine Dürre herrscht und sie schon seit Wochen im Kühlschrank herumliegen, kann man mit etwas Wasser nachhelfen, oder mit Salz – das Salz entzieht den

Schwammerln das (restliche) Wasser. Ansonsten salzt man erst dann, wenn die Schwammerl fertig sind. Wenn die Flüssigkeit verkocht ist, sind sie fertig. Jetzt kommt **Reis** hinein, und umrühren, bis alle Reiskörner fett sind (sie picken dann nicht zusammen). Dann ein genausoviel Wasser wie Reis dazu, **Salz**, umrühren, zudeckeln und volle Hitze. Eine **Zwiebel** schälen und in die Mitte hineingeben. Wenn das Zeug zum Kochen beginnt, ganz klein drehen, es soll langsam dünsten, und nicht kochen. Wenn alles Wasser verkocht ist (man merkt es, der Topf beginnt leise zu knistern) aufrühren, den Boden aufkratzen, das Gas abdrehen und noch zehn Minuten herumstehen lassen. Das Rezept geht natürlich auch mit anderen Schwammerln, zum Beispiel mit Eierschwammerl.

Erbsenreis

Das ist ganz einfach: ☞**Reis** kochen, und in den fertigen Reis ☞**Erbsen** (ebenfalls fertig) schütten und durchmischen.

Mandelreis mit Kräutern

Den **Reis** so kochen, wie unter ☞*Reis* geschrieben steht, aber kurz vor dem Fertigwerden geschälte, gestiftelte **Mandeln**, die man in etwas **Olivenöl** goldbraun geröstet hat, dazugeben. (Wers noch immer nicht weiß: Mandeln schält man nicht mit dem Messer, da wird man nämlich alt und schiach dabei. Mandeln schält man, indem man sie in Wasser kurz kocht, und dann zwischen zwei Fingern aus der Haut flutscht). In den fertigen Reis kommt kleingeschnittener **Petersil**, oder aber auch kleingeschnittene Kresse oder Pinienkerne.

Jasminreis

Das ist diese spezielle Sorte und auch Zubereitungsart, wo ein Reis produziert wird, den man zu chinesischem Essen serviert – eine patzige, klebrige, ungesalzene, weiße Dampfpampe. **Jasminreis** in den Topf, doppelt soviel Wasser dazu, aufkochen lassen, und gleich auf kleinster Flamme weiterdünsten. Original chinesisch ist das nicht, aber ich geb trotzdem Salz dazu. Das überlaß ich Euch. Öfters den Boden aufkratzen (mit dem vorne flachen Kochlöffel) damit er sich nicht anlegt, und dann anbrennt. (Um das zu vermeiden, haben die Chinesen auch den elektrischen Reisdämpfer erfunden, dort kann das nicht passieren). Am Anfang öfters kosten, ob die Körndln schon durch sind, öfters Wasser nachschütten. Dann noch zehn Minuten neben dem Herd stehen lassen, dann werden die Reiskörner kernweich.

Wilder Reis

Steht eigentlich alles am Sackl drauf, was soll ich da noch schreiben ? **Wilder Reis** muß nicht gezähmt, sondern gewässert werden, er braucht eine längere Kochzeit als normaler Reis, ansonsten ist es (fast) genau dasselbe: Reis und Wasser in den Topf,

Salz dazu, kochen. Gut ist es auch, den fertig gekochten wilden Reis mit normalem ☞*Reis* zu mischen. Keine fertige Mischung kaufen, das passt von der Kochzeit nicht zusammen, das hat irgendein Dolm sich ausgedacht der selbst noch nie gekocht hat ! Paßt sehr gut zu ☞*Steaks*.

Djuvec

Dabei handelt es sich um ein balkanesisches Risotto, allerdings mit **Langkornreis** statt Risottoreis. **Zwiebel**, **Knoblauch**, **rote Paprika** und **Paradeiser** kleinschneiden. In **Olivenöl** die Zwiebel dünsten, Knoblauch dazu, noch etwas dünsten, Paradeiser, Reis und Wasser sowie **Paprika** (das Pulver), Salz und Pfeffer hinein, und dann köcheln bis der Reis durch ist. Am Ende kommen noch die Paprika rein, so daß sie noch bißfest sind wenn der Reis fertig ist. In ein Djuvec kann man auch eine Bratwurst hineinnudeln, dann schafft es locker den Karrieresprung von der Beilage zur Hauptspeise.

Spätzle

Ich muß gleich einmal massive Kritik an der alpenländischen Küche respektive genauer an der Interpretation des Begriffs „Spätzle" in der alpenländischen Küche durch nahezu alle Kochbuchschreiber, Wirten und Speisekartenautoren anbringen: Was einem hierzulande als "Spätzle" in Kochbüchern und am Teller angedreht wird, ist meistens nichts anderes als "Nockerln". Die richtigen Spätzle sind etwa zehn Zentimeter lange, dickere, unförmige Nudeln. Das fängt schon mit dem Teig an, der sich natürlich vom Nockerlteig wesentlich unterscheidet, er ist nämlich fettfrei. Für 3 Personen ein viertel Kilo **griffiges Mehl** (glattes nimmt man, wenn es picken soll; griffiges, wenn die Masse quellen soll), oder auch Vollkornmehl für Vollkornspätzle, zwei ganze **Eier** und **Salz** (mehr kommt nicht in den Teig hinein !) mit dem Teighaken in der Küchenmaschine kneten, langsam Wasser dazugeben, bis sich ein zäher Teig bildet. Dann in ganz kleinen Mengen immer wieder Wasser dazugeben: gleich nach dem Hineinschütten wird der Teig patzig, und pickt vor allem unten im Rührkessel an, beginnt sich aber dann langsam wieder zu lösen. Die Kunst ist, gerade soviel Wasser hineinzuschütten, daß er sich gerade noch ablöst. Wenn man zuviel Wasser dazugegeben hat, und er sich nicht mehr löst, muß noch einmal Mehl dazu. (Das Optimierungsproblem dabei: ein zu pickiger Teig ergibt matschige Spätzle, ein zu harter Teig kostet enorme Kraft beim späteren Durchpressen durch die Presse). Den Teig preßt man also durch die "Original schwäbische Spätzlepresse". Die schaut aus wie eine Erdäpfelpresse, hat aber dünnere Löcher, und ist mechanisch viel stabiler, zumindest ist sie ein Alu- Druckguß. Hineingepresst wird das Zeug in grad noch nicht kochendes Wasser, wo grad kleine Bläschen aufsteigen. Bitte einen sehr großen Topf verwenden, und aufpassen, daß man den Topf nicht umschüttet und sich verbrennt, Kinder und Katzen sind bei diesem Vorgang aus der Küche zu scheuchen, und eine Schürze[70] ist für Anfänger zu tragen ! Sie sind fertig, noch bevor das Wasser kocht, ein paar Minuten im Wasser reichen völlig (kosten !). Das ist zeitmäßig überaus kritisch, das Zeug zerfällt bei längerem Gekoche zu gelbschleimigem Gatsch !). Abgießen und gleich essen, solang sie noch locker im Topf weilen, wenn sie länger herumstehen, picken sie zusammen.

Nockerl

So. Von den Spätzle haben wir uns jetzt erfolgreich abgegrenzt. Zuerst einmal einen breiten Topf mit Salzwasser zum Kochen bringen. Wer kein Meer vor der Tür hat kann statt Salzwasser auch Wasser nehmen, und dieses salzen. Wer aufgepaßt hat, kann jetzt auch den Unterschied zwischen Spätzleteig und Nockerlteig sehen: wir geben 30 Deka griffiges **Mehl**, **Salz**, 2 **Eier**, 6 Deka zerlassene **Butter** und ein Achtel **Milch** in den Teigkessel der Küchenmaschine und matschkern das Zeug durch bis ein klebriger Patzen entsteht. Gleich verarbeiten, und zwar irgendwie zerkleinert ins Salzwasser schmeißen. Da gibt's verschiedene Methoden: durch die Flotte Lotte jagen, durch ein Sieb streichen, mit dem Löffel Nockerln stechen, mit dem Messer vom Brett Würschteln schneiden oder durch ein grobmaschiges Fliegengitter passieren. Zehn Minuten kochen, abseihen, kalt abschrecken und zurück in den Topf.

Parmesanpudding

Ich weiß nicht, warum der so heißt, weil mit einem glitschig- süßpickigen himbeersaftgetränkten Schwabbelgatsch, der nur durch Gelatine, das aus BSE kranken Paarhufergehirnen gewonnen wird seine spezifische Form halten kann, hat Parmesanpudding überhaupt nichts zu tun. Man sollte schon eher Käsesoufflee oder so dazu sagen. Bitte hier genau auf die Gewichte achten, bei diesem Rezept sind sie wichtig. Einen großen Suppentopf mit 3 cm Wasser füllen und auf den Herd stellen (auf die ganz kleine Flamme). Die Puddingform, die man auch für den ☞ Mohr im Hemd verwendet, brauchen wir auch hier, sie wird innen mit **Butter** mit den Fingern eingeschmiert und dann kommen **Brösel** hinein. Man dreht die Form nach allen Richtungen, damit innen alles schön bebröselt ist, auch die Deckelunterseite nicht vergessen, mit den restlichen Bröseln heizt man ein oder wirft sie über den Zaun zum Nachbarn. 4 **Eier** trennt man, nicht die Eier natürlich, sondern gelb und durchsichtig: die Eiklar in einen Rührkessel, und Schnee daraus geschlagen, die Dotter in eine Rührschüssel. Zu den Dottern kommen dazu: Ein Viertel **Rahm**, 160 Gramm **Mehl** (griffiges natürlich, es muß ja quellen) **Salz** und 5 Deka **Parmesan** (natürlich frisch geriebener Grana Padano, wer Parmesan aus dem Sackl dazugibt, mit dem red´ ich nicht mehr !).

---

[70] Schürzen sind grundsätzlich blöd. Ein guter Koch zeichnet sich durch ein optisch ansprechend gruppiertes Muster verschiedenster Flecken auf der Kleidung aus. Und abwischen kann man sich im Vorhang genausogut.

Durchmischen mit dem Schneebesen und in den Schnee heben (Vorsichtig von unten nach oben und umgekehrt durchziehen). Nach dem Unterheben in die Form füllen und diese schließen (die Masse geht beim Kochen auf, daher nur etwa zu 2 Drittel auffüllen !). In den Topf mit dem Wasser stellen, und auf kleinster Flamme eine Stunde köcheln. Es sollen aus dem Kochwasser immer nur kleine Blasen aufsteigen, es darf nicht wallen, und wichtig ist auch, daß diese Temperatur die ganze Zeit gleich bleibt, sonst geht er hoch, und fällt dann wieder zusammen und so, und am Schluß bleibt er als versteinerter Bodensatz in der Form sitzen, und man muß ihn heraus-meisseln. Nach der Kochzeit herausnehmen, öffnen und gleich auf einen flachen Teller oder auf sonst was stürzen. Reste davon kann man auch kalt und kleingewür-felt als Suppeneinlage essen, übriggeblieben ist davon noch nie was !

Polenta gratiniert

Polenta ist Maisgries. Die Mengen bei diesem Rezept sind ausnahmsweise wieder einmal wesentlich, also bitte genau einhalten, sonst wird's nix. Backrohr vorheizen auf 180°. In einen großen (siehe unten!) Topf **Milch, Salz, Pfeffer**, und **Muskat** – aber bitte mit dem Schneebesen öfters umrühren, die Milch legt sich sonst am Topf-boden an, und das ist grauslich; und aufpassen: wenn sie einmal kocht, geht sie sofort schäumend über, und versaut Herd, Haus, Hof und Küche (darum einen großen Topf verwenden). In die köchelnde Milch **Polenta** leeren, und einige Minuten lang mit dem Schneebesen weiterrühren, es wird eine gelbe Pasta draus. Diese kann jetzt auch länger köcheln, auch eine Dreiviertelstunde, ist aber nicht unbedingt notwendig. Wir streichen die Pampe in eine leere Gratinierform (feuerfeste Keramikform), streuen **Parmesan** drüber und ab ins Rohr, bis die Oberfläche goldbraun wird. Jetzt kann man natürlich noch was drübergeben, damits besser schmeckt (es schmeckt natürlich ohne auch gut, aber besser ist eben auch besser !). Also: durchzogenen **Speck** klein-schneiden, anrösten, und am Schluß einen Eßlöffel kleingeschnittenen **Rosmarin** dazugeben und mitrösten. Oder, was auch gut ist: **Salami** kleinschneiden, rösten, und dazu geschnittenen **Petersil**. Vor dem Servieren über die Polenta streuen. Oder noch was: kleingeschnittene **Sardellenfilets** und **Butterflocken** und noch kurz ins Rohr. Und noch was ist sehr gut: geschnittene **Kräuter** (Rosmarin, Salbei) und **Gorgonzo-la**.

Saucen & Dips

Basissauce

In einer Schüssel **Topfen**, **Rahm**, **Zitronensaft**, **Olivenöl**, **Salz** und **Pfeffer** zusammenmantschen und glattrühren. Das ist die Basis, aus der man viele andere Dips herstellen kann, indem man noch anderes, was man so in Küche und Keller findet, hineinschmeißt: zergatschten Knoblauch; oder roten Paprika, Cayennepfeffer und Ketchup; oder Sojasauce und zermörserten Ingwer; oder Eigelb, Kapern und Schnittlauch; oder auch Kräuter aller Art: Petersil, Basilikum, Birkenrinde, Origano, Grasschnitt und Braunalgen.

Joghurt Limetten Dip

In einem Gefäß (in welchem auch immer, nur tragbar sollte es sein, also die Badewanne ist hier ungeeignet, auch wird hier die Hausfrau sicherlich Einwendungen erheben) pantschen wir zusammen: **Joghurt**, **Chili**, durch die Knoblauchpresse gepreßter **Ingwer**, gemahlener **Koriander** (einen Mörser hat man bekanntlich zu Hause), **Limettensaft**, **Salz**, **Sojasauce** und etwas **Olivenöl**. Gleich mit einem Schneebesen (ein semantisch naher Verwandter der Schneeschaufel, aber dennoch ganz anders von Gestalt) durchmischen. Die Mengen überlaß ich Euch (hehehe). Am besten, zuerst wenig in die Joghurt schmeißen, und dann die Mengen langsam steigern, und dazwischen immer kosten; Chili eher am Schluß und vorsichtig dosiert reingeben.

Kräutergurkenrahm

Rahm in eine Schüssel. **Gurke** schälen und in kleine (fünf Millimeter Kantenlänge) Würfel schneiden, in den Rahm schmeißen. Etliche **Knoflzecherln** schälen, in den Rahm pressen (mit der Knoblauchpresse). **Salz**, **Pfeffer** dazu. Und jetzt kommts: im Garten oder im Stadtpark ausrupfen, was man so an grünem Zeug findet. Am besten ist **Bärlauch** (im Frühling); Schnittlauch, Frühlingszwiebeln, Brennesseln, Löwenzahn, Gänseblümchen, Grasschnitt, Stroh, Heu, Kerbel. Bilsenkraut, Peyotl oder Girsch tuns aber auch. Kleinschneiden und hinein damit. Generell gilt: je schlechter oder unbekannter die verwendeten Kräuter, desto mehr Knofl verwenden, damit man die Kräuter nicht merkt.

Preiselbeerrahm

Rahm mit ☞ **Preiselbeermarmelade** vermischen. Gut zu Strudeln und zu Wild.

Rahmhonigsenf

Klingt blöd, was ? Schmeckt aber ausgezeichnet, vor allem zu Räucherlachs. Ein Achtel **Rahm** in eine kleine Schüssel, einen Teelöffel **Honig** hineinrühren, und noch dreimal soviel **Kremser Senf** dazu. Gut verrühren, und gleich kosten, obs eh genehm ist. Wenn nicht: wegschmeißen, oder die Mischung durch Zugabe einer der drei Zutaten abändern. Schlimmstenfalls eine der Zutaten nach der anderen weglassen, bis der Topf leer ist.

Zwiebelcurryrahm

Geht schnell, schaut gut aus, und wird immer weggeputzt: **Schalotten** schälen, kleinwürfelig schneiden, in **Olivenöl** dünsten, **Sauerrahm** dazu, **Curry**, und ganz wenig **Salz**. Herumrühren in der Pampe und vor den Kindern verstecken.

Won Ton Sauce

Das kann man eigentlich nicht mehr unter „kochen" listen, weil eigentlich ist das nur „zusammenpantschen". Da es aber keine Zusammenpantschbücher gibt, schreib ich es halt auch ins Kochbuch: Folgende Teile (Teelöffel, Kübel oder Tankwagen) Zeugs zusammenpantschen: 1 **Dijonsenf**, 1 **Essig**, 1 **Hoisinsauce** (fertig aus dem Asialaden), 9 **Sherry** oder so, 12 helle **Sojasauce** – und das wars auch schon. Dazu gibt's gewöhnlich Won Ton zum essen, eh klar.

Preiselbeeren

Es gibt natürlich auch Preiselbeeren, die man fertig kaufen kann, aber die würde ich nicht essen. Erstens sind da Moosbeeren drinnen, weil die sind größer und billiger, schmecken aber viel weniger intensivsauer, weil sie mehr Wasser haben, und damit lang nicht so preiselbeerig im Geschmack sind. Und zweitens ist zuviel Zucker drin, und drittens ist das Zeug dann noch zu einer Art Gelee verkocht, wahrscheinlich mit dem Gelatine das man aus BSE kranken Paarhufergehirnen verfertigt ! Ich mach mir darum meine Preiselbeeren selber. Zwei Kilo **Preiselbeeren** braucht man (daraus werden dann 8 Marmeladeglaseln voll). Das klingt zwar nicht viel, wird aber mehr und mehr, wenn man sie dann händisch ausklaubt: dabei muß man alle Blätter, kleine Ästchen, Rehpemmerln, schiache Beeren und anderen Mist aus den Beeren herausklauben, und das ist halt recht mühsam. Zuerst kocht man in einem doppelt so großen Topf wie man Beeren hat (das Zeug schäumt nämlich vulkanisch) ein halbes Kilo **Zucker** mit etwas Wasser zum langen Faden (was heißen soll, daß der flüssige Zucker vom Kochlöffel nicht heruntertropft, sondern rinnt, ohne daß der Faden abreißt). Dann schmeißt man die Beeren hinein, kocht noch zehn Minuten drauf herum, und rührt öfters um. Weg vom Feuer, und noch zwanzig Minuten umrühren, angeblich füllen sich dann die leeren Häutln der Beeren wieder, aber nur, wenn man immer in dieselbe Richtung rührt. Bitte ausprobieren, ich halte das eher für Alchemie, aber vielleicht gelingts einmal wem anderen als mir ! Die fertigen Preiselbeeren füllt man in gut ausgewaschene Marmeladeglasln und stellt sie aufs Küchenkastl. Sie halten dort oben sehr lange (weil man ja nicht oft Wild ißt) und schimmeln auch nicht, es ist kein Zusatz gegen den Schimmel nötig ! Preiselbeeren aus dem Glasl sind unumgänglich, wenn man Wild kocht, da gehören sie einfach dazu. Und wehe, irgendwer serviert Preiselbeermarmelade zu Schnitzeln ! Das ist absolut barbarisch !

Cumberland Sauce

Auch das kann man fertig kaufen, wenn man verzuckerten roten Bröckelgatsch gern hat. Die richtige Sauce Cumberland hat aber einen leicht säuerlichen Geschmack. Also: mit dem Zestenreißer (ätsch ! wenn wer nicht weiß, was das ist, soll Cumberland doch lieber im Supermarkt kaufen oder auf die Straße gehen und einen Wachmann fragen) zwei **Orangen** mit dem Zestenreißer schälen, die Streifen in einen Topf, und mit **Orangensaft** und **Rotwein** kurz blanchieren. Dann kommt dazu: ☞ **Preiselbeeren**, **Ribiselmarmelade**, **Ingwer**, **Zitronensaft**, **Cayennepfeffer** etwas **Dijonsenf** und genausoviel **Senfpulver**. Durchmischen, in ein Glasel füllen, vor dem Essen mindestens einen Tag stehen lassen. Paßt hervorragend zu Wild aber auch zu ☞*panierten Herrnpilzen*.

Himbeersauce

Tiefgefrorene **Himbeeren** in einen Topf, der Topf sollte nur halb voll werden, sonst geht's später dann über und die entstehende rotsüße Sauerei in der Küche ist eine unabsehbare ! Ein Viertel des Gewichts an **Staubzucker** drüber, **Zitronensaft** dazu und auf kleiner Flamme köcheln, oft umrühren (Boden aufkratzen). Später Temperatur erhöhen – die Himbeeren platzen dann, und der Zucker zerkocht zum langen Faden. Wenns schön cremig geworden ist, durch ein Sieb streichen, die Kerne bleiben über und werden vernichtet oder getrocknet und im Winter zum Heizen verwendet.

Apfelkren

Unerläßlich zu gekochtem Rindfleisch. In eine Schüssel einen Schuß **Essig** mit einem Löffelchen **Zucker** und dem Saft einer **Zitrone** vermischen. Dann kommt der **Apfel**: Die Äpfel schälen, und mit einem sehr groben Reibeisen reiben, bis nur mehr die Butzen überbleiben. Möglichst schnell in die Schüssel, und gleich gut vermischen, sonst wird der Apfel braun ! Eine **Krenwurzen**, und zwar sagen wir zwei Zentimeter pro Apfel schälen[71] und ebenfalls mit dem Reibeisen reiben, aber fein reiben, und daruntermischen. In ein Glasl mit Deckel, und ab in den Kühlschrank – das Zeug hält dort monatelang.

---

[71] Wer einen Akkuschrauber sein eigen nennt, und viel Äpfel zu schälen hat, der hats gut: ein großes Kreuzschlitz- Bit in das Bohrfutter, den Apfel beim Stengelansatz draufgespießt, Gas geben, und mit dem Schälmesser schälen. 120 Äpfel pro Stunde sind damit locker machbar !

Apfel Chutney

Natürlich kann man Chutneys auch fertig kaufen, aber das kann ja jeder, der lesen und auf zwei Beinen gehen kann und im Supermarkt schon ins Regal hinaufreicht, nur wer gastronomisch was auf sich hält, macht sich natürlich sein eigenes Chutney – es geht nämlich recht einfach, man hat dann auch die Auswahl aus vielen Sorten. Hier haben wir einmal ein Apfelchutney Rezept: einen **Apfel** schälen, vierteln, entkernen, und in (sehr) kleine Würfeln schneiden, und in einen Topf schmeißen. Ebenso eine kleine **Zwiebel** (kleiner als der Apfel) zerkleinern und dazugeben. Dazu kommt noch: Ein Eßlöffel **Rosinen**, zwei Eßlöffel brauner **Zucker**, ein Teelöffelchen gemahlene **Senfkörner**, viel **Essig** (es muß aber kein Balsamico sein, er wird eh verkocht, und ein bißchen Schärfe schadet als Kontrast zum Zucker ja nicht !), ein Teelöffel frischer kleinstgeschnittener oder ein halber Teelöffel gemahlener **Ingwer**, sowie **Cayennepfeffer**. Das Zeug kocht man ein, unter häufigem Umrühren, bis der Saft (der aus dem Essig besteht) durch den geschmolzenen Zucker dickflüssig wird. Luftdicht in kleine Glasln abfüllen, und wenn das Zeug dann kalt ist, in den Kühlschrank stellen. Das Rezept ist natürlich veränderbar, nur Essig, Zucker und Pfeffer bleiben immer gleich. Statt Apfel und Rosinen kann man aber genausogut auch Gemüse (Paprika, Paradeiser, Kürbis, Maniokwurzeln, Zucchini) oder Obst (Ananas, Mango, Papaya, Küchenschaben, Guanabana, Zuckermelone, Orangen) verwenden. Einfach in einer kleinen Menge ausprobieren, es geht ja recht rasch, und schmeckt herrlich !

Mango Chutney

Zwei Stamperl **Weinessig** mit zwei Eßlöffel braunem **Zucker**, einer **Gewürznelke**, ein bißchen frischen, geschälten und ganz klein geschnittenen **Ingwer**, **Cayennepfeffer** und etwas **Salz** aufkochen. Eine **Mango** schälen, das Fruchtfleisch von Kern schneiden, klein schneiden und dazuschmeißen, und dann noch dazugeben: zwei gepreßte **Knoblauchzecherln** und die Schale von einer halben **Orange**, die man mit dem Zestenreißer (wers nicht weiß was das ist, solls halt bleiben lassen, kochen zu wollen) von der Orange schält. (Man kann natürlich auch prähistorische Orangenmarmelade hineinschütten, die man mühsam gekocht hat, und die dann jahrelang herumsteht, weils keiner in der Familie ißt). An diesem Gatsch kocht man mindestens eine halbe Stunde auf kleiner Flamme herum, und bitte sehr oft umrühren, und vor allem den Boden aufkratzen ! Sonst brennt die Pampe an, und man kann sie nur mehr wegschmeißen oder herschenken. Wenn das Chutney dick eingekocht ist, in Glasln abfüllen und ab in den Kühlschrank.

Paradeis & Co Chutney

Das klingt jetzt einmal so, als hätte jemand den Kühlschrankinhalt kleingeschnitten, und dabei mitgeschrieben, schmeckt aber hervorragend. Alles Mögliche kleinschneiden: **Perlzwiebel, Oliven,** roten **Paprika, Basilikum, Paradeiser,** und das alles in eine Rührschüssel schmeißen. Und jetzt wird darübergeleert: **Paradeismark, Olivenöl, Sweet Chili Sauce, Sojasauce, Zitronensaft,** usw. usw. – wenn sich noch irgendwas wo findet. **Salz** und **Pfeffer** rein, einen Tag ziehen lassen und alser kalter verspeisen.

Zwiebelbirnenchutney

Ein Obstgemüsegatsch, schnell gekocht und sicher auch schnell wieder aufgegessen, der ist nämlich sehr gut: **Rote Zwiebel** viertelringelig geschnitten in **Olivenöl** stark andünsten, sie sollen leicht bräunen. Dazwischen **Birnen** schälen, ich würde sagen, in einer Menge der halben Zwiebelmasse, kleinschneiden und in die Zwiebel leeren, **Cranberries** kommen noch dazu, **Balsamico Essig** ein guter Schuss, **Salz** und **Pfeffer,** was eh überall reinkommt, und **Zucker.** Durchköcheln, etwas auskühlen lassen und ab ins Glasl und den Kühlschrank. Passt hervorragend zu Steaks oder Wild !

Mop´sche Bananensauce

Dieser Beitrag aus der gastronomischen Kreativwerkstatt unseres geschätzten Mitkoches Mathias V. aus E. klingt genauso grauenhaft wie er aussieht, schmeckt aber hervorragend zu gegrilltem Zeugs: **Banane** zergatschen, natürlich je bräuner desto gschmackiger (!), **Ketchup** reinschütten, **Knoblauch, Zitronensaft, Salz** und **Cayennepfeffer** rein und durchrühren. Wer nicht will daß es wie Rotgekotztes aussieht kann es noch mit dem Pürrierstab zercremisieren.

Endivienrahmgatsch

Endivien gehören zu den Salaten, die Blätter kleinschneiden, in eine Schüssel damit, **Rahm** dazu, **Zitronenzesten, Kürbiskernöl, Salz, Pfeffer** und **Honig** kommen auch noch dazu. Jetzt kommt der Pürrierstab, und fertig.

Oberssenfsauce

Ins Töpfchen **Obers** gießen, etwas **Rindsuppe** oder so dazu, **Dijonsenf, Salz** und **Pfeffer.** Versprudeln bis alles sich auflöst und mit **Mehl** auf die gewünschte Viskosität sprudeln. Und das wars auch schon. Schnell und einfach.

Paprikasauce

Butter im Töpfchen zerlassen, rotes **Paprikapulver** rein (süß oder scharf, oder beides, das überlasse ich Euch), etwas Wasser rein, zergatschte **Knoblauch** Zecherln und einen **Gemüsesuppenwürfel,** aufkochen, pürierstaben, **Creme Fraiche** rein, versprudeln und fertig. Eindicken kann man die Pampe noch wenn man will, mit einer Mischung aus kaltem Wasser und glattem Mehl, reinsprudeln, **Salz** und **Pfeffer** dazu, und kurz aufkochen.

Schnittlauchsauce

Das ist schon ein ziemliches Gepatze, aber schmeckt gut zu Rindfleisch. Also: Von 3 **Semmeln** die harte Kruste entfernen, kleinschneiden (natürlich nicht die Kruste, sondern den weißen Rest) und in **Milch** eingatschen. Zwei **Eier** kochen, und die harten Dotter druntermischen (das Eiklar frißt der Hund, wenn nicht, wird er damit eingerieben – soll gut fürs seidige Fell sein !) Mit dem Passierstab, der Faschiermaschine oder der Betonmischmaschine passieren, und dann noch zwei rohe **Dotter** dazu, und gepreßten **Knofl**. Ab in den Rührkessel der Küchenmaschine, und unter starkem Gerühre tropfenweise Öl (ich nehm **Olivenöl**, man kann aber auch Nähmaschinenöl oder Robbentran verwenden) dazugeben. Dann kommt noch **Salz** dazu, **Zitronensaft** und etwas **Rahm**. Der **Schnittlauch** selbst, der sehr fein geschnitten gehört, kommt erst kurz vor dem Essen dazu und wird hineingerührt.

Schnittlauchjoghurt

Das kann jeder, der Schnittlauch von einem Marillenbaum unterscheiden kann: **Joghurt** mit **Schnittlauch** (geschnitten !) mischen, **Salz** und **Pfeffer** rein und fertig. Nicht wirklich anspruchsvoll.

Dillsauce

Ein wohlschmeckender Grüngatsch zu Fisch oder gekochten Erdäpfeln, und relativ fettfrei. In den Turmix ein Packl **Topfen** (ich schlag vor: 20% Fett, wer will, kann auch fetteren verwenden !) schmeißen, etwas **Milch** dazuschütten, **Salz**, **Pfeffer** und recht viel kleingeschnittene **Dille**. Turmixen (Achtung dabei, beim einschalten spritzt das Zeug sogar durch den Deckel durch, zumindest bei meinem Turmix), noch einmal soviel Milch rein, daß es die gewünschte Cremigkeit hat, und fertig.

Paradeissauce

Das ist die Basissauce für alle Arten Pasta, oder auch zum ☞*Piccata,* in die man eigentlich fast alles reinschmeissen kann, was eßbar erscheint und in der Küche herumlungert. Zuerst einen Haufen **Paradeiser** kleinschneiden, ohne den grünen Stengelansatz. **Zwiebel** kleinschneiden, in Olivenöl dünsten, **Knoblauch** kommt dazu, ein oder zwei Löffelchen **Zucker**, karamelisieren (wers nicht weiß: den Zucker schmelzen und unter Rühren leicht bräunen); ein Spritzer Balsamico **Essig** reinspritzen, die Paradeiser, wenn man nicht vergessen hat sie zu schneiden, **Salz** und **Pfeffer**. Zerköcheln, turmixen, durch ein Sieb wieder ins Töpfchen, und wer will kann noch **Basilikum** reinschneiden.

Orangen- Käsesauce

Ja, das ist ernst gemeint, und schmeckt nicht abartig, sondern zum Beispiel bestens zu gebackenen Herrnpilzen ! In das Püriertöpfchen vom Pürierstab schmeißen wir hinein: je einen Teil **Rosmarinnadeln**, **Senf** und **Dotter**, 2 Teile **Bergkäse**, 5 Teile **Orangensaft** und 7 Teile **Olivenöl** („ein Teil" kann ein Löffel sein, ein Kübel, oder sonst was). **Salz** und **Pfeffer** schadet nie. Der Pürierstab besorgt den Rest.[72]

Rucolasauce

Ruccola findet man im Garten (aber nicht in jedem), oder im Supermarkt (aber nicht in jedem), oder gar nicht. Die Blätter waschen, die Stiele (sind bitter) entfernen, und klein schneiden. Mit einem Viertelliter Wasser und einem halben **Hühnersuppenwürfel** eine Halbehühnersuppenwürfelhühnersuppe kochen. Eine kleine halbe **Zwiebel** klein schneiden, und in 50 ml **Weißwein** so lange kochen, bis der Wein verkocht ist. Jetzt kommt die Suppe dazu, dann noch 150 g **Creme Fraiche**, 2 Minuten köcheln, und den kleingeschnittenen Ruccola, **Salz** und **Pfeffer** hineinschütten – wenn geht, auch noch einige Tropfen vom Saft der **Zitrone**. Hat man einen Stabmixer, so ist man jetzt gut dran: mit diesem zerkleinert man das Zeug etwas. Wer keinen Stabmixer hat, schneidet halt die Blattln kleiner.

Topfenaufstrich

Einen **Topfen** in eine Schüssel, wobei hier gilt: je fetter der Topfen, desto fetter wird der Esser. Ein Achtel **Obers** und ein Achtel **Rahm** dazugeben (macht auch schön fett), sehr viel **Schnittlauch**, Bärlauch oder andere Kräuter kleingeschnitten dazu, **Salz** und **Pfeffer**, gut verrühren und fertig.

Bechamel

Butter wird in einem größeren Topf zerlassen, dann kommt etwa gleich viel (von der Menge her) glattes **Mehl** dazu (die Mengenangaben sind nicht kritisch) und das ganze wird am Feuer mit dem flachen Schneebesen heftigst gerührt, bis sich die Konsistenz des Bechamel verfestigt – es wird zu einem Brei. Dann mit kalter **Milch** aufgießen – etwa zweimal soviel wie die Butter war, und weiterrühren. Auf kleiner Flamme weitermachen, und oft umrühren – es darf aber nicht kochen ! Jetzt sollte sich die Masse innerhalb von wenigen Minuten verdicken. Wenn sie es nicht tut, dann ist zuwenig Mehl drinnen oder die Temperatur ist zu niedrig, oder man hat das Zeug nicht in den Topf geschüttet sondern daneben, oder alles zusammen. **Salz** kommt natürlich dazu, und geriebene **Muskatnuß**. Braucht man mehr davon, z.B. für ☞

---

[72] Auf diese schnelle Weise wird es zwar saucenartig, aber recht dünnflüssig. Wer es dicker will, schlägt das Zeug mit dem Schneebesen in der Küchenmaschine (Rosmarin vorher ganz kleinschneiden) und gibt löffelweise das Öl dazu. Dann wird das Zeug cremig !

Lasagne, schüttet man einfach zuerst mehr Milch dazu, und dann Mehl, das man aber sofort heftigst aufrühren (fast schon schlagen !) muß, sonst gibt es ein unappetitliches Mehlgebröckel. Wenn man noch Mehl und Milch dazugibt, kann man natürlich auch noch ein Stück Butter hineinschmeißen – die Mengenrelationen spielen keine große Rolle.

Tsatsiki

Ganz einfach: **Gurke** (geschält) kleinwürfelig schneiden, **Salz** hineinmischen und stehen lassen (natürlich nur kurz, nicht monatelang !). Das Wasser nach dem Stehen-lassen abgießen, **Joghurt** (am besten schafisches Joghurt) drüberleeren, jede Menge **Knofl** hineinpressen, umrühren, kaltstellen, essen.

Zitronenbutter

Zu magerem Fisch und auch solchem Fleisch essbar (wers nicht weiß: in Spanien träufelt man sich Zitronensaft aufs gegrillte Fleisch ! Ausprobieren, kann ich nur empfehlen !) **Butter** im Töpfchen zerlassen, **Zitronenfilets** (Zitrone schälen, die Spalten in Scheiben schneiden) und **Kapern** rein, wer will, noch **Salz** und **Pfeffer** dazu.

Salate

Grüner Salat

Da glaubt man, das ist einmal was ganz einfaches, was eh jeder kann. Stimmt nicht, und wer schon einmal beim Wirten ein im Essigwasser untergegangenes, zusammengesunkenes verzuckertes Gemantsche aus gatschigen mit Essig vollgesogenen prähistorischen Blättern als "Salat" vorgesetzt bekommen hat, der wird mir recht geben. Schlimmer ist nur noch die als "gemischter Salat" umschriebene alpengastronomische Kulturschande – ein nur mehr farblich, nicht mehr aber geschmacklich unterscheidbarer Gatsch aus virtuellem Konservengemüse und grünschleimigen Karikaturen ehemaliger Blätter[73]. Also: zuerst kommt fein geschnittener **Schnittlauch** in die Salatschüssel, **Salz** dazu, **Olivenöl**, **Essig** (normalen, Kräuteressig, Balsamico, selbst mit Thymian angesetzten – hier kann man sehr schön experimentieren !) und gut durchmischen, damit das Öl die Geschmacksstoffe im Schnittlauch isoliert, damit sie nicht verdampfen, weil in der Luft haben wir nichts vom Schnittlauch. In dieses Gemisch kann man jetzt nach Wahl einzeln oder in Kombination hineingeben: Gurkenscheiben, Beilagscheiben, geviertelte Cocktailparadeiser, in Streifen geschnittene Karotten oder ebensolchen Zeller, etwas Vogerlsalat, Olivenhälften, Bärlauch, Fenchel, Pinienkerne, Zwetschkenkerne, Kürbiskerne, Schafskäse oder Roquefort, klein geschnittene Nüsse, Knoblauch, oder was einem sonst noch dazu einfällt, und was man an seiner Familie testen will. (Man braucht aber auch nichts hineinzugeben). Der **Salat** wird in seine einzelnen Blätter zerlegt, die man unter kaltem Wasser (kein scharfer Strahl, der zerstört nur die Struktur der Blätter, und dann werden sie matschig !) wäscht, das Wasser abschüttelt, und in ein Sieb legt. Wenn alle Blätter gewaschen sind, klein zerreißen und über den Schnittlauch in die Schüssel legen, und so stehen lassen. Erst unmittelbar vor dem Essen vermischen[74], und in Schüsserln geben, damit das Wasser in der Salatschüssel zurückbleibt.

Rohkost mit Orangenmarinade

Klingt furchtbar, was ? **Gelbe Rüben**, **Karotten**, **Zeller** und (entkernte) **Gurke** schälen und stifteln (wers nicht weiß: in Streifen schneiden). Marinieren im Saft je einer **Orange** und **Zitrone**, mit **Olivenöl**, **Honig**, **Salz**, **Pfeffer**, **Petersil** und **Schnittlauch**, **Endiviensalat** und **Chicoreé** in Streifen schneiden und druntermischen.

---

[73] Noch schlimmer ist lediglich ein rostiges Gurkerl im Knie

[74] Es gibt Leute, die verwenden zum Mischen vom Salat ein sogenanntes „Salatbesteck". Ich gebe hiermit bekannt, daß es sich dabei um eine überaus sinnlose Erfindung handelt. Zum Mischen verwende ich die linke Hand, und einen Kochlöffel in der rechen Hand, das Befüllen der Salattellerchen geschieht ebenfalls händisch. Oder glaubt tatsächlich jemand, daß das mit einem „Salatbesteck" hygienischer ist ? Wenn ich den Salat vorher sowieso händisch zerpflückt habe ? Also bitte: alle „Salatbestecke" umgehend aus dem Fenster schmeißen !

Gurkensalat

Gurke entweder waschen oder schälen, aber nicht beides, weil das ist blöd, wenn man die gewaschenen Schalen wegschmeißt (man kann sie mit oder ohne Schale essen, in der Schale sind sowohl die Vitamine als auch die Schwermetalle drinnen). Mit dem Gurkenhobel schneiden, **Salz** darüber, gut mischen und stehen lassen. Nach einer halben Stunde das Salzwasser wegschütten, muß aber nicht sein. **Essig** und **Olivenöl** dazu, und dann wahlweise einzeln oder zusammen dazumischen: gar nichts mehr, Knoblauch, Rahm, Joghurt, Senf, Paprika, Schnittlauch, Dille, oder Gorgonzola.

Paradeissalat

Zwiebel schälen und in dünne Ringerln schneiden. In die Salatschüssel damit, **Olivenöl**, (gut ist auch Kürbiskernöl), **Salz** und **Essig** drüber. Die **Paradeiser** waschen, und mit einem schmalen Messer den Stengelansatz herausschneiden (der ist nämlich giftig). Paradeiser in Scheiben, Viertel oder Achtel oder so schneiden, und ab mit ihnen zum Gezwiebel.

Vogerlsalat

Vogerlsalat wächst im Garten, aber auch in der Wiese und im Wald, und im Frühjahr auch im Geschäft. Die Wurzeln schneidet man weg, ansonsten macht man ihn genauso wie den ☞ *Grünen Salat.*

Rote Rübensalat

Rote Rüben waschen und bürsten, sonst schmecken sie nachher nach Lehm und Gatsch. Eine Viertelstunde im Druckkochtopf kochen, abschrecken (mit kaltem Wasser, nicht mit lauwarmen Gespenstergeschichten), schälen, und scheibenweise in ein Gurkenglasl schneiden, aus dem man vernünftigerweise vorher die Gurken herausgegessen hat. Dazwischen legt man hie und da **Zwiebelringerln** (die kann man weglassen, wenn man unter Blähungen leidet) und Scheiben vom ungeschälten (aber gewaschenen) **Apfel. Essig** und Wasser in einen Schnabeltopf geben, dazu einen Teelöffel **Zucker**, **Salz**, und **Kümmel**, das Zeug fünf Minuten kochen und alser heißer über die geschnittenen Rüben ins Gurkenglasl schütten (am besten in der Abwasch, weil wenn das Glasl durch die Hitze platzt, ist die ganze Küche rot, und die Hausfrau tobt, und dann ist des Friedens im Hause nimmermehr). Zuschrauben, abkühlen lassen und in den Kühlschrank damit. Essen kann man das Zeug natürlich gleich, aber besser sind die Rüben, wenn sie in der Marinade einige Tage bis Wochen gebadet haben.

Zellersalat

Die **Zellerknolle** als ganzes kochen – das dauert je nach der Größe der Knolle fünfzehn bis zwanzig Minuten. Im Sud auskühlen lassen, und wenn kalt genug, schälen.
In – sagen wir – drei Millimeter dicke Scheiben schneiden, und in eine Schüssel leeren oder in ein Glasl (wenn man den Salat aufheben will) stopfen.
Olivenöl mit **Essig**, **Salz** und **Pfeffer** gut vermischen, und drüberschütten.

KrautsalatFehler! Textmarke nicht definiert.

Krauthappl dünnstblättrigst schneiden (das ist eine Art Gesellenprüfung) und in die
Salatschüssel übersiedeln. In einem Töpfchen Wasser (ein viertel Liter würd ich sa-
gen) mit **Essig**, **Kümmel**, **Salz** und **Zucker** aufkochen, und über das Kraut schütten.
Eine Stunde rasten lassen und öfters durchmischen. **Olivenöl** drüber und (fast) fertig.
Das ist der Krautsalat, wie er in jedem Kochbuch steht. Bei mir kommen noch hin-
ein: Apfelstückchen vom geschälten **Apfel**, **Karotten** julienne (in Streifen geschnit-
ten, wer´s noch immer nicht hat), **Kren**, **Schnittlauch** und vielleicht auch etwas
Sauerrahm.

Warmer Krautsalat

Ich riech schon die Frage: nein, das ist kein Krautsalat, der zu lang in der Sonne ge-
standen ist. Das **Krauthappl** waschen und in zur Chiffonade schneiden. (Hab ich
mirs ja gedacht: weiß wieder einmal keiner, was das ist !) Ein kleiner Tip dazu: es
von erheblichem Vorteil, wenn man einen Krauthobel besitzt. Das geschnittene Kraut
in Salzwasser, zusammen mit einem Schuß **Essig** und **Kümmel** fünf bis zehn Minuten kochen. Nach dem Kochen noch zehn Minuten ziehen lassen, und dann abseihen.
Im Topf brät man inzwischen kleinwürfelig geschnittenen **Speck** an, den man dann
zusammen mit dem Fett mit dem Kraut durchmischt und fertig.

Griechischer Salat

Schnittlauch schneiden, in die Salatschüssel geben. **Salz**, viel **Olivenöl** und **Essig**
dazu, umrühren und vermischen. **Paradeiser** waschen, mit einem spitzen Messer den
Stengelansatz herausschneiden, vierteln oder achtel, in die Schüssel und mischen.
Eine **Gurke** schälen, in dicke Scheiben oder auch in Streifen schneiden und ebenfalls
dazu geben. Eine rote **Zwiebel** (wenn man keinen hat, ein gelber tuts auch, die roten
sind halt süßer) wird in Ringerl geschnitten und dazu gegeben, und dann schmeißt
man noch eine Handvoll **Oliven** dazu. Etliche Blätter **Bummerlsalat** (oder auch
anderen grünen Salat) waschen, klein zerreißen und dazu. **Feta** (griechischer Schafskäse – am besten ist der wirklich griechische, es gibt auch nichtgriechischen griechischen, der schmeckt nach gebrauchter Kernseife) in kleine Würfel schneiden, nochmals durchmischen und mit **Weißbrot** essen.

Bohnensalat

Wenn man sich nicht an harten Bohnen die Zähne ausbeißen will, sollte man Bohnen aus der Konserve verwenden. In diesem Fall gestatte ich Convenience Food ausnahmsweise ! Also: Konserve öffnen, **Bohnen** mit Wasser spülen, und dann **Essig**, **Öl**, **Pfeffer**, **Salz**, **Petersil** und etwas **Chili** dazu, durchrühren und essen.

Wurstsalat

Schnittlauch schneiden, in die Salatschüssel geben. **Salz**, **Olivenöl** und **Essig** dazu, umrühren und vermischen. **Paradeiser** waschen, mit einem spitzen Messer den Stengelansatz herausschneiden, in Scheiben schneiden, in die Schüssel und mischen. Eine **Gurke** schälen, in dicke Scheiben schneiden und ebenfalls dazu geben. Das gleiche macht man mit einem **Paprika** – wer den grünen nicht mag, nimmt halt einen grauen, roten, durchsichtigen, geringelten oder gelben. Eine **Zwiebel** wird noch in Ringerl geschnitten und dazu gegeben, und dann kommt die **Knackwurst**: die Haut abschälen, die Wurst in Scheiben schneiden und ebenfalls dazugeben. Mischen, und fertig. Was alles noch reindarf: Sprossen und Kukuruzkörndeln. Mit dick geschnittenem Schwarzbrot essen.

Sardellensalat

Gemisch aus (bitte genau in dieser Reihenfolge): **Schnittlauch, Essig, Öl** und **Salz**; in das **Gurken, Radieschen** und kleingeschnittene **Sardellenringerln**, und zwar mitsamt den **Kapern** (das sind die grünen Patzen im Sardellenringerlzentrum) hineinpantscht werden. Gut vermischen, etwas stehen lassen, damit das Salz den Radieschen die Schärfe entzieht, und **grünen Salat** drübergeben. Wieder stehen lassen, aber nicht bis in alle Ewigkeit, sondern bis kurz vor dem Essen. Dann nochmals durchmischen (wenn man den Salat früher hineinmischt wird er gatschig). Statt den Sardellen kann man natürlich auch Thunfisch, nicht aber Goldfisch oder Mondfisch oder gar Koi verwenden.

Caesars Salad

Das hat Julius Cäsar persönlich nach dem gallischen Krieg erfunden und das ist auch sein Beitrag zur internationalen Kulinarik ! Nur leider ist das geniale Rezept sofort in Vergessenheit geraten, weil niemand irgendwo für den Meister eine Worcestershiresauce auftreiben konnte, und daher ratloses römisches Rätseln stattfand. So ein Jammer. **Semmelwürfel** in **Olivenöl** zu Croutons rösten, raus damit in der Pfanne. Kleingeschnittene **Hühnerbruststücke** anrösten, zudeckeln. In die Salatschüssel kommt **Dotter** (ich nehm zwei für drei Mitesser), **Salz**, **Pfeffer**, **Dijonsenf**, **Olivenöl** und mit dem Schneebesen schön sämig rühren. Dann kommen kleingeschnittene **Sardellen** dazu und **Zitronensaft** und ein Spritzer **Worcestershiresauce**. In diese Schüssel kommt jetzt **Blattsalat**. Viel davon. Kurz vor dem Essen durchmischen, die

Hühner reinschütten, die Croutons und grob geriebenen oder geschnittenen **Parmesan**. Endgültig durchmischen erst beim Servieren, damit die Croutons nicht weich und gatschig werden. Dazu servieren wir ☞ *Weißbrot,* am besten ein getoastetes.

Nachspeisen

Dänische Mehlspeise

Sollte man einige Stunden vor dem Essen machen, damit die Baiser weich werden. **Baiser**, und zwar ein Stück pro Portion, in nußgroßen Stücken in eine Schüssel bröseln. **Haselnüsse** in einer Stielpfanne über zuerst großer und dann kleinerer Flamme rösten, dabei oft umrühren, damit sie von allen Seiten schön braun werden. Die Nüsse dürfen dabei ruhig ein bißchen rauchen und stinken. Die gerösteten Nüsse gibt man in ein Tuch, schlägt dieses zusammen, so daß die Nüsse dann in einem "Sackerl" sind. Dann reibt man sie von außen fest aneinander, damit sie ihre gerösteten Schalen verlieren. Herausnehmen, das schmutzige Tuch ordentlich zusammenlegen und vor der Hausfrau ganz hinten unten im Wäschekasten verstecken, die Nüsse klein schneiden (geht recht gut mit einer Zerkleinerungsmaschine, oder mit Zyliss) und über die Baiser leeren. Ein Viertel **Schlagobers** (ja nicht zu fest !) mit etwas **Staubzucker** schlagen, und auch darüberleeren. Etwas Wasser in eine Stielpfanne geben, einen Eßlöffel **Kristallzucker** darin auflösen, und dazu gleich viel **Schokolade** wie Wasser geben – sagen wir, ungefähr 3-4 Deka Schokolade. Leicht kochen (es dürfen Blasen aufsteigen), nach etwa fünf Minuten kochen sollte die Schokolade dickflüssig sein, weil das Wasser verkocht, und der Zucker zum Faden verkocht ist (beim Herunterrinnen vom Kochlöffel reißt der Faden nicht mehr ab). Jetzt kann man die Schokolade über das Schlagobers gießen, vielleicht vorher etwas abkühlen lassen, sonst schmilzt sie zu viel vom Schlagobers. Das Schmelzen vom Schlagobers ist allerdings wichtig, damit die Baisers aufgeweicht werden, aber wieder nicht zu viel ! Das muß man öfter probieren, bis man die richtige Konsistenz bekommt. Gleich eine Folie über die Schüssel gegen das Austrocknen, und ab in den Kühlschrank (wie gesagt, einige Stunden vor dem Essen schon). Die Folie schützt nicht vor dem Vorheraufgefressenwerden durch die Kinderchen !

Obstsalat

Nachfolgende Ingredienzien schälen, entkernen (wenn kernig) kleinschneiden und in einer Schüssel zusammenmischen: **Orange**, **Apfel** (in dieser Reihenfolge, sonst wird der Apfel braun), **Banane**, **Kiwi**, **Weintrauben**, **Erdbeeren**, **Melone** und vieles mehr. Und wehe, es kommt mir irgendein Obsttrum aus der Konserve hinein ! (wie zum Beispiel diese ekligen roten Kunstkirschen oder synthetischen Konservenananas). Übrigens: Zucker braucht man nur dann dazugeben, wenn man Obst kauft, das gerade nicht Saison hat, oder wenn sie einem am Markt unreifes Zeugs angedreht haben ! Was auch noch hineinpaßt: **Nüsse** (ohne Schale natürlich) und **Honig**. Gut schmeckt das Zeug auch, wenn man etwas Fruchtsaft drüberleert: frisch gepreßten Orangensaft oder **Mangosaft** oder so.

Banane in Kokosmilch

Zuerst **Kokosmilch** von der Palme oder aus der Konserve erhitzen (nicht kochen), **Zucker** und etwas **Salz** dazu, weg vom Herd, **Bananen** ohne Schale zerstückeln, und gleich, noch bevor sie braun werden, reinschmeissen. Das Zeug auskühlen lassen und lauwarm essen (oder kalt oder warm).

Russische Creme

Vier **Eier** trennt man in Dotter und Eiklar, die Dotter kommen in einen Rührkessel, die Eiklar in ein Glasl. Zu den Dottern kommt dazu: 10 Deka **Zucker** und einige Tropfen (5-8) **Vanilleessenz** und dann wird die Masse mit der Küchenmaschine mit dem Schneebesen geschlagen. In einem zweiten Rührkessel schlägt man ein Viertel **Obers**, aber bitte nur sehr cremig, ja nicht zu fest ! Das Schlagobers schüttet man über die Dotterpampe oder umgekehrt und hebt die Masse unter: mit dem Schneebesen von unten nach oben ziehen, nicht schlagen, sonst wird das Schlagobers wieder zu Obers. Jetzt kommen 2 Eßlöffel **Cognac**, Metaxa, Petroleum oder Grand Marnier, oder so dazu und es wird noch einmal umgerührt und vermischt (wieder mit dem Schneebesen). Fertig. Nur mehr zudecken, und bis zum Essen an kindersicherer Stelle kühl stellen. (Wichtig: Vor dem Essen gut durchmischen, es setzt sich manchmal Flüssigkeit unten ab, und oben trocknet das Obers ein, und die russische Creme ist dann ein Wasser unten mit Häutl oben !)

Mangocreme

Die **Mango** sollte sehr reif sein, ansonsten die Creme eine bittere Enttäuschung wird ! Die Mango schälen[75], entkernen und gleich in den Mixer reinwürfeln. **Joghurt** dazuschütten und turmixen. Wenn das Zeugs noch zu dick zum mixen sein sollte, einfach **Mangosaft** dazuleeren. **Honig** kommt auch noch dazu, mitturmixen, und danach in (ja nicht zu fest geschlagenes) **Schlagobers** schütten, sanft verrühren und fertig. Die Haube ist gesichert.

Weinchaudeau

Nein, das ist kein Wein in heißem Wasser; das wäre ja zu einfach. Am besten nimmt man einen halbkugeligen Rührkessel, den man in einen Topf mit heißem Wasser stellt. Dies deshalb, damit das Zeug nicht auf der Flamme zu heiß wird, weil dann

---

[75] Klassisch ist es, die Mango zu halbieren, innen das Fruchtfleisch rechtwinkelig einschneiden aber nicht die Schale durchschneiden, und dann das Innere hakbkugelig nach außen stülpen. Wer das so wie ich nicht zusammenbringt: halbierte Mango in drei Streifen schneiden, mit der Schale nach unten auf ein Brett legen und mit einem dünnen Messer knapp über der Schale das Fruchtfleisch abschneiden. Jetzt die Reste von der Haut schneiden, das geht jetzt leicht, weil die Schale ganz flach am Brett liegen kann.

flockt das Ei aus[76], das da rein kommt. Drei **Eigelb** in den Kessel, und drei Eßlöffel **Zucker** und **Vanillezucker** oder **Vanilleextrakt** dazu, und **Weißwein** – am besten ein Grüner Veltliner, das ist die niederösterreichische Landessäure. Jetzt wird im heißen Wasserbad das Zeugs verrührt, mit dem Schneebesen oder dem elektrischen Herumrührer, so zehn Minuten, dann wird das Zeug dickflüssiger. Abkühlen lassen, und in ein Achtel ja nicht zu fest geschlagenes **Schlagobers** hineinheben.

Topfencreme mit Beeren

Eine Sommernachspeise: In einer Rührschüssel zusammenpantschen: **Topfen** mit 20% Fett, kleingeschnittene **Zitronenzesten** und einen Spritzer vom Saft der Zitrone, **Staubzucker**, **Vanillezucker** und **Honig**; die richtige Cremigkeit wird mit einem Spritzer **Milch** hergestellt, etwas **Salz** auch noch dazu. **Schlagobers** oder auch **Joghurt** oder nur Joghurt, je nach gewünschtem Verfettungsgrad der Mitesser unter die Pampe mischen und ab in Schüsserln. Darüber diverse **Beeren** streuen, und ab in den Kühlschrank (aber nicht ewig !) Es ist gesetzlich nicht verboten, die Beeren, z.B. Erdbeeren, Himbeeren oder Kodiakbeeren unter die Creme zu platzieren, und nicht drüber zu streuen !

Vanilleeis

Man braucht für dieses Eis ein Wasserbad (natürlich nicht für den Koch, der sollte ja immer sauber sein, wenn er in der Küche herumsteht). Also: einen Schneekessel in einen Topf stellen, wo er so hineinpaßt, daß er den Rand vom Topf abdichtet. In den Topf gibt man etwas Wasser, und stellts am Herd, das Wasser soll leicht wallen. In den Schneekessel kippt man: ¼ Liter **Milch**, vier **Dotter**, 14 Deka **Zucker** und **Vanilleessenz** (entweder eine Vanillestange in der Flüssigkeit mitschlagen, oder aber Essenz aus der Glasphiole). Das Zeug wird mit dem Handmixer cremig geschlagen (dauert halt ein bißchen, nicht die Geduld verlieren). Ein Viertel **Obers** wird geschlagen, beide Cremen werden jetzt gemischt. In flache Eisschalen (viereckig, aus Aluminium – man kann auch Backformen verwenden) füllen und gleich ins Gefrierfach. Braucht schon ein paar Stunden, bis es gefroren ist, also besser schon am Vortag machen.

Biskottentorte

Diese Torte macht man mindestens einen Tag vor dem Essen, damit die Biskotten weich werden. In der Küchenmaschine mischt man mit dem Teighaken 24 Deka **Butter**, und 20 Deka **Staubzucker** zusammen, und noch 6 **Dotter** (die Klar kann man wegschmeißen oder trinken). In einer zweiten Rührschüssel schlägt man ein

---

[76] Der Dotter enthält Conalbumin, das bei 61,5° gerinnt, das Ovalbumin im Eiklar gerinnt erst bei 84,5°

Viertel **Obers**, und mischt 10 Deka geriebene **Nüsse** (am besten sind Haselnüsse, es gehen aber auch andere Nüsse) hinein. Den Butterdottergatsch zieht man jetzt im Schlagobers unter (vorsichtig von unten nach oben hineinheben). Rum noch dazuzugeben wird zwar von vielen "Kochbüchern" empfohlen, ich halte das aber für Barbarei und ein Zeichen gastronomischen Wahnsinns – also wehe, es kommt mir Rum in die Torte ! Das ist ja noch ärger als Schnitzel mit grüner Pampe und Preiselbeeren ! Jetzt braucht man eine runde Tortenform. Man legt jetzt eine Schicht **Biskotten** unten hinein, darüber kommt eine dünne Schicht von der Creme. Jetzt wieder eine Schicht Biskotten, und wieder Creme. Und so weiter. Die oberste Schicht ist wieder Creme. Das ganze kommt bis zum nächsten Tag in der Form und zugedeckt in den Kühlschrank. Drei Stunden vor dem Essen aus der Form herauskletzeln und jetzt wird noch ein Viertel **Obers** mit einem Teelöffel **Staubzucker** geschlagen, und rundherum auf die Torte gestrichen ! Diese Torte schmeckt am zweiten Tag am besten, dann vertrocknet das Schlagobers.

Erdbeeren

Am besten schmecken sie frisch vom Feld oder aus dem Garten. Möglichst schnell verarbeiten und möglichst schnell aus dem Plastikzeugs heraus, weil sie schimmeln und faulen sonst sehr rasch, vor allem wenn sie reif sind. Wenn sie nicht reif sind, und grüngelblich sauer schmecken und tausende Kilometer im Lastauto verbracht haben sollte man sie sowieso nicht kaufen, aus ökologischen und gastronomischen Gründen. **Erdbeeren** waschen, den Stengelansatz, alles Grüne und alles Faulige wegschneiden, in eine Schüssel hineinschneiden, **Staubzucker** drüber, das konserviert und dehydriert, gut durchmischen und gekühlt stehenlassen. Vor dem Essen **Milch** (3% Fett) drüberschütten, **Joghurt** (8% Fett) und **Sauerrahm** (15% Fett). Die Volumsverhältnisse dieser Zutaten zueinander ist eine Funktion aus der gewünschten Gewichtszunahme der Mitesser, die sich durch Zugabe von **Schlagobers** (36% Fett) und **Creme Fraiche** (60% Fett) noch etwas weiter optimieren läßt. Im Extremfall läßt man fast alles weg, auch die Erdbeeren, und löffelt gezuckerte Creme Fraiche; optional mit einem Schuß Olivenöl (100% Fett).

Erdbeerpudding

Ich mein hier keinen fertigen Synthetikpudding der chemischen Industrie, so was mach ich einfach nicht - sondern einen aus frischen Früchten. Also: Zuerst ein paar Blätter **Gelatine** in warmem Wasser (grad so viel Wasser, daß die Blätter bedeckt sind) in einem Topf am Herd aufweichen und mit dem Schneebesen durchrühren, bis sie aufgelöst sind. **Erdbeeren** kleingeschnitten mit fettlosem **Erdbeerjoghurt** und einigen Löffeln **Honig** im Mixer zergatschen. Das Gelatine hineinleeren, nochmals mixen (gut hineinmischen), in eine mit **Butter** ausgewischte Form (damit er nachher nicht in der Form picken bleibt) und zwei Stunden irgendwo bei Raumtemperatur hinstellen.

Erdbeer Panna Cotta

Das braucht locker vier Stunden (nicht in Arbeitszeit gemessen, aber insgesamt schon); also ist nichts, was man schnell noch zusammenpantscht, wenn das andere Gekoche zum schmeißen ist. **Erdbeeren** waschen und kleinschneiden. Je einen viertel Liter **Milch** und **Obers** mit 75 Gramm **Zucker** und einer der längs halbierten und ausgekletzelten **Vanilleschote** erwärmen, samt der Schote (sollte nicht kochen), dazwischen **Gelatineblätter** (nachschaun, am Packl, wieviel man für einen halben Liter Flüssigkeit so braucht !) in kaltem Wasser einweichen. Die Gelatine ausdrücken, wenn sie schön schlatzig ist, und ab in die warme Obersmilch. Gelatine auflösen (mit dem Schneebesen – aber nicht mit dem, der im Winter vor der Tür steht !) und auskühlen lassen. Wenn das Zeug zu stocken beginnt (ist etwa nach einer Stunde – ich würd aber öfters anschaun) wird ein halbes Viertel geschlagenes **Obers** untergezogen, und die Erdbeeren werden hineingemischt, wenn sie noch da sind, und sie niemand heimlich weggefressen hat. Ansonsten schneidet man halt irgendwas anders (Karotten, Essiggurkerl, das Klavier oder den Küchenvorhang) hinein, und tauft es auf Quakzattatlkoatl um (historisches Nationalgericht der Maya). Wegen der langen Zeit die es braucht um schwabbelig zu werden ist es ratsam, schon am Vortag zu produzieren.

Erdbeer- Topfencreme

Erdbeeren waschen, kleinschneiden, **Zucker** und **Zitronensaft** dazu. Ein Packl **Topfen** mit **Vanillezucker**, **Staubzucker** und **Zitronensaft** verrühren. **Schlagobers** schlagen, mit der Topfenpampe mischen, und in hohe Gläser abwechselnd Erdbeeren und weißen Gatsch füllen.

Mousse für Anfänger

Das Mousse- Proseminar. Wer das zusammenbringt darf dann auch ein ☞ *Mousse fett* machen. Ein Viertel **Obers** im Töpfchen wärmen und darin einen Becher (bei uns ist das etwa ein achtel Liter) **Couvertüre** auflösen. Einen Tag kaltstellen und wenn man das anderntags noch findet, einfach wie Schlagobers schlagen.

Mousse fett

Vier ganze **Eier** und 5 Deka **Staubzucker** schlägt man im Wasserbad. Dazu stellt man den Schneekessel (wenn man einen hat) in einen großen Topf heißes Wasser am Herd, und sprudelt mit dem Handquirl darin herum. Und warum Wasserbad ? Das ist keine unnötige Schikane (ätsch ! hat keinen Schneekessel ! Kann kein Mousse machen !), sondern wegen der Eier: die Dotter gerinnen ab 62° und drum das Wasserbad, weil dort kann man die Temperatur leichter regulieren. Wer sich traut, kann die Schokolade auch im Töpfchen schmelzen und die Dotter geschwindest reinrühren. Mit der Küchenmaschine schlägt man 2 Becher **Schlagobers**, zusammen mit 5 Deka **Staubzucker**, und mischt jetzt alles vorsichtig zusammen (unterheben, d.h. mit dem Schneebesen vorsichtig hineinarbeiten, und dabei möglichst wenig stören, sonst wird das Schlagobers wieder zu Obers !) In eine große oder mehrere kleine Schüsseln, und ein paar Stunden stehen lassen, wenn geht aber langsam abkühlen, nicht im Kühlschrank !

Mousse mager

Im Prinzip ist das dasselbe: Gatsch 1 wird mit Gatsch 2 verrührt und ausgekühlt, nur statt Schlagobers (65% Fett) wird Schnee (1% Fett) verwendet, das bringt etliche Gramm weniger Lebendgewicht: **Schokolade** mit **Butter**, **Zucker** und **Dotter** mischen; Angsthasen machen das im Wasserbad; aus dem **Eiklar** mit **Zucker** Schnee schlagen, zusammenmischen und auskühlen lassen.

Crème Brûlée

Macht extrem fett, bitte nur selten essen ! Ein mit karamelisiertem Zucker überzogener Oberseierzuckergatsch, sehr wohlschmeckend ! Die Mengen sind ausnahmsweise einmal wichtig, drum schreib ich sie dazu, und sind berechnet für vier Mitesser, die jeder ein Schüsserl mit etwa sieben Zentimeter Durchmesser zugeteilt bekommen. In ein Töpfchen 100 ml **Milch** schütten. Eine **Vanillestange** der längs nach aufschneiden und mit dem Tourniermesser[77] die kleinen schwarzen Vanillesamenkördln herauskratzen, und zwar gleich in die Milch hinein[78]. Alternativ dazu ist auch die flüssige Vanilleessenz erlaubt. Das Zeug einmal kurz aufkochen. 3 **Dotter** und 30 Gramm **Staubzucker** in die Küchenmaschinenrührschüssel schmeißen und gut verrühren. Jetzt kommt um die 280 ml **Obers** dazu (das ist Schlagobers, das aber nicht geschlagen ist), händisch verrühren, die Vanillemilch dazu, rühren, und das Zeug in die Schüsserln leeren. Jetzt muß das Zeug auskühlen, was im Winter nicht so lang dauert wie im Sommer. Durch das Auskühlen wird die Sache fester, und wenn daraus ein schwabbeliger Gatsch geworden ist, was ein bis drei Stunden dauert, je nach Jahreszeit und Verfügbarkeit eines Kühlschrankes streuen wir **Kristallzucker** oder Rohrkristallzucker deckend drüber. Jetzt wird der Flammenwerfer aus dem Keller geholt, es sei denn man hat einen eigens dafür erfundenen Flämmer, und der Zucker wird

---

[77] Tourniermesser: nein, das haben die Ritter nicht mitgehabt beim Turnier, als Reserve, wenn sie das Schwert zu Hause vergessen haben. Das Tourniermesser hat eine kurze, sehr spitze Klinge, die nach vorne gekrümmt ist. Eignet sich z.B. hervorragend zum Obst- und Erdäpfelschälen.

[78] Die ausgekratzten Vanillestangerln geb ich immer in ein gut verschließbares Glasl mit Staubzucker. Nach ein paar Wochen ist dann ein sehr feiner Vanillezucker draus geworden

karamelisiert, was heißt durch Hitze geschmolzen und gebräunt. Zuviel der Bräunung bis hin zur Schwärzung beeinträchtigt jedoch den Wohlgeschmack ! Bitte nur hellbraun flämmen !

Apfelkuchen

Kann man auch mit anderem Obst machen: zum Beispiel mit Marillen, Kirschen, Hühnerleber, Ribisel oder Gurkerl. Das Rohr auf 160° aufheizen. Ein Küchenmaß auf die Waage stellen und je 10 Deka **Rapsöl** und Wasser reinschütten. 4 **Dotter** dazu, die **Klar** in die Rührschüssel von der Küchenmaschine, und Schnee draus schlagen. 20 Deka **Staubzucker** ins Küchenmaß, ein viertel Kilo **griffiges Mehl**, etwas **Vanillezucker**, **Zitronenzesten** und ein halbes Packl **Backpulver** hinein und alles mit dem Schneebesen zu einem Teig vermantschen. Jetzt wird der Gatsch in den Schnee geschüttet (aber nicht in den Schnee vor der Haustüre, das ergäbe keinen kulinarischen Sinn, sondern in den Schnee den man aus den Eiklaren geschlagen hat) und mit dem Schneebesen untergehoben. Aufs Backblech kommt Backpapier, den Gatsch drüberschütten und verteilen. **Äpfel** schälen, entputzen, in Spalten schneiden und den Teig damit belegen, über das Ganze streut man noch recht viel gestiftelte **Mandeln**. Ins Rohr, für eine halbe Stunde bei 160° mit Heißluftgebläse.

Apfelstrudel

Man kann einen **Strudelteig** auch selbst machen, empfehlen tu ich das nicht. Der tiefgefrorene Teig aus dem Kühlregal ist dünner, und schmeckt genauso gut, und macht keine Arbeit. Also: Teig auftaun lassen, gleich am Backblech auf ein Geschirrtuch ausbreiten. Nicht vergessen: das Rohr auf 150° vorheizen ! Jetzt schält man ein halbes Kilo **Äpfel** mit dem Messer, und schneidet gleich dünne Äpfelscheiben direkt auf den Teig, das Apfelgehäuse läßt man übrig, es sei denn man will einen Apfelgehäusestrudel machen, was aber eher selten gegessen wird. Man muß dabei schnell sein, sonst wern die Äpfel braun. Man kann die Äpfel aber auch in eine Schüssel schneiden, in die man **Zitronensaft** gegeben hat, und häufig mischen, dann werden sie nicht braun. Äpfel am Teig verteilen, Zitronensaft drüber, aber einen oberen (weiter weg vom Koch sich befindlichen) Streifen von zehn Zentimetern freilassen. Jetzt **Rosinen** drüber verteilen (das muß man aber unbedingt vorher mit den Mitessern im Familienrat ausdiskutieren ! Die Verwendung von Rosinen in der Küche polarisiert ja bekanntlich die Kritikergemeinde !), und mit einem Sieb **Staubzucker** und **Brösel** drübersieben. Etwas **Butter** drüber verteilen, und einrollen, und mit der restlichen **Butter** oben bepinseln. Eine dreiviertel Stunde im Rohr bei 150° backen. Den fertigen Strudel mit **Staubzucker** bestaubzuckern.

Topfengugelhupf

Dafür brauchen wir vor allem eine Gugelhupfform – geometrisch betrachtet ist das ein halber Torus, am Äquator geteilt, damit alles geklärt ist. Die Form wird mit **Butter** ausgefettet, und dann mit **Mehl** bestreut. In einem Schüsserl mischen wir ein Viertelkilo griffiges Mehl mit einem Packerl **Backpulver** und 25 g **Maisstärke** (Maizena oder Tapioka oder so) zusammen. 5 **Eier** trennen wir, aus dem Klar wird ein Schnee geschlagen. Die Dotter kann man gleich in die zweite Rührschüssel kippen, und dazu kommt jetzt ein viertel Kilo weiche **Butter**, das Zeug wird in der Maschine gut vermischt. Derweilen nehmen wir eine **Zitrone** und unseren Zestenreißer, und schälen damit die Zitrone, die Zesten noch kleinschneiden, und in den Butterdottergatsch. Jetzt kommen nach und nach 230 g **Staubzucker** rein, ein Packerl **Vanillezucker**, oder **Vanilleextrakt**, das geht auch, und löffelweise ein Viertelkilo **Topfen**. Am Schluß noch das **Mehl** hinein, nach und nach, gut verrühren, und dann wird das Zeug in den Schnee (nicht den vor der Türe, nein, den in der Rührschüssel, wenn man den noch findet) hineingeleert und mit dem Schneebesen hineingearbeitet. Das Zeug kommt in die Gugelhupfform, und dieselbe für 55 Minuten ins Rohr, bei herzerwärmenden 180° Ober- und Unterhitze.

Apfelscheiben in Backteig

Einen **Apfel** pro Person entputzen, schälen, in Scheiben (1 cm dick) schneiden, und in **Zitronensaft** wenden, damit sie nicht braun werden. Im Backteig kann man nicht nur Apfelscheiben backen, sondern auch Bananen, Marillen (die verschiedensten Öbster halt), aber auch Shrimps, Radmuttern oder gut abgelagerte alte Rotweinkorken. Für den Teig, der eigentlich kein fester Teig ist, sondern ein zäher Gatsch, schüttet man 14 Deka **Mehl**, 2 Eßlöffel **Olivenöl**, **Salz** und 2 **Dotter** zusammen, aus dem **Klar** macht man Schnee. Dann kommt **Milch**, Bier oder Super Plus dazu (das ergibt dann jeweils Backteig, Bierteig oder Opecteig); mit dem Schneebesen (aufpassen bitte: Schneebesen, nicht Schneeschaufel !) durchrühren, das reicht für vier Äpfel. Zum Schnee kommen noch 5 Deka **Zucker** dazu, die mitgeschlagen werden. Den Schnee unter den Teig ziehen, die Äpfelscheiben eintauchen, und gleich in sehr heißem **Öl** oder **Schmalz** backen, bis sie schön braun sind. Wenn das Fett zu kalt ist, dann dauerts erstens zu lang, und der Apfel im inneren des Teigs zerfällt, und zweitens sauft er sich mit Öl an – und dann hat man einen schlatzigtriefenden Ölteigapfelgatsch, der beim Herausnehmen aus der Pfanne zerfällt, und ein Wutanfall ist die Folge. Mit Staubzucker überzuckern und noch warm essen !

Kastanienreis

Bitte gut vorher überlegen, für dieses Rezept braucht man viel Zeit ! Man braucht anderthalb Kilo **Maroni** (die eßbare Sorte, sonst kann man gleich Eicheln nehmen !), die man mit dem Messer einschneidet und zehn Minuten kocht. Achtung auf die Finger, lieber einmal weniger Kastanien essen, als ein Finger weniger ! Im heißen Wasser stehen lassen und dann die Schale und auch die braune innere Haut abschälen (bis zum Schälen im Wasser lassen, je nasser desto schäl). Die geschälten Trümmer kleinschneiden und nochmals zehn Minuten köcheln, und zwar in je einem Achtel **Obers** und **Milch**, wo man noch einen Eßlöffel **Butter** hineingibt. Wenn sie weich sind, **Salz** dazu, nochmals **Butter**, **Vanillezucker**, und dann zuerst durch die Faschiermaschine jagen (das Pressen der Maroni ist nämlich Schwerarbeit !), und nachher durch die Erdäpfelpresse oder auch die Spätzlepresse auf einen schönen Teller in die Mitte durchgatschen, so daß ein nudeliger Haufen entsteht. Gut macht sich auch eine Scheibe Zeller, die beim zweiten Mal mitgekocht, und mitpassiert wird. Rundherum kommt noch mit einem Teelöffel **Staubzucker** geschlagenes **Schlagobers**.

Topfenstrudel

Das Rohr auf 150° vorheizen. Nacheinander in den Küchenmaschinenkessel werfen, und mit dem groben Teighaken durchmischen: 40 Deka **Topfen** (den mit 20% Fett), 1/8 **Sauerrahm**, drei **Dotter**, 8 Deka **Butter**, 4 Deka **Staubzucker**, die geriebene Schale einer **Zitrone**, 4 Deka **Rosinen**, **Vanille** aus der Vanilleschote. Die **Eiklar** schlägt man in einem zweiten Kessel zu Schnee, und pampt die zwei Massen zusammen (vorsichtig unterziehen und dabei den Schnee nicht zerstören, die Masse soll locker und flaumig bleiben !). Jetzt wird eine Eiermilch bereitet: 100 Kubik **Milch** mit 2 Deka **Zucker** und 1 **Dotter** (die Eiklar kommen noch in den Schnee oben) kalt mischen, und auch hier etwas **Vanillegeschmack** dazugeben. Auf einem Blech ein Blatt **Strudelteig** ausrollen (am besten einen fertigen verwenden, den man am Vortag vom Gefrierfach in den Kühlschrank legt, dann ist er grad richtig). Mit flüssiger **Butter** bestreichen, und ein zweites Blatt drauf. Die fertig gemischte Pampe darüber, aber hinten einen Streifen von zehn Zentimetern freihalten. Einrollen, und in eine viereckige lange Backform geben, und ab ins Rohr. Fünfzehn Minuten backen, und dann mit der Eiermilch aufgießen, und noch - sagen wir – zehn Minuten weiterbacken, bis der Strudel oben eine schöne goldene Färbung annimmt. Den fertigen Strudel mit **Staubzucker** bestäuben.

Millirahmstrudel

Ist nichts anderes, als ein ☞*Topfenstrudel* mit Vanillecreme. Letztere macht man wie folgt: Im Topf am Herd mischt man zusammen: einen halben Liter **Milch**, 7 Deka **Zucker**, 3 **Dotter**, **Vanilleessenz**, ein sechzehntel **Obers**, und einen gehäuften Teelöffel **Tapioka**, den man zuerst in ganz wenig kalter **Milch** auflöst, sonst klumpt das Zeug, wenn es in die heiße Milch kommt ! (Übrigens: Tapioka hat man einfach vorrätig, wenn man auch chinesisch kochen will ! Wenn man kein Tapioka lagernd hat, kann man aber auch Maizena oder Gips nehmen). Das alles wird gut versprudelt, und solang gerührt, bis eine sämige Creme daraus wird (das macht das Tapioka / Maizena). Die Creme wird heiß zum heißen Topfenstrudel serviert.

Brandteigkrapferl

Rohr gleich einmal auf 150° aufheizen. Ein Brandteig besteht aus einem viertel **Milch**, einem viertel Liter griffigem **Mehl** und drei ganzen **Eiern**. Das Mehl kommt in die siedende Milch, aber langsam, und unter heftigem Gesprudel ! Der Teig, der dabei im Topf entsteht, muß sich von diesem lösen, dann ist er richtig. Wenn er das tut, darf er abkühlen, und es kommen nacheinander, wieder unter ständigem Rühren, die Eier dazu. Jetzt macht man Patzln auf ein Blech (mit dem Teig natürlich) und schiebt dieses dann für zehn Minuten ins Rohr. Aus den Patzln werden Krapferln, die innen sehr hohl sind. Die schneidet man dann auf, gibt einen großen Löffel **Schlagobers** (mit etwas **Zucker** geschlagen) hinein, setzt den oberen Teil wieder drauf, und gießt geschmolzene **Schokolade** (Kochschokolade mit etwas Wasser und einem Löffel **Kristallzucker** aufkochen, bis das Wasser verkocht ist) drüber. Möglichst warm essen.

Mohr im Hemd

Es gibt drei Qualitätsstufen von Mohren in Hemden: Die minderwertigste ist die Fertigtiefkühlmohrstufe, auf die ich nicht weiter eingehe, weil Leute die das wirklich essen, genausogut auf die Weide getrieben werden könnten, und dieses Kochbuch sicherlich nicht bis hierher gelesen haben. Die zweite Stufe ist fast schon eßbar, und steht in den herkömmlichen Kochbüchern, die als Mohr etwas bezeichnen, was zwar händisch zubereitet ist, aber in erster Linie aus einem Gatsch aus in Milch eingeweichten Semmeln mit Schokoladebeigabe besteht. Die dritte und ultimative Stufe ist dieses Rezept, bei dem es aber darauf ankommt, die Mengen genau einzuhalten ! Zuerst die Zutaten herrichten, weil der Rest muß dann schnell gehen: 7 Deka **Mandeln** ungeschält reiben und in ein Schüsserl. 4 Deka **Staubzucker** abwiegen. 6 Deka **Butter** und 6 Deka **Schokolade** in einen Topf am Herd (noch nicht aufdrehn). Jetzt trennen wir 4 **Eier**: Die Eiklar in einen Rührkessel, und gleich Schnee schlagen (einen Teelöffel **Zucker** am Anfang dazu, macht den Schnee fester), damit er fertig ist, wenn der Schokoladegatsch auch fertig ist ! Die Dotter in ein Schüsserl. Dann die Backform (große verschließbare Puddingform aus Aluminium) innen mit **Butter** einreiben (mit den Fingern) und dann **Kristallzucker** hineingeben, schließen und nach allen Richtungen drehen, damit alles vom Zucker bedeckt ist – dann geht der Mohr leichter aus der Backform heraus, wenn er fertig ist. Den restlichen Zucker kann man essen oder wegschmeißen. Einen großen Suppentopf etwa 3 cm mit Wasser füllen, aufs Feuer stellen und zudeckeln. Jetzt kommt Feuer unter den Schokoladebuttertopf, den Inhalt schmelzen, Dann kommt der Zucker zur Schokolade dazu, und danach die geriebenen Mandeln, hineinarbeiten (mit dem Schneebesen), den

Herd abdrehen und die Dotter mit dem Schneebesen hineinrühren, aber schnell, damit der Dotter nicht gerinnt und weg vom Herd. In den Schnee hinein die Schokolademasse unterheben. Dabei ist die Temperatur der Schokolade wesentlich: Ist sie zu kalt, ist sie auch zu steif, und dann ruiniert man den Schnee beim Unterheben, weil man zu oft herumheben muß; ist sie aber zu heiß, schmilzt die Masse den Schnee. Je weniger man aber unterhebt, desto mehr Luftbläschen bleiben im Schnee, und desto flaumiger wird der Mohr. Nach dem Unterheben in die Form füllen und diese schließen (die Masse geht beim Kochen auf, daher nur etwa zu 2 Drittel auffüllen, es besteht echte Explosionsgefahr, wenn die Form zu voll ist !) In den Topf mit dem Wasser stellen, und auf kleinster Flamme eine ¾ Stunde kochen – es sollen aus dem Kochwasser immer nur kleine Blasen aufsteigen, es darf nicht wallen, und wichtig ist auch, daß diese Temperatur die ganze Zeit gleich bleibt. Nach der Kochzeit herausnehmen, öffnen und gleich auf einen flachen Teller oder auf sonst was stürzen. Damit man ihn nicht gleich nach Ende der Kochzeit essen muß (wenn sich zum Beispiel die Gäste verspäten) kann man ihn auch in der Form, im heißen Wasser stehend zugedeckt noch einige Zeit aufheben. Mit **Schlagobers** essen.

Schokoladenroulade

Zuerst einmal das Rohr auf 175° vorheizen (Alle Mengenangaben sind bei diesem Rezept ausnahmsweise einmal wichtig !). 25 Deka **Schokolade** reiben und aufheben (aber nicht ewig). Sechs **Eier** trennt man: das Klar in die Rührschüssel, 13 Deka **Staubzucker** dazu, Schnee daraus schlagen, die Dotter in eine Tasse geben und mit einer Gabel verrühren. In den fertigen Schnee rührt man die Dotter hinein, und die geriebene Schokolade – aber vorsichtig unterheben, damit der Schnee nicht ruiniert wird, sonst wird es nur mehr ein Patz, den keiner mehr will außer dem Hund, der schon sabbernd drauf wartet ! Beim Unterheben mit dem Schneebesen von oben nach unten die festere Masse langsam durch den Schnee ziehen. Ein Backblech wird jetzt mit Backpapier belegt, und die Masse darauf ausgebreitet. Zwölf bis fünfzehn Minuten backen, herausnehmen, und auskühlen lassen. So, jetzt wird's technologisch etwas komplizierter: über den ausgekühlten Teigfleck kommt ein Geschirrtuch[79], und darüber am besten ein zweites Backblech. Jetzt dreht man das ganze schnell um, nimmt das jetzt oben liegende Blech weg, und zieht vorsichtig das Papier von der Roulade ab, so, daß von dieser noch was übrig bleibt. Wenn's pickt, muß man mit einem langen schmalen Messer nachhelfen. Jetzt zieht man den Fleck mit dem Tuch, das man an zwei Zipfeln nimmt, vom unteren Blech. Ein und ein halbes Viertel

---

[79] Geschirrtuch: Angeblich nach Hausfrauenmeinung dazu da, um nach der Reinigung von Küchentrümmern Feuchtigkeitsreste zu entfernen. Stimmt aber nicht. Der Geschirrfetzen ist ein Allzwecktuch so wie ein Taschentuch oder ein Ölfetzerl, man kann damit herumwischen wo immer man will.

Obers wird zusammen mit einem Teelöffel **Staubzucker** geschlagen, und gleichmäßig auf den Teig gestrichen. Jetzt kann man die Roulade zusammenrollen, und zwar, indem man dazu das Tuch zur Hilfe nimmt (sonst bricht der Teig entzwei). Also: die zwei Zipfel mit zwei Händen nehmen, einschlagen, und auch in der Mitte mit der dritten Hand von unten etwas nachhelfen. Kaltstellen, und noch am selben Tag essen, später wird dann das Schlagobers zu dünn. Zum Essen in Scheiben schneiden, nicht einfach abbeißen !

INDEX

H

Glossar: Schönbrunnerisch – Bundesdeutsch

Abwaschhahn - Spüle	Viereckiges an der Wand montiertes Behältnis unter dem Küchenwasser-
Baiser	Spanischer Wind oder Meringues; oder aber Makronen ohne Mandeln
Bärlauch	Allium ursinum. Keine Ahnung. Wer was weiß, soll mirs schreiben !
Baul	Künstlername des genialen Kochs Paul V. aus B.
Beinfleisch	Rindfleisch vom Haxen; genauer von der vorderen oder hinteren Hesse
Beiried	Zwischenrippenstück
Beisl	Kneipe
Biskotte	Bischkotte gesprochen, und ist ein schlichtes Löffelbiskuit
Blad	übergewichtig
Blunzenlen	Blutwurst: aus Speck, Schwarte, Blut, Semmeln und anderen Schlachtabfäl-
Brösel	grob gemahlene getrocknete Semmeln
Bummerlsalatbergen !	Eisbergsalat heißt der aus unerfindlichen Gründen. Wächst nicht auf Eis-
Debreziner	Unübersetzbar. Ungarische Wurst aus Rind- und Schwein + Paprika + Fett
Eckerlkäs	Streichkäse in Alufolie verpackt, dreieckig
Eierschwammerl	Pfifferlinge
Erdäpfel	Kartoffel
Faschiertes	Hackfleisch; ich warne dringendst, das Fleisch mit der Hacke zu hacken !
Fisolennenschoten	das sind die kleingeschnittenen grünen (gelben, blauen, schwarzen) Boh-
Frankfurter	Wiener Würstchen, weil von einem Frankfurter in Wien erfunden
Fritatten	Nudelig geschnittene Palatschinken. Palatschinken: Pfannkuchen
Frühlingszwiebel	Allium fistulosum: Winterzwiebel, Lauchzwiebel oder Jungzwiebel
Geheimratskäse	das ist ein in rotes Wachs eingepackter gelber Weichkäse
Gelbe Rübe	Gelbe Möhre. Eigenartig, weil „Möhre" ja „Karotte" ist. Aber was solls
GermPapierl	Hefe. Gibt's getrocknet im Sackerl, oder als würfelförmiger Gatsch im
Geselchtes	Geräuchertes
Glattes Mehl - unübersetzbar	sehr fein gemahlen; die DIN Typisierung vom Mehl gilt in Österreich nicht
Grammeln	Grieben
Griffiges Mehl nicht - unübersetzbar	gröber gemahlenes Mehl; die DIN Typisierung vom Mehl gilt in Österreich
Hendl au Vin)	Hähnchen – ganz falsch: alle Kochhühner sind weiblich ! (bis auf den Coq
Herrnpilze	Steinpilze; wobei es bei uns Steinpilze als Herrnpilzart auch gibt
Heurige	Neue Kartoffel heßen die, glaub ich. Frische erste Ernte des Jahres
Kalbsvögerl	nicht zwitschernde untere Kalbsstelze ohne Knochen

Karfiol	Blumenkohl; der Zusammenhang mit den Blumen bleibt im Dunkeln
Karotten	Möhren heißt das bei Euch
Karree	Karbonade; d.h. in Scheiben geschnittenes Rückenstück mit Knochen
Kas	Käse, eh klar !
Kernöl	nicht radioaktiv, sondern Öl aus gepreßten Kürbiskernen aus der St. Eier-
mark	
Kipfler	kleine, speckige und längliche Erdäfelsorte
Knackwurst	am ehesten eine dicke, kurze Frankfurter
Knödel	Klöße
Knödelbrot	Aus dem Zeug macht man die Klöße, viereckige getrocknete Würferln aus
Weißbrot	
Knofl	Knoblauch, aus der Wiener Küche nicht wegzudenken
Kohlrabi	Steckrübe wo immer auch sie stecken mag
Kohlsprosserl	Rosenkohl, dornenfreie grüne Rosenzüchtung
Kotelett	aus dem Französischen; sind Rippchen
Kraut	alles was kein Unkraut ist – is doch logisch, oder ?
Krauthappel	ein Krautkopf wird so benannt
Kremser Senf	Süßer Senf – am ehesten vergleichbar mit bayrischem Weisswurstsenf
Krenwurzen	Setzt sich zusammen aus Kren = Meerrettich; und Wurzen = Wurzel
Kristallzucker	Pleonasmus, weil Zucker immer kristallin ist. Zucker mit größeren Kristal-
len	
Kugerl	Murmel, heißen so obwohl sie ja still sind und nicht murmeln
Kukuruz	Zungenbrecher: auch Mais genannt
Laberl	kein kleiner Laberer, sondern Laibchen, flache Klöße oder so
Liebstöckl	heißt es, statt Maggikraut, was geschicktes Product Placement ist !
Marmelade	der EU zum Trotz: so heißt bei uns noch immer die Konfitüre
Marillen	westlich der Wachau heißen sie Aprikosen
Maroni	Fluß in Französisch Guyana bzw. auch Frucht der Edelkastanie
Neugewürz	Piment
Nockerl	kleine, längliche Klöße aus einer anderen als der üblichen Klößemasse
Nudelwalker	vollkommen unverständlicherweise heißt das „Rollholz"
Obers	weil die Sahne oben auf der Milch schwimmt, heißt sie eben so. eh klar
Oberskren	die beiden gemischt, sollte Sahnemeerrettich heißen oder so
Orange	Beschreibt farblich die Apfelsine viel besser, find ich, weil sie ja auch oran-
ge angemalt ist	
Palatschinken	Pfannkuchen, mit den Kuchen weder verwandt noch verschwägert
Paradeiser	Tomaten natürlich – möglichst frisch aus dem Garten
Patz	gatschige Masse halbflüssiger Konsistenz
Plutzer	rundes großes Objekt, kann ein Glasbehälter aber auch ein Kürbis sein
Porree	Lauch. Die weiß- grünen Stangen
Püree	Brei aus Erdäpfeln oder so
Preiselbeere	Kronsbeere oder auch Moosbeere
Reindl	kleiner Topf
Ribisel	Preisfrage: es gibt rote und schwarze, sie wachsen in Dolden am Strauch,
was ist das ?	

Rollgerstl	Graupen, Kochgerste; geschälte und polierte Gerstenkörner
Rostbraten	Rump Steak auf gut hochdeutsch
Rote Rübe	Rote Beete
Rotkraut	Blaukraut
Sardellen	Anchovis
Sauerkraut tun !	Wilhelm Busch: Sauerkohl, hat aber mit dem Kohl überhaupt nichts zum
Sauerrahm	Saure Sahne heißt das konsequenterweise
Schlagobers	Schlagsahne – aber ja keinen Co2 Schaum aus der Kartusche ! Wehe !
Schmarrn	Schmarren
Schnee Eiklar	weiß im Norden ein jeder, ist es aber nicht, in diesem Fall geschlagenes
Schulterscherzl	Dicker Bug oder Schäufele ist das, wie mir berichtet wurde
Schwammerl	Pilze aller Arten
Seidel	ein Drittel Liter Bier in einem Seidelglase
Semmerln	Brötchen, eh klar !
Shrimps	Krebse. Obwohl Krebse ja eigentlich was anderes sind: die haben Scheren
Speckige	Erdäpfel behalten nach dem Kochen die Form: auch festkochend genannt
Stangenzeller oder nicht ?	Zeller ist Sellerie. Damit sollte Stangenzeller zu Stangensellerie werden,
Staubzucker	Puderzucker, warum auch immer
Stelze	Eisbein
Striezel	geflochtener Teigzopf
Tafelspitz	Rindfleisch vom unteren Ende des Rückens, beim Schwanzansatz
Teilsames	geräucherter Schweinebestandteil von der Schulter oder vom Schinken
Topfen	Quark. So wie der Frosch macht, aber mit „R"
Truthahn	Puter. Die Truthenne heißt daher Pute
Vogerlsalat	Feldsalat. Hat mit den Vogerln nichts zu tun
Wachauer erfunden	Laberl, bzw. Graugebäck aus Roggen- und Weizenmehl, 1905 in Dürnstein
Wadschunken	Hesse oder Wade von dem Viech
Walken	einen Teig mit dem Rollholz dünn machen
Weidling Arsch wia ein Weidling	große Rührschüssel; und bekanntlich: Die Wirtin von Meidling, hat an
Zander	schuppiger Seebewohner namens Schill
Zeller	Sellerieknolle
Ziguri	Endivien alias Chicorée oder Zichorie
Zwetschgen nach was	Pflaumen, allerdings viel kleiner als Pflaumen und schmecken auch noch
Xelchtes	Geselchtes, siehe auch „Geselchtes"